版权声明

READING FREUD: A CHRONOLOGICAL EXPLORATION OF FREUD'S WRITINGS

BY Jean-Michel Quinodoz

Copyright: © 2005 Jean-Michel Quinodoz

Translation © David Alcorn

This edition arranged with THE MARSH AGENCY LTD

through BIG APPLE AGENCY, INC., LABUAN, MALAYSIA.

Simplified Chinese edition copyright:

2024 China Light Industry Press Ltd. / Beijing Multi-Million New Era Culture and Media Company, Ltd.

All rights reserved.

保留所有权利。非经中国轻工业出版社"万千心理"书面授权，任何人不得以任何方式（包括但不限于电子、机械、手工或其他尚未被发明或应用的技术手段）复印、拍照、扫描、录音、朗读、存储、发表本书中任何部分或本书全部内容。中国轻工业出版社"万千心理"未授权任何机构提供源自本书内容的电子文件阅览、收听或下载服务。如有此类非法行为，查实必究。

精神分析阅读译丛
译丛主编 王 刚 王 倩

READING FREUD
A Chronological Exploration of Freud's Writings

阅读弗洛伊德
——弗洛伊德著作的编年探索

［瑞士］让-米歇尔·奎诺多茨（Jean-Michel Quinodoz）／著

王 觅 王 凝 等／译
王 倩 余 晔 等／审校

中国轻工业出版社

图书在版编目(CIP)数据

阅读弗洛伊德：弗洛伊德著作的编年探索／（瑞士）让-米歇尔·奎诺多兹(Jean-Michel Quinodoz)著；王觅等译. —北京：中国轻工业出版社，2024.8
（精神分析阅读译丛）
ISBN 978-7-5184-4673-5

Ⅰ.①阅⋯ Ⅱ.①让⋯ ②王⋯ Ⅲ.①弗洛伊德(Freud, Sigmmund 1856—1939)－年谱 Ⅳ.①K835.216.2

中国国家版本馆CIP数据核字（2024）第005143号

责任编辑：戴　婕　　　　　责任终审：张乃柬
文字编辑：罗运轴　　　　　责任校对：刘志颖
策划编辑：戴　婕　　　　　责任监印：吴维斌

出版发行：中国轻工业出版社（北京鲁谷东街5号，邮编：100040）
印　　刷：三河市鑫金马印装有限公司
经　　销：各地新华书店
版　　次：2024年8月第1版第1次印刷
开　　本：710×1000　1/16　印张：32.5
字　　数：480千字
书　　号：ISBN 978-7-5184-4673-5　定价：178.00元
读者热线：010-65181109
发行电话：010-85119832　　010-85119912
网　　址：http://www.chlip.com.cn　　http://www.wqedu.com
电子信箱：1012305542@qq.com
如发现图书残缺请拨打读者热线联系调换
220217Y2X101ZYW

精神分析阅读译丛

译丛主编　王　刚　王　倩

READING FREUD
A Chronological Exploration of Freud's Writings

阅读弗洛伊德
——弗洛伊德著作的编年探索

[瑞士] 让-米歇尔·奎诺多茨（Jean-Michel Quinodoz）／著

王　觅　王　凝　钱秭澍　李　航　赵小蓁　吴　铮　许　珂／译

王　倩　余　晔　于　宁／审校

中国轻工业出版社

"精神分析阅读译丛"序

非常高兴看到"精神分析阅读译丛"由中国轻工业出版社"万千心理"陆续出版。2021年盛夏之际，在中国心理卫生协会第十四次全国心理卫生学术大会上，丛书各册译者的精彩讲座余音绕梁，此后岁月里，时日渐闻翰墨飘香。

点墨是金，经典著作是经过了历史的沉淀，经过了时间的检验的宝藏。重读经典，沿学科脉络追本溯源，解读大家思想内涵，需要以时代为背景，把仁者智慧与时代内涵统一起来，引发深入人心的思考。跟随当代学术大家洗练洁净的语言阅读，会令每一位年轻读者内心都充溢着信心与满足。

典籍浩若烟海，靠慎选，也靠名家推荐。"新精神分析图书馆（New Library of Psychoanalysis）"系列丛书编委会集结了一批最能阐发精神分析思想精髓的学术大家，在接管国际精神分析图书馆（International Psychoanalytical Library）后搭建起丛书平台，促进大众对精神分析更广泛的认识，增进精神分析与相关学科（社会科学、医学、哲学、历史、语言学、文学和艺术等）相互交流。我们从"新精神分析图书馆"系列丛书中精选数本，由中国轻工业出版社"万千心理"引进出版，组成中译本"精神分析阅读译丛"。在"精神分析阅读译丛"原著编写过程中，包括现任《国际精神分析杂志》（International Journal of Psychoanalysis）主编达娜·博克斯特德-布林（Dana Birksted-Breen）在内的多位学术大家以精深的临床敏锐度，对这些经典给出严肃的学术解读，将精神分析学科代表人物最具代表性及影响力的传世之作呈现在读者面前。

"精神分析阅读译丛"共包括五册：《阅读弗洛伊德——弗洛伊德著作的编年探索》（Reading Freud: a chronological exploration of Freud's writings）[①]、

[①] 后文简称为《阅读弗洛伊德》。——译者注

《阅读安娜·弗洛伊德》(*Reading Anna Freud*)、《阅读温尼科特》(*Reading Winnicott*)、《阅读克莱因》(*Reading Klein*)和《阅读比昂》(*Reading Bion*)。《阅读弗洛伊德》所选经典原文都给出了背景和历史细节,并介绍了当代弗洛伊德学派的发展;《阅读安娜·弗洛伊德》介绍了安娜·弗洛伊德的思想的历史地位以及当今对增进儿童青少年福祉,与儿童进行治疗性工作的价值;《阅读温尼科特》的两位作者则最大限度地保留了唐纳德·温尼科特的个人独创性,她们的研究积淀汇总出一个可供读者聆听并理解作者思想的历史视角;《阅读克莱因》呈现出克莱因的作品对理解精神生活图景的理论贡献,对之后精神分析发展产生的巨大影响,促进了精神医学对患者无意识焦虑的理解;《阅读比昂》的作者则阐释了比昂的思想对于精神分析、心理治疗的持续而深远的影响,以及对艺术、文学、社会学的价值。

最后预祝各位读者展卷破颜,阅读愉快!

王刚

译者序

与《阅读弗洛伊德》(Reading Freud)一书结缘是一个有趣的过程。2020年之初,王倩博士拉了一个微信群,宣布要启动"精神分析阅读译丛"的翻译工作,我和同为译者的王凝、赵小蓁兴致勃勃地举了手,屁颠儿屁颠儿地领回了活儿。老实说,在举手认领的时候我还不知道认领的是什么,只以为是某个大牛前辈精选的弗洛伊德作品集。因为上次系统阅读弗洛伊德作品还是在参加"中美精神分析联盟(The China American Psychoanalytic Alliance,简称为CAPA)"的心理治疗长程培训时,我挑灯夜战,打着瞌睡赶着完成了弗洛伊德作品的阅读作业,感觉比囫囵吞枣还要囫囵;而翻译正好能逼迫自己精读,我就积极且勇敢地举手了,幻想自己以后也能酷酷地对弗洛伊德作品如数家珍。

拿到原著后,我发现自己想错了,这本书并不是弗洛伊德文集。但,我可能错得正好,这可是大师整理的读书笔记!有超过15年带领受训分析师深度阅读弗洛伊德团体经验的大师整理的读书笔记——作者让-米歇尔·奎诺多茨(Jean-Michel Quinodoz)帮我们整理了弗洛伊德作品,在每个章节中,他首先提纲挈领地总结该章节涉猎的作品主题和主要发现,然后再帮我们细细整理相应的作品内容。他带领我们了解作品的创作背景(既有弗洛伊德本人的,也有作品中所提到的来访者的重要个人史);呈现作品中弗洛伊德的重要思考及其演变过程;综述相关观点和议题在后弗洛伊德学派中的发展;在每个章节的最后,再罗列弗洛伊德在该章节所讨论的作品中提出的新概念。这种切入分析作品的方式,让我们有机会去好奇弗洛伊德曾如何展开他的思考,宛如跟随一个勇敢的探险家去深入未知,探索鲜有前人到达之境。本书精巧的设计,让它与其说像一部已知结果的纪录片(虽然我们的确已经知道了探险家弗洛伊德带回的精神分析瑰宝),不如说像是身临其境地跟着弗洛伊德抽丝剥茧,向着未知凿出求知隧道的一段旅程。在此过程中,我一次次由衷钦佩弗洛伊德的勇气、好奇和智慧，同时妒忌他的高产！

《阅读弗洛伊德》实在是一本不易翻译的书，在翻译的过程中我每每停下来，想去翻翻弗洛伊德的作品，以及更多次，想去读读弗洛伊德所读的、所分析的作品（甚至见见弗洛伊德的来访者），我好奇弗洛伊德到底从哪个细节、哪个角度开始了他的奇思妙想，他是怎么一步步凿出知识之光的。如此走走停停，翻译进度堪忧。除了王凝、赵小蓁，王倩博士挥动魔法棒引入了更多神队友——李航、钱秭澍、吴铮和许珂。感谢整个翻译团队的通力合作，此书终于得以面世。同时，感谢中国轻工业出版社"万千心理"的编辑戴婕和罗运轴的细致工作，让本书终于走到了亲爱的读者——你的面前。

虽然字斟句酌翻译的过程痛苦，但我们很享受奎诺多茨大师带领的弗洛伊德作品探险深度旅行，也希望你也能享受这个过程。

王觅

2023 年 9 月

关于《阅读弗洛伊德》

《阅读弗洛伊德》一书对弗洛伊德一生的作品给出了一个简明易懂的大纲，从《癔症研究》（*Studies in Hysteria*）到《精神分析纲要》（*An Outline of Psycho-Analysis*）都有整理。它成功地用清晰而简洁的语言呈现了弗洛伊德最为复杂的理论，又避免了将其过于简化总结。

本书每一章集中于一篇或多篇独立文章，章内包括：有价值的背景信息、相关生平与历史细节、关于后弗洛伊德学派发展的描述，以及弗洛伊德提出的新概念。让－米歇尔·奎诺多茨采用将每一篇文章置于整个弗洛伊德的生活和工作的背景下的方法，成功地创作出一本按照时间顺序、相互关联和相互影响的概述。本书讨论的文章包括：

- 《梦的解析》（*The Interpretation of Dreams*）
- "陌生熟悉恐怖感（The 'Uncanny'）"
- 《文明及其不满》（*Civilization and its Discontents*）

本书陈述条理清晰，频频总结所提观点，鼓励读者充分参与所讨论的文章，并结合创作背景及其对精神分析发展的影响，对每篇文章进行全面的理解。

让－米歇尔·奎诺多茨吸取其作为临床工作者和培训分析师的丰富经验，以一种独特的方式全面地介绍了弗洛伊德的工作，这对任何学习弗洛伊德和精神分析的人来说都是非常有价值的工作。

让－米歇尔·奎诺多茨是日内瓦的一名私人执业的精神分析师。他是瑞士精神分析学会（Swiss Psychoanalytical Society）会员和英国精神分析学会（British Psychoanalytical Society）荣誉会员，这两个学会都是弗洛伊德在1910年创立的国际精神分析协会（International Psychoanalytical Association，简称IPA）的成员。在担任《国际精神分析杂志》欧洲版编辑10年后，让-米歇尔·奎诺多茨现在是《国际精神分析杂志》下辖《新闻年鉴》（*News Annual*）的主编，该杂志采用多种语言出版。他也是《驯服孤独》①（*The Taming of Solitude*，1993）和《翻页的梦》（*Dreams that Turn Over a Page*，2002）的作者。

---

① 本书中文简体版已由中国轻工业出版社"万千心理"于2020年8月出版。——译者注

新精神分析图书馆：教学系列

总编辑：达娜·博克斯特德-布林（Dana Birksted-Breen）

新精神分析图书馆成立于1987年，它是伦敦精神分析研究所的关联单位。新精神分析图书馆从国际精神分析图书馆演变而来，后者出版了很多弗洛伊德工作的早期英语翻译版，以及绝大多数英国和欧洲大陆重要精神分析师的作品。

新精神分析图书馆的宗旨是推广精神分析，增加大众对精神分析的理解，并提供一个论坛，以增进精神分析师和其他学科的工作人员之间的相互理解。

新精神分析图书馆"教学"系列将新精神分析图书馆的目标和成果扩展到精神分析及相关领域，如社会科学、哲学、文学和艺术。每本书都针对精神分析的一些主题提供了一个广泛且易于理解的介绍，用清晰简单的语言来诠释最复杂的精神分析概念，同时又不至于过度简化。

该机构与英国精神分析学会合作，经营一家收费较低的精神分析诊所，组织精神分析相关的讲座和科学活动，并出版《国际精神分析杂志》。它也举办英国唯一的精神分析培训课程，该课程衔接国际精神分析协会的会员。国际精神分析协会制定了由弗洛伊德提出和发展并达成国际共识的培训体系、专业准入标准、专业伦理，以及精神分析的实践。该研究所的杰出成员包括迈克尔·巴林特（Michael Balint）、威尔弗雷德·比昂（Wilfred Bion）、罗纳德·费尔贝恩（Ronald Fairbairn）、安娜·弗洛伊德（Anna Freud）、欧内斯特·琼斯（Ernest Jones）、梅兰妮·克莱因（Melanie Klein）、约翰·里克曼（John Rickman）和唐纳德·温尼科特（Donald Winnicott）。

之前的总编辑包括戴维·塔克特（David Tuckett）、伊丽莎白·斯皮利厄斯（Elizabeth Spillius）和苏珊·巴德（Susan Budd）。

咨询委员会的前任和现任成员包括克里斯托弗·博拉斯（Christopher

Bollas)、罗纳德·布里顿(Ronald Britton)、唐纳德·坎贝尔(Donald Campbell)、斯蒂芬·格罗斯(Stephen Grosz)、约翰·基恩(John Keene)、埃格勒·劳费尔(Eglé Laufer)、朱丽叶·米歇尔(Juliet Mitchell)、迈克尔·帕森斯(Michael Parsons)、罗西纳·约瑟夫·佩勒伯格(Rosine Jozef Perelberg)、戴维·泰勒(David Taylor)、玛丽·塔尔热·卡塔利娜·布龙斯坦(Mary Target Catalina Bronstein)、萨拉·弗兰德斯(Sara Flanders)和理查德·拉斯布里杰(Richard Rusbridger)。

本书说明

标题

本书中的书籍名称：以书名号标识，首次出现时在括号中以英文斜体呈现英文版书名。

示例：《日常生活的心理病理学》(*The Psychopathology of Everyday Life* 或 *THE PSYCHOPATHOLOGY OF EVERYDAY LIFE*)

本书中的文章标题：前后用双引号标识，首次出现时在括号中以英文正体呈现英文版文章标题。

示例："论自恋：导论（On Narcissism: An Introduction 或 ON NARCISSISM: AN INTRODUCTION）"

参考书目

在弗洛伊德的书籍或文章的标题后面会用数字标记著作首次出版的年代。年代的标注参考了《弗洛伊德：书目与作品索引》(*Freud–Bibliographie mit Werkkonkordanz*, Meyer-Palmedo and Fichter, 1989) 和《西格蒙德·弗洛伊德心理学著作全集（标准版）》(*Standard Edition of the Complete Psychological Works of Sigmund Freud*) 中列出的时间顺序，例如《日常生活的心理病理学》(1901b)。

当著作的出版年份与弗洛伊德撰写相应文本的日期不一致时，我会首先在方括号中注明出版年份，并在其后用圆括号标明实际的写作年份，例如《精神分析纲要》[1940a（1938）]。

引文：引用弗洛伊德出版物文本时的页码标注

引文页码参见《西格蒙德·弗洛伊德心理学著作全集（标准版）》。

重点专题

生平与历史

弗洛伊德个人生活中出现的那些与所讨论的文本有关的元素，以及有关他最早的部分追随者的传记细节。上述内容都被置于当时的历史背景中（予以讨论）。

后弗洛伊德学派

与所讨论的文本相关的后弗洛伊德学派的重大发展。

弗洛伊德概念的发展

针对弗洛伊德的一些重要主题的纵向研究。弗洛伊德对这些主题的探索历时多年，例如俄狄浦斯情结（Oedipus complex）、移情（transference）。

> **新概念**
>
> 　　当弗洛伊德引入的最为重要的概念在他作品中出现的时候，这些概念都会被提及，其目的在于突出弗洛伊德思想的发展过程。

西格蒙德·弗洛伊德（1856—1939）生平年表

生平纪要	发表与出版
1856 年：5 月 6 日，西格蒙德·弗洛伊德出生在弗赖堡（现属斯洛伐克）	
1860 年：父亲雅各布·弗洛伊德（Jakob Freud）带领全家迁居维也纳	
1873 年：西格蒙德·弗洛伊德以医学生的身份进入维也纳大学就读	
1876—1882 年：在恩斯特·布吕克（E. Brücke）教授主持的维也纳生理学研究所担任助理	发表了关于在鳗鱼身上寻找睾丸的论文（1877）
1880 年：结识约瑟夫·布罗伊尔（Josef Breuer）博士	
1881 年：获得医学博士学位；布罗伊尔治疗安娜·O.（Anna O.）	
1882 年：与玛莎·贝尔奈斯（Martha Bernays）订婚	
1883—1884 年：对可卡因的临床用途进行研究	发表了多篇有关可卡因的论文（1884）
1885 年：被聘为大学讲师；于巴黎的萨彼里埃（Salpêtrière）医院在让-马丁·沙可（Jean-Martin Charcot）的指导下学习	
1886 年：在维也纳开设私人诊所；与玛莎·贝尔奈斯结婚	
1887 年：长女玛蒂尔德（Mathilde）出生；结识来自柏林的威廉·弗利斯致威廉·弗利斯的信（1887—1902）（Wilhelm Fliess）	
1888 年：	1877—1883 年：发表了多篇有关鱼类神经细胞的论文
1889 年：长子马丁（Martin）出生；到法国南锡拜访希波莱特·伯恩海姆（Hippolyte Bernheim）	1888—1893 年：撰写／发表了多篇有关催眠的文章
1890—1891 年：迁居维也纳贝格大街（Berggasse）19 号；次子奥利弗（Oliver）出生	《论失语症》（On Aphasia, 1891b）
1892 年：三子恩斯特（Ernst）出生	"针对儿童单侧脑痹的临床研究（Clinical Study of the Unilateral Cerebral Palsies of Children）"（1891a）
1893 年：次女索菲（Sophie）出生	"一份初步交流（Preliminary Communication）"（Freud and Breuer, 1893）
1894 年：	"防御的神经－精神病（The Neuro-Psychoses of Defence）"（1894a）

· XII ·

(续表)

生平纪要	发表与出版
1895年：三女安娜（Anna）出生；典型的梦（"伊尔玛打针"）	《癔症研究》（1895d）；"焦虑神经症（Anxiety Neurosis）"（1895b）"科学心理学计划（Project for a Scientific Psychology）"[1950c（1895）]
1896年：父亲雅各布·弗洛伊德去世；与布罗伊尔断交	
1897年：开始自我分析（1896—1902年）；摒弃诱惑理论（又译作诱引说）	"对于防御的神经－精神病的进一步讨论（Further Remarks on the Neuro-Psychoses of Defence）"（1898b）
1898年：《俄狄浦斯·雷克斯》（Oedipus Rex）、《哈姆雷特》（Hamlet）	"神经症病因学中的性（Sexuality in the Aetiology of the Neuroses）"（1898a）
1899年：	"屏障记忆（Screen Memorie）"（1899a）
1900年：对朵拉（Dora，即伊达·鲍尔，Ida Bauer）的分析	《梦的解析》（1900a）
1901年：首次赴罗马旅行（与弟弟亚历山大·弗洛伊德同行）	《论梦》（On Dreams, 1901a）《日常生活的心理病理学》（The Psychopathology of Everyday Life, 1901b）
1902年：创办星期三小组（Wednesday Society）；结识威廉·斯泰克尔（Wilhelm Stekel）以及阿尔弗雷德·阿德勒（A. Adler）	
1903年：被聘为维也纳大学医学院的编外教授	
1904年：开始受到国际性认可	《笑话及其与无意识的关系》（Jokes and their Relation to the Unconscious, 1905c）
1905年：结识奥托·兰克（Otto Rank）	《性学三论》（Three Essays on the Theory of Sexuality, 1905d）"癔症案例分析片段（朵拉）"[Fragment of the Analysis of a Case of Hysteria (Dora)]"（1905e）
1906年：	
1907年：结识卡尔·古斯塔夫·荣格（C. G. Jung）、卡尔·亚伯拉罕（K. Abraham），以及马克斯·艾廷恩（Max Eitingon）	"延森'格拉迪瓦'中的妄想与梦境"（Delusions and Dreams in Jensen's "Gradiva", 1907a）
1908年：结识桑多尔·费伦齐（S. Ferenczi）、欧内斯特·琼斯（E. Jones）、汉斯·萨克斯（Hanns Sachs）以及保罗·费德恩（Paul Federn）	
1909年：成立维也纳精神分析学会；结识新教牧师奥斯卡·普菲斯特（Oskar Pfister）	"对一个5岁男孩的恐惧症的分析（'小汉斯'）"[Analysis of a Phobia in a Five-Year-Old Boy ('Little Hans')]"（1909b）"对一例强迫性神经症案例的笔记（'鼠人'）"[Notes upon a Case of Obsessional Neurosis (The 'Rat Man')]"（1909b）

· XIII ·

(续表)

生平纪要	发表与出版
1910年：成立国际精神分析协会（IPA）	《莱奥纳尔多·达芬奇与他的一段童年记忆》(Leonardo da Vinci and a Memory of his Childhood, 1910c)
1911年：维也纳精神分析学会内部出现矛盾与意见不合；阿德勒的退出	"关于一例自传中出现的偏执狂（偏执型夫妻）的精神分析评注[史瑞博Psycho-Analytic Notes on an Autobiographical Account of a Case of Paranoia (Schreber)]" (1911c)
1912年：成立"秘密委员会"；威廉·斯泰克的退出	发表多篇有关精神分析技术的论文（1904—1919）
1913年：结识露·安德烈亚斯-莎乐美（Lou Andreas-Salomé）；与荣格断交	《图腾与禁忌》(Totem and Taboo, 1912—1913)
1914年：第一次世界大战爆发；其子马丁以及恩斯特参战	"论自恋：导论" (1914c)
1915年：费伦齐接受弗洛伊德的分析（于1914—1916年分三个阶段进行）	发表多篇有关元心理学的论文（1915—1917）
1916—1917年：	《精神分析引论》(Introductory Lectures on Psycho-Analysis, 1916—1917)
1917年：	
1918年：第一次世界大战结束；安娜首次接受父亲的分析	"选自一例婴儿神经症案例的历史（'狼人'）" [From the History of an Infantile Neurosis: The 'Wolf-Man'] (1918b)
1919年：维克托·陶斯克（Victor Tausk, 弗洛伊德的学生）自杀；资助A. von Freund去世	"陌生熟悉恐怖感（The 'Uncanny'）" (1919h) "一个正在挨打的小孩（A Child is Being Beaten）" (1919e)
1920年：弗洛伊德的女儿索菲去世；欧内斯特·琼斯创办《国际精神分析杂志》	"一位女同性恋个案的心理成因（The Psychogenesis of a Case of Female Homosexuality）" (1920a) 《超越快乐原则》(Beyond the Pleasure Principle, 1920g)
1921年：	《团体心理学与对自我的分析》(Group Psychology and the Analysis of the Ego, 1921c)
1922年：	
1923年：首次接受癌症手术	《自我与本我》(The Ego and the Id, 1923b)
1924年：奥托·兰克出版《出生创伤》	"受虐狂的经济问题（The Economic Problem of Masochism）" (1924c)
1925年：卡尔·亚伯拉罕去世；布罗伊尔去世	

西格蒙德·弗洛伊德（1856—1939）生平年表

（续表）

生平纪要	发表与出版
1926年：弗洛伊德70岁寿辰；奥托·兰克的退出；梅兰妮·克莱因抵达伦敦	《抑制，症状与焦虑》（Inhibitions, Symptoms and Anxiety，1926d） 《非医者分析的问题》（The Question of Lay Analysis，1926e）
1927年：出席于因斯布鲁克召开的第十届国际精神分析大会	《一个幻象的未来》①（The Future of an Illusion，1927c）
1928年：	
1929年：全球经济大萧条的开始	
1930年：弗洛伊德的母亲过世，享年95岁；弗洛伊德被授予歌德文学奖	《文明及其不满》②（1930a）
1931年：反犹太主义在奥地利以及德国的崛起	
1932年：出席于威斯巴登召开的第十二届国际精神分析大会	《精神分析引论新编》（New Introductory Lectures on Psycho-Analysis，1933a）
1933年：桑多尔·费伦齐去世；希特勒掌权	
1934年：	发表了多篇有关否认现实以及自我分裂的文章（1924—1938）
1935年：	
1936年：弗洛伊德80岁寿辰；结识罗曼·罗兰（Romain Rolland）	"可终结的与不可终结的分析"（Analysis Terminable and Interminable）(1937c)
1937年：露·安德烈亚斯－莎乐美去世	"分析中的构建"（Constructions in Analysis）(1937d)
1938年：在欧内斯特·琼斯以及玛丽·波拿巴公主（Princess Marie Bonaparte）的帮助下，弗洛伊德离开维也纳前往伦敦	
1939年：弗洛伊德于9月23日在伦敦过世，享年83岁	《摩西与一神教》（Moses and Monotheism，1939a） 《精神分析纲要》[1940a (1938)]

① 亦被翻译为《一个幻觉的未来》。——译者注
② 德文为 Das Unbehagen in der Kultur，英文翻译为 Civilization and its Discontents。被翻译为《文明及其不满》，也被翻译为《文明及其缺憾》。——译者注

目 录

导 言 1

第一部分 精神分析的发现（1895—1910）

第一章 《癔症研究》（Freud & Breuer，1895d）................................ 14

第二章 致威廉·弗利斯的信［1950a（1887—1902）］和［1985c（1887—1904）］.. 36

第三章 "科学心理学计划"［1950c（1895）］...................................... 44

第四章 "防御的神经-精神病"（1894a）；

"关于用'焦虑神经症'这一描述将这种特殊的综合征从神经衰弱中分离出来的理由"［1895b（1894）］；

"对于防御的神经-精神病的进一步讨论"（1896b）；

"神经症病因学中的性"（1898a）；

"屏障记忆"（1899a）.. 53

第五章 《梦的解析》（1900a）；《论梦》（1901a）................................ 62

第六章 《日常生活的心理病理学》（1901b）...................................... 79

第七章 《笑话及其与无意识的关系》（1905c）................................... 88

第八章 《性学三论》（1905d）.. 100

第九章 "癔症案例分析片段"（朵拉）［1905e（1901）］.................... 116

第十章 《延森"格拉迪瓦"中的妄想与梦境》（1907a）...................... 133

第十一章 "对一个5岁男孩的恐惧症的分析（'小汉斯'）"（1909b）......... 142

第十二章 "对一例强迫性神经症案例的笔记（'鼠人'）"（1909d）·················· 163

第十三章 《莱奥纳尔多·达芬奇与他的一段童年记忆》（1910c）················· 174

第二部分　成熟的年代（1911—1920）

第十四章 "关于一例自传中出现的偏执狂（偏执型失智）的精神分析评注"
（1911c）··· 184

第十五章 1904—1919 年撰写的技术性文章；
"回忆、重复与修通"（1914g）；
"对移情之爱的观察"［1915a（1914）］；
"精神分析治疗的前行方向"（1919a）······································· 197

第十六章 《图腾与禁忌》（1912—1913）··· 223

第十七章 "论自恋：导论"（1914c）··· 236

第十八章 1915—1917 年撰写的元心理学论文；
《精神分析引论》［1916—1917（1915—1917）］························· 249

第十九章 "选自一例婴儿神经症案例的历史（'狼人'）"［1918b（1914）］
·· 288

第二十章 "陌生熟悉恐怖感"（1919h）··· 304

第二十一章 "一个正在挨打的小孩（对性倒错起源研究的贡献）"（1919e）；
"一位女同性恋个案的心理成因"（1920a）·································· 314

第三部分　新的理论视角（1920—1939）

第二十二章 《超越快乐原则》（1920g）··· 338

第二十三章	《团体心理学与对自我的分析》（1921c）············· 355
第二十四章	《自我与本我》（1923b）························· 370
第二十五章	"受虐狂的经济问题"（1924c）···················· 386
第二十六章	《抑制、症状与焦虑》（1926d）···················· 394
第二十七章	《一个幻象的未来》（1927c）；
	《非医者分析的问题》（1926e）···················· 410
第二十八章	《文明及其不满》（1930a）；
	《精神分析引论新编》[1933a（1932）]··············· 424
第二十九章	1924—1938年的关于否认现实与自我分裂的论文；
	《精神分析纲要》[1940a（1938）]·················· 438
第三十章	"可终结的与不可终结的分析"（1937c）；
	"分析中的构建"（1937d）························ 457
第三十一章	《摩西与一神教》[1939a（1934—1938）]··········· 474

在今天仍需阅读弗洛伊德吗？··································· 491
参考文献··· 493

导　言

个体与集体研习的结晶

无论从个人的角度出发，还是从集体的层面来看，《阅读弗洛伊德》都是一段漫长旅程后的产物。首先，本书的撰写基于我与精神分析的私人邂逅，以及身为精神分析师的我在私人执业的环境下长期向来访者提供经典分析性治疗的经历——我指的是那种躺在躺椅上，多数情况下每周接受四次分析的设置。临床经验让我意识到弗洛伊德的思想是活的、仍在起效的理论。他的理论既为我们与来访者的日常工作提供了启示，也不断为当代精神分析师注入灵感。《阅读弗洛伊德》一书的另一个基础是我对现存的各种后弗洛伊德思潮的熟悉。多亏了担任《国际精神分析杂志》欧洲区编辑期间获得的与许多同僚接触的机会，让我能够欣赏这些当代思潮的多样性和创造力。我的德语知识是促使我撰写《阅读弗洛伊德》的另一个因素。每每阅读原版的弗洛伊德文本的时候，我都会被他写作方式的极端简洁清晰所震撼——在绝大多数文本中，他使用的都是日常的措辞与表达，并会避免新词或旧词新意的出现。我试图以同样的精神撰写本书，以便让尽可能广泛的读者群体接触并领会弗洛伊德的思想——在尊重作者思想复杂性的同时，用清晰简单的语言表达其思想是完全可行的。最后，《阅读弗洛伊德》是一个致力于按时间顺序阅读弗洛伊德著作的研讨会的研习成果。该研讨会始于 1988 年，是日内瓦的雷蒙·德索叙尔[①]（Raymond de Saussure）精神分析研究所为未来有望成为精神分析师的个体提供的培训计划的一部分。在我撰写本书的时候，这一研讨会

[①] 雷蒙·德索叙尔（Raymond de Saussure, 1894—1971），瑞典精神分析师，欧洲精神分析联盟的首任主席。——译者注

仍在继续。由于研讨会为本书的形式和内容提供了最初的构架与材料，因此，我认为提及这一集体性的经历是必要的。

阅读弗洛伊德之法甚众

　　已出版的弗洛伊德著作涉猎范围之广泛、本质之复杂都给人留下了深刻的印象。在他所有的著作中，仅精神分析方面的论文就占据了大约二十四卷的体量。除此之外，他的往来信件，以及他进入精神分析领域之前所撰写的内容还被编辑成了一百多本书。我们要怎么才能全面地看待体量如此壮观的一系列著作呢？

　　阅读弗洛伊德的方式有很多种，虽然各有优劣，但这些方法在总体上是相辅相成的。我们可以有选择地阅读弗洛伊德，像点菜一样选择一篇文章或者一本书，或是选择一个主题并阅读讨论相应主题的文章。这种有选择的阅读之法的优点在于读者可以仔细地查阅每篇文章，想花多少时间去仔细思考所读内容都没问题。这是一种特别恰当的方法，因为弗洛伊德的著作确实会适用于"《塔木德》①"式的"解经"，即分析每个句子（甚至每个词语）的含义及句或词与其他文本之间的关联。然而，采用这种方法的读者需要花费数年才能完成这一任务。

　　阅读弗洛伊德主要精神分析著作的另一种方法是依时间顺序阅读——从1895年出版的《癔症研究》开始，依序读至他在去世前一年，即1938年，写就的《精神分析纲要》。按照作品的出版顺序阅读弗洛伊德的文本，且不花太多时间逐一阅读的方式，让读者可以了解弗洛伊德思想在多年间的发展历程。为了最大限度地发挥按时间顺序阅读的优势，我认为应该从一开始就设定一个时间限制，即便这就不允许读者给予文本细节其所应得的详细分析了。最为重要的一点在于读者能够将全局牢记于心，因为成功捕获到弗洛伊德著作的全景是有益的。全局的视角可以帮我们意识到形形色色的精神分析思想

---

① 《塔木德》（Talmudic），也称《塔木德经》，是犹太律法、思想和传统的集大成作。——译者注

流派通常只选择性地关注了弗洛伊德思想中的某个或某些特定方面，而忽略了其他方面。我们也可以看到，这种缩小关注范围的倾向性随着精神分析的代代相传而有了日增月益的趋势，但随之而来的风险是弗洛伊德著作中越来越多同样有价值的方面被搁置在了一旁。

这两种方法——有选择性地阅读和依时间顺序阅读——并非相互对立的。事实上，它们是相互补充的，因为每一种方法都以自己的方式表明了弗洛伊德本人是如何通过不断修正自己看待事物的角度、转化不确定性为自身优势，并考虑自身临床经验，来进一步发展其已有的发现。当然，独自一人去完成这样艰巨的任务并非不可能，但一个读者需要花费大量的时间和毅力才能完成如此大量的工作，使自己对弗洛伊德思想多年以来的发展有一个大概的了解。也正因如此，我觉得这样的体验对一群读者来说是特别令人兴奋且饶有趣味的，因为一群人在一起阅读更有助于维持这类需要长期努力的任务。

《阅读弗洛伊德》：使用说明

一个疯狂的任务？

在很长一段时间里，写一本书来聊聊弗洛伊德的全部文章的念头压根没在我脑海中冒出来过。在我看来，这个计划有点过于雄心勃勃了。此外，研讨会采取的是一种既按照时间顺序，又关注关联性与互动性的方式来研读弗洛伊德的著作。这是研讨会原创的读法，但我尚不明白要如何把这样的方法移植到一本书的一页页上。然后，突然有一天，我想到了可以同时借助排版、页面布局和色彩编排的力量来提供一种视效——一种能够呈现出这种整合的阅读弗洛伊德之道的可视化表现形式。这种页面布局使我能够将致力于研读弗洛伊德某一篇文章的研讨会所采取的模式应用到《阅读弗洛伊德》的每个章节中。

章节标题

除极个别的情况之外，本书的每个章节都是以弗洛伊德的一本书或一篇文章的标题来命名的。同时，为了区分被本书章节标题借名的作品究竟是书籍还是文章，我在所有被引用的文章标题外都加了引号。紧随标题出现的是相应文本首次问世的时间。时间的标注参考了《弗洛伊德：书目与作品索引》中的年表（Meyer-Palmedo & Fichter, 1989）以及《西格蒙德·弗洛伊德心理学著作全集（标准版）》。当著作的出版时间与弗洛伊德完成撰写相应文本的实际年份不一致时，我遵循了标注的惯例，即首先标注出出版年份，随后在小括号中给出作品的撰写时间，例如《精神分析纲要》[1940a（1938）]。

引言

每章都配有一个具有介绍性的小标题，以及一段对弗洛伊德相应作品内容的简短文字介绍，用以引出将在本章被探讨的主题。此举旨在让读者了解本章内容的概要，并简要地定位该作品在弗洛伊德所有著作中所处的位置。

生平与历史

读者可以在每章填充红色背景的专栏中找到与本章研读的作品相关的弗洛伊德的生平事件以及相应的历史背景。我指出了对弗洛伊德文章撰写产生了一定程度影响的主要因素。此外，我还收录了一些当时最为重要的弗洛伊德追随者的生平简介，以及那些发挥了重要作用的来访者的相关信息。

作品解析

参考文献：对所有被引用的弗洛伊德的文章，我都标明了其在《西格蒙德·弗洛伊德心理学著作全集（标准版）》[伦敦：奥加尔特（Hogarth）出版社与精神分析研究所]中出现的卷数以及页码。此外，读者还可以在参考书目中找到与《弗洛伊德：全集（德文版）》（*Sigmund Freud, Gesammelte Werke*）相关的参考文献。

梳理文本核心脉络

我要如何在呈现文本的过程中既避免因试图总结而过分简化的陷阱，又规避因过于全面而把读者淹没在参考文献中的弊病呢？面对这一两难的困局，我决定以一种能够唤起读者好奇心的方式来呈现每部作品，希望此举可以激发读者进一步通读整部作品的原文或译本的冲动。在可能的情况下，我也尝试用简单的日常语言来描述文章的要点——致力于以弗洛伊德最初撰写德文文本时的风格来指引我本书的写作。

以这种方式追随弗洛伊德的著作，让我们有机会发掘其思想的逐步发展演进。有的时候，他会在为了新生理论而摒弃旧有想法之后，再度重新回归到最初的理论，即便新旧思想可能是相互矛盾的。阅读弗洛伊德的原始文本可以帮我们意识到其著作是如何激发了我们的思考，并开辟出一片新天地的。正如费罗（Ferro，1996）所指出的，安伯托·艾柯[①]认为弗洛伊德的著作具有真正意义上的"开放性"。弗洛伊德像是一个发现了新大陆的探险家一样写下他的"见闻"——他记录下沿途所见，在笔记本上粗略地勾勒出地图，并时不时驻足停留，支起画架，将他的风景速写变成一幅惊世杰作。

以临床取向为重

我倾向于从一种更关注临床实践的视角出发来撰写《阅读弗洛伊德》，因为这既是我本人阅读弗洛伊德作品时的取向，也是其他为阐明弗洛伊德的文本做出贡献的学者们所关注的方向。我认为重要的一点在于牢记如下事实，即精神分析不仅是一种探究人类心智的理论与方法，还是帮助我们的众多来访者解决他们无法通过任何其他办法（甚至是任何现代化手段）消除的无意识冲突的一种临床与技术手段——而后一点才是精神分析最为首要的一个方面。

新概念

我在每章的末尾都强调了被研读和讨论的文章中出现的最为重要的概念——它们都曾在当年被弗洛伊德赋予了"真正的精神分析概念"之名号。

[①] 安伯托·艾柯（Umberto Eco），意大利哲学家、历史学家、小说家。——译者注

不过，将概念归属于弗洛伊德思想发展历程中的某个确切时刻并非一种毫无问题的呈现概念的办法。明确指出一个概念在弗洛伊德著作中首次出现的时间点可能会是相当武断或相当随意之举。实际上，在回顾弗洛伊德著作的时候，我们开始意识到他会在不同时期和不同的文本背景下多次描述与某个既定概念相对应的现象，但直到后来这些现象才被冠以精神分析概念之名。比方说，"移情"一词早在1895年就出现在《癔症研究》中了，但直到10年后的1905年，"移情"才在"朵拉"的临床案例中被描述为一个精神分析的概念。

弗洛伊德概念的发展

弗洛伊德的一些主要概念是经过了数十年的发展逐步形成的。也正是因此，我选出了包括移情、俄狄浦斯情结在内的一些概念，并在另辟的专栏中描述了它们随时间的发展变化。

后弗洛伊德学派

在这一专栏中，我着重强调了对弗洛伊德思想的发展起到了促进作用的最为重要的一些贡献。做出这些贡献的学者或分析师中既有弗洛伊德的直系弟子，也有继承了弗洛伊德思想并将其传承至今的精神分析领域的重要人物。为避免出现读者因参考文献数目过多而感到过载的状况，我只选取那些最为重要的贡献者，并顺带提及了一些更为个人化的参考资料。后弗洛伊德学派的发展演进表明了弗洛伊德所勾勒出的精神分析思想是如何在后来被这样或那样的思想学派所采用，并在它们创新之法的加持下得以改善的。考虑到这一点，我倾向于从一种国际性的视角出发，致力于突出身为国际精神分析协会（IPA）会员的精神分析师们所持有的当代思潮的多样性（当然，国际精神分析学会是由弗洛伊德创立的）。

"依时间顺序阅读弗洛伊德文章的研讨会"

一种兼顾了时间顺序与关联性、互动性的阅读之法

我想简要介绍一下这个研讨会,以便让读者对我们在这个已经持续开展了 15 年左右的研讨会上所做的工作有一些了解,毕竟它为我撰写《阅读弗洛伊德》一书奠定了基础。不过,我还是得本着实事求是的精神承认我们在这个研讨会上采纳的行动方案只是众多可行的方法之一。既然并不存在所谓的熟读弗洛伊德文本的唯一正解,那就意味着我们每个人都可以找到自己感觉最舒服的方法。

这次冒险之旅始于 1988 年。开办研讨会的想法最初是由我们精神分析学会内的一群受训分析师提出的。在那个时候,他们正在寻找一个培训分析师来承担一个按年代顺序阅读弗洛伊德文章的研讨会的带领者之职。在我看来,这是个特别有意思的挑战——我觉得自己也能从带领这样的研讨会中学到很多东西。在那之前,我确实下过功夫、苦读过弗洛伊德的作品,但那也还是一种有选择且不系统的读法。研讨会通常的运作方式是,每个参与者阅读一篇文章,然后非正式地和其他与会者分享自己的想法。不过,这对我没什么吸引力。我的想法是,所有参与者都应该为阐明我们所研读的文本做出贡献,而贡献的方式就是大家分别从不同的视角出发(比如生平、想法或理念形成的历史、后弗洛伊德学派的发展等)去理解和阐释所读内容。这样一来我们就兼顾了以时间为序的研读法,以及注重关联性、互动性的非线性研读法了。我认为这种"双管齐下"的工作方法有助于扩充和完善我们对于弗洛伊德文章的阅读与理解。我对这个项目深感满意。我也认为接受这一挑战是值得的——当然这取决于潜在的参与者们是否愿意接受我所提出的大致的工作方法。

研讨会设置的重要性

在我开始意识到研讨会的成败部分取决于设置之后,我逐渐理解了设置对于一个依时间顺序研读文献的研讨会的重要性。譬如，在第一次的研讨会中告知参与者这个项目将会持续 3 年是至关重要的，这样他们就可以对自己所需承诺的投入以及这一工作预期的耗时有所了解。同时，我将弗洛伊德的主要文章分为三组，并会在 3 年内读完这些文献——我采用了同样的思路和模板编撰本书的内容。研讨会每 2 周举办一次，每年会有大约 15 次持续时长 1.5 小时的研讨。每次研讨约有 16—18 人参加。研讨会以封闭形式展开，换言之，在一个研讨项目的周期内不接受新成员的加入。我会在事先的宣讲会上提供有关该研讨项目的介绍，以便潜在的参与者了解自己即将投入的研读活动，并评估自己是否为达成如此重要的目标做好了投入必要的时间与精力的准备，以及自己是否能享受其中。

每位成员的积极参与

另一个至关重要的点是要让研讨会的参与者有一种直接参与感，觉得研讨中发生的事情是与自己息息相关的。研讨会不是一系列的布道式讲座，我这个带领者的角色也仅限于在预先约定的时限（3 年）里对他们的研读工作予以帮助。这种参与方式意味着与会者既需独自研习，又要将自己的想法和发现与其他成员分享。随着这样研习之旅的不断推进，我越发意识到越是要求与会者积极主动地参与研讨会的构建，他们对研讨会的赞赏与个人获益就越多。少到几乎可以忽略不计的缺勤率也充分佐证了这一点——即使确有不便，缺席者也会即刻向我请假，并会找人代为转达自己本想亲自在组内与他人分享的内容。

独自进行的研习工作包含了以下内容。

- **阅读指定作品**：在每节研讨会之前，每位参与者都会阅读预先指定的作品，以便他能在研讨会的讨论阶段与他人分享自己的想法。
- **选择译本的自由**：每位参与者都可以按照自己的意愿和偏好选择阅读的语言和译文的版本。有的参与者会阅读弗洛伊德作品的德语原文，还有很多参与者会选择已有的法语译文，还有人会阅读英文、意大利语或西班牙语的翻译版本。译文版本的丰富多样也意味着我们能注意到在翻译弗洛伊德文本的过程中所需处理的问题的复杂性。

- **撰写简短的评述**：每位参与者撰写一段大约300字的简短评论（一页），内容需围绕下述题目之一展开。

1. "生平与历史"：简要介绍弗洛伊德撰写本次研读的文章时的生活，以便将文章放到其诞生的历史背景中进行考量；
2. "弗洛伊德概念的发展"：呈报弗洛伊德在文中逐步引入新的概念的方式，以便凸显其思想形成与发展的历史进程；
3. "后弗洛伊德学派"：从历史性和国际化的视角出发，选出在所研读的文章启发下，后弗洛伊德学派取得的最为主要的成就；
4. "会议纪要"：起草一份有关研讨会所探讨的内容的总结，并在下一次研讨会上将"纪要"发放给与会者。

每位参与者都会在研讨会上分享自己的研读工作成果。通常情况下，研讨会在以主题摘要开场的同时将与上述四个题目相关的评述分发给大家。接下来，由一名参与者在众人面前朗读与弗洛伊德生平相关的材料，随后会有一段简短的讨论。之后，由另一名参与者朗读有关弗洛伊德概念的材料，继而会进行一场开放的讨论。整个过程会持续大约三刻钟的时间。通常情况下，研讨会上弥漫着的是一种非常活跃且积极主动的氛围。如果讨论难以开启的话，我会让每位参与者说出脑海中浮现出的与文章有关的问题或者想法。一般来说，这一举措有助于讨论的重新启动。在一节研讨会的最后，会由一名学员读出与后弗洛伊德学派的贡献有关的材料。和之前的流程一样，所有参与者会随即展开有关这部分内容的讨论。我曾在另一个场合中（J-M. Quinodoz, 1997b）详细描述了一场针对"一个正在挨打的小孩①"一文的研讨会。那是一场只持续了很短时间的研讨会。但悖论在于，那次研讨是很有

---

① "一个正在挨打的小孩（A Child is Being Beaten）"，也有译作"一个被打的小孩"。——译者注

启发且充满新思想的，因为在实际的会议之前，每位参与者都得去思考文章所涉及的各种议题，并准备一段简短的陈述来阐明自己要在研讨小组分享的想法。

研讨会设定的高标准是动力性因素

这个研讨会要求参与者不仅得亲自阅读弗洛伊德的大部分著作，还得分享自己对所读文章的看法，并得为撰写与规定题目相关的评述进行必要的调查研究。我很清楚这对参与者而言，确实是个较高的要求。尽管普遍较重的工作负担已经使得他们没有足够的私人时光以及与家人相处的时间了，但为研讨会做准备还需要他们为此投入大量的时间。因此，只有当他们的付出能得到一段分享愉悦的研讨时光之时，他们才可能投入这样的努力。此外，为了更好地了解彼此，我们还会在每个年终岁末之时举办一次可以携眷出席的"百乐餐会"。

实践表明，每位参与者都得积极参与这一要求是团体动力的决定性因素，而团体的动力是在开展研讨会的过程中逐步确立的。我们会在一段有尽的时长里相伴而行——每个人从一开始就知道研讨会的持续期限为3年。在这段确定的时期里，"额外"的参与和投入促进了研讨会的构建，并最终营造出了一种友好的势头。实际上，研讨会给我们带来的不仅仅是知识的增长，因为以这种方式一起工作使参与者能够倾听每个人（包括他自己）想要表达的内容，进而促进了我们所有人的个人发展。这种方式让我们能更为开放地对待弗洛伊德试图传达的内容以及各种各样可能的观点。

在组建第二轮为期3年的研讨会时，我决定不强加这些规则了。不过这一举动反向证明了在研讨小组的正常运作中，高度的个人参与所起到的激发与促进作用。在第二轮3年研讨周期的第一次会面中，一位参与者对我提议的研读工作计划做出了反对——他毫不含糊地抨击了我的方案，并拒绝参加任何类似形式的"马拉松"（这是他本人的原话）。在那个时候，我尚未确信研讨会所提的这些要求的有效性，因此我决定用投票表决的方式来解决问题。那一位参与者的反对足以引得绝大多数的研讨会成员团结一致地支持他的动议,尽管遗憾,但我还是因此废除了针对某个既定题目撰写短评的个人作业。被我成功保全的唯一书面文件就只剩下每次研讨会的"会议纪要"了。尽管如此,我还是决定在此基础上继续进行研讨会。在研讨会持续的这3年里,集体讨论是受损最为严重的一个环节,因为开启讨论并在讨论中取得进展变成了一件难事。即便参与者都已经仔细阅读过弗洛伊德的文章了,但我还是能感觉到团队精神中少了点儿什么。我逐渐意识到缺少的部分正是随着时间的推移而构建出的整理和组织自身思维的特定方式,而上述构建特别得益于个体在撰写并分享一页纸长度的评述时所付出的努力。事后看来,当年纯粹因缺乏经验而做出的让步之举再也不会在我身上发生了。

致　谢

我必须将第一份感谢致予"依时间顺序阅读弗洛伊德文章的研讨会"的参与者。从某种程度上来说,我在以背景色显示的专栏"生平与历史"以及"后弗洛伊德学派"中提及的材料是以他们在讨论中的积极参与,以及在过去的15年间他们撰写的个人评述为基础的。我在本书正文的附录中列出了他们的名字,以此来表达我对他们的感激之情。我还必须向汉娜·西格尔(Hanna Segal)、安德烈·豪伊瑙尔(André Haynal)、奥古斯丁·让诺(Augustin Jeanneau)、克里斯托夫·赫林(Christoph Hering)、胡安·曼萨诺(Juan Manzano)和帕科·帕拉西奥(Paco Palacio)致以谢意,感谢他们慷慨地对本书初稿所做的评论。同时,我也要感谢 Maud Struchen,是他为本书整理了参考书目。就本书的英文译本而言,我想要表达对戴维·奥尔康(David Alcorn)的诚挚谢意,是他找到了合适的文字精准地传达了本书的写作风格以及我在书中传达的基本精神。此外,我还要感谢劳特利奇(Routledge)出版社"新精神分析图书馆"系列丛书的总编辑达娜·博克斯特德-布林,感谢 Anne-Marie Sandler 以及三位匿名读者,是他们极其专注地研读了《阅读弗洛伊德》一书并提出了在我看来最为有益的建议。

最后,但同样重要的是,我要将《阅读弗洛伊德》一书献给达妮埃尔

(Danielle)，是她给了我第一份鼓励，让这场冒险之旅得以开启。

在结束之前，我还是得指出阅读这样一本导读并不能成为亲自阅读原作的替代，但无论如何，我祝本书的读者可以拥有一段令人愉悦的阅读之旅。

让－米歇尔·奎诺多茨

日内瓦市，科洛尼镇

2004 年 9 月

（王　凝　译；余　晔　杨浩波　校）

第一部分

精神分析的发现（1895—1910）

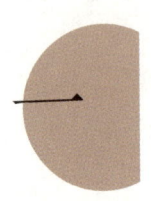

《癔症研究》
(Freud & Breuer, 1895d)

一个重要的发现：癔症症状具有意义

我们将从《癔症研究》开始，该书是整个精神分析构建的基石，弗洛伊德与布罗伊尔在该书中分享了他们治疗癔症症状的成功经验和各自总结的早期理论假设。癔症在 19 世纪末是一种极其常见的疾病，人们十分好奇这一疾病的成因，不禁要问：癔症是器质性还是精神性疾病？医生们没有办法找到癔症的真正原因，对此感到十分棘手。在医学领域，癔症性的转换现象（hysterical conversion phenomena）是一项公认的挑战，因为这些症状无法与解剖学病变对应起来，并且症状的出现和消失往往是随机的。面对那些令人叹为观止的症状，医生们无法给出解释，这也让他们感到十分恼火，最终结果则是他们拒绝接诊这些来访者，其中以女性居多，医生们认为这些来访者要么是疯了，要么是装病。

从 1882 年起，受到维也纳同事布罗伊尔成功经验的鼓舞，弗洛伊德开始对癔症来访者的治疗产生了兴趣，在那些饱受癔症折磨的来访者的治疗过程中，暗示和催眠发挥了多大作用？在《癔症研究》中，两位作者详细描述了五位癔症来访者的治疗过程，他们还各自撰写了一章来阐述自己的理论假设，这本书是他们10年临床工作的成果。弗洛伊德所撰写的题为"癔症的心理治疗（The Psychotherapy of Hysteria）"章节已被载入史册，不仅是因为它的历史价值，还因为在这一章中，弗洛伊德为一门新的学科——精神分析学——奠定了临床和理论基础，而精神分析则源自宣泄法（cathartic method）。布罗伊尔发明了"宣泄法"，在1880—1895年用此方法来治疗癔症来访者；宣泄法是一种心理疗法，通过宣泄法，来访者能够回忆起当癔症首次出现时发生的创伤性事件。布罗伊尔和弗洛伊德注意到，当来访者逐渐能够回忆起那段记忆，并在回忆的过程中唤起了与创伤性事件有关的强烈的情感体验，症状就会自行消失。弗洛伊德告诉我们，起初，他像布罗伊尔一样，使用暗示和催眠来帮助来访者接触到那些致病记忆。很快，他摒弃了这项技术，在方法上进行了革新：他注意到，如果要求来访者大声讲出他脑海中所呈现的一切，这种方法就是现在广为人知的"自由联想（free association）"，通过来访者思考的自发过程，弗洛伊德不仅能针对之前被压抑的致病记忆进行工作，他还识别出了阻抗（resistance），阻抗会阻止来访者触碰到那些致病记忆，从而致使癔症无法得到解决。新技术的使用，让人们越来越重视阻抗、移情、语言象征和心智加工过程所发挥的作用，这些都是精神分析治疗的特有要素，在《癔症研究》的第四章，弗洛伊德已经对此有所描述。虽然宣泄法逐渐被人们摒弃，但是，释放情绪张力依旧是精神分析的重要特征。

弗洛伊德在1895年提出的假设现在已经过时了吗？对于那些提出这种异议的人，我要回答说，精神分析的命运与其他重大发现的命运是一样的：在19世纪末，各种各样的发明与精神分析学都初现端倪；随着时间的推移，它们也不断得以完善，但在撰写本书时，还没有全新的革命性的发现能取代它们。正因如此，当我们饶有兴致地研究弗洛伊德的著作时，要从《癔症研究》开始，它是精神分析中的宏伟著作，因为这本书中描述的治疗方法沿用至今，在精神分析领域中仍具重大价值。

生平与历史

1895年《癔症研究》出版前弗洛伊德的生活

1895年，弗洛伊德39岁，已婚，是几个孩子的父亲。当时，作为一位神经科医生，无论在神经病理学研究领域，还是在临床实践上，他都已经积累了丰富的经验并颇具声望。弗洛伊德于1856年出生于摩拉维亚的小城弗赖堡，父母均为犹太人。尽管他宣称自己信仰自由，是无神论者，但在情感上他仍归属于犹太教。在这个家庭中，辈分关系错综复杂。弗洛伊德的父亲雅各布·弗洛伊德（Jakob Freud）在40岁时再婚，娶了小他20岁的年轻女子阿马利娅·纳坦松（Amalia Nathanson）为妻，她与雅各布第一任妻子所生的两个儿子年龄相仿。这让年幼的西格蒙德困惑不解，他曾一度将自己想象成是一对年轻夫妇——母亲和同父异母的哥哥——的孩子，而并非是年迈父亲的儿子。弗洛伊德在其母亲所生的八个孩子中排行老大，母亲最偏爱他，这无疑使他更加确信未来自己一定会功成名就。1860年，弗洛伊德一家搬到了维也纳。也正是在那里，弗洛伊德开始学医，师从多位知名教授，其中就有生理学家恩斯特·布吕克（Ernst Brücke），他是一位信奉实证主义的医生，正是他把弗洛伊德引荐给约瑟夫·布罗伊尔。布罗伊尔是维也纳杰出的生理学家和内科医生，年长弗洛伊德14岁，在那段时间，他一直对治疗癔症很感兴趣。

从科学的角度来看，弗洛伊德的观点极具创新性，这一点体现在他的诸多研究项目中，这使他在同行中备受关注。他在脑细胞和神经纤维的形态和生理整体性方面进行了开创性研究，使他成为未被公开承认的神经元理论的先驱，后来，是瓦尔德（Walder）在1891年进一步阐述了该理论。至于弗洛伊德在1891年发表的关于失语症和小儿麻痹症的文章，其价值至今仍然得到肯定，尤其是他的失语症功能构想，摆脱了当时流行的皮质定位理论。他还研究了可卡因的药理作用，并在自己身上进行了实验，但该项发现的认可和声誉却被他的一位同事揽入怀中。1885年，他获得了编外讲师（Privatdozent）的荣誉称号。

1882年，弗洛伊德与玛莎·贝尔奈斯坠入爱河；那年，他26岁，而她才20岁。他们订婚后，历经了4年才步入婚姻的殿堂，这期间他们几乎每天互通书信。在他们的通信中，弗洛伊德表露出他是一位时常焦虑、充满激情和专制的未婚夫；玛莎看起来则稳重而谨慎，就像非常赞赏玛莎的欧内斯特·琼斯（Ernest Jones）形容的那样，玛莎是一位"正常"的女子。1886年，就在弗洛伊德开始私人执业不久后，他们正式结婚了，并在婚后育有六个子女。

1891年，弗洛伊德举家搬迁，住到维也纳的伯格斯（Berggasse）街19号；直到1938年为了躲避纳粹迫害才离开维也纳移居伦敦。

弗洛伊德和布罗伊尔：关键性的合作

1882年，布罗伊尔成功地治愈了一位年轻女性来访者安娜·O.的癔症症状，当这位维也纳的朋友和同事将此事分享给弗洛伊德时，这个成功的经验使弗洛伊德第一次注意到采用催眠来治疗癔症来访者的可能性。生于1842年的布罗伊尔对精神分析的诞生起了关键性的作用。布罗伊尔本人是犹太后裔，是一位杰出的生理学家和内科医生，也是一位修养极高的人。他是许多维也纳社会名流的朋友和家庭医生，这些名流包括：哲学家弗兰兹·布伦塔诺（Franz Brentano）和作曲家约翰内斯·勃拉姆斯（Johannes Brahms）等。弗洛伊德是在他的导师恩斯特·布吕克引荐之下，认识布罗伊尔的。在1876—1882年期间，弗洛伊德跟随布吕克，在其研究所从事神经生理学研究。在开始私人执业后，弗洛伊德将布罗伊尔的方法应用到自己的几位来访者身上，他惊奇地发现，布罗伊尔观察到的结果在治疗自己来访者的过程中得到了验证。但是，弗洛伊德随时寻求新发现的探究精神令他总是在寻找新发现，并很快准备好探索他自己的道路了。

弗洛伊德向前辈们学习：沙可和伯恩海姆

为了学习更多相关知识，弗洛伊德决定于1885—1886年在巴黎多待一段时间，住在沙可家中，随后于1889年居住在南锡的伯恩海姆家中。弗洛伊德花了几个月的时间观摩沙可的现场教学。沙可曾通过解决癔症这个医学难题的尝试而闻名。沙可摒弃了古代和中世纪对癔症的假设，即认为癔症是由子宫中的某些刺激或子宫异常导致的，或者认为癔症来访者是在装病，而是将癔症定义为一个明确的疾病，并将此作为自己的研究方向。他把癔症归为功能性神经疾病或神经症之列，从而将其与器质性原因导致的精神障碍区分开来。他之所以做出这种区分，是因为他发现，癔症瘫痪的部位和形式具有随机性，与神经性瘫痪中观察到的神经根分布完全不同。为了证明癔症本质上是心理障碍而不是器质性疾病，沙可使用了催眠暗示，这种方法一方面能让个体再现癔症症状，另一方面也能消除它们。他提出了"动态脑损伤"的假设，认为无论是男性还是女性，癔症的原因在本质上很可能与创伤有关。然而，沙可并没有将催眠暗示作为一种治疗手段，而是作为他示范表演的工具。因此，1889年，弗洛伊德决定改进自己的技术，遂跟随南锡的伯恩海姆学习。当时，伯恩海姆已经证明，催眠是一种暗示，其发挥作用的媒介是语言，而不是医生目光凝视的魅力。从此，催眠正式转变为一种心理治疗技术。弗洛伊德一回到维也纳就将催眠法付诸实践。

《癔症研究》：15年的酝酿

弗洛伊德花了好几年的时间才说服布罗伊尔，把他们从1881年起所做的临床观察，以及他们各自的假设，结集出版于同本著作中。首先，他们在"初步交流（Preliminary Communication）"（1893）中报告了关于他们采用宣泄法所取得的阶段性结论。这篇论文在《癔症研究》（1895d）中重印，成为了该书的第一章。

然而，《癔症研究》的出版标志着他们二人合作关系的结束；弗洛伊德对布罗伊尔缺乏远大的抱负感到失望，从1896年起，他独自继续进行研究。两个人之间的关系逐渐疏远，原因之一是布罗伊尔不相信性的因素是癔症发病的主要原因，而弗洛伊德则越来越重视这个因素。尽管如此，布罗伊尔仍然对弗洛伊德理论发展感兴趣，但只是在远远地关注。1925年，布罗伊尔去世，其子罗伯特·布罗伊尔（Robert Breuer）回复了弗洛伊德的吊唁信，信的内容让弗洛伊德感到惊讶。根据希尔施米勒（Hirschmüller，1978）的说法，罗伯特告诉弗洛伊德，他的父亲持续关注着弗洛伊德的研究。

作品解析

引文页码参见《西格蒙德·弗洛伊德心理学著作全集（标准版）》，第二卷，1–309。

📖 "关于癔症现象的心理机制"（Breuer & Freud）

该作品的开篇章节即1893年发表的"初步交流"。在这篇文章中，作者描述了他们的临床过程的每个阶段，并提出了他们的初步假设。他们声称，总体而言，他们之所以能够发现癔症致病的原因，得益于偶然的观察，更确切地说，他们发现了是多年前的事件引发了癔症的首次发作。任何简单的临床检查都无法揭示病因，因为来访者已经完全丧失了对病因的记忆。通常，此时有必要对来访者催眠，唤醒关于症状首次出现时的相关记忆："当催眠完成后，就能以最清晰和最令人信服的方式证明这其中的联系"（Freud & Breuer，1895d：3）。较为常见的是，恰恰是回忆起来的发生于儿童时期的某些事件导致了来访者在多年后出现或轻或重的癔症病理表现。

这些观察结果表明，癔症的发病机制与创伤性神经症的发病机制有相似之处，据此，可以认定癔症症状的原因是"精神创伤"。随后，精神创伤和对它的记忆"就像一个异物，在它侵入机体后，仍在很长一段时间发挥着作用"

(ibid.: 6①)。

按照布罗伊尔和弗洛伊德的说法，回忆起创伤性记忆，症状就会消失，这一情况恰好印证了他们的假设。我将引用他们的原话来描述该创新疗法：

> 一开始，我们非常惊奇地发现，当我们成功地使来访者回忆起引起癔症发作的事件，并唤醒与之相伴的情感时，如果来访者能尽可能描述该事件的细节，并能将情绪用语言表达出来，癔症症状都会立即永久地消失。（ibid.: 6）

他们进一步补充道，治疗效果的关键在于，来访者能够重新体验过往事件的原初情感："只有回忆而没有情感体验，这基本上没有任何治疗效果"（ibid.: 6）。经过反复的观察，弗洛伊德和布罗伊尔发表了著名的论断："癔症来访者主要遭受回忆的折磨"（ibid.: 7）。

二位作者进一步指出，语言在"宣泄"效果中起着决定性的作用，因为对致病记忆的清除意味着情绪的释放，无论是通过流眼泪还是用报复的行为予以释放。

> 然而，语言是行动的替代品，通过语言的帮助，情感同样可以有效地被"发泄（abreacted）"出来。一般来说，语言表达本身就是能满足需求的本能反应，例如，哭诉，或者讲出一个令人痛苦的秘密，就类似于忏悔行为。直接的行动或言辞，抑或抽抽噎噎地流泪，如果没有这些反应，对事件的回忆仍旧留存着原始的情感基调。（ibid.: 8）

弗洛伊德和布罗伊尔还观察到，在来访者的记忆中追踪不到原始事件的痕迹，因为在大多数来访者身上，问题在于，"来访者希望遗忘，因此故

---

① ibid. 是拉丁语"ibidem"的缩写，指所引内容的出处跟上一个文献在同一书或作品中，即"同前，同上"。在此表示和上一处引自同一篇文献，第6页。后文同理。——译者注

意将这部分内容压抑到自己的意识之外"（ibid.：10）。癔症现象是"意识分裂（splitting of consciousness）"的结果；换句话说，存在"双重意识（dual consciousness）"，这与癔症的基本现象"催眠样状态（hypnoid state）"有关。简而言之，癔症症状是严重创伤的结果，就像在创伤性神经症来访者身上发生的那样，或者是因为努力的抑制（抑制那些与性有关的情感占据着很大部分），从而导致"分裂"出一类病理表征。弗洛伊德和布罗伊尔在论文结尾反问道，那么他们所描述的心理治疗是如何发挥其疗效的呢？

> 它通过允许被扼住的情感以语言表达出来，消除了最初没有被释放的想法的操纵力量；它通过将想法引入正常意识（在轻度催眠状态下）将其矫正，或通过医生的暗示将其消除，就像治疗梦游状态下伴发的失忆那样。（ibid.：17）

📖 "个案病史"：宣泄法成功治愈的五位来访者

随后，两位作者介绍了五份临床观察报告，其中只有第一份是布罗伊尔撰写的，其他四份都与弗洛伊德治疗的来访者有关。在这里，我将呈现每个个案的梗概，简要地提及每个案例。我的目的是突出弗洛伊德与布罗伊尔在各自的研究中所取得的阶段性进展。

● 布罗伊尔的"安娜·O. 女士"：经典案例

当布罗伊尔初次遇到"安娜·O."［她的真名叫贝尔塔·帕彭海姆（Bertha Pappenheim）］时，她 21 岁，患有严重咳嗽［"神经性咳嗽（tussis nervosa）"］和其他几种癔症症状：情绪化、视力障碍、右侧瘫痪、充满幻觉的"意识丧失"、各种各样言语障碍等。经过与她漫长而高频的讨论后，布罗伊尔注意到，当这位年轻女子向他详细描述发病初期的原始记忆时，那一刻，她又重新体验了当时的强烈情绪，此后，症状便消失了。基于这些偶然的观察，布罗伊尔针对其他症状，以更系统的方法重复了这一实验。他开始意识到，当他问安娜·O. 这些症状最初出现的情形，当来访者回答他的问题时，来访者的症状就消失了。引自布罗伊尔的原话：

> 在这个复杂个案中，我对每一个症状都做了单独的处理；处理的顺序与事件发生的顺序恰好相反，最初是来访者卧床不起，之后追溯到这些症状出现的最初事件。一旦描述完最初的事件，症状就永远消失了。（ibid.: 35）

与此同时，布罗伊尔还观察到，当来访者描述这些事件的时候，她处于类似于自我催眠的意识减弱状态，他称之为"催眠样状态"。后来，布罗伊尔改进了他的技术，不再等来访者自己进入催眠状态，而是主动对来访者进行催眠，从而节省了时间。安娜·O. 本人称这一治疗过程为"谈话治疗（talking cure）"，通过回忆与症状发生时的相关事件，情感得以发泄，她称之为"扫烟囱（chimney-sweeping）"（ibid.: 30）。

接着，布罗伊尔列出了长长的症状清单，清单上的症状都是被"谈话消除（talked away）"的方法治愈的（ibid.: 35）。毫无疑问，其中最重要最成功的案例是对安娜·O. 右臂瘫痪的治疗。当安娜坐在病重父亲的床边时，突然产生了幻觉，她看到一条黑蛇爬过来要咬她病重的父亲；而此时，她发现自己的右臂靠在椅背上，十分僵硬动弹不得。

这种令人焦虑的幻觉在首次发生后常重复出现，并伴有右臂瘫痪症状；此外，除了英语，她都不会说其他语言了。布罗伊尔告诉我们，在治疗结束时，安娜·O. 完整地讲述了关于蛇幻觉首次出现的情形。当她能够成功地回忆起那个戏剧性的夜晚她在病重的父亲床旁的感受，她右臂的瘫痪症状就消失了，她也能够开口说德语了：

> 在完整叙述了整个过程后，她就能用德语交流了。与此同时，她还摆脱了她以前表现出来的诸多障碍。此后，她离开维也纳，旅行了一段时间；而完全恢复心理平衡还是花了相当长的一段时间。从那以后，她一直非常健康。（ibid.: 40–41）

后弗洛伊德学派

安娜·O. 缘何结束治疗？

布罗伊尔以乐观的态度结束了他的报告，他说，尽管来访者需要一些时间才能完全恢复心理平衡，但从那时起，"她一直非常健康"（ibid.: 41）。然而，最近的研究对这一结论表示怀疑。弗洛伊德本人对安娜·O. 的分析结束也持不同的说法。后来，弗洛伊德透露，布罗伊尔终止治疗，是因为他没办法承受来访者的移情之爱，于是他选择了逃避。正如弗洛伊德在写给斯蒂芬·茨威格（Stefan Zweig）的一封信中所说："尽管布罗伊尔有着超高的智力禀赋，但他身上丝毫没有体现出浮士德精神。面对这种情形，大家都会觉得惊恐，但他在恐惧之下选择了逃跑，把来访者扔给了同行"（1932年6月2日的信）。欧内斯特·琼斯（1953—1957）在他的弗洛伊德传记中引用了其中一个描述：在治疗的最后一天，布罗伊尔被唤到安娜·O. 的床边，发现她已经出现了典型的癔症发作，正在模仿分娩的动作，并大声呼喊这是布罗伊尔的孩子。看起来，布罗伊尔当下就逃走了，第二天就携妻子逃到了威尼斯；他们在那儿还怀上了一个女儿。

然而，近期的历史研究显示，琼斯广泛传播的说法实际上是弗洛伊德自己的回顾性重构，并不符合事实。阿尔布雷希特·希尔施米勒（Albrecht Hirschmüller, 1978）表明，事实上，布罗伊尔在宣布宣泄法治疗结束后，仍然继续对安娜·O. 实施治疗。她的很多症状表现一直存在，此外，她遭受着三叉神经痛的折磨，布罗伊尔用吗啡对她进行治疗，结果导致来访者对吗啡上瘾。1882年7月，布罗伊尔将来访者送到了克罗伊茨林根（Kreuzlingen）疗养院，请疗养院主任路德维希·宾斯万格（Ludwig Binswanger）继续为她提供治疗；由于她的健康状况有所改善，安娜·O. 于同年10月离开了疗养院。此后，安娜·O. 居住在维也纳，期间也接受了几次治疗，之后搬去法兰克福。在德国，作为一位作家，她在专业领域中非常积极活跃，从事了大量的慈善工作。根据这项最新的研究，布里顿（Britton, 2003）重新评估了这个经典案例，就癔症的冲突性质提出了一些高度令人信服的假设。

《癔症研究》中描述的一些来访者，并未完全摆脱他们的症状，这一事实被许多精神分析批评家拿来指责和质疑精神分析的有效性，他们控诉弗洛伊德和布罗伊尔是骗子，指控安娜·O.装病。的确，布罗伊尔和弗洛伊德当时满怀热情，一定程度上美化了他们的临床案例报告；实际上，他们之所以发表自己的研究，部分原因是他们要证明，他们的研究要早于皮埃尔·让内（Pierre Janet）。无论如何，我们不应该陷入"见树不见林"的陷阱，因为尽管这种治疗可能只取得了有限的成功，但作为首例通过宣泄法成功治愈的案例，以及促成弗洛伊德踏上发现精神分析的康庄大道的案例，安娜·O.的治疗仍将被载入史册。

● 弗洛伊德的"艾米·冯 N. 夫人"：弗洛伊德首次使用宣泄法

正如我们将宣泄法的发现归功于布罗伊尔对安娜·O.的治疗一样，正是源于弗洛伊德对"艾米·冯 N.（Emmy von N.）"的治疗，他决定摒弃催眠，转用自由联想作为首选的治疗方法。这位 41 岁的来访者，她的真名叫范妮·莫泽（Fanny Moser），是一位富有的制造商的遗孀，育有两个女儿；她患有严重的动物恐惧症。对她的治疗始于 1889 年 5 月 1 日，持续了 6 周。弗洛伊德与来访者之间的讨论只有一个目的，就是宣泄，同时还采用按摩和催眠以激活来访者的回忆。然而，在他们交谈的过程中，弗洛伊德观察到，如果来访者能够自发地表达，她是可以回忆起那些重要时刻的。这样一来，不用要求她吐露心事，通过自发的表达就达到了宣泄的效果。正如弗洛伊德所说："这就好像她采用了我的方法，能够谈话不受束缚，自由游走。她能够使用这种方法作为催眠疗法的补充疗法"（ibid.: 51）。治疗几天后，弗洛伊德频繁的提问激怒了她，她强烈要求弗洛伊德不要总是打断她，"让她自己告诉（我）她想讲的内容"（ibid.: 63）。弗洛伊德同意了来访者的建议，继续观察，他发现即使没有催眠，他仍能听到来访者讲述出那些重要的回忆。但在与艾米·冯 N. 工作的治疗过程中,他也持续在使用着催眠。当她恢复某些回忆时,她会感到十分恐惧,这位来访者经常警告弗洛伊德,这个时候不要碰她:"别动,不要讲话,不要碰我!"(ibid.: 51)之后,她会慢慢地平静下来。对于弗洛伊德而言,艾米·冯 N. 的病例不太像转换性癔症,她的癔症症状都是心理层面的:焦虑、抑郁和恐惧。至于她癔症的起因,弗洛伊德认为性压抑起着决定性作用,因为它"比其他任何因素都更容易造成创伤"(ibid.: 103)。

● **弗洛伊德的"露西·R. 小姐":弗洛伊德逐渐放弃了催眠暗示**

1892 年 12 月,弗洛伊德治疗了一位年轻的英国女家庭教师。她丧失嗅觉并受幻嗅之苦,她总能闻到一种弥漫的烧焦味。这些症状都被认为是癔症的症状。在对她尝试催眠无果后,弗洛伊德放弃了这种方法,转而采用了"自由联想",有时当来访者回忆出现困难时,他会轻轻地把手按压在她的前额上。

> 我用手按压来访者的额头,或者用双手夹住她的头,说:"在我手的压力下,你会想起来的。在我松手的那一刻,你会看到一些东西,或者有些内容会浮现在你的脑海中,抓住它。这就是我们要找的东西……很好,你现在看到了什么或者脑海中有什么?"(ibid.: 110)

这种治疗证实了弗洛伊德的假设,即癔症症状致病的根源是这些被遗忘的事件,尽管它们被遗忘,但还是被牢牢地储存在记忆中。来访者的心理是有冲突的,通常是与性有关的冲突,致病的原因是由于某些不兼容的想法"必须被有意地从意识中压抑到无意识,并无法获得联想的修正"(ibid.: 116)。在该案例中,当弗洛伊德发现露西·R.(Lucy R.)小姐暗恋她的男主人后,症状便消失了;她承认,因为她知道这份爱是没有未来的,所以她只能压抑这种情感。

● 弗洛伊德的"卡塔琳娜"：一份精神分析治疗的简短报告

在这篇报告中，弗洛伊德对性创伤在癔症症状的病因学中所起的作用给出了简短而精彩的论述。弗洛伊德与这位年仅 18 岁的年轻女患者进行了长达数小时的谈话治疗。这是一次计划外的咨询，发生在 1893 年 8 月，当时弗洛伊德正在度假，两人边散步边咨询。卡塔琳娜（Katharina）是旅馆老板的女儿，知道弗洛伊德是位医生，就问他是否可以帮她治疗呼吸急促的问题，她描述当她呼吸急促时，会看到一张可怕的脸，那张脸也用恐怖的眼神看着她。后来，弗洛伊德尽可能准确地记录下她们的谈话，卡塔琳娜说，她记得这一症状始于两年前，当时她目睹了她的"伯父"和她的表妹弗兰齐斯卡（Franziska）性交的场面；这一幕使她倍感震惊。这段记忆使卡塔琳娜想起在她 14 岁时，她的"伯父"多次对她进行性骚扰。弗洛伊德观察到，在讲述完这件事之后，这位年轻的女士感到如释重负，因为正如他所说，她的癔症"在很大程度上得到了释放"（ibid.：132）。对于弗洛伊德来说，这为他的论点提供了强有力的证据："卡塔琳娜的焦虑发作实际上是一种癔症性焦虑；这种焦虑是与性创伤有关的焦虑的再现"（ibid.：134）。在 1924 年的一个脚注中，弗洛伊德揭示了案例中的这个男人不是这位年轻女子的"伯父"，而是她的父亲（ibid.：6，注释 2）。

● 弗洛伊德的"伊丽莎白·冯 R. 女士"：第一份癔症治疗的完整案例分析

弗洛伊德描述的第四个来访者是一名 24 岁的匈牙利裔年轻女子"伊丽莎白·冯 R.（Elisabeth von R.）"［她的真名是伊洛娜·魏斯（Ilona Weiss）］，治疗从 1892 年秋天一直持续到 1893 年 7 月。两年多来，腿部疼痛一直困扰着她，行走也存在困难，但找不到原因。这些疾病是她在照顾生病的父亲时首次出现的。在她父亲去世后不久，她姐姐也生病去世；两位亲人的丧失在她的症状中起到了决定性作用。弗洛伊德告诉我们，她的治疗分为三个阶段。第一个阶段，无法让来访者将她的现实症状与诱因联系起来。她抗拒催眠，所以弗洛伊德只是让她闭着眼睛躺下，允许她的身体自由移动。尽管弗洛伊德做了不少尝试，但是期待的治疗效果并未出现。然后，他又应用了自己的额头按压术，用手轻轻地按在她的额头上，让她说出头脑中出现的内容。她首先想到的是在父亲的健康状况恶化时，她爱上了一位男青年。鉴于父亲疾病的严重性，她彻底放弃了对那位年轻人的爱。她记得，当这种内在冲突出现时，她第一次感到腿部疼痛——弗洛伊德说道，这正是癔症转换机制的例子。回想起她爱情生活中的挫折，伊丽莎白·冯 R. 小姐自己也发现了首次出现癔症转换症状的原因：

> 不久之后，让我吃惊的是，来访者称，她知道为什么右大腿某处存在放射性的疼痛，而该核心位置的痛感最为明显；此处恰恰是每天早上她为父亲更换绷带时，他伸出肿胀的小腿的那个部位。（ibid.：148）

在这段"发泄"期间，来访者的病情有了显著改善。使用前额按压术使得来访者回忆起画面和想法，这让弗洛伊德信心倍增；当来访者因为阻抗，什么都想不起来时，弗洛伊德不再强求来访者将头脑中的内容呈现出来。"在这项艰难的工作中，我开始更加重视来访者在回忆困难时所表现出的阻抗"（ibid.：154）。

只有到第三阶段，来访者才能被完全治愈。一次偶然的机会，使弗洛伊德发现了伊丽莎白·冯 R. 女士痛苦背后的"秘密"。在一次治疗中，来访者要求弗洛伊德中断当天的治疗，因为她听到姐夫正在隔壁房间询问她的情况。当她折返回来，她的腿再次感到剧痛无比。据此，弗洛伊德决定探一探她症状之谜的根源。姐夫的到来，使来访者回忆起，她第一次感到腿部疼痛是在姐姐刚刚去世那段时间；当她走进姐姐尸体摆放的房间时，一个可耻的想法在她脑海中闪过：姐姐的死意味着她的姐夫成为自由身，这样她就可以成为他的妻子了！她对姐夫的爱受到自己道德良心的谴责，这就是为什么她"压抑（repress）"了这种难以忍受的想法，并把它驱逐到意识之外。于是，转换机制开始自由运作：心理刺激转化为躯体刺激，"得亏转换成功发生，她的躯体疼痛得以来临"（ibid.：157）。这一洞见产生了治愈效果。一年后，弗洛伊德亲眼见证了来访者的痊愈，在一个私人舞会上，他看到伊丽莎白·冯 R. 女士正翩翩起舞。虽然治疗成功了，但是来访者仍因弗洛伊德揭露了她的秘密而对他怀恨在心。

布罗伊尔的"理论假设"

在他的理论章节中，布罗伊尔提出了"初步交流"中已经概述的若干假设。他的主要贡献是提出了"催眠样状态"以及当一些无意识表征无法转化为意识内容时产生的心理分裂，个体从而具有潜在致病性。对于布罗伊尔来说，癔症较为常见于那些容易激动和具有自我催眠倾向的人身上，他称之为"魂不守舍（absence of mind）"，所以这类人易被暗示影响。他还指出，这些来访者有一种天生的倾向，拒绝任何与性有关的东西，特别是在转换性癔症来访者身上尤为明显："在被抵制和转换的想法中，数量最多，分量最重的都是与性有关的内容"（ibid.: 245）。然而，在临床实践中，布罗伊尔对他发明的宣泄法十分满意，故止步于此，没有做任何其他的改进；然而，在该书的最后一章，弗洛伊德展示了他是如何继续发展宣泄法的。正因如此，布罗伊尔撰写的章节，其历史价值高于其理论价值。

弗洛伊德的"癔症的心理治疗"

● 从催眠到自由联想

从自己的临床经验出发，弗洛伊德展示了他是如何逐渐改进宣泄法，并采用创新的治疗方法，这一点与布罗伊尔截然不同。随后，他对新方法的优缺点也进行了描述。当我们阅读这一非常重要的章节时会看到，弗洛伊德细致地阐述了精神分析方法，并勾勒出精神分析方法的基本原理。这篇论文写于 1895 年，我们发现其中已经出现了一些新的概念，例如无意识、阻抗、防御机制、移情等。

在这一章的开篇，弗洛伊德提醒我们，正是因为他在应用宣泄法时遇到了诸多困难和限制，他才继续寻求更有效的方法，使来访者能够回忆起原发致病性记忆，同时由于对新技术的探索，新技术逐渐地取代了宣泄法。如果按照宣泄法的程序去实施治疗，需要耗费很长的时间，并且来访者要对医生有十足的信心，才能确保催眠的成功。然而，并不是所有的来访者都对医生有这样的信任。弗洛伊德非但没有气馁，他还找到了克服障碍的方法，依靠这方法，来访者不需要被催眠，就能够回忆起致病性记忆。这是弗洛伊德的杰出想法之一。他观察到，通过让来访者躺在躺椅上，让她闭上眼睛集中注意力，就能让来访者涌现出新的记忆，不过有时候这一过程是在他一再要求下完成的。但是，由于这个过程需要他付出相当大的努力，而且疗效较为缓慢，他认为，这可能是因为来访者出现了"阻抗"。因此，作为医生，他必须要克服这个新障碍，因为它阻止了心理表征的浮现。

由此，弗洛伊德发现了阻抗和防御所发挥的作用，这两种心理机制试图阻止致病性表征抵达"自我（ego）"（ibid.：269）。他意识到，正是由于被他称为"审查（censorship）"的过程，两种心理机制的目的是将任何不相容的想法"赶到意识和记忆之外"（ibid.：269）："审查是一种心理力量，它与自我相对立，从一开始，它就将致病性想法抛到联想范围之外，并且阻止这些想法再次回到记忆中"（ibid.：269）。根据弗洛伊德的说法，致病性表征激起了自我的一种排斥力量，他认为这种力量与压抑有关（ibid.：269）。然而，如果未释放的情绪过于强烈，超出了来访者可以承受的程度，那么根据转换机制，心理能量就会转化为身体能量，从而产生癔症症状（symptom）。

弗洛伊德的方法建立的前提是：来访者需要克服他的阻抗，而治疗师能够"坚持"让来访者守住这个初衷。然后，他增加了一个"小技术手段"（ibid.：270），对来访者的前额施加压力，目的是促进致病性记忆的出现。然而，在他发现了自由联想不久后，就摒弃了这一技术动作。自由联想方法的发现是一个渐进的过程；它是在1892—1898年的某个时间点发展起来的，其精确的时间我们已无法考证了。不过，弗洛伊德提到，他在治疗"艾米·冯N.夫人"时就用了这种方法，那时他逐渐地允许来访者做更多的自由表达。

《癔症研究》一书中，弗洛伊德做出了特别的贡献，其中充满了临床、技术和理论上的评论，这些评论开辟了新路径，同时也为精神分析的创立奠定了基础。弗洛伊德在书中提出了若干新概念，其中有三个概念值得更详细地探究：性、象征和移情。

● **性所扮演的角色**

虽然说，从一开始弗洛伊德就观察到，性创伤是癔症来访者症状首次出现时的常见特征，但他起初不太愿意承认二者之间存在的因果关系："我刚拜别了沙可的师门，当时将癔症和性话题联系在一起，让我感到有些羞耻，就像女性来访者们感受到的那样"（ibid.：260）。但是，当来访者描述自己的疾病时，弗洛伊德越来越多地观察到其中性创伤的内容，由此，他不得不承认，性是导致来访者症状的决定性因素。后来他意识到，性因素不仅在癔症中起作用，而且普遍存在于所有神经－精神病（neuro-psychoses）中，这就是他将后者称为"性欲神经症（sexual neuroses）"的缘故（ibid.：261）。

虽说弗洛伊德在《癔症研究》一书中对该革命性观点论述较少，但他在同时期写的其他几篇论文中，对此进行了非常细致的阐述。他频频强调，在神经症中，尤其是癔症来访者中，原初创伤总是与真实的性经历有关，这些经历发生在童年早期，不会超过青春期。弗洛伊德解释说，这些性经历形式多样，其范围从一般的性挑逗到发生实际性行为，他说："从狭义的角度来看，这些都可被定义为性侵犯"（Freud，1897b，ibid.：253）。考虑到来访者童年早期遭受了真实性创伤，弗洛伊德提出了这一假说，但他只在1895—1897年坚持了这一假说。这里要提示诸位，就像理查德·沃尔海姆（Richard Wollheim，1971：38）观察到的，弗洛伊德虽然提出真实性创伤的概念，但他丝毫没有提到婴儿性欲，即事实上儿童也是有性驱力的。弗洛伊德很快修正了自己的观点，因为他发现在临床观察中性创伤的来访者数目剧增。基于此，他开始怀疑来访者描述的性场景的真实性：也许这只是来访者想象出来的，而非真实的经历？从那时起，他便认定，关键的创伤因素更多地取决于幻想和本能驱力，而非真实的性场景。我们稍后还会回到这个问题的讨论上。

● **象征和癔症症状**

弗洛伊德还注意到，癔症症状的形成具有象征决定性，其中转换是通过象征机制达成的，癔症症状是转换后象征的最为清晰的展现。他举了几个例子来说明这种"凭借象征的决定性"。例如，其中一位来访者，是个女孩，她感到在前额的两眼之间有一股刺痛感；当她回想起奶奶看她的眼神"尖锐，直接刺进大脑"时，疼痛随之就消失了（Freud & Breuer，1895d：180）。布罗伊尔指出，"连接情感及其反射的通常都是一些滑稽的文字游戏和谐音关联"（ibid：209）。弗洛伊德认为，癔症来访者在描绘感情和记忆时恢复了"词语的原义"，因为"之前的描述可能都只是字面意思"（ibid：181）。然而，弗洛伊德当时并没有继续探究"记忆象征"，他把这个主题留到了后面研究。

● **移情概念的雏形**

我们会惊讶地发现，在这些关于癔症的早期著作中，弗洛伊德已经在描述移情现象并使用这个术语了。首先，他强调了来访者信任医生的重要性，这里他间接地提到了移情。例如，在描述宣泄法时，他指出，要使催眠成功，来访者必须对医生有充分的信任，可以说是"绝对拥护"（ibid：265）。后来，当弗洛伊德在探讨消除阻抗的方法时，他认为医生的人格在其中起着重要作用，因为"诸多的案例证明，只有医生才具备消除阻抗的能力"（ibid：283）。

弗洛伊德开始更仔细地检验来访者阻抗的原因，特别是在前额按压术丝毫不起作用的案例中，他明确地提到了移情的概念。他认为有两处障碍让阻抗无法意识化：一是，来访者与医生之间的情感隔阂，这一点倒不难克服；二是，来访者害怕过度依赖医生，要消除这一障碍是更加困难的。随后，弗洛伊德提出了阻止阻抗进入意识的第三道障碍：

> 当来访者发现，分析的内容使她产生了痛苦的想法，而她正把这部分感受转移到医生身上，这让来访者感到恐惧。确实，在某些案例的分析中，这一现象频繁出现。来访者通过一种虚假联结与医生发生移情关系。（ibid：302）

弗洛伊德简要地报告了一个女来访者的情况，她希望被一个男性朋友揽入怀中并亲吻她。有一次，当治疗结束时，她对弗洛伊德产生了类似的愿望，她希望弗洛伊德揽她入怀，亲吻她。对于这个想法，她自己也惊恐不已。在弗洛伊德发现并清除了这个障碍之后，治疗的工作仍可以深入。弗洛伊德称这种现象为"门不当户不对的关系①"或"虚假关系"。

> 自从我发现了这一点后，每当我自己卷入类似的事件中，这就意味着再次出现了移情和虚假关系。说来也奇怪，类似的情况反复出现，但来访者好像没经历过似的，依旧上当受骗。（ibid：303）

后弗洛伊德学派

百年后的癔症研究

现今，精神分析师是如何看待癔症的呢？它消失了吗？今天，我们还知晓如何诊断癔症吗？1995年，在旧金山召开的国际精神分析大会期间，在"百年后的癔症研究"为专题的分会场上，来自纽约的爱德华·内尔塞西安（Edward Nersessian）提出了如上问题。根据乔安娜·图斯（Joana M. Tous, 1996）的报道，这场辩论凸显了当今流行的各种观点。以下是该报道的简要概述。

现今，大多数精神分析师都一致认为，癔症涉及较为广泛的病理问题，从神经症到精神病，其中也包括严重的边缘和自恋障碍。然而，从治疗过程的角度来看，主要有两条思路，一条以法国精神分析学家为代表，另一条以英国精神分析学派为代表。

对于巴黎的雅尼娜·沙瑟盖-斯密盖尔（Janine Chasseguet-Smirgel）来说，精神分析学家不能忽视癔症中性的因素，也不能单纯地认为癔症仅源于一种原始的、前生殖器期的异常。她承认，这类来访者所呈现出

---

① 原文法语 mésalliance，意为，与社会地位或门第低于自己的人结婚。——译者注

的临床症状千奇百怪，让精神分析学家们眼花缭乱，故精神分析学家们对癔症的印象是各种各样的原始病理状态。她认为，我们不应该低估诠释俄狄浦斯冲突和内疚感的重要性，这些都与指向母亲的破坏性攻击有关。如果我们只关注癔症的原始早期异常部分，我们就有可能淡化癔症的另一个方面，即癔症是一个与性别认同和俄狄浦斯现象密切相关的临床症状。她接着说，沿这个方向思考的并不只有她一人；法国精神分析学院的其他分析学家，比如安德烈·格林（André Green）和让·拉普朗什（Jean Laplanche）也表达了同样的担忧。此外，沙瑟盖－斯密盖尔认为，癔症属于"母亲们的天下"，因为无论是在幻想中还是在现实层面，子宫和妊娠在癔症症状中扮演着重要的角色。正是出于这个原因，她坚信生物学因素在癔症中发挥着作用：不能低估这些因素，因为癔症是一场需要身体参与的精神病理学舞台剧。因为坚信身体因素在癔症中发挥的作用，沙瑟盖－斯密盖尔与那些优先考虑语言而忽略身体重要性的精神分析学家们划清了界限。

　　来自伦敦的分析师埃里克·布伦曼（Eric Brenman）所持的理论和临床观点则截然不同，他也代表了英国精神分析师对这一问题的看法。布伦曼认为，婴儿在早期客体关系中，迅速地建立起应对焦虑的防御机制，而这些防御机制决定了个体成年后如何处理焦虑。当然，布伦曼承认性欲在癔症中扮演着重要角色，但对他来说，主导因素是癔症来访者为克服原初焦虑所经历的内心挣扎。他向我们描述了在移情关系中面对分析师的心理现实，来访者是如何做出反应的，并进一步描述了来访者是如何应对原初焦虑的。他说，来访者体验到了毁灭性的焦虑和并不存在的危险。在这些来访者身上，我们常常能发现分裂的防御机制，这些分裂机制形成了一种精神状态，并将来访者的精神生活区分为不同的层次。例如，癔症来访者希望与理想化客体建立关系，但一旦接触到这些客体，他们就会立即感到失望，这就是他们不断地从一种极端状态走向另一种极端状态的原因。对于布伦曼来说，癔症处于问题的最表层，下面的根基是严重的精神病性问题。这也表明，在过去的100年中，在涵容和处理精神病性焦虑方面，精神分析已经有所发展；因此，如今的来访者克服焦虑的手段有所改进，能更好地应对生活中的跌宕起伏。

"红宝石排斥红光"

这个标题源自雅克利娜·舍费尔（Jacqueline Schaeffer, 1986）的论文标题，该篇论文描述了癔症与性欲之间的关系。这个隐喻源于矿物学家对红宝石的定义："红宝石是一种排斥红光的宝石。红宝石吸收了光谱中所有其他颜色的光，唯独排斥红光，然而这正是红宝石呈现在我们面前的颜色。"舍费尔谈到，癔症如红宝石一般"光芒闪耀"（1986：925）。

如何更好地描绘呈现在我们眼前的癔症呢？她畏惧所有红色的事物，畏惧性，这是她受到创伤后的反应吗？……自我巧妙地将最具威胁性的因素展现在我们面前，让所有人看到那些外来的、令人憎恨的、有害的方面。自我也在巧妙地攻击那些正在攻击自我的部分。也许，正如红宝石那般，最为珍贵的部分要藏好。

新概念

发泄（abreaction）

真实的性创伤（actual sexual trauma）

宣泄法（cathartic method）

审查（censorship）

转换（conversion）

防御（defence）

幻想（fantasy）

自由联想（free association）

> 压抑（repression）
>
> 阻抗（resistance）
>
> 创伤（trauma）
>
> 无意识（unconscious）

（李　航　译；余　晔　杨浩波　校）

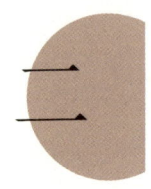

致威廉·弗利斯的信
[1950a（1887—1902）] 和 [1985c（1887—1904）]

对弗洛伊德最初的研究和他的自我分析的见证

弗洛伊德在1887—1904年的这17年间写给他的朋友威廉·弗利斯（Wilhelm Fliess）的信是一个宝贵的信息来源。这些信件让我们不仅了解到他的日常私人生活和职业生活，而且还显示了他的思想在这个特别多产的时期是如何发展的，并让我们看到了他的自我分析是如何进展的。在这些众多信件中，只有弗洛伊德的信件幸存下来；它们是玛丽·波拿巴公主在1936年从维也纳的一个古董商那里买来的。1950年，她与安娜·弗洛伊德和恩斯特·克里斯（Ernst Kris）一起，以《精神分析的起源》（*The Origins of Psychoanalysis*）为题出版了168封信件（总数为284封）的精心编辑版本；同时还附有"科学心理学计划"，这是弗洛伊德一直拒绝出版的文本。直到1985年，在安娜·弗洛伊德去世后，在经过足够的时间来消除任何保密性问题后，所有这些信件才最终被出版。

第二章 致威廉·弗利斯的信

生平与历史

弗洛伊德和弗利斯之间的充满激情的友谊

弗洛伊德是在1887年由布罗伊尔介绍认识威廉·弗利斯的。弗利斯是一名耳鼻喉专家，曾在柏林开设诊所。他非常热衷于大胆的生物学和数学理论，并且对自己的假设非常自信。因为对神经症的性病因学的理论，弗洛伊德在维也纳的医学界一直都是一个局外人，而弗利斯让他觉得安心，是个他可以开诚交谈的人。他与布罗伊尔的友谊逐渐被与弗利斯的友谊取代，有几年时间，弗利斯是弗洛伊德最亲密的知己。除了书信往来外，这两位朋友还不时见面，举行弗洛伊德所谓的"会议"，在这个讨论会上，他们会反思自己的假设，并找出更多的理论途径进行探索。这样，弗洛伊德的"亲爱的威廉"就成了他的发现和科学贡献的参与者和观察者，从《癔症研究》的准备到1900年《梦的解析》的出版都是如此。然而，从1897年开始，这种魔力开始消失；弗洛伊德逐渐开始对他的朋友去理想化，减少对他们已经建立的强大关系的依赖。后来，他承认了他们友谊中隐含的同性恋层面。随着他自我分析的深入，弗洛伊德发现了他对父亲的仇恨，以及他对弗利斯伪饰的仇恨。他们在1900年的一次会议上产生了最后的分歧，弗洛伊德批评弗利斯的周期性理论，而弗利斯指责弗洛伊德把自己的想法写进了患者的材料。他们的关系恶化，书信往来变得越来越零星，最终于1906年决裂。此后，弗洛伊德销毁了弗利斯的所有信件，尽管他后来确实承认弗利斯关于双性恋的观点对他有很大帮助。

作品解析

引文页码参见（i）Freud, S.［1985c（1887—1904）］《西格蒙德·弗

洛伊德致威廉·弗利斯的信 1887—1904》（1985 年由 J. Masson 翻译、主编，London & Cambridge，MA）和（ii）《西格蒙德·弗洛伊德心理学著作全集（标准版）》第一卷。

乍一看，读弗洛伊德给弗利斯的信并没有多大趣味，但对于已经熟悉弗洛伊德思想的人来说，这些信是宝贵的信息来源。我们看到弗洛伊德提出对癔症、神经－精神病、偏执、抑郁症（他称之为"忧郁症"）问题的萌芽。当我们一步步跟随他，跟着他试图处理的日常问题、他对患者的评论、他必须应对的家庭问题时，我们会突然产生一种直觉，这种直觉被证明是关键的，例如当他首次提到俄狄浦斯情结。尽管我非常希望读者能够按照自己的节奏来了解这些信件，但是我觉得我必须指出三个决定性的时刻：当弗洛伊德发现诱惑幻想的影响时；当他在自我分析中直觉性地认识到俄狄浦斯情结时；以及当他最终放弃了阐述一种可以给精神分析提供"科学"基础的理论的构想时。

● 实际的诱惑和幻想中的诱惑

正如我在前一章中指出的，当弗洛伊德听他的（女性）患者告诉他她们在童年时（癔症的最初症状出现时）发生的实际诱惑的回忆时，他确信癔症的根源在于一个与患者关系密切的成年人实际上引诱了她。建立于 1893 年的这个假设——"诱惑理论"——直到 1897 年都是弗洛伊德的主要理论。与此同时，他正在将他的假设扩展到癔症之外，用以解释一般的神经－精神病。然而，在这样做的时候，他并没有宣称在实际诱惑和出现的症状之间存在着简单的因果关系——他的理论旨在解释压抑是如何产生的，正如拉普朗什（Laplanche）和彭塔利斯（Pontalis）（1967）相当公正地指出的那样。这就是为什么弗洛伊德提出，这一过程分为两个阶段，以青春期为界：在最初阶段，个人不能体验到任何性唤起，因为性成熟度还不够——因此场景没有被压抑。在第二个阶段，在弗洛伊德看来，发生在青春期之后，一个新的事件唤起了对早期事件的记忆，因此产生了比先前事件更重要的创伤性影响，因为个体刚刚获得性成熟；这是记忆被压抑的时刻，"回溯性"或"延迟作用①（deferred action）"，这一概念将在此后的精神分析中发挥关键作用。

然而，随着他积累越来越多的临床材料，弗洛伊德开始怀疑他的患者告诉他的诱惑场景的真实性。在1897年9月21日写给弗利斯的著名信件中，他宣布："现在我想立即向你倾诉过去几个月来我逐渐发现的重大秘密。我不再相信我的神经官能症（neurotica）了"[Freud, 1985c（1887—1904）：264]。弗洛伊德提出了他改变主意的几个原因。首先，他怀疑针对儿童的不正当行为是否像看起来那样普遍。他继续明确指出，诱惑的幻想比这种性质的任何实际事件更起决定性作用："因此，还有一个可能性，即总是一个围绕父母展开的性幻想主题"（ibid.：264–265）。最后，他得出的结论是，很难决定现实和幻想这两者中哪一个应该得到更多的重视："无意识中没有现实的标示，所以人们无法区分真相和被情感贯注的虚构"（ibid.：264）。

● **婴儿性欲的作用**

是什么让弗洛伊德得出这样的结论，即幻想而不是现实起决定性作用，迫使他在很大程度上放弃了他最初的假设？当他听他的患者报告他们的记忆和梦境时——并且通过分析他自己的记忆与梦境——弗洛伊德发现孩子们也有与性有关的冲动、感觉和思想，而且他们常常难以区分现实和幻想。"现在，从这些幻想背后，折射出的是孩子与性有关的全部的生活"（1914d：18）。与之前的想法相反，这个领域并不是成年人和青少年的专属特权。然而，尽管发现了婴儿性欲在神经症病因学中的重要性使得弗洛伊德放弃了他早期的理论，但在他的一生中，他始终强调，儿童在现实中所经历的任何诱惑都有致病的作用，而由此导致的神经症不能仅仅归因于幻想。就目前的情况而言，这个问题仍然是一个悬而未决的问题，因为在许多情况下，患者和精神分析师都很难区分，哪些是实际发生的事情而哪些属于患者的想象。

---

① 弗洛伊德的原文为 Nachträglichkeit，英文翻译为 deferred action，中文尚没有统一翻译，常见翻译有：延迟作用、滞后反应，等等。本文翻译为延迟作用。——译者注

我们所说的"婴儿性欲"是什么意思？这是一个应该从一开始就明确定义的概念，因为它经常被误解。精神分析师所说的"婴儿性欲"一词的含义不仅限于可以在幼儿中观察到的各种性欲性活动，包括他们从婴儿期开始就表达的想法和欲望；"婴儿性欲"还包括一直持续到青春期的整个身心的转变。这个过程从婴儿在喂奶时吸吮母亲的乳房时的第一次感官觉醒开始，并沿着后续的阶段逐步发展，随着时间的推移变得越来越系统化，直到它达到成年的性成熟特征，并且决定性别为男人或女人。正是在这整个过程中，性起着决定性的组织作用，我们称之为婴儿性欲，"性欲（sexuality）"一词做最广义的理解。几年后，弗洛伊德将他与弗利斯的书信中包含的各种思想综合起来，发表了《性学三论》（1905d）。

● **弗洛伊德的自我分析和他对俄狄浦斯情结的发现**

1896 年他父亲去世后不久，弗洛伊德开始了他自己的精神分析，时间大约是 1896—1899 年。他的"自我分析"——正如他在给弗利斯的信中所说的那样——大部分是基于对自己梦境的分析；由于这些梦境，他不仅能够认识到梦境在精神生活中的作用，而且也认识到性欲在他自己的童年中的重要性。

> 后来（两岁到两岁半之间），我指向母亲的力比多被唤醒了，也就是说，在和她一起从莱比锡到维也纳的旅途中，我们一定在一起过夜，我一定有机会看到她的裸体。[Freud，1985c（1887—1904）：268]

在同一封信中（1897 年 10 月 3—4 日），他继续写道："我带着敌对的想法和真正的童年期的嫉妒来迎接比我小一岁的弟弟（他在几个月后去世了），而且……他的死给我留下了[自我]责备的种子"（ibid.：268）。

在写下这封信的一周后，他第一次写下，在他的自我分析中他发现了十多年后被他称为"俄狄浦斯情结"的东西（1910h：171）：

事实上，我的自我分析是我目前拥有的最重要的东西，如果它能持续到最后，它将成为对我有最大价值的事情。[……]在我自己的例子中，也发现了爱母亲和嫉妒父亲的[现象]，我现在认为这是儿童早期普遍存在的现象[……]。如果是这样，我们就可以理解《俄狄浦斯王》①（Oedipus Rex）的扣人心弦的力量，尽管所有理性的声音都对预设命运这件事持反对意见。[Freud，1985c（1887—1904）：270 & 272]

在那封信中，弗洛伊德只提到了发生在男孩身上的俄狄浦斯情结的直接形式，即渴望在与母亲的关系中取代父亲。弗洛伊德后来描述了女孩的俄狄浦斯情结的直接形式——渴望在与父亲的关系中取代母亲的角色——以及后来男孩和女孩的俄狄浦斯情结的倒置形式。每个个体中都共存着俄狄浦斯情结的直接形式，这是与同性性别父母认同的基础，而倒置形式的这一情结，是与异性性别父母认同的基础，这一发现，使得弗洛伊德[在《自我与本我》（1923b）中]将他从弗利斯那借来的心理双性恋概念应用于幻想材料。后者让弗洛伊德意识到双性恋在男性和女性性别认同中所起的作用，不仅在于解剖学和生物学层面，而且深入心理层面。

尽管弗洛伊德的自我分析使得他可以在试图了解自己和尽可能彻底地研究人类思维的运作方式中探索一些关键性的议题，但他意识到这种内省遇到了无法逾越的内在限制。他认为，任何想要成为精神分析师的人，在一开始都需要寻求另一位精神分析师的帮助，来克服他们的潜意识阻抗并且获得修通一个移情关系的体验。弗洛伊德进一步认为，在这个分析结束之后，每一个精神分析师都必须走上持续的自我分析之路，并且持续终生。

📖 "手稿"

一些弗洛伊德的信件里，还附带了一些他称之为"手稿（Drafts）"的文

---

① 《俄狄浦斯王》（Oedipus Rex），又译作《俄狄浦斯·雷克斯》，是雅典三大悲剧作家之一的索福克勒斯所撰写的一出著名悲剧。——译者注

字,每一份都用大写字母编号。在这些简短的文章中,他提出了自己对一些主题的初步想法,后来,他又以更详细的方式回来讨论这些主题——有时甚至是几十年之后。例如,在"手稿 E"[Freud, 1950a(1887—1902):189]中,他讨论了焦虑的起源,他认为这是一个"身体上性紧张的积累"(ibid.: 191),无法得到释放。这是他关于焦虑的第一个理论,但他很快就认为有另一种机制参与其中,当紧张变得太强烈时,就会使心灵无法"约束"焦虑,正如他在 1926 年的《抑制、症状与焦虑》中所展示的那样。"手稿 G"涉及忧郁;弗洛伊德认为,这种情绪涉及哀悼,并与对失去的东西的渴望有关。这可以归因于"力比多的丧失"[Freud 1985c(1887—1904):99]。他接着说,"可能会出现一种内吸(in-drawing)进精神领域一样"(ibid.: 103),这个过程可以比作"内部出血"(ibid.);他将在"哀悼与忧郁(Mourning and Melancholia)"[1917e(1915)]一文中再次讨论这个话题。"手稿 H"涉及投射作为一种防御机制。

后弗洛伊德学派

对于弗洛伊德诱惑理论的争议

1984 年,杰弗里·马森(Jeffrey M. Masson)查阅了弗洛伊德的档案,并于 1985 年出版了弗洛伊德写给弗利斯的所有信件。他写了《对真理的攻击:弗洛伊德对诱惑理论的抑制》(*The Assault on Truth: Freud's Suppression of the Seduction Theory*),这是一本有争议的书,讲述了弗洛伊德放弃诱惑理论背后的所谓"真实"原因。根据马森的说法,弗洛伊德这样做的唯一目的是掩盖真相;通过发明一个幻想中的诱惑理论,他就可以保护父亲们免于被指控引诱自己的女儿。

弄清真相:一个有益的澄清

查尔斯·汉利(Charles Hanly, 1986)在他对马森有争议的著作的批判性评论中不仅表明后者的论点是有倾向性的,而且弗洛伊德从未完全放弃他的诱惑理论——他一生都在引用它，并强调它通常很难区分，分不清究竟那些是在现实中实际发生的事情还是所讨论事件的幻想的一个表征。

汉利对事实的澄清与大多数当代精神分析师所持的观点相一致。（1）一个特别强大的婴儿期幻想对心理发展的影响可能与真实事件一样深远；（2）真实事件在实际发生时——一般来说，在青春期之前——可能没有什么影响，但从青春期开始，由于性发展的出现，会获得一个强大的反馈的作用；（3）在分析过程中，有时很难判断，我们所做的重构，究竟是基于患者高度贯注的幻想的联想和移情，还是婴儿期幻觉的体验；（4）分析师很可能认为事件的片段、梦境的残留物等与真实事件相对应，而事实上它们是幻觉的一部分，或者是对危险的婴儿期愿望的防御；（5）一个有全能的婴儿式的愿望和攻击性幻想的患者可能也经历过致病性的实际情况；（6）分析师的任务是帮助患者澄清（过去中）什么是属于幻想的，什么在现实中实际发生过。

新概念

实际诱惑（actual seduction）

焦虑（anxiety）

双性恋/双性性欲（bisexuality）

忧郁（抑郁）[melancholia（depression）]

心理双性恋（psychic bisexuality）

诱惑幻想（seduction fantasies）

诱惑理论（seduction theory）

自我分析（self-analysis）

（吴　铮　译；余　晔　杨浩波　校）

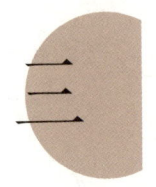

"科学心理学计划"
[1950c（1895）]

在可量化的科学数据的基础上尝试建立精神分析

人们在弗洛伊德写给朋友弗利斯的信中发现了这份未发表的手稿，它见证了弗洛伊德的意图："建立一门属于自然科学的心理学"[1950a（1887—1902）：295]，这是他从未放弃过的雄心。这个"计划"绝不是弗洛伊德最重要的作品，但它有两个值得关注的点。首先，读者能读到弗洛伊德关于心理运作的原创的、基本的直觉的早期阶段；这些初始假设后来在精神分析领域中引发了相当多的重大发展。其次，写这个"计划"让弗洛伊德意识到，任何为精神分析提供科学依据的努力最终都会陷入困局，这也是他一直拒绝发表这篇论文的原因。然而，这篇文章确实在他的思想发展中留下了印记，因为弗洛伊德放弃了（自然科学）这种特定的方法，他把精神分析确立为一门独立的学科，这真可谓是神来之笔了。

第三章 "科学心理学计划"

作品解析

引文页码参见《西格蒙德·弗洛伊德心理学著作全集（标准版）》第一卷，283–397。

- **散落在未完成手稿内的一些启发性的直觉**

在他的"科学心理学计划"一文中，弗洛伊德从神经生理学借用了一些概念，例如神经元（发现于1892年）和突触传递，他把这些概念和自己近期治疗癔症时观察到的资料放在一起，并从中推论出一些非常大胆的想法。从弗洛伊德思想发展的角度来看，这份手稿本身就极为有意思。诚然，本文的许多部分——弗洛伊德从未完成过——是模糊或过时的，但读者仍然可以享受探索一些基本的直觉的过程，这些基本直觉在100年后仍然像从前一样新鲜。

- **探索心理运作的整合模型**

弗洛伊德仍然深受研究训练的影响，将当时神经生理学中关于神经元和神经冲动的知识作为他的出发点。他的目的是建立一个基于可量化数据的心理运作的整合模型。因此，他在"计划"中提出的概念基本上是建立在一定数量的能量在神经元网络之间循环的观念之上的。这使他能够以能量的形式解读他积累的观察到的心理数据。例如，弗洛伊德认为，在病理状态下，个体能量可能选择不同的方式释放，包括生理和心理的，而这取决于各网络中阻力或促力的大小。因此，该假设可以用来解释转换性癔症和强迫行为，过度的兴奋释放到了躯体，且变得无法控制。

弗洛伊德继续在生理和心理过程之间建立一系列等价关系。例如，在生理层面上，他将神经元功能的基本原理定义为"惯性原则（principle of inertia）"；神经元倾向于撤掉多余的能量，于是这些能量就变成了可以自由使用的能量。转到心理的运作方式，惯性原则相当于初级过程（primary process）的概念，即以精神能量自由和不受抑制的流动为特征的心理过程。

然而，心理不会仅根据放电原则运作，因为它需要承受一定量的兴奋。出于这个原因，弗洛伊德假设心理中存在一个调节系统，该系统能够抵抗多余的精神能量的释放，并具有将初级过程转化为次级过程的特性。次级过程的特点是它们结合能量、抑制初级过程的能力。整个调节体系建立在"守恒原则①（principle of constancy）"之上，其功能在于组织了"次级过程（secondary processes）"。例如，在癔症中，"次级过程"让患者可以把情感潜在可能保留在心理中，由于人可能回忆起创伤性的经历并转化成语言，因此，过量的兴奋就不再需要通过躯体转换和症状来寻找出口。弗洛伊德早在1895年就使用了初级和次级过程的概念，这仍然是他关于心理运作概念的根本。

- **"自我"功能的概述**

个体在这个过程中扮演什么角色？弗洛伊德认为"自我（ego）"是一种在两个层面上同时发挥作用的自主体：一方面，"自我"在生理层面上作为一组神经元发挥作用，这些神经元不断被贯注并保持其"束缚能（bound energy）"；另一方面，在心理层面上发挥作用的"自我"是一个自主体，其任务是确立次级过程相对于初级过程的优势。"自我"的另一个基本功能是"现实检验（reality testing）"，这要归功于人们区分来自外部的感知和来自自体内部的幻觉或记忆。弗洛伊德在1895年（《癔症研究》）描述的"自我"是有意识的自我；在那个时候，自我尚未获得弗洛伊德在《自我与本我》（1923b）中赋予它的意义，在《自我与本我》中，弗洛伊德还谈到了自我、本我和超我之间的无意识相互作用。

- **细看"满足的体验"**

让我们来关注一个议题，弗洛伊德称之为"满足的体验（the experience of satisfaction）"；这将使我们能够一步一步地跟随着弗洛伊德的科学方法。

---

① 守恒原则（principle of constancy），在一些书籍和文章中又译作恒定性原则、常性原则等。——译者注

他所说的"满足的体验"是什么意思？对于弗洛伊德来说，这是一个复杂的过程，始于本能需要产生的内部紧张状态——例如，婴儿的饥饿感或成人的性欲。他首先根据反射弧中发生的紧张和放电来描述伴随现象，认为神经生理现象（φ）有其心理等价物（ψ）。随着需求的增加，身体和精神的紧张也会增加，期待释放作为获得满足的一种方式。这只能在独立于个体的人的帮助下发生，这个人注意到了婴儿的痛苦叫声："这种干预需要外部世界的改变（营养的供给，性客体的靠近）"［1950a（1887—1902）：318］。一旦那个人完成了所要求的事情，那么释放的路径就在两个层面上变得特别重要：一方面，在个体的头脑中建立起抑制不快和帮助者干预之间的联系，从而产生"沟通"（ibid.）的感觉；另一方面，个体通过运动功能在身体层面完成抑制不快所需要的东西。"因此，作为满足体验的结果，在两个记忆图像（mnemic images）之间产生了促进作用"（ibid.：319），换句话说，在渴望的客体的图像和反射运动之间产生了促进作用。

然而，当紧急状态或愿望再次出现时，贯注（cathexis）也将传递到两个记忆并激活它们。客体的记忆图像可能首先会被寻求愿望满足的活化（wishful activation）所激活。（ibid.：319）

弗洛伊德将整个过程称为"满足的体验"，并认为它在建立个体应对本能需求的能力方面起着决定性的作用。弗洛伊德说，"自我"正是在这里介入。它的作用是确保消除紧张，获得满足感，并通过抑制机制抵抗痛苦体验和情感的重复。

- **快乐／不快乐、情感、自我和客体之间的联系**

弗洛伊德接着通过研究"痛苦的体验"来完成他的调查。他向我们说明：与需要相关的紧张增加会产生不快感，这种不快不仅会唤起早前带来满足感的人的形象，也会引发对那些被我们体验为令人沮丧和"令人兴奋／激起了痛苦（excit［ing］the pain）"的人的敌意（ibid.：320）。他还补充说：同样地，当满足发生时，快乐被归因于带来满足的人。

> 另一个客体代替有敌意的客体出现，这是疼痛体验结束的信号，而生物性地习得的 ψ 系统会试图在 ψ 里复制这种状态，这是疼痛停止的标志。（ibid.：322）

通过强调攻击性或深情的感觉与带来挫败或满足的人之间的联系，弗洛伊德在客体关系中引入了情感维度，对快乐/不快乐原则进行了补充。

简而言之，弗洛伊德表明，从生命的一开始，痛苦的体验和满足的体验就不是孤立的体验。它们与客体的干预密切相关，并决定了负性和正性情感之间的主要区别。1915 年，弗洛伊德在"本能及其变迁（Instincts and their Vicissitudes）"一文（1915c）中重新回到这个观点，他认为从最开始，情感之间就存在根本性的区别，并引入了"纯粹的快乐自我（purified pleasure-ego）"的概念；他在那篇文章中也继续研究在客体关系背景下，对应着快乐和不快乐的爱与恨的变迁。

● 延迟作用和基本谬误

最后，我们还必须提到这样一个事实，弗洛伊德在"计划"中提出了一个问题：在癔症中，为什么压抑主要与性有关？在谈到这个问题时，他引入了"延迟作用（deferred action）"的概念。通过埃玛（Emma）的案例，他说明了压抑是一个两阶段的过程。第一个阶段是她小时候发生的性诱惑的结果——8 岁时她去了一家小杂货店，店主伸进她的衣服抓住了她的性器——但那件事在发生当下并没有对她有任何创伤的性的意义。第二阶段是后来发生的，由于青春期的开始确实引发了性唤起；这重新唤醒了对最初事件的记忆，随后就具有创伤性的性的重要性了。5 年后埃玛 13 岁，她去商店买东西，看到两个店员一起笑：埃玛跑了。由于自我无法抵御这些无法忍受的情感，它不得不求助于压抑。因此，第二个事件决定了第一个事件的致病性；弗洛伊德将这种现象称为"延迟作用"。我们总是发现，一段记忆被压抑了，它因延迟作用才成为一种创伤。造成这种状况的原因是青春期与其他个体发育相比是较为延迟的［1950a（1887—1902）：356］。对于弗洛伊德来说，声称他的患者对最初创伤的性本质一无所知是癔症的第一个错误信息，这被称为基本谬误（proton pseudos）［这并不像人们有时认为的那样意味着"最初的谬误"；该术语的意思更接近是"虚假前提（false premises）"或"先前的假（preceding falsity）"］。

● 弗洛伊德科学方法的一个例子

阅读"计划"时，我们有机会可以一步步地跟随弗洛伊德典型的细致科学方法：他会从观察到的神经生理和心理数据开始，然后得出具有更广泛意义的结论。当我们阅读他的著作，尤其是他的元心理学论文（1915—1917）时，我们会一次又一次地遇到这种科学严谨的态度。但有一个区别：在写完"计划"之后，弗洛伊德彻底放弃了将精神分析建立在神经生理学上的所有想法。正如格林（Green，1992）所指出的那样，他有足够的勇气放弃这个计划，这使他能够在自己的领域中建立精神分析。至于身心关系，弗洛伊德一直认为身心之间存在不可分割的联结，尽管他采取了不同的观察问题的视角。

后弗洛伊德学派

当代科学模型和精神分析

如果在"计划"100年后，精神分析师用20世纪末的科学模型并采用类似于1895年弗洛伊德的方法会怎样？一些当代的精神分析师必须承认：他们的确是试图这样做的。

马克·索尔姆斯（Mark Solms）接受过神经心理学家和精神分析师的双重培训；因此，他特别胜任详细研究精神分析与神经科学之间的相关性（Solms & Kaplan-Solms，2000）的工作。他的研究基于将精神分析作为一种对出现神经解剖病变的患者进行调查的方法。对他而言，心理现象涉及位于大脑解剖结构网络中的功能系统。索尔姆斯的工作引起了极大的关注，他并没有把神经解剖模型放在优于心理模型的位置，这与许多当代的研究形成鲜明的对比，很多研究试图让精神分析更接近神经科学，却给两门学科都带来失去其特殊性的风险。

正如琼·鲁瓦菲（Jean Roiphe，1995）指出的那样，索尔姆斯的研究具有不"具体化（reifying）"心理的优势，因为它们不会将心理的工作简化为仅仅是大脑的功能。对于索尔姆斯来说，神经元并不比思想或感觉更真实。因此，无意识的概念超越了笛卡尔的身心二元论。例如，对于索尔姆斯和弗洛伊德来说，意识都是一种感觉器官，它拥有两个感知表面，一个面向外部世界，另一个面向内部世界。如果我们以弗洛伊德的模式为出发点，我们的主体意识是由潜意识产生的，其方式类似于对外部世界客体的感知过程。无意识也"受到源自外部知觉的经验的影响"（Freud，1915e：194）。对于索尔姆斯来说，这两个感知表面以两种方式记录了位于意识感知阈值以下的不可知现实，这两种方式在性质上不同但在等级上是等同的。换句话说，我们所感知的主观心理现实，即我们的意识，与我们感知我们的身体的方式相关，就好像它是从外面看到的一样。因此，有两种知觉进入了我们的意识：一种来自具体的外部客体，包括其他人的身体——这些是对外部现实的知觉；一种来自主观内部体验，包括其他人的思想——这些都是对心理现实的感知。因此，索尔姆斯的创新研究朝着心理和身体一体的精神分析思想的方向发展，从而开辟了新的和非常有趣的领域。

普拉吉尔（Pragier）和福尔－普拉吉尔（Faure-Pragier）（1990）采用了不同的方法。他们撇开源自经典物理学的模型，基于物理学和生物学的最新研究提出了"新隐喻"，在他们看来，"新隐喻"能够精确地描述心理如何工作，因为它可以通过精神分析观察。例如，他们提出了一些与"新"事物的出现相关的现象之间具有高度启发性的相似之处——一方面是在连续发展阶段中发展出来的自我结构的生物系统，另一方面是在精神分析治疗过程自由联想中浮现的内容。此外，他们提出了在复杂系统中观察到的现象的不可预测性与心理现象的不可预测性之间有趣的趋同线。复杂系统中可能存在大量变量——人类心理也是如此——因此经典的线性因果关系不是一个合适的模型；混沌理论表明，在所谓的复杂系统中，任何预测都可能很快被证明是错误的，因为不可避免地会出现一些小事件（打破预测）。

例如，如果我们将这些新理论应用于心理创伤所造成的情况，我们就能更好地理解为什么无法预测某个创伤是否会对心理产生长期影响，抑或只会轻微影响心理，或是没有任何影响。我们只能后验地知道这一点。普拉吉尔和福尔－普拉吉尔谨慎地表示，他们所做的比较应该被视为隐喻，从而将其置于一个明确的语言平面；在我看来，这会限制他们所做的比较的价值。我认为它们更多地对应于"类比模型"；如果我们想用它们说明心理的运作是基于生物生理功能这一事实，我们只需包括弗洛伊德（1905d：181-182）在 1905 年引入的依附性（anaclisis）的概念（J-M. Quinodoz, 1997a）。这种观点与最近由索尔姆斯提出的心理和身体一体的概念是相容的。

神经科学取代了精神分析吗？

弗洛伊德一生都坚信在不远的将来，生物学和神经科学的发展将更多地阐明精神分析所看到的心理的运作方式，从而完成他未能在"科学心理学计划"中完成的事情。"也许在未来的某个时候真的会有'生物分析'"（1933c：229）。他甚至预见到精神科药物的出现："未来，我们可能会学会通过特定的化学物质对能量的数量及其在精神器官中的分布产生直接影响"［1940a（1938）：182］。

"计划"100 年后现状是怎样的？20 世纪 50 年代，精神药物的发现以及人们对生物学和神经科学研究发展的空前热情，无疑导致了精神分析的衰落。尤其是在美国，精神分析奠定了自己在心理治疗方法和大学课程的重要地位之后频繁经受压迫。这不仅是因为大众的心态发生了整体变化——我们要求治疗方法更快见效，而且治疗效果也需要建立在可量化的评估上——社会、政治和经济压力也共同作用，迫使社会更加倚重药物治疗而非心理治疗。除了这些因素之外，我们还必须加上科学机构做出的承诺，他们声称当前对大脑功能和记忆的研究已经让我们可以抛掉任何基于心理治疗关系的方法——尽管这项研究还不能提出可应用于临床的程序。

1998年，享誉全球的科学家南希·安德烈森（Nancy Andreassen）发出了警报，呼吁人们关注美国严重缺乏心理治疗师的问题——普通民众发现基于药物的治疗也有其自身的局限：

> 因此，我们需要投入大量资金来培养新一代真正精通心理病理科学和艺术的专家。否则，我们这些高科技科学家可能会在10年后醒来，发现我们面临着一个无声的春天*。没有了具有精神病理学特定专业知识的有智慧的临床工作者的陪伴，应用技术将是一项孤独、乏味甚至可能是徒劳的事业。（Andreassen，1998：1659）

新概念

延迟作用（deferred action）

满足的体验（experience of satisfaction）

初级过程，次级过程（primary process, secondary process）

守恒原则（principle of constancy）

惯性原则（principle of inertia）

"基本谬误"（"proton pseudos"）

现实检验（reality-testing）

科学（science）

科学模型（scientific models）

（王 觅 译；余 晔 杨浩波 校）

---

* 引自蕾切尔·卡尔森（Rachel Carlson）的小说《寂静的春天》（*Silent Spring*，1962）。一个春天的早晨，人类苏醒了——但不是被鸟儿的歌声唤醒，因为它们已经从地球上消失了。

"防御的神经-精神病"
（1894a）
"关于用'焦虑神经症'这一描述将这种特殊的综合证从神经衰弱中分离出来的理由"
[1895b（1894）]
"对于防御的神经-精神病的进一步讨论"
（1896b）
"神经症病因学中的性"
（1898a）
"屏障记忆"
（1899a）

审视心理病理学的新方法

在1895—1899年写的几篇论文中，弗洛伊德更详细地阐述了他在关于癔症的著作中已经概述过的一些概念。上面提到的第三篇论文是第一篇论文的后续；这两篇论文都很好地展示了弗洛伊德是如何发展他对癔症症状、恐惧症和强迫症起源机制的思考；第二篇论文将"焦虑神经症（anxiety neurosis）"——也就是我们今天所说的"惊恐发作（panic attacks）"——确定为一种特殊的疾病，首次将其与神经衰弱区分开来。第四篇论文旨在说服维也纳的医学界相信他关于神经官能症与性相关的病理假设的正确性，第五篇论文提出了"屏障记忆"的概念，这些童年记忆在其平淡无奇的表面中掩盖了其他的记忆，这些记忆在经历了压抑之后，在无意识中保留了其致病的潜力。

作品解析

📖 "防御的神经 – 精神病"（1894a）
📖 "对于防御的神经 – 精神病的进一步讨论"（1896b）

> 引文页码参见《西格蒙德·弗洛伊德心理学著作全集（标准版）》第三卷，41–61 和 157–185。

在 1894 年发表的文章中，弗洛伊德已经能够较为详细地描述癔症症状、恐惧症和强迫症背后的机制；他在 1896 年的一篇论文中进一步阐述了他对这个主题的看法。1915 年，他在一篇他称之为"压抑（Repression）"（1915d）的形而上学论文中对他的观点进行了最后的润饰。

● 癔症症状：精神能量的躯体转换

在"防御的神经 – 精神病"（1894a）中，弗洛伊德以癔症为模型，他这一设想比他的前辈们更进一步，因为他们只满足于描述解离状态，认为这是癔症症状的主要原因。让内（Janet）将这种情况称为"意识的分裂（splitting of consciousness）"，而布罗伊尔则称其为"催眠样状态（hypnoid state）"。弗洛伊德提出了自己的假设，表明这种意识的分裂不是自然产生的——它是患者自愿的结果；换句话说，这种意识内容的分裂是由"意志努力"启动的（1894a：46）。癔症性的分裂可能发生在一些人身上，这些人在此之前"享有良好的心理健康"（ibid.：47），每当他们不得不处理无法忍受的表征，这些表征引起"如此痛苦的情绪"时，他们"决定忘记它"（ibid.：47）。"主体决定忘记它，因为他不相信自己有能力通过思想活动来解决那个冲突的想法和他的自我之间的矛盾"（ibid.：47）。自我是如何设法"忘记"这些无法忍受的想法的？弗洛伊德认为，自我试图将这些强大的思想转变为弱小的思想，以此来试图保护自己——因此有了"防御的神经-精神病（neuro-psychoses of defence）"这个术语——因为它无法被完全根除。残留的兴奋以病理症状的形式出现；在癔症的情况中，它被转化为躯体症状："兴奋的总和［被］转化为躯体层面的东西。对于这一情况，我想将它命名为转换（conversion）"（ibid.：49）。

这样一来，弗洛伊德表明，从神经-精神病中形成的症状确实是某种涉及心理的紊乱的表现形式；它们并不像在这一理论提出之前人们所认为的那样，与个人或遗传性的"退化"有关。多亏有这种治疗工作，这一假设也解释了为什么通过治疗这一过程是可逆的。

> 布罗伊尔宣泄法的作用在于有意识地将这种兴奋从躯体领域引回精神领域，在这一过程中，通过思想-活动强行给矛盾带来和解，通过谈话来释放兴奋。（ibid.：50）

● **致病性思想转化为恐惧症、强迫和幻觉**

接着，弗洛伊德开始探索他的假设，即恐惧症、强迫和幻觉性精神病是如何产生的。在以恐惧和强迫为特征的神经-精神病中，癔症的躯体转换不再存在，因此被弱化的想法仍然以强迫观念的形式留在意识中，取代了致病性的思想：

> 这个想法，现在被削弱了，但仍然留在意识中，并与所有联想分隔开。但它的情感已经变得自由，且依附于其他本身并不矛盾的想法上，并且由于这种"错误的联系"，这些想法变成了强迫性的想法。（ibid.：

52）

在幻觉性精神病中，在神经－精神病中起作用的相同机制也在这里起作用；然而，在这种情况下，意识的分裂与一种更有活力、更成功的防御方式相联系。

在这里，自我将冲突想法连同其情感一起拒绝，并表现得好像这个想法根本就没有出现在自我身上一样。但是，从成功做到这一点的那一刻起，主体就处于一种精神病状态，这只能归类为"幻觉性混乱"。（ibid.：58）

这表明，从他最早的理论化尝试开始，弗洛伊德就在同时探索神经症和精神病的作用机制，这与他后来做法不谋而合。

在此应做两点评论。首先，尽管弗洛伊德谈到了患者为了"忘记""压制（suppress）"或"压抑（repress）"冲突的想法而做出"意志努力"，但他似乎凭直觉意识到，这个过程并没有发生在患者的意识中；不过，他还没有在严格意义上使用"压抑"这个词："这些过程是在没有知觉参与的情况下发生的"（ibid.：53）。他在1896年的论文中提出了压抑的概念。其次，弗洛伊德声称，为了从总体上解释他的观察，他别无选择，只能求助于"心理学的抽象概念"（ibid.：48）——在后来的日子里，他称之为"元心理学（metapsychological）"观点。

- **"延迟作用"的作用**

在"对于防御的神经－精神病的进一步讨论"一文（1896b）中，弗洛伊德发展出了他早期的假设，特别是他在一年前发表的《癔症研究》（1895d）中提出的假设；他认为，致病性的癔症的表征与童年期发生的性创伤有关。癔症的核心是一个人通过潜意识机制的帮助来"压抑"从而"忘记"创伤经历。但创伤的影响本身并不能解释压抑，弗洛伊德如是说，然后他引入了这一过程是有两个阶段的想法，它以一种"延迟的方式（deferred fashion）"（1896b：166–167，n. 2）来表现，这个概念已经在"科学心理学计划"一文［Freud，1950a（1887—1902）］中提及。强迫观念也包括压抑的过程，然后跟随而来的是压抑内容的回归，再然后是妥协观念的形成。弗洛伊德通过将这些观点应用到一个慢性偏执患者的案例中来总结这篇文章，他认为这是一种"防御的精神病（psychosis of defence）"（1896b：175），它受到与防御的神经-精神病相同过程的影响。

20年后，弗洛伊德在他关于"压抑"的论文（1915d）中将"压抑"一词定义为专门处理表征，而"压制"则是处理情感。

📖 "关于用'焦虑神经症'这一描述将这种特殊的综合征从神经衰弱中分离出来的理由"［1895b（1894）］

引文页码参见《西格蒙德·弗洛伊德心理学著作全集（标准版）》第三卷，85–115。

被称为"神经衰弱（neurasthenia）"的综合征在19世纪80年代被确定为一种以极度虚弱和倦怠为特征的疾病，其症状可能呈现非常多的临床现象。弗洛伊德解决这个问题的方法的独创性首先在于他对神经衰弱的根本原因的论述：他认为，与所有其他"神经"疾病一样，潜在的原因涉及某种性问题或其他问题。另一个观点是，他将一组症状聚集在"焦虑神经症（anxiety neurosis）"的标题下，并认为这种类型的神经症应该被视为更广泛的神经衰弱的疾病分类学概念中的一个特定实体，该概念涵盖了各种各样的临床综合征。在焦虑神经症中，主要症状是焦虑，以及与之对应的躯体症状，如颤抖、心悸、呼吸障碍等，以及眩晕症（vertigo），他说，眩晕是焦虑的主要等同物：

"眩晕症"在焦虑神经症的症状群中占有突出的地位。在其最温和的形式中，它被描述为"眩晕"；在其更严重的表现中，作为"眩晕症发

作"（伴有或不伴有焦虑），它被列为神经症的最严重症状之一。（1895a：95）

当弗洛伊德将这些不同的症状归类到一个统一的标题下时，他不认为焦虑神经症以及类似症状，包括这些不同种类的眩晕症，可以归因于心理原因（D. Quinodoz，1994）。他当时的想法是，焦虑的表现只与身体力量有关，而这些身体力量是无法被象征意义或精神分析所理解的。这与癔症不同，在癔症中，精神能量可以转化为躯体症状（如瘫痪），一旦症状的象征意义被带入患者的意识中，继而可以被分析后，情况就可以逆转。

那么，是什么导致了焦虑神经症呢？观察到这些患者的焦虑症状伴随着力比多的下降，弗洛伊德认为这种神经症是由于未被满足的性兴奋的过度积累造成的——就像发生在性交中断时——一种纯粹的物理紧张状态，由于它不能被大脑处理，直接转化为焦虑。这个理论被称为弗洛伊德的"第一焦虑理论"，持续了大约30年，直到他用他的"第二焦虑理论"取代了它：从1926年开始，他认为焦虑首先是由于对失去客体和与之分离的恐惧，因此把焦虑的起源牢牢地放在心理领域。

"神经症病因学中的性"（1898a）

> 引文页码参见《西格蒙德·弗洛伊德心理学著作全集（标准版）》第三卷，259–285。

这篇论文在一次会议上宣读，震惊了维也纳的医学界。在这篇论文中，弗洛伊德将他前一年一直在研究的几条思路汇集在一起，并首次明确论证了婴儿性欲作为一种现象本身的存在。他在1897年开始修订他的诱惑理论，此前他在写给弗利斯的那封著名的信中承认了自己的错误（"我不再相信我的神经官能症"，第69封信，1897年9月21日）：他最初认为的成人对儿童的实际的性诱惑，不过是儿童指向父母的乱伦愿望的幻想表达。考虑到这一发现，弗洛伊德认为有必要告知他的医学界同人，神经–精神病的病因并不仅仅是实际的性虐待等促发因素，还包括与童年和青春期出现的本能驱力有关的幻想体验。在这篇论文中，他阐述了延迟作用的观点：发生在儿童时期的创伤事件的致病作用可能不是在实际发生的时候表现出来，而是在儿童达到性发展的后续阶段（青春期、少年期）时，回溯性地表现出来。

弗洛伊德在 1898 年向维也纳医学会宣读了这篇论文；尽管他的理论是以科学严谨的态度发展的，并有临床实例加以说明，但这篇论文还是让他的同事们感到震惊不已。早在 1896 年，性心理病理学专家理查德·冯克拉夫特 - 埃宾（Richard von Krafft-Ebing）称弗洛伊德的想法是"科学童话"。弗洛伊德曾希望，能通过这篇论文，使得他的发现得到官方的承认，结果他非常失望，也比之前更悲观。这一论文的宣读有很多后果，其中一个后果是他的理论遭到的敌意攻击，进一步推迟了他被任命为大学教授的时间。

📖 "屏障记忆"（1899a）

> 引文页码参见《西格蒙德·弗洛伊德心理学著作全集（标准版）》第三卷，299–322。

屏障记忆（screen memory）的概念是之前没有的：童年的回忆以异常清晰的方式留在记忆中，尽管该回忆的内容似乎并不重要。如何解释这样的悖论呢？弗洛伊德以他的一个患者的回忆为例——这实际上是一个自传性的回忆——弗洛伊德对屏障记忆进行了详细的分析，这段记忆一旦得到充分的处理，就有助于消除他的轻微恐惧症。这个场景发生在农村的某个地方；主人公的年龄在 2—3 岁，还有其他孩子在场，其中一个是他的一个漂亮的表妹，年龄和他差不多。这个场景一直留在他的记忆中，没有特别的意义，直到他回忆起在他 17 岁的时候，他爱上了一个年轻女人。这段新的回忆给他的童年记忆带来了新的启示，并唤醒了一系列其他被压抑的回忆，他颇具文学天赋地描述了这些回忆。对这些被压抑的记忆中所包含的无意识的致病潜能的回忆，使（患者）摆脱了恐惧症。这个临床例子本身就是一部文学作品，它令人信服地表明，屏障记忆是两种心理力量妥协的结果，其中一种力量在记忆中使事件维持平淡无奇，而另一种力量则制造了一种阻抗，来隐藏潜意识中病原性的意义：这两种对立的力量并没有相互抵消，而是产生了一种妥协，浓缩了两种记忆。这种浓缩发挥了所用词语的多义性："在屏障记忆和它所隐藏的东西之间，提供中间步骤的东西很可能是一个口头表达"（1899a：319）。弗洛伊德后来在研究口误和失误行为时也描述了同样的现象。

在后来的一篇论文中，他再次讨论了屏障记忆的重要性，它浓缩了可以追溯到童年的相当多的元素，不仅有真实的，也有幻想的。

> 不仅仅是一点，而是所有童年的重要东西都保留在这些（屏障）记忆中。所以这便只是一个要了解如何通过分析从它身上提取信息的问题。它们代表了被遗忘的童年岁月，正如显梦代表了梦的隐意一样。（Freud，1914 g：148）

屏障记忆的概念具有重要的反响，因为它意味着对童年记忆有效性的挑战：我们不能再只看这些记忆的表层了。弗洛伊德在他的论文中总结了以下内容。"我们的童年记忆向我们展示的不是我们最早的岁月的面貌，而是在后来记忆被唤起时他们显现的样子"（1899a：322）。换句话说，他幽默地表示，我们不应该过分相信记忆，因为意识中我们对童年的回忆，也许只是与我们的童年有关的记忆，而这些记忆在这段时间的间隙里已经被反复加工过很多次了。

新概念

情感（affect）

焦虑神经症（anxiety neurosis）

妥协（compromise）

延迟作用（deferred action）

焦虑第一理论（first theory of anxiety）

婴儿性欲（infantile sexuality）

神经－精神病（neuro-psychosis）

神经症（neurosis）

表征（representation）

压抑（repression）

屏障记忆（screen memory）

创伤（traumatism）

眩晕症（vertigo）

（吴　铮　译；余　晔　杨浩波　校）

五

《梦的解析》
（1900a）
《论梦》
（1901a）

"梦的解析是通往人类心灵无意识活动的捷径"（1900a：608）

在《梦的解析》中，弗洛伊德提出了一些创新的想法。这些想法不仅彻底改变了在那之前理解梦的方式，还开启了看待思想和语言运作方式的全新视角。弗洛伊德认为，做梦是一种有组织的心理活动，与清醒时不同，它遵循着自己的规律。在这么说的时候，弗洛伊德采取了和传统的智慧与科学观点相悖的看法。因此，他一方面远离了经典且大众化的释梦之法——这种古已有之的方法借助文化符号代码的帮助来破译梦的材料，旨在对未来进行预测。另一方面，他的想法也与他那个时代的科学家们保持了距离。在那些科学家看来，梦不具有任何心理学意义——梦不过是心理刺激产生的无序产物（即使时至今日，这种观点仍在一些科学圈里占据主导地位）。

在《梦的解析》中，弗洛伊德引入了另一个创新的观点，即梦境的来源并非外部世界或是其他什么地方——梦境不是被外界强加给做梦者的。相反地，梦是被做梦之人创造出来的。长期以来，人们一直认为梦是某种超凡

第五章 《梦的解析》

的力量——上帝或恶魔——向做梦者传递的仁慈或是不利的信息。正是自由联想这一精神分析之法使弗洛伊德发现了梦的目的与意义。因此，他有一句著名且经常被引用的主张："梦的解析是通往人类心灵无意识活动的捷径"（1900a：608）。（据他的传记作者欧内斯特·琼斯所述，）在弗洛伊德的余生中，他一直认为这一根本性的文本是他所有著作中最为重要的一个，因此其意义远远不只是解释夜间梦境那么简单。在《梦的解析》中，弗洛伊德提出了在正常状态下以及在病理性条件下心智运作的一般模型。通过这一模型的提出，他为精神分析的所有方面——临床、技术以及理论——奠定了基础。

尽管时光已经流逝了一百多年，但弗洛伊德在1900年提出的梦之生活（dream life）的概念至今仍然是其所在领域——精神分析领域——的重要参考。从1900年一直到今天，后弗洛伊德学派精神分析的发展，以及在许多领域——特别是神经科学领域——的科学进步，扩展了我们对梦形成机制的认识，但至今没有任何新的理论能够成功取代在精神分析这一适用背景下，弗洛伊德提出的梦的解析之法。如果是这样的话，难道精神分析师自己不已经是第一个注意到这一事实的人吗？

生平与历史

"世纪之书"

基于对他自己的梦的研究

弗洛伊德似乎在孩提时代就对自己的梦产生了兴趣。在1883年7月18日致未婚妻玛莎的信中，弗洛伊德提到自己曾在一个笔记本里写下了他对于梦这个话题的想法。但他对梦进行科学研究的兴趣要追溯到他将自由联想法应用于癔症的治疗之时，因为该方法让他发现了梦、幻想和症状之间的密切关系。弗洛伊德还发现他自己的梦和患者的梦之间有很多共同点，而这样的觉察让他意识到梦不仅在精神病理学中起到了重要的作用，还在心智的日常运作中扮演了重要的角色。他在1895年7月以自己的一个梦"伊尔玛打针（Irma's injection）"为素材进行了第一次完整的梦的分析。"伊尔玛打针"是一个典型的梦，他在《梦的解析》中详细探究了该梦境。

弗洛伊德对梦的研究以及当时神经元的新发现，这两者都为他提供了一片全新的视野。弗洛伊德对此充满热情，并试图把这两个模块合为一体——他在1895年开始撰写"科学心理学计划"。尽管如此，仍有一种奇怪的感觉让他觉得这一特定的方法不会带来任何结果。因此，他放弃了基于可量化的数据来构建一个有关心智的普遍理论的想法，并决定不发表该文章。他有意背弃了神经生理学，并决定支持一种将心理现象置于主观体验领域的观点，即我们后来所知道的精神分析。正是出于这些原因，我们可以说精神分析是在1896—1899年诞生的，而这刚好也是弗洛伊德进行自我分析并孕育《梦的解析》的阶段。

弗洛伊德父亲的去世与他自我分析的开始

尽管早在1895年间，关于梦的想法就已经在弗洛伊德的脑海中浮现了出来，但实际撰写这本书却花了他将近4年的时间。他是在1896年父亲雅各布去世之后，开始系统性地探索这一领域的。特别的一点在于，弗洛伊德还着手分析了自己的梦，而他为此付出的努力成了他自我分析的催化剂。父亲的亡故和弗洛伊德对父亲的诸多记忆是随后几个月里，反复在他的梦中出现的主题。对他而言，这是一段艰难的时光。我们可能会觉得弗洛伊德不只是出于科学的目的而撰写此书的，这可能还是解决父亲之死使他陷入内在危机的一种尝试。与此同时，这是一段对他而言非常富有成效的时期——因为正是由于他的自我分析和对自己的梦的解析①（诠释），弗洛伊德发现了诠释的技术——一个被证明是精神

---

① 此处的梦的解析，以及《梦的解析》中"解析"一词的英文均为 interpretation。目前在精神分析技术中，通常将该词翻译为"诠释"。为与惯例保持一致，本章在与梦有关的内容中，仍翻译为"解析"。——译者注

分析所特有的技术。

与弗利斯的关系在弗洛伊德生命的这个阶段也发挥了重要作用。一方面，弗洛伊德定期写给朋友的信是弗洛伊德自我分析不同阶段的宝贵后验证明。比如说，他曾在信中告诉弗利斯，梦背后的原动力是愿望的满足："前天的一个梦给我提供了最有趣的证据，证明做梦的原因确实是为了满足愿望"（弗洛伊德致弗利斯的信，1895年9月23日）。弗利斯不仅仅是弗洛伊德努力的见证人，还是让弗洛伊德可以投射幻想和移情情感的对象。不过，这种无意识的移情/反移情关系是在他们任何一方都没有意识到发生了什么的情况下上演的——尽管如此，弗洛伊德还是隐约感到这种关系势必会陷入僵局，因为关系并不是在一个能够被分析和修通的环境中发生的（换言之，并不存在一个外在的分析师的帮助）。这可能是不久之后，随着弗洛伊德的自我分析接近尾声，弗洛伊德和弗利斯两人关系破裂的原因之一。

《梦的解析》（1900a）

弗洛伊德在1899年9月完成了这本书的撰写。期间有过一段段压抑的时光，也有过兴高采烈的片刻——比如说，他在1899年8月仅用了短短2周的时间就写出了第七章，讨论的是梦的心理学。这本书于1899年11月4日出版，但出版商将出版日期延后标注为"1900年"。弗洛伊德对这本出版物寄予厚望，特别是希望他人多少可以认可自己的发现所具有的价值。但实际上，首次印刷的600本书总共花了8年的时间才被卖完。不过，成功逐渐到来了。同时，在余生中，梦的研究一直都是被弗洛伊德投注了浓厚兴趣的课题之一。在他有生之年，德文版《梦的解析》共出版了八次，最后一版面世于1930年。在不断再版的过程中，弗洛伊德对原文进行了多处修改。

《梦的解析》这一名著的最终德文版本长达700多页。弗洛伊德在书中分析了将近200个梦，除了47个他自己的梦之外，余下的梦都是由他亲近之人以及他的一些同僚报告的。不过，尽管弗洛伊德在这本厚重的书籍中所分析的梦的数量之多、所提出的假设的多样性之丰富,意味着即便时至今日,这也是所有精神分析师人手必备的读物,但上述特点也意味着不太熟悉这一主题的读者可能会觉得这是一本艰深晦涩的书。迪迪埃·安齐厄(Didier Anzieu,1988a)对《梦的解析》可能带给新手读者的影响给出了最佳描述。他是这样说的:

> 《梦的解析》是一本能带来灵感与启迪的书,书中充满了活力与无畏,但这也是一本艰深晦涩的读物,因为其所蕴含思想的纯粹原创性、架构的复杂性、理论分支的精确性与多样性、概念的新颖性、例证的丰富性、研究例证之法的简洁性(或者相反,因对例证的探索被分布到了多个不同章节中的事实)、观察网络的错综复杂性(一些来自弗洛伊德本人的梦,还有很多来自其他人的梦),以及作者对于所写书籍类型的犹豫不决(一篇科学专著、一篇日记、一篇告解书、一本占卜手册、一段想象之旅、一份启蒙探索、一篇关于人类状况的论文,以及或许也是最重要的,一张关于无意识的广角全景图)。(Anzieu,1988a:10)

《论梦》(1901a)

为了使《梦的解析》一书包含的创新思想能够为更广泛的受众所理解与接受,出版商要求弗洛伊德对书籍内容进行浓缩和总结。尽管弗洛伊德起初并不愿意这么做,但最终他还是同意了,撰写了《论梦》这篇针对"受过教育且充满好奇的读者"(1900a:xxv)的短篇文章。文章的风格接近于对话,以一种像是侦探小说的方式带领读者探索梦的意义。弗洛伊德还在文中增加了几个新的梦,其中最著名的两个梦是套餐(*table d'hôte*)的梦和揭示了他对弗利斯的无意识攻击性感受的梦,后者预示了两人的关系即将破裂。

正如安齐厄所正确指出的那样,弗洛伊德的头两本书提出了如何进行精神分析性写作的问题。这两本截然不同的书已经证明,精神分析文献的风格会不可避免地在两个对立的极端之间摆荡:一个是《梦的解析》所代表的极端——一种以"巴洛克式"的风格撰写的、符合翁贝托·埃科①（Umberto Eco）对"开放"定义的文本——这样的作品是有灵感且具有启发性的；而《论梦》这样一篇出于教学目的而撰写的文章，其写作风格更为"古典"且有更多说教的腔调（Anzieu, 1988a: 34）。

作品解析

我建议新手读者先阅读《论梦》（1901a），然后再阅读《梦的解析》（1900a），尽管后者是两本中首先被出版的作品。首先阅读《论梦》有助于读者在更为复杂的《梦的解析》中找到自己的方向。

《论梦》（1901a）

引文页码参见《西格蒙德·弗洛伊德心理学著作全集（标准版）》第五卷，633–686。

- **梦的意义是通过做梦者的自由联想而被发现的**

弗洛伊德注意到，直到最近，梦才被认为是做梦者自己的心灵创造，而不是神话时代所宣称的，来自"恶魔与神祇这种更高力量"的仁慈或是不利的消息（1901a: 633）。尽管如此，他还补充说，在科学领域的许多与他同时代人仍然认为梦纯粹只具有生物学功能，以及梦的实际内容丝毫不具有任何心理意义。

弗洛伊德补充说，确实，如果我们试图单独理解任何一个梦的内容的话，我们往往不会成功地发现它的意义。但是，如果我们应用弗洛伊德已经发展

---

① 翁贝托·埃科（Umberto Eco，1932—2016），意大利哲学家、符号学家、历史学家、文学批评家和小说家。——译者注

出的新的探查方法——"自由联想"的话，状况就完全不同了。自由联想使弗洛伊德发现梦是有意义的，正如他发现癔症的症状、恐惧症、强迫观念和妄想也有意义并可以被诠释一样。

在《论梦》中，弗洛伊德详细分析了他在1900年10月所做的"套餐"的梦。他首先报告了他对这个梦的记忆：一名女性坐在他旁边，还很亲密地把手放在了他的膝盖上。弗洛伊德移开了她的手，而她说他的眼睛很漂亮。醒来后，弗洛伊德对这个梦感到惊讶，因为它似乎晦涩难懂且毫无意义——更何况他都已经很久没见过那位女士了。随后，他试图记下在回忆梦的每一个细节的过程中自发浮现出的想法，信赖自己对于这些细节的联想："套餐……债务……为了你美丽的眼睛……没有付出代价①……"弗洛伊德以这些零散的碎片为起点来告诉我们，他能够在脑海中将接踵而来的意象、想法和记忆之间建立起联系，并开始发掘这些联系的意义。他一步一步地邀请读者与做梦者一起分享一个坚定的信念，即起初难以理解的梦实际上是有意义的，并且只有做梦者的联想才能揭示梦的意义："通过追踪从梦的不同元素中浮现出的、脱离了其背景的联想，我得到了一系列不得不被我承认为自己心理生活重要产物的想法与回忆"（ibid.: 639）。不过，弗洛伊德并没有继续他的论证。他认为每次分析自己的梦的时候，都会有一些隐秘的想法浮出水面，一些甚至对他自己而言都难以承认的隐秘想法。他说，没有任何一个梦可以摆脱这一属性。出于这个原因，每当他报告一个梦的时候——无论是他自己的梦，还是别人的梦——他都觉得有义务尊重梦境所揭示内容的保密性。

- **显梦与隐梦**

弗洛伊德随后引入了"显梦（manifest content of the dream）"（指做梦者报告的梦，其内容通常多少有些模糊）与"隐梦（latent content of the dream）"（指只有借助患者的联想将梦破译之后，其意义才会变得清晰的梦）的区分。显梦与隐梦是紧密联结的，因为只有通过分析才能被揭示的隐藏意

---

① 原文为 without paying for it，在这里既可以指没有付费，也有没有付出代价的意思。——译者注

义将两者联系了起来。弗洛伊德接着探讨了将隐梦内容转化为显梦内容，并使隐梦无法被识别的心理过程的性质，以及上述过程的反向操作——通过破解显梦意义来发觉隐梦意义的梦的分析——的性质。他提出了"梦的工作（dream-work）"这一术语，以此指代为了让隐梦无法被识别而将其内容转化为显梦的过程，并将"分析的工作（work of analysis）"定义为"梦的解析的任务在于［……］解开梦的工作所编织的东西"（ibid.：686）。

● 梦是无意识的愿望满足

弗洛伊德的第二个基本命题可以用他在《梦的解析》（1900a：160）中写的一句话来概括："梦是（被抑制或是被压抑的）愿望（经过伪装的）满足"。从这个角度来看，存在一些简单的梦，梦中的愿望呈现出已经被实现了的状态。这类梦在儿童身上中尤为常见，而在成人的梦中就比较少见了。弗洛伊德引用了一些现在已经成为这类梦的典型代表的例子，比如说前一天不被允许吃草莓的小女孩梦到了草莓，或是小男孩与一篮子樱桃的梦：

> 他不得不在前一天送给叔叔一篮新鲜樱桃（cherries）作为礼物。当然，（送之前）他自己只被允许尝了一口。他带着一个令人愉快的消息醒来："赫尔曼（Herman）吃光了所有的零嘴（chewwies）！"（1901a：644）

不过，在更常见的情况下，梦的内容似乎是不连贯且毫无意义的，因此愿望的满足在很大程度上被伪装了起来。在这类情况下，梦的工作改变了梦思（dream-thoughts），以至于愿望的满足不再出现在做梦者所叙述的梦境中了——只有分析的工作才能完成相反的操作并揭示梦思背后的压抑。

● 梦的工作中所使用的机制

梦的工作使用了什么方法来伪装愿望的满足，以至于它们在显梦中没有留下任何痕迹呢？弗洛伊德称，为达成上述目标，我们在梦中主要使用了以下五种机制。

凝缩

凝缩（condensation）是将属于不同联想链条上的若干元素（比如意象、想法等）组合到一起，形成一个单一元素的过程。对梦的分析强调了梦的工作为了将所有散布的碎片聚集成一个单一的部件而完成的"压缩"或"凝缩"现象：

> 在任何一个特定的例子中，如果我们把梦中出现的观念性元素的数量或是写下这些元素占用的空间，与分析带领我们看到的梦思或是梦中可以找到的梦思的痕迹两相比较的话，我们将毫无疑问地发现，梦的工作已经进行了大规模的压缩或凝缩的工作。（ibid.: 648）

当我们对一个梦进行详细分析的时候，我们可以看到凝缩过程适用于梦中的每一个元素，因此单独去看任一元素的话，会发现它们都依次是从一系列可能属于不同领域的元素中衍生出来的——这样一来，梦中出现的每一个元素都是超定的（overdetermined）。正是这种压缩的机制让显梦变得难以理解。凝缩是梦的工作的基本机制之一。我们也可以在症状形成、口误和笑话中发现凝缩的踪迹。在笑话中，凝缩通过以一种意想不到的方式将不同的想法聚集到一起而创造出了一种共同的表征。比如说，在戏剧中，通过词语间的某些相似性而催生出了"中间思想[……]，这些中间思想通常是极其巧妙的"（ibid.: 650）。

置换

置换（displacement）机制使梦的工作能够以偶然的想法替代更有意义的梦思。通过这种方式，梦中至关重要的内容就被移出了舞台的中心，而愿望的满足也被隐藏了起来。比如说，梦中出现的一个极为重要的元素可能会被相反的印象（如冷漠）所取代。凝缩和置换可能会结合起来，制造出一种妥协的方案，就像弗洛伊德在这种情况下提到的"伊尔玛打针"的梦中所发生的那样。在这个梦里，有一个注射丙（烷）基（propyl）的问题；弗洛伊德发现，戊（烷）基（amyl）与他在博物馆里看到通廊（Propylaea）的那段记忆之间存在有意义的联系。而这就是一个通过同时使用凝缩和置换两种机制创造出妥协形成的一个例子。

表征化

表征化（representability，德文为 darstellbarkeit）是梦的工作将梦思转化为景象，尤其是视觉场景的过程。弗洛伊德对该过程的描述如下：

> 如果我们想象自己面临的问题是用一系列的图片来代表政治头条新闻中的论点或是代表辩护律师在法庭上的讲话的话，那借助思考梦的内容的表征性，我们可以很容易理解修饰（modifications），这是梦的工作必然要进行的（步骤）。（ibid.：659）

他随后提到了梦的工作为将想法转化为梦所特有的视觉表达而采取的多种途径。

对梦的内容的二次润饰

由于该程序的存在，梦的内容呈现为一个连贯且可被理解的场景。在梦的形成的每个阶段中都伴随着该机制的运作，但在做梦者醒来后试图回忆梦或报告梦的时候，二次润饰（secondary revision）的作用就更为明显了。

在我们逐步回忆起一个梦的过程中，我们往往会扭曲梦的内容，以使其更加连贯，并给其添上一层理性的伪装。然而，这种二次润饰带来的扭曲绝对不是毫无意义的，因为我们总能在其中找到以被压抑的愿望之满足为标志的场景，而这正是梦背后的真正动机。

戏剧化

弗洛伊德于1901年增加了戏剧化（dramatization）这一机制。戏剧化的作用在于将想法转化为情境。该过程类似于戏剧导演将书面剧本转换为戏剧表达的工作。

● **前一天的残留**

梦的形成遵循的另一基本原则是梦中的场景总会涉及做梦之前一天里所发生的事情。弗洛伊德将此称为"日间残留（the day's residues）"：

> 如果我们寻求分析之帮助的话，我们会无一例外地发现，每一个梦都可以追溯到（做梦者）对于过去几天的一个印象；或者更准确地说，是（做梦者对于）紧挨着梦境发生的前一天——即"做梦当天（dream-day）"的印象。（ibid.：655）

日间残留或多或少与梦中被满足的无意识愿望联系密切。

● **审查机制的作用**

在弗洛伊德看来，对梦的任何扭曲背后的主要原因都和审查机制有关。这个位于意识和无意识边界上的特殊机构，只允许可被它接受的内容"过境"，并会阻拦下所有其他内容：被审查机制拒绝的内容处于一种压抑的状态中，是被压抑的元素。在包括睡眠状态在内的某些特定条件下，审查机制会有所放宽。当这种情况发生的时候，在此之前被压抑的内容就有可能以梦为媒介，找到一条进入意识之路。不过，由于审查机制永远都不会彻底地被消除，所以即使是在梦中，被压制的材料也必须接受某些修改，来避免对审查机制的触犯；而这导致了妥协的形成。压抑，随之而来的审查机制的放宽，以及再然后的妥协的形成这一整套流程并非梦所独有的，也发生在很多同样涉及了凝缩与置换作用的其他精神病理学状态中。

鉴于未经审查的无意识愿望的突然出现很可能会唤醒做梦的人，因此梦也是对睡眠愿望的满足。出于这一原因，弗洛伊德认为梦也承担了保障睡眠的功能。"人们常说，梦会扰眠；但奇怪的是，我们的观点却恰恰相反，认为梦必须被视为睡眠的守护者"（ibid.：678）。

● **梦的审查机制适用于被压抑的婴儿式性愿望**

弗洛伊德说，如果进一步对梦的分析予以探索的话，我们往往会发现隐梦的内容与性欲愿望的满足有关。这一观察证实了审查制度对性化的材料——更确切地说，是对被压抑的婴儿式性愿望（infantile sexual wishes）——所起的作用："被压抑的婴儿式性愿望为梦的构建提供了最为常见且最为强大的驱动力"（ibid.：682）。但是，弗洛伊德在此基础上还指出，尽管性欲在其中扮演了重要的角色，但只在极少数的情况下，显梦才会显示出带有性欲特点的愿望的满足——通常情况下，这类愿望是经过伪装的，只有分析的工作才能揭开它的面纱。在《论梦》中，弗洛伊德并没有提到俄狄浦斯情结，尽管他一年前已经在《梦的解析》一书中写过这一概念了——他在书中描述了一些"有代表性的"梦，一些涉及了"做梦者所爱之人的死亡"的梦（1900a：248）。

● **象征在梦中的作用**

创造象征在梦的形成中起到了至关重要的作用，因为象征使做梦者能够通过剥除所有可被理解之事的性化表征来规避审查制度。弗洛伊德对两种类型的象征做了区分：一种是通用的象征，这类象征是一些从远古时代就开始被使用的、"解梦书"里提到的、"破解梦境的密钥"式的存在；另一种是个人化的象征，这类象征是在做梦者以自己的观念材料为基础，通过弗洛伊德展示的方式构建出来的。对于通用的象征，弗洛伊德给出了一整套的系列清单，在其中一一列出了具有单一意义的条目：

> 大多数梦的符号被用来表征一个与性欲兴趣有关的人、身体部位或活动；特别是生殖器会表征为许多通常令人非常惊讶的象征（符号）；同时，在象征的层面上，被用来表示生殖器的物品也是最为多种多样的。（1901a：683）

乍一看，我们可能会认为，想要解析一个梦的话，只需对通用的象征有一个相当好的了解就足够了，并不需要做梦者的联想。但是，正如弗洛伊德在《梦的解析》中已经指出的那样，这并不足够；如果精神分析师想要避免武断的诠释的话，就需要采用双重方法——一种既考虑了通用的象征，又考虑了做梦者自身联想的方法。

因此，在处理梦的内容中必须被视为象征化元素的部分时，我们不得不采用一种综合的技术——一种一方面依赖于做梦者的联想，另一方面又用释梦者有关象征的知识填补了空白的技术。在解析象征（符号）的过程中，我们必须既保持谨慎，又仔细研究梦中出现的这些象征，因为它们提供了极为清晰的使用实例。只有这样，才能消除任何宣称梦的解析过于武断的指控。（1900a：353）

《梦的解析》（1900a）

出于教学的目的，我没有按照这两本书出版的时间顺序去介绍它们。我首先介绍了《论梦》（1901a），以便这部较短的作品可以充当《梦的解析》（1900a）的入门读本。的确，篇幅的有限性意味着我接下来只介绍《梦的解析》的要点。
引文页码参见《西格蒙德·弗洛伊德心理学著作全集（标准版）》第四、五卷。

● 由三部分组成的著作

本书的第一部分由第一章构成。弗洛伊德在此概述了到那时为止出版过的、与梦有关的、最为重要的科学著作。这一综述进展艰难，弗洛伊德不愿将其全部落于白纸黑字的纸面上。但是，它最终确实帮助弗洛伊德证明了自己的前辈都没有发现过的梦的意义。

第二部分由第二章至第六章构成。在第二章的开始，弗洛伊德描述了他在自我分析过程中发明的梦的解析之法，并通过对现已非常著名的"伊尔玛打针"之梦的详细分析说明了自己的假设。弗洛伊德在诠释这个梦的时候所用的流程也被用于分析本书中报告的许多其他梦境。首先,他仔细地记下了自己(做梦者)醒来时所能想到的梦的材料;然后他将梦分解为各个组成部分;他记录了针对梦的每个片段自发浮现出的联想;在此基础上,他在不同的连续事件之间建立了联系,并在此过程中构建了合理的梦的诠释。在第三章中,弗洛伊德发展了他的中心论点,即梦表达了受挫的愿望的满足。不过,在诸多情况下,愿望满足得以在梦的内容中出现,完全是因为它已遭到了各种形式的扭曲。多亏了精神分析,梦满足愿望的一面才得以被发现。在第五章中,弗洛伊德考察了梦的来源,以查明其内容是否有助于找到应对未解之谜的解决方案。在第六章中,他展示了梦的工作是如何通过凝缩、置换、表征化、反转、二次润饰和象征的表征等方式实现的。

第三部分本身就是一篇论文,即著名的第七章。弗洛伊德在这一章里构建了一个有关心智及其运作的一般化模型。这是一个雄心勃勃的课题,其目的在于以他对梦和神经症的临床观察为起点,对正常状态和病理状态下的心理功能予以解释。在这里,我们再次看到了具有科学家属性的弗洛伊德,但这次,他是一位非常明确地从"科学心理学计划"的神经生理学视角移开,并提出了心理装置的地形学模型的科学家。他第一次将无意识、前意识和意识定义为心理现象所在的特定场所(即希腊语中的 topos 一词);该模型被称为"第一结构理论(first structural theory)",是心智的第一个地形学划分。弗洛伊德在当时将运作于无意识与前意识之间的部分称为审查机制。这是超我概念的前身,而超我控制了什么可以在无意识、潜意识和意识之间游走。弗洛伊德在这一开创性的章节中还引入了大量其他的基本假设。这些假设不仅预示了他此后在有关元心理学的文章中所阐述的内容,也让他逐渐形成了有关初级过程与次级过程的对立,以及有关压抑的理念。其中压抑的概念在《癔症研究》一书中已经初见端倪了。在退行的作用下,经压抑后被置于无意识中的愿望与被压抑的婴儿期场景结合到了一起。正是因为这种结合,其内容才得以重新出现——或是出现在梦这个审查机制没那么强的地方,抑或是出现在表现为神经症症状的妥协形成中。

- **1900 年后弗洛伊德关于梦的思想的发展**

弗洛伊德仍然忠实于他在 1900 年提出的梦的理论构念。与他理论体系的其他方面相比，他只对梦的理论进行了些微的改动。在他对《梦的解析》所做的主要补充中，值得注意的一点在于，随着 1923 年"第二结构理论（second structural theory）"的引入，弗洛伊德用超我的概念取代了梦的"审查机制"这一说法。从那时起，我们就认为梦不得不对本我需求和超我需求进行调和［Freud，1933a（1932）］。

然而，尽管他是在 1920 年提出有关本能驱力的第二理论的，但弗洛伊德并没有发展出有关梦的工作的如下想法：梦的工作不仅要达成与超我或是与本我对被禁止的愿望进行调节的目的，还得像当代的一些精神分析师所主张的那样，为生驱力与死驱力之间的根本性冲突找到一种妥协或是寻到其他解决方案（Segal，1991；J-M. Quinodoz，2001）。

后弗洛伊德学派

对弗洛伊德自我分析的精神分析研究

迪迪埃·安齐厄在其著作《弗洛伊德的自我分析》（*Freud's Self-Analysis*，1988b）中采用了一种创新的方法：他使用精神分析的方法探索了与弗洛伊德的创造性工作密切相关的环境，正是这些创造性工作促使弗洛伊德在 1895—1902 年发现了精神分析。为了完成这项任务，安齐厄的研究是以弗洛伊德本人留下的大量文献证据为基础的。在这些文献中，弗洛伊德以明确或不由自主的方式透露了非常多可被分析的、他本人无意识的产物：梦、童年记忆、记忆的断片与口误等。安齐厄对这些文件的细致调查，既意味着他可以确定弗洛伊德在《梦的解析》中报告的绝大多数梦所发生的日期，也表明他可以在很多自我分析性文章的帮助下按时间顺序对它们进行研究。安齐厄的研究使他能够强调，弗洛伊德在依次发现了梦的意义、俄狄浦斯情结、原初场景幻想和阉割焦虑的关键的几年中，所做的高度个人化且极为私密的工作（Anzieu，

1959，1988b）。

现代临床实践中的《梦的解析》

《梦的解析》引发了数量可观的精神分析与非精神分析论文与书籍的诞生，而这的确是个延续至今的现象。事实上，相关的出版物太多了，以至于我无法在此公允地对所有作品进行评价。即便如此，尽管这些作品极为丰富，也极具多样性，但没有一个后弗洛伊德学派的出版物能够把弗洛伊德的奠基性文章置于不重要的位置。正如安德烈·格林所说："在弗洛伊德的所有发现中，他对梦的研究贡献之大，使得《梦的解析》后的精神分析师在此领域所取得的成果都显得无足轻重"（1972：179）。确实，在给未来的精神分析师们教授解析梦的技术之时，我们会首先转向这本书——这并不是出于历史原因的一种选择，只是因为《梦的解析》是独一无二的——即便在今天，这也是唯一一本，以如此全面的方式对所牵涉的议题进行概述的书籍。即便如此，就该主题总体的写作而言，我必须提及 Ella Freeman Sharpe 所著的《梦的分析》（*Dream Analysis*）——尽管这本书是 1937 年出版的，但至今，它对精神分析治疗中梦的解析的介绍仍是极具价值的。（在梦的领域，）几乎没有覆盖面如此广泛的文本出现；大多数后弗洛伊德学派的分析师对梦的解析的贡献都只关注了弗洛伊德总体理论与技术的某一个部分——实际上，这些贡献多数是一些发表在各种评论或期刊里的文章。一些更为重要的文章会以书籍的形式重新发行，比如《关于梦的基本论文》（*Essential Papers on Dreams*，Lansky，1992）、《今日梦谈》（*The Dream Discourse Today*，Flanders，1993）以及《梦与思考》（*Dreaming and Thinking*，Perelberg，2000）。这些不同的选集反映了来自当代精神分析的不同思想学派的精神分析师的观点。

不过，必须得说，如果回顾自 20 世纪 60 年代或 70 年代以来出版的全部精神分析著作的话，几乎没有多少是与分析梦有关的。根据弗兰德斯（Flanders，1993）的说法，这是因精神分析技术的逐渐转变所致。在 20 世纪 20 年代和 30 年代，最早的一批精神分析师倾向于将焦点放在分析患者的梦上，而从 20 世纪 50 年代开始，精神分析师中出现了一种对移情分析越发重视的倾向性。弗兰德斯用一种优雅的方式总结了这一演变："对分析师的移情已成为理解患者情感与心理生活的捷径"（1993：13）。尽管关于梦这一主题的理论出版物的数量在减少，但令人鼓舞的一点在于，在精神分析实践中，梦的解析完全没有失去其价值——有一个事实可以证明上述观点，即现如今，大多数发表在精神分析文章中的临床实例，至少都包含了对患者的一个梦的分析。

新概念

审查机制（censorship）

妥协的解决方案（compromise solution）

凝缩（condensation）

日间残留（day's residues）

置换（displacement）

戏剧化（dramatization）

梦－象征（dream-symbols）

梦的工作（dream-work）

显梦，隐梦（manifest content, latent content）

超定（overdetermination）

表征化（representability 或 means of representation）

二次润饰（secondary revision）

分析的工作（work of the analysis）

（王　凝　译；余　晔　杨浩波　校）

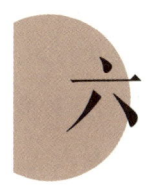

《日常生活的心理病理学》
（1901b）

误失行为：无意识在普通人日常生活中的体现

在写这本书时，弗洛伊德旨在告知公众无意识的存在，无意识是通过那些压抑"失败"了的时刻来体现的，可能是误失行为（parapraxes）也可能是错误的行为。那么，什么是误失行为呢？它是一个无意的事件，它发生在每个正常人的生活中，而不仅仅是在神经症患者的生活中。弗洛伊德宣称，如果某件事属于误失行为的范畴，那么它不应该超出"我们描述为'在正常范围内'"的范畴（1901b：239）；"它必须具有在瞬间和暂时地干扰的性质"，"同样的功能必须在以前被我们较为正确地执行过"。在德语中，误失行为的概念比在其他某些语言中的含义要广泛得多；它包括更广泛的现象，包括大量微不足道的现象，如错误的行动、口误、遗忘、否定或误解；它不像法语用法中那样仅局限于丢失或者损害重要物品等动作行为。此外，所有这些无意识的失败在德语中都以前缀"Ver"开始，这样做的好处是把它们集中在一个共同的命名之下：das Vergessen（遗忘），das Versprechen（口误），das Verlesen（误读），das Verschreiben（笔误），das Vergreifen（错误的行动），das Verlieren（丢失）[Laplanche & Pontalis，1967（1973：300–301）]。

在《日常生活的心理病理学》中，弗洛伊德描述了不同形式的误失行为，并举了许多例子来说明它们。尽管形式多样，但所有这些现象都是同一种心理机制的结果，且与梦境背后的心理机制相似：它们是一种愿望的外显表达，在这之前，这种愿望一直被压抑在无意识中，所以这种愿望能够在自由联想中被发现。这本书的成功远远超出了弗洛伊德的预期，而他在书中提出的精神分析思想理论，即使在今天也毫无疑问是最著名的理论之一。现在有谁从没对口误或错误的行动哑然失笑过呢？这就表明了他完全意识到这个"意外"实际上表达了一个秘密的意图，直接来自无意识。

生平与历史

弗洛伊德最负盛名且最为广泛阅读的著作

1899 年，当弗洛伊德完成《梦的解析》的写作时，他开始收集资料，这些资料将成为另外三本书的基础，这些书将他在梦方面的发现延伸到其他领域：《日常生活的心理病理学》（1901b）、《笑话及其与无意识的关系》（1905c）和《性学三论》（1905d）。他的自我分析使他克服了自己的禁忌，意味着他在情感上有了更好的状态。因此，他开始对自己的误失行为——健忘和口误——进行系统分析，就像他分析自己的梦一样。在 1898 年 8 月 26 日写给弗利斯的信中，弗洛伊德首次提到了无意识的"失败"——忘记了诗人 Julius Mosen 的名字；在随后 1898 年 9 月 22 日的信中，他提到了自己忘记了 Signorelli 的名字——他想到的是 Botticelli 和 Boltraffio 的名字——这件事在《日常生活的心理病理学》的第一章中得到了更充分的描述。那本书充满了从弗洛伊德的家庭和职业生活的温床中摘取的个人逸事；它似乎也与他跟弗利斯关系的恶化密切相关——彻底决裂发生在 1902 年，尽管弗洛伊德确实证实了他的朋友直到那时为止在他的生活中所扮演的重要角色："它（《日常生活的心理病理学》）充满了对你的提及，那些明显的提及，来自你提供的材料，也有隐蔽的提及，其动机也来自你"（弗洛伊德致弗利斯的信，1901 年

第六章 《日常生活的心理病理学》

8月7日）[Freud, 1985c (1887—1904): 447]。

该书首先在1901年以系列文章的形式出现，然后在1904年，这些文章被收集起来，以书的形式出版。弗洛伊德在书中提出的观点受到了心理学家们的广泛批评，但这并不妨碍普通大众被其征服，以至于《日常生活的心理病理学》能够立即将精神分析的观点传播给更多的读者，这一点是《梦的解析》所无法做到的。这本书在弗洛伊德的一生中经历了十次再版，并逐渐扩展到包括更多来自弗洛伊德本人以及他的一些学生的材料。1904年的版本包含了66条误失行为，其中49条来自弗洛伊德自己的观察；最新的版本（1924）包含了300条，其中一半是由弗洛伊德以外的人提供的，从而使原始版本的容量翻了四倍。1909年，在前往美国的航行中，弗洛伊德意识到《日常生活的心理病理学》是多么受欢迎，当时他幸运地看到，一名水手在船上阅读该书。

作品解析

引文页码参见《西格蒙德·弗洛伊德心理学著作全集（标准版）》第六卷。

- **一个突出的例子：忘掉"Signorelli"这个名字**

该书的第一章致力于详细研究一个专有名字的遗忘——艺术家Signorelli的名字，他在奥维多大教堂绘制了《最后四件事》(Four Last Things)的壁画。弗洛伊德在一篇短文中已经描述了这一事件["遗忘的心理机制（The Psychical Mechanism of Forgetfulness）", Freud, 1898b]。弗洛伊德告诉我们，在一次谈话过程中，他再也想不起Signorelli这个名字了，而另外两个画家的名字，Botticelli和Boltraffio出现在他的脑海中（他意识到这两个人都不是他要找的人）。根据梦的解析中采用的方法，通过回顾他记得的部分和引发这两个名字的联想，他发现了他所遗忘的部分被抑制的原因。推理带来了新的推理，Botticelli 这个名字让他想起了 Bosnia①，而 Boltraffio 让他想起了 Trafoi 镇；这两个地理位置与有关性和死亡的痛苦记忆紧密相连。弗洛伊德于是意识到，性和死亡是 Signorelli 的《最后四件事》壁画的主要主题。因此，忘记 Signorelli 的名字是一种妥协的结果，它使弗洛伊德能够一定程度上忘记但不能完全忘记不愉快的记忆，因为它在 Botticelli 和 Boltraffio 这两个名字的伪装下重新出现了。

> 这些替代的名字不再让我像在事情被澄清前时那样觉得完全没有道理：通过某种妥协，它们让我想起了我想忘记的东西，也让我想起了我想记住的东西；它们向我表明，我想忘记某些事情的意图既没有完全成功，也没有完全失败。（1901b：4）

● **对各种各样的误失行为的系统研究**

在专门讨论专有名称遗忘的章节之后，弗洛伊德对其他种类的遗忘进行了概述，如遗忘外来词、名称和词组，遗忘印象以及遗忘意图。他探讨了童年记忆和"屏障记忆"的问题，这些记忆的产生方式与误失行为的产生方式大致相同：当童年记忆的内容遇到阻抗时，它就会被压抑，不能再以这种方式出现——它以"屏障记忆"的替代形式重新出现，并消除了令人不安的影响。第五章是对口误的广泛研究，这是一种众所周知的现象，其中一个词被替换成另一个词。我将引用以下例子——此外还有很多例子——摘自发表于维也纳《新自由报》（*Neue Freie Presse*）的一篇文章。该报报道了奥地利议会下议院主席的一次口误，他通过宣布会议"结束"隆重地"开始"了会议。

> 他的注意力只是被普遍的欢呼声所吸引，于是他纠正了自己的错误。在这个特殊的情况下，解释无疑是主席暗地里希望他已经处于结束会议的位置，从这一点上看他没有期待好的事情会发生。（ibid.：59）

---

① 南斯拉夫中西部一地区。——译者注

在接下来的章节中，弗洛伊德研究了误读和笔误、错误的行动、症状性和偶然性的行动，以及综合的误失行为。最后一章专门讨论决定论、对偶然的信仰和迷信。弗洛伊德发展了这样一种观点，即误失行为并非像当事人倾向于认为的那样是由于偶然或心不在焉造成的；它们是由一种被压抑的想法的干预所产生的，这种想法扭曲了个人通常能够顺利完成的言语或行为。这一观点导致弗洛伊德认为有两种偶然：一种是与心理领域本身无关的"外在偶然性"；另一种是心理决定论起着关键作用的"内在偶然性"，误失行为就是一种无意识的意图取代了有意识的意图的结果。

● 误失行为是如何产生的？

尽管种类繁多，误失行为都基于一个机制：它们都是被压抑在无意识中的愿望的表达，要进入无意识需要精神分析的工作。根据弗洛伊德的观点，误失行为是一个人有意识的意图（在前面的例子中，"开始"议会会议是下议院主席有意识的意图）和与之相关的无意识的愿望（"结束"会议）的妥协结果，无意识愿望强加在主席发言的外显层面上，而他对此无能为力。从这个角度来看，每一个误失行为都有其两面性，正如拉普朗什和彭塔利斯所指出的："事实证明，那些看起来很糟糕的行为实际上在另一个层面上是相当成功的行为，无意识的愿望通过这种行为以显而易见的方式得到了满足"［1967（1973：300）］。

因此，创造误失行为的机制与梦和症状形成的机制相同，即弗洛伊德在《梦的解析》中描述的那些机制：凝缩、置换、替代和相反的替代。此外，就像在分析梦境或症状时一样，自由联想将帮助我们发现误失行为的隐藏含义。至于预期的词和替代的词之间的关系，替代是由几步程序促成的：例如，毗连性，"结束"而不是"开始"会议；或者通过声音，Signorelli 这个名字与 Botticelli 和 Bosnia、Boltraffio 和 Trafoi 有语音上的相似性。在其他时候，这种关系的建立可能要借助于个人史的关联联想。

● **误失行为的来源是什么？**

根据弗洛伊德的说法，我们的头脑不断被一些思绪和联想穿越，一般来说，我们对这些思绪和联想一无所知；它们构成了一系列破坏性的情结，注定要被压抑在无意识中，但它们可能突然以误失行为的形式出现。内在阻抗阻碍着阐释它们，尽管有时被压抑的想法足够明显到可以直接诠释，但更多的时候，只有在详细分析之后才能破译它们。或者应该说，误失行为经常背叛我们，弗洛伊德描述了一些情况，在这些情况下它们被证明可能是有用的。

[这个例子]也可以为我们提供一个有点不寻常的情况，在这个情况下，当我们的良知有可能屈服于一时的欲望时，遗忘就会延伸到我们的良知这一边。这样一来，误失行为就起到了作用。当我们再次严肃以待的时候，我们就会体会到这股心流的正确性，之前这股心流只能以一种失败的方式来表达自己——遗忘，一种心理上的无能。（1901b：19）

在本书的最后几页，弗洛伊德表明，在正常精神生活中观察到的现象和在精神病理状态中观察到的现象之间存在着某种程度的连续性。

如果我们把它们[误失行为]比作精神神经的产物，比作神经症的症状，这两个经常重复的说法就会获得意义和支持——在神经问题上正常与不正常的边界是流动的，以及我们都有点神经症。（ibid.：278）

我想我无法穷尽总结《日常生活的心理病理学》中提出的观点以及更多的例子，相信读者会在此书当中愉快地发现更多例子。

后弗洛伊德学派

误失行为和移情关系

健忘、口误和其他形式的误失行为是只属于普通人日常生活的表现,还是它们真的与神经症患者的精神分析治疗有关?尽管弗洛伊德在他的结论中声称,误失行为和神经症障碍起源之间存在着密切的联系,但他没有说过他将如何在精神分析的语境中诠释它们。然而他确实接近了这个问题——尽管是间接地——他指出了构成误失行为的机制和梦境形成的机制之间存在的相似性。因此,通过证明误失行为是一种被压抑的无意识愿望的表达,而分析工作使潜在的意义得以阐明,弗洛伊德开辟了在移情关系中诠释误失行为的道路,就像梦和症状需要诠释一样。

对于当代临床精神分析师来说,对在移情和反移情中出现的误失行为的诠释是至关重要的,无论它们是病人行为中的"错误"、健忘、口误还是其他所谓的"失误"。这些"错误的行为"有时以一种壮观的方式揭示了病人压抑的无意识愿望,更不用说精神分析师的愿望了,其反移情的某些方面也可能以这种方式得到强调。"治疗内付诸行动(acting-in)"这个词通常用来指称在治疗过程中发生的误失行为——病人可能会迟到,或者在沙发上睡着了等等——而"付诸行动(acting-out)"一词指的是发生在治疗之外的错误行为;这些行为应被理解为对移情的置换。对与客体分离和失去客体的焦虑引起了在分析师与被分析者环境中最经常发生的误失行为的情况(J-M. Quinodoz,1991)。例如,如果病人在不知不觉中经历了对分析师的情绪反应,他很可能在接下来的治疗中没有出现,一旦这个错误的行动被阐明,可能更容易看到被分析者对分析师的不同的压抑的感觉,有些是敌对的感觉,例如失望可能表现为治疗的迟到。病人的自由联想是触及这类误失行为真正原因的唯一途径——否则就会以不恰当和武断的方式进行诠释。雅克·拉康强调了在分析过程中出现的口误,换句话说,体现了语言结构和无意识结构之间的关系。这些口误是理解此时此地无意识移情的一种方法。

也许,精神分析应保留给那些具备象征能力的人?

关于误失行为或口误的无意识意义的洞察并不适合所有人:误失行为或口误可能对个人当下的圈子有意义,但不一定对这个人本身有意义。这本身就是对无意识的定义——位于他意识之外的一切。有时需要经过几个月的分析，分析者才能发现误失行为或口误的真正含义，并将其与跟精神分析师关系相关的情感整合起来。

当然，整合误失行为或任何其他与无意识直接相关现象的能力，部分取决于对任何形式洞察的阻抗的力度；但也取决于这个人获得象征意义的能力，这个象征意义以症状的方式通过他所说所做的事情体现。获得象征意义的能力因人而异，差别很大，换句话说，每个人都可以做精神分析吗？每个人都能接受诠释吗？而且，再尽可能地扩展下这个问题：每个人都能接受对移情关系的诠释吗？不同的精神分析师对这个问题有不同的看法，特别是在法国，经典的精神分析治疗或多或少是为那些从一开始就对他们可能要说的话的象征意义持开放态度的人保留的——换句话说，为那些心理结构基本上是神经症水平的人保留的（Gibeault，2000）。另一方面，对于那些更适应克莱因流派的精神分析师来说，有两个层次的象征：具象思维主导的原始层次，在这个层次上心灵在"象征等同（symbolic equations）"水平上运作，以及一个更高级的层次，在这个层次上象征表征的能力占主导地位，这个层次与神经症组织相对应。对这些精神分析师来说，在原始和更复杂的象征水平之间有一个连续的来回运动，这样他们不仅能够为神经症患者提供精神分析治疗，也能为那些边缘或精神病患者提供精神分析治疗，更不用说必须应付的在每个神经症或正常被分析者身上都有的原始古老的方面了（Jackson & Williams，1994）。

新概念

凝缩（condensation）

置换（displacement）

> 遗忘名称（forgetting names）
>
> 误失行为（parapraxes）
>
> 口误（slips of the tongue）
>
> 替代（substitution）

（许　珂　译；余　晔　杨浩波　校）

《笑话及其与无意识的关系》
(1905c)

笑话让我们发笑的是什么?

弗洛伊德收集笑话——德文里的 Witz——包括犹太人的笑话。弗洛伊德有很强的幽默感,因此,他试图揭示我们因笑话发笑的隐藏动机也就不足为奇了。在这本书中,他系统地探索了许多不同形式的好笑的材料,这些材料被归在笑话的标题下,弗洛伊德认为它们揭示了无意识的影响,无意识影响以隐蔽的方式支配着言语和语言。在这方面,产生滑稽效果的机制与心理通过梦完成的工作非常相似:我们发现了凝缩(即以简约的言辞来表达丰富的内容)、置换[置换是为了规避禁令,特别是那些对被抑制的攻击性或性内容进行的审查(同时仍然允许它们以其他形状或形式返回)];最后是表征化的过程,它改变了词的形式,创造了双重含义或双关语,通过创造荒谬的东西或用相反的思想代替一种思想,从而改变思维。然而,与弗洛伊德认为是非社会产物的梦不同,笑话是所有心理活动中最具社会性的活动:笑话是一种旨在增加快乐的复杂游戏,因此退行机制在这个领域并不像梦中一样活跃。对快乐的追求当然也存在于梦中,但在梦里,个体通过退行回幻觉性满足来获得快乐,避免不快乐。

生平与历史

梦、误失行为和笑话之间的相似性

弗洛伊德：拥有强烈幽默感的男人

弗利斯大约是推动弗洛伊德写这本书的人，当弗利斯读了弗洛伊德发给他的《梦的解析》后，他注意到双关语是梦里常出现的特征。弗洛伊德回信写道："所有的做梦者都是同样的机智，他们也需要如此，因为他们都在承受着压力，直接源头又对他们来说是禁止的［……］所有无意识过程中的表面智慧都与笑话和喜剧理论密切相关"（弗洛伊德给弗利斯的信，1899年9月11日）[Freud, 1985c（1887—1904）：371]。在《癔症研究》中，弗洛伊德第一次注意到象征和多义性在卡西里夫人（Frau Cäcilie）的一个梦中所起的作用（Freud & Breuer, 1895d：181），在《梦的解析》中，他给出了大量的例子。1898年，特奥多尔·利普斯（Theodor Lipps）的《喜剧与幽默》（*Komik und Humor*）出版，这也是弗洛伊德决定写本关于这个主题的书的原因之一。写一本这样的体量，有这么多细节，在许多方面高度复杂的书是非常耗时的。更显不凡的是，弗洛伊德当年同时在写《笑话及其与无意识的关系》和《性学三论》，两本书稿同时摆放在他书桌上，又相继在1905年出版。

弗洛伊德对笑话的兴趣不仅仅是出于科研的兴趣，他本人就有很强的幽默感，他写的信里到处都是这样或那样的趣事。许多与他同时代的人都强调弗洛伊德总是能发现有趣的东西。1938年，当他离开奥地利到伦敦避难时，德国当局要求他写一份没有遭受虐待的声明。即使在当时的情境中，他还是保留了幽默感，他是这么写的："我由衷地向所有人推荐盖世太保。"

"机敏"并不特别世界通行

相比弗洛伊德其他的著作,《笑话及其与无意识的关系》给译者带来了特别大的困难,这也是这本书在不说德语的国家地区知名度最低的原因。机敏(Witz)这个字本身在德文中会让人想到"闪电(Blitz)"——灵光一现,它在其他语言中并没有完全对应的词。例如在法语中,这个词被 D. Messier 翻译为"妙语(mot d'esprit)",他写道:"这个词指的是妙语或机智,能够'机智'的能力。"新一辈的法语译者在翻译《弗洛伊德全集》时认为这个词被翻译错了,它应该被译为"机智(trait d'esprit)",它更接近于原来的"灵光一现"的意思。拉康更推荐使用 trait d'esprit 作为机敏(德文的 Witz)的法语翻译:"Witz 并没有"词(mot)"的意思,如果用 mot d'esprit,读者就容易把它与"Wortwitz(文字笑话)"和"Gedankenwitz(意思笑话)"混淆(Bourguignon et al., 1989: 150)。此外,当其他语言并不存在等义词的时候,我们要如何翻译那些会让德语读者发笑的文字游戏呢?所以《笑话及其与无意识的关系》一书相当大部分的内容是无法翻译的。大多数译者都决定将任何必要的解释放在脚注中,以使弗洛伊德的原始思想尽可能容易理解,因为在德语中,弗洛伊德的表达是非常好玩、有意思的。

作品解析

> 引文页码参见《西格蒙德·弗洛伊德心理学著作全集(标准版)》第八卷。

这本书分为三部分:第一部分是讲笑话的技巧,也就是讲心理产生滑稽效果的不同过程;第二部分从心理经济学的角度探讨了笑话背后的动机,特别是快乐在笑话中的作用;第三部分从"愿望实现"的角度探讨了笑话和梦

第七章 《笑话及其与无意识的关系》

的关系，并以一篇关于不同种类的喜剧的短文结束本书。

笑话产生滑稽效果的技巧

弗洛伊德认为，笑话的滑稽效果有两种截然不同的技巧：第一种是基于词语本身，依赖于语言表达；第二种与笑话中包含的思想有关，这种技巧独立于所使用的语言表达。

● 基于所用词语的技巧

关于基于实际用词的笑话，弗洛伊德区分出来三种过程，它们都使用了同样的技术——凝缩，这一种典型的梦的工作的机制。

第一种技巧是把两个词或两个词的片段凝缩起来，从而创造一个乍一看很荒谬的新词；然而，这个合并后的词对那些听笑话的人来说有一种滑稽效果。例如，弗洛伊德引用了一个围绕"老掉牙的故事（anecdotage）"这个词的笑话，这个词是从英国作家托马斯·德昆西（Thomas De Quincey）那里借用来的，根据昆西的说法，"老年人倾向于陷入他们的'老掉牙的故事'中"（Freud, 1905c：21—22）。在这个例子中，滑稽效果来自单词的发音；使用的技巧是将两个部分重叠的单词"逸事（anecdote）"和"老态龙钟（dotage）"压缩在一起，如果分开看，这两个词本身并不特别好玩。这些词被压缩成一个混合的词，一个新词——"老掉牙的故事（anecdotage）"——这个词本身是无法被理解的。然而，知道背景的读者就能立即抓住背后的意义，就能被逗乐。弗洛伊德还举了一些凝缩结合替代形成来产生滑稽效果的例子。例如，"埃及艳后（Cleopold）"这个词，他是这样分解的："欧洲之声曾开过一个残酷的玩笑，将一位君主的名字从 Leopold 改为 Cleopold，因为他曾与一位姓 Cleo 的女子有过一段关系"（ibid.：20）。另一个例子是"家富①（famillionairely）"这个词，这个词是海涅小说中的一个人物发明的。在这部小说中，一个普通人吹嘘他与富有的罗斯柴尔德男爵的关系。在向诗人吹

---

① Famillionairely，家人和百万富翁的结合体。——译者注

谎的时候，这个普通人说："我坐在所罗门·罗斯柴尔德旁边，他待我平和亲切——像对待他的家富一样"（ibid.：16）。

第二种方法是将一个单词重复使用两次。弗洛伊德以"卢梭（Rousseau）"这个名字和"红棕色（roux）"和"粗鲁（sot）"这两个词的谐音为基础，给出了一个例子。一位巴黎沙龙的女主人在被介绍给一位年轻男子后，开了这样一个玩笑。这位年轻男子是她邀请来的，但他的举止却十分笨拙。这个无礼的年轻人长着一头红头发，是卢梭的远房亲戚。女主人对介绍人说："你介绍我认识了一个红发（roux）傻子（sot），但不是卢梭（Rousseau）"（ibid.：29–30）。在这里，开玩笑的技巧在于一个单词——"卢梭（Rousseau）"——被重复使用了两次，第一次被分解成音节，第二次是卢梭整个词，就像字谜游戏一样。

笑话中使用的第三个技巧是一个词的双重意思或多重用途，就像我们在文字游戏中见到的那样。弗洛伊德认为双关语是同一材料多重用途的好例子："这种例子中我们没有把文字暴力分割成单独的音节［……］只用文字本身及其在句子中的位置，在某些有利的情况下，它就能够表达两种不同的含义"（ibid.：37）。弗洛伊德举了几个例子来说明这一技巧，包括一个医生给一位女病人检查的例子：

> 一位医生从一位女士的床边走开，摇着头对她的丈夫说："我不喜欢她的样子。""我早就不喜欢她的样子了。"丈夫赶紧表示同意。医生当然是指那位女士的身体状况；医生表达了对病人情况的焦虑，而病人丈夫就将其理解为医生附和他对婚姻的厌恶。（ibid.：37）

弗洛伊德认为，三种技术中凝缩技术是最经济的方法，例如上面的例子，"样子"并不仅仅意味着身体状况，也是一般性外貌。"没有使用凝缩和经济性吗？当然用了。它节约了（saving）完整的第二个想法，它被丢弃了，并没有留下替代"（ibid.：43）。他这样总结讨论："所有这些技术都被压缩的倾向所支配，或者更确切地说是节约的倾向"（ibid.：42），换句话说，就是表达手段的经济性。

至于双关语，虽然它们可能是最常见的笑话形式，但它们"被认为是最低级的口头笑话形式，可能是因为它们是'最便宜的'[并且]创作起来最不麻烦"（ibid.：45）。

● **基于思维过程的技术**

弗洛伊德继续回顾基于思想的笑话，对其中所采用的不同技术——那些不依赖于笑话的实际措辞，而是依赖于其背后的思维过程的技术——进行详细调查；因此，它们独立于口头表达。在这种情况下，笑话的工作（joke-work）——弗洛伊德使用这个术语来强调它与梦的工作的相似性——利用与正常推理不同的思维过程，作为产生好笑俏皮话的技术手段。他提到了几个过程，例如置换（displacement），它使用逻辑来掩饰推理错误，以及在构建笑话时使用胡说八道（nonsense）。是什么把胡说八道变成笑话？弗洛伊德有趣的说法是，"在开玩笑的胡说八道背后是有意义的[……]，而正是这种意义把胡说八道变成了笑话"（ibid.：57）。这里使用的技术是输入一些愚蠢或无意义的东西，其意义是带出一些同样愚蠢和荒谬的东西。

● **无冒犯性和有冒犯性的笑话**

我们可以根据笑话在听者或读者中引起的反应，将笑话分为无冒犯性和有冒犯性两种。无冒犯性的玩笑本身就是目的，没有其他特定的目的。另一方面，带有冒犯性的笑话服务于各种动机，例如敌意（攻击性、讽刺、冷嘲热讽），淫秽（以暴露为目的），下流（强调性事），以及怀疑主义——对弗洛伊德来说，这是所有动机中最糟糕的。

📖 **笑话作为快乐的来源和社交的过程**

在第二部分中，弗洛伊德探讨了快乐在笑话机制中的作用。在有冒犯性的笑话中，产生愉悦效果的机制比在无冒犯性的笑话中更容易察觉，因为在有冒犯性的笑话中，一种倾向得到了满足：这种满足就是愉悦的来源。当然，这种倾向会遇到一些障碍，而这些障碍可以被笑话所绕过，无论这些障碍是外在的（对隐藏的侮辱对象的恐惧），还是内在并与一个人的教养有关的。在这两种有冒犯性的笑话中，人们都能获得快乐，因为它与"在禁止或抑制上节省开支"（ibid.: 119）有关。在无冒犯性的玩笑中，所使用的技巧本身就是快乐的源泉，如双关语。

有冒犯性的笑话有一个社会维度，那是纯滑稽并不具有的东西，因为笑话至少需要三个人：第一个人讲笑话，第二个人是敌意或性攻击指向的目标，第三个人是听笑话的人，这个人会被笑话潜在的意图逗乐。为什么有必要出现第三个人？根据弗洛伊德的理论，笑话的目的是让讲笑话的人和听笑话的人都感到愉快："笑话就像一个两面三刀的流氓，同时侍奉两个主人"（ibid.: 155）。笑话作者所感受到的快乐被掩藏起来，因为一般来说，没有人会因为自己的笑话而发笑——"我们笑，就像'反弹（par ricochet）'一样"（ibid.: 156），是通过那个因笑话发笑的人而被逗笑的。

笑话，梦和喜剧的种类

书的第三部分比较了梦和笑话，并以一篇关于滑稽效果、幽默和笑话的文章结尾。

● 梦，笑话和回到婴儿式的无意识

在比较梦和笑话时，弗洛伊德首先列出它们之间的相同点和不同点。梦首先是一种愿望满足，它的目的是避免不愉快，而笑话的目的是获得愉快。笑话不仅通过使用各种技巧来找到乐趣，也通过回到婴儿式的无意识中，这是它们的主要来源。当孩子们开始说话的时候，我们能看到他们在玩文字而不注意文字的含义，因为他们在寻找与文字发音相关的快乐。这种乐趣很快就会因内部批评——审查制度——的出现而被禁止，而唯一被允许继续进行的词语组合是那些有意义的结构。后来，成年人通过文字游戏重新接触到他们的婴儿式的快乐，并绕过审查，反抗强加的思想和现实的限制。

第七章 《笑话及其与无意识的关系》

- **滑稽的种类**

弗洛伊德接着讨论了滑稽的不同形式，如模仿、戏仿、滑稽歪曲，等等。他将某些形式的滑稽的乐趣来源归因于他人与自我的比较。这本书以一篇关于幽默的文章结尾，弗洛伊德将幽默与讽刺区分开来；这篇文章大约20年后又有了修订版，成了一篇名为"幽默（Humour）"（1927d）的短文，其中进一步阐述了超我的概念。

后弗洛伊德学派

拉康：笑话和"灵光一现"

"回归"弗洛伊德早期的写作

20世纪50年代初，雅克·拉康呼吁精神分析师"回归弗洛伊德"。这个"回归"意味着什么？事实上，这与回顾和阅读弗洛伊德的所有作品毫无关系；他的想法是回到弗洛伊德最初的理论文本，因为这些文本赋予了语言在与无意识有关的问题上的关键作用：《梦的解析》《日常生活的心理病理学》和《笑话及其与无意识的关系》。这三本书写于1900—1905年，几乎同时出版，都特别强调语言是对无意识的一种伪装表达。正是从这个三部曲中，拉康引出了他的主要概念——特别是从笑话中，他赋予了笑话"一个真正的精神分析概念的地位"（Roudinesco & Plon，1997）。

拉康的任务有几个阶段。1953年，在他的"罗马报告（Rome Discourse）"中，他一开始就建议我们回归意义，"回归弗洛伊德的意思就是回归到弗洛伊德（原来的）的意思"，他用一种诙谐的措辞这么宣称［Lacan，1955：405（2004：110）］。通过对意义的坚持，拉康试图重新把精神分析对无意识的体验建立在最弗洛伊德式原创的内容上；拉康坚持了他同代人抛弃的"言语的基础"［1953：243（2004：37）］。

无意识的结构就像语言

早在 1956 年,拉康就把无意识的体验集中在它的象征性维度上,以当代语言科学为依据,特别是关于瑞士语言学家 F. 德索叙尔(F. de Saussure)所发展的"能指(signifier)"和"所指(signified)"概念之间的区别。这些贡献使拉康能够强调"能指高于所指的至高无上的地位",对他来说,这是我们能从《梦的解析》中学到的最主要的内容。自由联想法使我们越来越接近思维序列,继而回到语言序列;这种技术使分析师能够识别出能指迷失的轨迹:"并不只是〔……〕言语,精神分析实际上是通过语言的整体结构发现了无意识"[Lacan, 1957: 494—495(2004: 139)]。采用一种结构方法,拉康也重新审视凝缩的概念,因为它出现在梦和笑话中——拉康喜欢使用术语"灵光一现"来翻译德文 Witz——拉康认为笑话是一个能指,通过把玩语言,它能揭示相关个体试图隐瞒的无意识的真相。

拉康对凝缩和置换的概念的重评使他提出了他著名的格言:"无意识的结构和语言是类似的"。正如若埃尔·多尔(Joël Dor)[1985: 17(2004: 3)]指出,拉康的中心假设可以提炼成一个观点——塑造潜意识的机制与赋予语言意义的机制完全相似:"我们甚至可以认为这是拉康的所有理论工作中最基础的假设,因为它预先假定并体现了拉康整个职业生涯不断提倡的回归弗洛伊德的意义。"

在技术、理论和训练方面存在意见分歧

拉康的精神分析著作(特别是那些有关语言的著作)已经引起(并且直到今天仍然引起)人们一定程度的兴趣,且这种兴趣并不止局限于精神分析的圈子。然而很快,拉康和在其他国际精神分析协会(IPA)的分析师在某些基本问题上就出现了意见分歧。这些分歧导致了 1953 年的分裂,在 1964 年,拉康"完全靠自己"建立了精神分析的弗洛伊德学派(Ecole Freudienne de Psychanalyse)——在 1980 年(他去世前不

第七章 《笑话及其与无意识的关系》

久），他决定解散这个学派。从那时起，拉康运动就分裂成许多较小的团体。

从技术的角度来看，我认为拉康在 1953 年所倡导的"回归弗洛伊德"把注意力特别集中在神经症和语言交流上，而排除了弗洛伊德 1915 年以后的作品。在 1915 年后的作品中，弗洛伊德讨论了精神分析是否适合那些有语言沟通障碍和象征化困难的病人，比如我们在抑郁和精神病性状态中的病人身上看到的情况（J-M. Quinodoz, 2000, 2002）。

此外，拉康之后变得越来越只关注病人实际上说的话，到了几乎只关注病人内察"灵光"来看其象征化交流的程度——"灵光一现"是无意识的突破，拉康视其为能指的影响［德语里有个有意思的文字游戏，Blitz（闪光）和 Witz（笑话）通过凝缩和置换被结合到了一起］。这种技巧的危险之处在于，这种文字游戏和对其假定价值的解读可以被用于任何场合；它鼓励拉康缩短会谈的长度，并忽略处理移情和反移情所需的时间。在这一点上，我个人的观点是，并不是每个人都能立即洞见意义——事实上远非如此。这是一个缓慢而渐进的过程，如果对意义洞见要继续以一种节奏展开，那么，我们需要尊重这种节奏，且它往往需要经典精神分析设置的严格条件。

拉康学派的精神分析师和那些属于国际精神分析协会（IPA）的分析师之间的分歧点远不只是缩短会谈时间这个技术问题。正如 D. 维德洛谢（D. Widlöcher, 2003）指出的，许多其他不可能忽略的差异仍然存在，特别是关于反移情的使用，这是拉康以最大的努力拒绝的技术，也是今天追随他观点的人所拒绝的（Duparc, 2001）。

关于精神分析候选人的训练，拉康完全和彻底地反对国际精神分析协会组织所沿用的培训方式。他特别反对任何形式的"预选"，不接受关于候选人要事先接受个人分析（所谓的"受训分析"）的要求。他认为，在项目的不同阶段对候选人的评估以及整个等级的组织结构都意味着同行们仍然处于长久的服从状态。1964 年，当他创立自己的学派时，他提出了一个原则，即既不允许也不禁止任何人从事精神分析；对拉康来说，在分析治疗中所涉及的责任对每一个分析师来说都是个人化的——因此他说道："一个精神分析师不需要除了自己以外的任何人的授权。"拒绝考虑接受除了自己评估之外的任何评估，意味着很多人开始引用拉康的话，称自己为"精神分析师"，但又没有说明他们接受过什么样的训练。

一些隶属拉康运动的精神分析师想要重新加入弗洛伊德创立的国际精神分析协会（IPA）。在我看来，大家在某些理论和技术问题上仍然存在很大的分歧。

英国学派：从原始的象征到象征性表征

将精神分析的范围扩大到神经症之外

英国学派的精神分析师也从不同的角度探讨了象征问题。这种方法使他们能够为语言沟通困难的病人提供精神分析，言语化是一种高度发展的象征的形式。在他们看来，精神分析治疗并不是专属于神经症的病人或其他能够通过语言和自己及他人交流的人；它可以帮助那些以具象思维为主的病人，由于分析提供的修通机会，这些病人可以发展他们的象征的功能和口头交流能力。

早在 1916 年，琼斯就根据弗洛伊德在《梦的解析》（1900a）中所表达的观点探讨了象征的问题。对琼斯来说，有意识和无意识的象征是有区别的；象征的形成是内心冲突的结果，而象征本身就是被压抑内容的表征。

此后不久，梅兰妮·克莱因引入了一种新颖的方法来研究象征问题，这是基于她对儿童的工作以及她以无意识冲突的象征表达来理解治疗过程的游戏。在"象征的形成在自我发展中的重要性（The Importance of Symbol-Formation in the Development of the Ego）"一文中，根据她对一个 4 岁的自闭症男孩迪克（Dick）的观察，克莱因（1930）表明，象征的形成可能被特别抑制，而这种抑制对未来自我发展有严重的后果。

她的结论是，如果象征形成的过程不能开始运作，所有的自我发展都会停止；她将这种抑制归因于婴儿对母亲身体的攻击性幻想所带来的过度焦虑，以及随之而来的负罪感的增加。

象征形成的原始形式和更发达形式之间的过渡

象征形成过程在婴儿发育过程中可能受到抑制，这一事实促使汉娜·西格尔和比昂对克莱因提出的问题开展了更深入的研究。因此，他们区分了一种原始的和一种更具发展性的象征形式，并根据偏执－分裂心位和抑郁心位的概念，阐明了这两种象征形式之间的过渡过程。我稍后会考察弗洛伊德对精神分裂症语言的具体特征的研究之后的发展，弗洛伊德在他的论文"论无意识（The Unconscious）"（1915e）中讨论到了这个部分，届时我将更详细地讨论这些观点。

由西格尔和比昂发起的研究，加上赫伯特·罗森菲尔德（Herbert Rosenfeld）关于自恋移情的研究，意味着为精神病性、自恋性和边缘的病人提供精神分析成为可能；现在在分析沙发上的这些人比神经症病人还要多。

新概念

梦的机制（凝缩、置换、愿望满足）应用于笑话［Dream mechanisms（condensation, displacement, wish-fulfilment）applied to jokes］

滑稽和幽默（to the comic and to humour）

（王　觅　译；余　晔　杨浩波　校）

《性学三论》

（1905d）

婴儿性欲的发现：彻底变革与流言蜚语

出版于1905年的《性学三论》通常被认为是弗洛伊德第二重要的著作，其地位仅次于《梦的解析》（1900a）；同时，这也是他在性欲问题上最为杰出的著作。在这本书中，弗洛伊德公开挑战了大众对于性欲的看法以及那个时代关于性欲的假设。一方面，他将性欲的概念扩展到了传统性欲定义所划定的狭隘范围之外；另一方面，他认为在儿童早期就可以发现性欲的开端，换言之，性欲萌芽出现的时间点要比前人的设想早了许多。他指出，性欲并不是随着青春期的开始才开始的，而是开始于儿童早期。他还提出，个体会在实现成人性欲之前经历多个连续阶段的发展。此外，他搭建了一个联结异常性欲与所谓的正常性欲的桥梁。

弗洛伊德用简单的日常语言提出了若干关于性欲的假设——一些人们根本不愿意予以考虑的假设。然而，他并没有在那本书里提及任何人所不知的内容——特别是，对于从远古时代就已经开始观察并描述各种婴儿性欲之表现的父母、教育家和作者而言，弗洛伊德所述的内容一点儿都不新鲜。此外，与弗洛伊德提到的克拉夫特-埃宾（Krafft-Ebing）或是哈夫洛克·埃利斯（Havelock Ellis）等性学家在此前几年发布的淫秽图片相比，弗洛伊德在书中对性欲的描述远不具有那么大的挑逗性，但前述这些性学家的著作却没有引起如此大的轰动。当人们开始阅读《性学三论》时，公众爆发了强烈抗议。按照琼斯的说法，这种抗议强烈到让弗洛伊德陷入了一种"普遍不受欢迎"的境地。这本书对弗洛伊德与公众之间的关系的损害持续了相当长的一段时间。弗洛伊德被视为一个有着邪恶思想与淫秽念头的人，更何况他还于同一年做出了一件让维也纳的医学界深感震惊的事情——他在未经患者许可的情况下发表了"朵拉"的案例研究。敌意为什么会如此之多呢？当弗洛伊德拒绝对性倒错做出道德判断的时候，他颠覆了公众所认同的伦理道德与行为准则，显然，这也让他这样一位中产阶级的医生以及一个有家室的男性走上了一条非常危险的道路。不过，弗洛伊德对这些批评之声充耳不闻，反而变得比以往任何时候都更为坚定——他决计要看到科学知识在与蒙昧主义的对战中取胜。

生平与历史

发现婴儿性欲之重要性的时刻

即便是在19世纪80年代，当他还在研究自己更早期的发现的时候，弗洛伊德就怀疑，那些可以追溯到童年的性因素可能是导致癔症症状的原因。此外，他最初认为，只有在经受了成年人的性诱惑之后，儿童的性冲动才会被过早地唤起。但是，当他于1897年在自我分析的过程中，发现了俄狄浦斯情结之时，弗洛伊德得出了一个结论，即在所有儿童生命的一个很早的阶段里，性冲动就已经存在了，并且性冲动的出现与任何来自成人的唤起无关。20世纪之初，弗洛伊德告诉弗利斯，自己的下一本书将是关于性欲理论的，而他在等待的只是"一些可以将我所收集到的东西点燃的火花"（致弗利斯的信，1900年1月26日）。毋庸置疑的一点在于，弗洛伊德不得不克服强烈的内在阻抗，才能承认婴儿性欲是一种普遍现象。《性学三论》与《笑话及其与无意识的关系》几乎是同时完成的,后者同样是在1905年出版的。

对弗洛伊德而言,这是一段非常富有成效的时光,也是他最终断绝了与弗利斯全部关系的时刻。私人执业几乎占据了弗洛伊德全部的时间,同时他的多数患者来自东欧。他在大学进行了3年的讲学,还有更多的同僚参加了他的星期三小组(Wednesday Society meetings)。同样也是在1905年,国际社会对弗洛伊德所做工作的认可开始增长。弗洛伊德每年夏天都会在妻妹明娜·贝尔奈斯(Minna Bernays)或是弟弟亚历山大(Alexander)的陪同下出国旅行,并曾多次访问意大利和希腊。

弗洛伊德是泛性主义者吗?

在他的《性学三论》中,弗洛伊德宣称婴儿性欲是至关重要的,并特别指出神经症个体压抑的驱力在本质上是性化的,同时青少年和成人的性欲是以婴儿性欲为基础的。这些说法引起了误解,以至于弗洛伊德被指控为"泛性主义者"——换句话说,人们认为弗洛伊德提倡的是一种过分简单化的理论,一种认为所有人类行为都应该用性来解释的理论(这里所说的性指的是以最狭义的方式所定义的性/性欲)。尽管弗洛伊德确实强调了性/性欲对人类的重要性,但他并不接受指责他为泛性主义者的指控。在给日内瓦的克拉帕雷德(Claparéde)教授的一封信中,弗洛伊德对这一既抨击了他的性欲理论,又抨击了他对梦的构念的指控提出了抗议:"我从未声称每个梦都表达了性愿望的满足,我通常坚持的是与之相反的观点。但这没有什么效果,人们还在继续重复同样的事情"[弗洛伊德致克拉帕雷德的信,1920年12月25日(1921e:214–215)]。

作品解析

引文页码参见《西格蒙德·弗洛伊德心理学著作全集(标准版)》第

第八章 《性学三论》

▎七卷，123–243。

这本书分为三篇。第一篇以"性变态（The Sexual Aberrations）"为标题，讨论了性倒错（perversion）的话题；第二篇关注的是婴儿性欲的问题；而第三篇探讨的则是青春期的转变。

📖 第一篇：性变态

● 性倒错的婴儿期起源

在第一篇文章中，弗洛伊德批评了被当时的科学界广为接受的大众化观点与信念，即认为同性恋等性倒错是因堕落或某些先天特征所致。他认为导致上述状况的真正原因与个体的童年有关，换言之，这是一个关乎性心理发展的问题。他首先回顾了当时的性学家（比如克拉夫特-埃宾以及哈夫洛克·埃利斯）对性偏差的分类，并从上述性偏差与公认的常态（所谓的"正常"性欲）的关系这一全新的视角出发，对它们进行了讨论。

弗洛伊德提出的"本能驱力"与"客体"在后来被证明是对精神分析起到了决定性作用的两个概念。弗洛伊德在文中以对这两个概念的讨论为基础，在性倒错的范畴内引入了一个区分——他对"性客体的反常（deviations in respect of the sexual object）"（即与被视为有性吸引力的人有关）与"性目标的反常（deviations in respect of the sexual aim）"（即与驱力倾向于表现的行为有关）进行了区辨。也许值得指出的一点在于，在精神分析中，"客体①"一词指代的并不是"物件或东西"，而是套用了该词的古典意义，用以指代"人"。[参见莎士比亚在《维罗纳的两位绅士》(*The Two Gentlemen of Verona*)中借瓦伦丁（Valentine）之口所宣称的："对于丑陋之人 / 爱情是会闭目不视的②"，或是西尔维娅·普拉斯（Sylvia Plath）在《普拉斯日记集》(1982:

---

① 客体，英文为 object 一词。该词做名词时，在英文中为多义词，既可以表示物体、实物，也可以表示目标、目的，还可以表示对象或人。在精神分析领域被翻译为客体。——译者注

② 英文原文为 Upon a homely object/ Love can wink。——译者注

73）中所写的："尊重与钦佩必须与我所爱之人等同①"。]

● **双性性欲的作用**

弗洛伊德将同性性欲的多种形式、恋童癖以及恋兽癖归类到了"性客体的反常"这一门类下。在他看来，这类性倒错的原因在于人类性欲中后天习得的特征，而非此前所认为的先天因素或是所谓的本性使然。但是，如果同性性欲是因个体性心理的某些发展所致的话，那我们就有理由提出如下问题：究竟是怎样的条件使一部分人选择了同性性对象，而又是什么让另一部分人倾向于选择异性性对象呢？弗洛伊德通过引入双性性欲（bisexuality）的概念回答了这个问题。两性现象②（bisexuality）是弗利斯在人类胚胎发展的基础上假设出的一种普遍趋势。不过，尽管弗利斯强调了生物层面的两性现象，但弗洛伊德是第一个将这一概念应用于心理领域的人。他假设每个人从童年阶段开始就同时兼具了男性倾向与女性倾向，因此最终的客体选择取决于两种倾向中占据优势的一方。

● **成分本能**

弗洛伊德继续讨论了与"性目标的反常"有关的议题。他在此将性驱力解构为被他称为"成分本能（component instincts）"的各个部分：这些成分本能以性敏感区作为其性唤起的来源。这意味着性倒错是受到源于婴儿期的成分本能所支配的。在一些与成分本能相关的性倒错类型中，个体会将身体的一部分或是自己迷恋的物件作为获得性满足的手段；他们用身体组成部分或是迷恋之物取代了通常用于性交的躯体部位。在其他类型的性倒错中，存在一种对初步性目标的固着，比如说，涉及口部的性实践、涉及触摸的性实践、涉及凝视或观看的性实践，甚至是涉及施虐与受虐的性实践。针对这类情况，

---

① 英文原文为 respect and admiration must equate with the object of my love。——译者注
② Bisexuality 一词在生物学领域指两性现象、雌雄同体或两性体；而在心理学领域指双性性欲或双性恋。——译者注

弗洛伊德称:"[流连于]准备性活动并将这些活动[转变为]新的性目标的倾向,可以取正常的目标而代之"(1905d:156)。如果试图总结弗洛伊德观点的话,我们可以说,在性倒错中,性驱力分解成了各种各样的、被称为"成分本能"的部分;而在正常的性行为中,成分本能会汇集到一起,朝着生殖器成熟的方向而努力。

● **性倒错、神经症以及正常状态**

弗洛伊德从上述内容中得出了两个令公众极为震惊的结论。首先,他断言神经症症状的产生并不完全是以损害正常性欲为代价的,在某种程度上,也是以损害异常性欲为代价的。弗洛伊德用一句已经变得有名的话总结了自己的观点:"可以说,神经症是性倒错的负片"(ibid.:165)。这一隐喻是从摄影学中借用的,意思是说性倒错的个体通过他们反常的性行为所活现的部分,会被神经症患者通过幻想或梦的形式想象出来。其次,弗洛伊德认为,性倒错的倾向绝非个例或极端状况,而应被完全地划归到所谓的正常本质(normal constitution)的范畴内。弗洛伊德还提到,上述正常本质早在儿童期就已经被勾勒出来了:"这一涵盖了所有性倒错起源的假定性特质,只会在儿童身上表现出来,尽管任何类型的本能都只能以适度的强度出现在儿童身上"(ibid.:172)。

📖 **第二篇:婴儿性欲**

● **婴儿遗忘症:忘记自己童年阶段的最初岁月**

在第二篇文章中,弗洛伊德更彻底地颠覆了当时最受欢迎的大众信念,即性驱力是一种并不存在于童年阶段,而是直到青春期才会出现的事物。与此同时,弗洛伊德扰乱了他那个时代的、对婴儿性欲的存在予以忽视的科学界。他将这种意识的缺乏归因于他所谓的"婴儿遗忘症",即通常情况下,成年人对自己最早的儿时岁月几乎没有什么记忆的事实。对弗洛伊德而言,婴儿遗忘症和癔症性遗忘呈现出的健忘性多是因压抑所致:癔症患者压抑了与诱惑相关的性驱力,而成年人则把出现于童年阶段的性生活的开端挡在了有意识的觉察之外。

根据弗洛伊德的说法，儿童性生活通常会在 3 岁或 4 岁左右以一种易于观察的形式出现，但性驱力的表现形式会受到外部障碍（比如个体所受的养育、个体所处的文化特征）以及内在障碍（比如厌恶感、谦逊与道德标准）的影响，而这些内在障碍都是压抑的表现形式。到了潜伏期，在被弗洛伊德命名为"升华"的过程的作用下，性冲动以文化成就的形式从直接的性目标转向了其他目的。弗洛伊德也确实承认性冲动有时会在潜伏期冲破障碍，而这种冲破可能是偶发状况，也可能会是一种持续时间更为长久的突破，而后者可能会一直延续到青春期。

● **婴儿性欲的表现形式**

弗洛伊德将吮吸拇指看作是婴儿性欲表现形式的典型范例。该活动是在婴儿早期出现的，并有可能持续一生。对他而言，沉迷于吮吸拇指的儿童是为了寻求某种已经体验过的快乐，而这种快乐的基础是"儿童的第一个，也是最为重要的一个活动，即对母亲乳房的吮吸，或是该行为的替代品"（ibid.: 181）。在母乳喂养期间，儿童的嘴唇起到了性敏感区的作用，是感官愉悦的来源。"首先，性活动依附于以自我保存为目的的功能"（ibid.: 182）；直到后来，性满足才能和对食物的需求分离，变成一种独立的存在。不过，根据弗洛伊德的说法，这种性欲特质并不是口部所独有的；性欲特质可以与任一其他身体部位产生关联，使得这些部位可以像生殖器一样容易兴奋。

由此可见，儿童期性驱力的主要特征是其从根本上所具有的自慰本质。在婴儿性欲的表现形式中，弗洛伊德不仅将口部的自慰活动纳入其中，还纳入了与肛门区域以及尿道相关的自慰活动。其中前者包括与肠道功能有关的、因保留或排出（排遗物）而来的快感等；后者涉及了无论男孩还是女孩都会体验到的排尿的快感，而这是与生殖器区域相关的。这些观察最终促使弗洛伊德提出了关于婴儿自慰（masturbation）的三个不同阶段的描述：第一个阶段是与喂养情境有关的小婴儿的自慰（onanism）；第二个阶段发生在个体生命的第三年或第四年的时间里；而第三个阶段对应的是青春期的自慰

（masturbation），也是在很长一段时间里唯一一种被考虑在内的自慰形式。

● **多形态的性倒错倾向**

发现性敏感区在儿童早期所起的作用使弗洛伊德得出了如下结论，即儿童具有"多形态的性倒错倾向（The polymorphously perverse disposition）"。他的这一说法究竟是什么意思呢？"性倒错倾向"这一说法的意思是婴儿身体的各个部位从生命伊始就对性欲化极为敏感；直到后来，性敏感区才开始受制于以统一性欲为目标的生殖器组织。"多形态的"一词强调了在儿童早期可以被性唤起的性敏感区的多样性程度之大。婴儿身上多形态的性倒错倾向的存在让弗洛伊德能够对如下事实予以解释，即有组织的性倒错（比如我们在成人身上发现的性倒错）源于婴儿性欲的一个组成部分的持续存在——这是一个在性心理发展的早期阶段就陷入固着的组成部分。

即使在今天，弗洛伊德提出的"多形态的性倒错倾向"的概念也时常会引发流言蜚语，这是因为人们经常会误解其含义。儿童可以从性敏感区获得性快感的事实并不意味着他存在我们在成人身上所定义的"性倒错"问题。对于弗洛伊德而言，该术语意味着多形态的性倒错倾向的婴儿阶段是个体性心理发展的早期阶段，是尚未实现生殖器性欲的阶段，也是尚未建立性敏感区之间的等级且尚未将性敏感区置于生殖功能的支配之下的阶段。但成年人身上的性倒错就完全是另一回事了——这是一种高度有组织的行为，个体以牺牲生殖器性欲的充分发展为代价来获得成分满足（component satisfaction），同时个体通过同性别的客体（如在同性恋身上所见的状况）或是通过特定类型的需求（如在恋物癖身上所见的状况）来获得性快感。当然，儿童身上确实可能表现出真正的性倒错固着，但这种情况是极其罕见的。

● **婴儿性欲理论**

儿童会无休止地提出一些与性议题相关的问题，比如：婴儿是从哪儿来的？爸爸妈妈是怎么做到（生出宝宝）的？弗洛伊德将儿童通过这些问题表达出的强烈好奇也算作婴儿性欲的表现形式之一。儿童的这些问题会以各种不同的状态和形式重复出现，它们让我们得以窥见儿童在性欲主题上创造出的特定理论。比如说，（儿童认为）两性之间的差异是被且只被一个特定器官所决定的，即男孩有阴茎，而女孩的阴茎被剥夺了。其他婴儿性欲理论关注了儿童对于出生的想法（婴儿是像粪便一样从肠道生出来的吗？）或是父母之间性交的想法（通过接吻受孕、将性交看作施虐之举等）。不过，无论其性质为何，儿童在意识层面的幻想首先反映的是他们无意识的性组织以及他们在幻想中想象他们周围的人之间关系的方式。

● 性组织的发展阶段

这本书前后总共出现过六个不同的版本。弗洛伊德在修订的过程中陆续将新的基本概念引入其中。本书的终稿最初是仅有 80 页的 1905 年版，而在 1925 年出版的、包含了所有更新的第六版，也是本书的最终版，总长达 120 多页。在 1915 年的版本中，弗洛伊德引入了具有连续阶段的力比多组织的想法，并认为每个阶段都对应了一个被指定的性敏感区的首要地位。弗洛伊德随后描述了口欲期、肛欲-施虐期以及生殖器期。他认为力比多的发展经历了连续的阶段，每个阶段都对应了特定的主要性敏感区。他于 1923 年将"性蕾期（the phallic stage）"添加到了之前所描述的三个阶段中，并将它置于了肛欲阶段和生殖器阶段之间。在性蕾期能识别出的生殖器只有一种：男孩身上的阴茎，以及女孩身上的阴茎等同物（即阴蒂）。因此，性欲的发展似乎会遵循一条从力比多组织的前生殖器阶段（口欲期、肛欲-施虐期和性蕾期）到青春期开始的生殖器组织的路径展开。尽管弗洛伊德是从进化论的视角描述婴儿期性心理发展的，但他确实也指出（发展的）轨迹并不是完全线性的，而是很容易出现一些重叠的，因为即便个体已经进入了下一个阶段，但每个阶段都会留下永久的印记。

📖 第三篇：青春期的转变

● 婴儿的自体性欲与青春期后的客体选择之间的差异

在这本书 1905 年的版本中，弗洛伊德尖锐地对比了他眼中以自体性欲方式运作的婴儿性欲和青春期之后聚焦于"客体选择"的性欲。其中，聚焦于"客体选择"这一说法指的是将关注点放在被选作爱的客体的那个人身上。在最初的版本中，弗洛伊德认为，性欲早期阶段的唯一客体就是个体自己的身体，而青春期之后的性欲是以客体选择为基础的，即一旦个体在躯体和心理上都达到成熟后，性欲是以被爱和被渴望的对象为基础的。

也就是说，早在《性学三论》的第一版中，弗洛伊德就描述了部分客体关系以及完整客体关系（whole-object relations）。比如说，当他在 1905 年写下"一个吮吸母亲乳房的孩子已成为每一种爱的关系的原型"（1905d：222），并将其描述为"所有性关系中最为首要的（部分）"（ibid.：222）的时候，弗洛伊德指的显然是一种早期的部分客体关系，因为婴儿将母亲的乳房当成是母亲的替代品。他还描述了婴儿放弃乳房（即我们现在所说的对部分客体关系的放弃），并发现母亲是一个整体的方式：这种转变发生在"当儿童……能够对那个给自己带来了满足的器官所属的个体形成一个总体性认识"的时候（ibid.：222）。这里描述的是从部分客体到完整客体的变动。弗洛伊德在 1915 年关于元心理学的文章中完成了对上述变动的描述，并引入了"成分本能"的概念。

● **情感在客体关系中的作用**

在弗洛伊德不断为《性学三论》的后续版本添加材料的过程中，他倾向于淡化婴儿期的自体性欲和青春期后的客体选择之间的对比。当他在 1915 年引入"力比多阶段"这一概念的时候，他为每个阶段都描述了一种相应类型的客体。随着青春期的开始，成分本能逐渐变得更为整合并引发了客体选择——用当代的措辞来说，引发的是对"完整"客体的选择，而这在生殖器阶段是非常典型的："所有性的涌动全都指向了与它们力图实现的目标有关的那个人"（ibid.：199）。

后来，弗洛伊德逐渐更多地将客体关系中爱与恨这两种情感所起的作用纳入了他对于个体发展进程的考量中。他于 1912 年在"移情的动力学（The Dynamics of Transference）"（1912b）一文中引入了矛盾情感的概念。从那个时刻开始,他就认为爱与恨之间的矛盾情感是前生殖器阶段客体关系的典型特征。他还强调了情感性的(affectionate)倾向与感官性的(sensual)倾向之间的差异,其中前者是婴儿化的成分本能的典型特征,而后者则是青春期客体选择的特点。由于存在一些屏障来防止乱伦的出现,因此儿童不得不放弃以父亲和母亲为代表的、具有乱伦属性的早期的爱的客体,并将自己的客体选择指向其他人,而这是客体选择的感官性倾向得以运作的基础。不过,这些新的客体选择仍然受到早期选择的影响。因此个体在青春期之后选中并渴望得到的客体,与个体在儿时最早的客体选择(即父母)之间的相似性是持续存在的。换言之,正如弗洛伊德所述,我们谁都无法逃脱自己在婴儿期做出的最早的乱伦客体的选择所带来的影响,因为这些最早的选择带来的是持续一生的影响:"即使是一个足够幸运、避免了力比多乱伦固着的个体也不能完全摆脱它的影响"(1905d:228)。弗洛伊德随后继续展示了在生殖器阶段的发展过程中,情感性的倾向和感官性的倾向是如何整合到一起的。不过,在神经症障碍(neurotic disorders)的个体身上,这两种倾向并未能成功地合为一体:"为确保完全正常的爱之态度(的形成)而必须结合的两种倾向〔……〕未能结合"(1912d:180)。

最后,弗洛伊德从发展的角度讨论了客体之爱。从潜伏期开始,儿童以对照顾自己之人的性欲的爱为基础,学会了去爱其他人。如果试图总结儿童性心理发展顺序的话,我们可以说性驱力最初是以本质上属于前生殖器期的部分客体为对象的;随后会有一个渐进的发展过程;最终导致了个体在选择爱的客体之时,力比多倾向与情感性倾向的合成。弗洛伊德使用"客体选择"的说法描述了指向一个被体验为完整客体的人的爱的关系。这种关系引入了另一组对立面,即爱和恨。正如他在"本能及其变迁"一文中所描述的那样:"不能用爱与恨〔这样的措辞〕来(描述)本能与本能的客体之间的关系,而应将上述措辞留待描述完整自我与客体之间的关系"(1915c:137)。不过,弗洛伊德确实认识到,自己所描述的性成熟(状态)的达成是极为罕见的。在强调婴儿性欲在正常发展与病理性发展中所起的决定性作用时,弗洛伊德写道:"无疑应将性生活的每一种病理性障碍看成是发展中的一种抑制"（1905d：208）。

弗洛伊德概念的发展

俄狄浦斯情结：是在连续的阶段中被发现的

俄狄浦斯情结这一想法本身并没有出现在《性学三论》的第一版（1905）中，而是在弗洛伊德为后续版本添加的内容中才出现的。不过，我将在此概述俄狄浦斯情结这一概念发展的主要阶段。该概念是在弗洛伊德的整个写作过程中逐渐成形的，并不存在一个专门讨论俄狄浦斯情结的文章。

它（俄狄浦斯情结）是弗洛伊德最为重要的发现之一。俄狄浦斯情结是在儿童发展的过程中浮现出来的，被视为心理生活的中心组织者，同时个体的性身份认同正是围绕着俄狄浦斯情结而构建的。对于弗洛伊德而言，俄狄浦斯情结是普遍存在的，正如他在《性学三论》中所明确指出的那样："这个星球的每一位新加入者都面临着掌控（mastering）俄狄浦斯情结的任务"（1905d：226）。俄狄浦斯情结不仅会在正常发展的情况下出现；它还是精神病理学的核心，并构成了"神经症的核心概念"（ibid.）。

俄狄浦斯情结的简单形式（正性俄狄浦斯情结）

正是在自我分析的过程中，弗洛伊德承认了自己儿时对母亲的爱以及对父亲的嫉妒。他将自身情感中出现的这种冲突与俄狄浦斯的神话联系到了一起：

> 我在自己身上也已经发现了爱上我的母亲和嫉妒我的父亲［的现象］，我现在认为这是在童年早期出现的一个普遍事件。［……］如果确实如此的话，我们就可以理解《俄狄浦斯王》所具有的扣人心弦的力量了。（弗洛伊德致弗利斯的信，1897年10月15日）

他在《梦的解析》中再次拾起了同一主题:"杀死了自己的父亲拉伊俄斯并迎娶了自己母亲伊俄卡斯忒的俄狄浦斯王,向我们展示的不过是我们自身童年愿望的实现"(1900a:262)。在随后的几年中,弗洛伊德在自己的临床工作中不断提到俄狄浦斯情结的概念,比如1905年"朵拉"的案例和1909年"小汉斯"的案例。但直到1910年,在"男性客体选择的特殊类型(A Special Type of Choice of Object Made by Men)"(1910h)一文中,才首次出现了"俄狄浦斯情结"的概念,同时"情结(complex)"这一措辞借自荣格。

起初,弗洛伊德发现的是俄狄浦斯情结的简单形式(也称为正性俄狄浦斯情结或直接的俄狄浦斯情结),并描述了该情结是如何在小男孩的性心理发展进程中逐步演变的。男孩爱慕的第一个客体是他的母亲—— 一个他所渴望能够独占的人。但是在3—5岁,男孩对母亲的爱将他带入了与父亲的竞争之中,男孩开始恨自己的父亲。也是因此,男孩害怕父亲会因为男孩对母亲的乱伦愿望以及对父亲的恨意而阉割男孩——这是对男孩之阴茎的剥夺。在阉割威胁引发的焦虑情绪的影响下,男孩最终放弃了指向母亲的乱伦性愿望,不再试图得偿所愿,并进入了潜伏期。

弗洛伊德最初认为男孩和女孩的性心理发展是完全对称的。正如男孩爱上自己的母亲并开始恨自己的父亲一样,女孩也会爱上自己的父亲并恨自己的母亲。他后来才理解,女孩的发展轨迹是不同于男孩的。

1913年,弗洛伊德在《图腾与禁忌》中试图解释俄狄浦斯情结的普世性本质,特别是它在所有人类的人格发展中所起到的结构性作用。他试图通过原始部落中儿子因想要占有父亲的女人而弑父的猜想来证实上述观点。按照弗洛伊德的说法,这种原始罪行是依照系统发生论而代代相传的,同时与第一次谋杀相关联的内疚会以俄狄浦斯情结的形式出现在我们每个人身上。

俄狄浦斯情结的完整形式：很久之后的一个发现

多年后，在《自我与本我》（1923b）中，弗洛伊德在正性（或直接的）俄狄浦斯情结概念中加入了俄狄浦斯情结的负性（或倒置）形式。无论从躯体还是心理的角度来说，负性（或倒置的）俄狄浦斯情结都是以所有人类自出生起就具有的双性结构（两性体结构以及双性性欲结构）为基础的。在正性俄狄浦斯情结中，男孩想和自己的母亲结婚并杀死自己的父亲；但在负性或倒置的俄狄浦斯情结中，男孩想要和自己的父亲结婚，并消灭被他（男孩）看作是竞争对手的自己的母亲。在俄狄浦斯情结的正性形式中，父亲是男孩的竞争对手，也是男孩所认同的客体，而男孩想要"像"自己的父亲一样。不同于上述正性形式，在负性或倒置的俄狄浦斯情结中，男孩想要通过一种退行性认同来"成为"自己的母亲——在弗洛伊德看来，这种退行性认同是（个体）对客体之爱的最初形式。正如弗洛伊德在他1911年对"首席法官史瑞博（Senatspräsident Schreber）"以及1918年对"狼人（Wolf-Man）"的这两个案例研究中所展现和揭示的，男孩对父亲的被动女性愿望使得他放弃了自己对母亲的异性渴望，也放弃了对父性竞争对手的男性化认同。在弗洛伊德看来，两种形式的俄狄浦斯情结是共存于每个人的心理生活中的；如此一来，俄狄浦斯情结的完整形式涉及的是四个人：一方面是父亲以及母亲，另一方面是在所有人类身上普遍存在的、以"心理层面的双性性欲"为基础的儿童（男孩或女孩）的男性倾向以及女性倾向。就个体而言，这两种倾向的相对比例是因人而异的，而任何特定个体的性别认同取决于该个体的两种倾向中占据优势的一方；所谓的正常性心理发展是在正性俄狄浦斯情结比负性俄狄浦斯情结更具优势的情况下发生的。

弗洛伊德在1915年发表的《性学三论》的其中一个修订版中引入了三个性心理发展阶段，即口欲期、肛欲期以及生殖器期。1923年，在"婴儿的性器组织（The Infantile Genital Organization）"（1923e）一文中，弗洛伊德在原有的三个阶段的基础上，又加入了第四个阶段，即亦属前生殖器阶段的"性蕾期"。自那时起，他认为儿童的性心理发展有两个根本性的关注点：其一是阴茎这一具有决定性的性敏感区的首要地位；其二是具有客体关联性的俄狄浦斯情结。与此同时，他指出俄狄浦斯情结会在个体3—5岁、经历性蕾期的时候达到顶峰——这正是儿童对异性父母的性欲望最为旺盛且阉割焦虑最为强烈的时候。

弗洛伊德于1924年在"俄狄浦斯情结的消散（The Dissolution of the Oedipus complex）"（1924d）一文中描述了俄狄浦斯情结是如何"消散"或是如何"消失"的。不过，不同于我们可能因文章的标题所相信的那样，真正消失的并不是俄狄浦斯情结，而是在3—5岁的儿童身上可以最为明显地被观察到的俄狄浦斯冲突。俄狄浦斯情境本身是个体心理生活的基本组织者，会以其最终形式持续存在于个体的无意识中——此时的俄狄浦斯情境已经丧失了与"情结"这一理念相关联的致病特征。

弗洛伊德于1925年重新考虑了自己在"两性解剖学差异的心理后果（Some Psychical Consequences of the Anatomical Distinction between the Sexes）"（1925j）一文中撰写的有关女孩性发展的内容。他开始意识到，如果男孩和女孩在生命伊始所拥有的客体是相同的——即他们的原初客体都为母亲的话——那么女孩随后遵循的发展路径将会与男孩不同。女孩必须改变自己的客体，从对母亲的爱转向对父亲的爱。话虽如此，正如我们在后文讨论弗洛伊德对女性的构念这一主题时会看到的那样，他仍然认为女孩的性心理发展受到阴茎嫉羡的关键影响，而想要和自己的父亲一起拥有一个孩子的愿望是阴茎嫉羡的替代。弗洛伊德保持了他对"阴茎一元论"的忠实与信赖，而这可以被看作是他本人对婴儿性欲理论之喜爱的残留。在一篇题为"女性性欲（Female Sexuality）"（1931b）的文章中，弗洛伊德重申了自己之前曾提到过的、有关女孩指向母亲的原始联系的重要性，以及由此而导致的女孩在性心理发展的过程中改变自己的客体、从母亲转向父亲时遇到的困难。

新概念

依附性（anaclisis）

自体性欲（auto-eroticism）

双性恋/双性性欲（bisexuality）

发展阶段：口欲阶段、肛欲阶段、性蕾阶段、生殖器阶段（developmental phases: oral, anal, phallic, genital）

驱力（drive）

性敏感区（erotogenic zone）

婴儿遗忘症（infantile amnesia）

婴儿性欲理论（infantile sexual theories）

客体（object）

客体选择（object choice）

俄狄浦斯情结（Oedipus complex）

性倒错（perversions）

多形态的性倒错倾向（polymorphously perverse disposition）

（男孩与女孩的）性心理发展 [psychosexual development (in boys and in girls)]

完整客体，部分客体（whole-object, part-object）

（王　凝 译；余　晔　杨浩波 校）

九

"癔症案例分析片段"（朵拉）
[1905e（1901）]

移情的发现

有关朵拉所接受的精神分析治疗的描述是极为吸引人的——因为，弗洛伊德正是在这个案例中，向我们说明了自己是如何发现移情的。在这段分析之旅的伊始，弗洛伊德以为朵拉会证实他提出的癔症症状源于性的观点，以及梦在表征这些症状中起到的作用的看法的正确性。但是，朵拉在治疗仅仅进行了11周后就决定放弃，而作为分析师的弗洛伊德对朵拉的脱落无能为力。这一事实给弗洛伊德带来了极大的冲击。不过，弗洛伊德的直觉足以将这种治疗性失败转化为某种优势——他后来意识到，与移情进程相关的阻抗已经在他尚未觉察到的情况下发挥了作用。弗洛伊德总结道，如果他及时识别出这个障碍的话，他本可以对此做出诠释，进而防止患者中断分析："移情似乎注定要成为精神分析的最大障碍，（但）如果（分析师）每次都能检测到它的存在并向患者解释的话，移情就会成为精神分析最强有力的盟友"（1905e：117）。不过，朵拉的事情并没有到此为止，因为弗洛伊德在二十多年后意识到这段分析的终止并非只是因朵拉对分析师的父性移情所致，其中还涉及了母性移情，即这位年轻的女孩儿持续地对自己母亲抱有强烈的同性依恋之情。

第九章 "癔症案例分析片段"（朵拉）

基于此，弗洛伊德对自己在1905年描述的移情概念进行了重大修改。

虽然，（我们）可以称弗洛伊德是因为对朵拉的分析而在1905年发现了移情，但是移情这一概念则是在他几十年间的许多著作中逐渐发展起来的。至于反移情这个仅被弗洛伊德提到过两次的概念，则一直是后弗洛伊德学派精神分析师诸多重要工作的主题——他们为移情和反移情之间不可分割的联结开辟了全新的视角。

生平与历史

弗洛伊德的天才之处：善用治疗的失败

在弗洛伊德刚刚出版了《梦的解析》，并正要开始撰写《日常生活的心理病理学》一书的1900年，一位芳龄十八、真实姓名为伊达·鲍尔（Ida Bauer）的年轻女子在自己父亲的建议下前来咨询请教。弗洛伊德于1900年10月开始了这段分析，但仅仅过了3个月后，朵拉就突然地终止了她的治疗。起初，弗洛伊德感到非常失望，但他克服了这一反应，并在此后立即写下了这篇至关重要的、讨论移情现象的文章。整篇文章从提笔到完稿只花费了2周的时间。

弗洛伊德告诉弗利斯，这段简短的分析使他有机会获得两项重大的发现：第一个发现关乎性敏感区所起作用的重要性，特别是他发现口欲区域是朵拉神经性咳嗽症状的起源（口腔的性欲化）；第二个发现涉及了心理层面的双性性欲在朵拉的冲突中所扮演的角色——正是双性性欲把她夹在了对男性的爱慕和对其他女性的情感之间，左右为难。这是弗洛伊德第一次在临床情境中应用自己从弗利斯那里借鉴得来的"双性"概念。另一方面，就分析的中断一事，弗洛伊德向朋友承认，自己确实未能控制住移情，并认为这是因为自己未能及时识别出移情，故而无法对移情进行诠释。但弗洛伊德从那次失败中吸取的教训使得这一出色的临床观察成为他讨论移情现象的论著中最为重要的一篇。出于保密性方面的原因，弗洛伊德将本书的出版时间推迟到了1905年；不过，这并未能阻止他的对手针对他未经患者许可就发表案例报告的行为予以严厉的告诫。

在随后的几年里，朵拉经历了什么呢？她于1903年与欧内斯特·阿德勒（Ernest Adler）结婚，并育有一子库尔特-赫伯特（Kurt-Herbert），后者长大后成为旧金山歌剧院的导演。朵拉在1923年间遭受了数次焦虑发作，也多次因被男性迫害之感所困扰。她因此找到了精神分析师费利克斯·多伊奇（Felix Deutsch）寻求咨询，而后者认出她就是弗洛伊德之前接诊过的患者。在那之后，朵拉在维也纳一直生活到20世纪30年代末，还和别名为"K夫人"的佩皮娜（Peppina）成了非常要好的朋友，而后者正是弗洛伊德1905年那篇讨论"朵拉"的临床文章中所提到的人物之一！后来，因朵拉的哥哥是一位以马克思主义思想而闻名的政治家以及奥地利的前总理①，纳粹分子为了寻找他而审问了朵拉。在这些审问的影响下，朵拉移居美国，并于1945年在纽约去世。

作品解析

引文页码参见《西格蒙德·弗洛伊德心理学著作全集（标准版）》第七卷，1–122。

● **从一次真实的意欲引诱……**

朵拉在自己的父亲与K夫人有染后向弗洛伊德咨询。两对维也纳的中产阶级夫妇——朵拉的父亲菲利普·鲍尔（Philip Bauer）与母亲卡瑟琳娜·鲍尔（Katherina Bauer），以及化名为K先生与K夫人②的汉斯·泽伦卡（Hans

---

① 朵拉的哥哥为奥托·鲍尔（Otto Bauer，1881—1938），本书原文中称其曾担任过总理（prime minister），但根据现有资料显示，鲍尔于奥地利共和国成立后陆续担任了社会民主党和基督教社会党联合内阁的外交部长、社会化委员会主席以及国民议会议员等职。——译者注

② 化名中的K来自Zellenka这一姓氏的尾音"ka"。——译者注

Zellenka）以及佩皮娜·泽伦卡（Peppina Zellenka）——在度假胜地梅拉诺相遇了。可以这么说，在那个时候，朵拉的父亲已经与K夫人有染了。因被以如此的方式欺骗而感到怒火中烧的K先生开始将自己对手的女儿朵拉当作调情的对象。但无论如何，朵拉终归是对K先生有着暗恋之情的，因为K先生会让她想到自己的父亲。一天，发生了一件让朵拉吃惊的事儿——K先生将她搂在怀中并亲吻了她的双唇。被吓到了的朵拉在震惊之中，扇了K先生一巴掌并把他给推开了。在接受分析的过程中，朵拉向弗洛伊德坦诚说，由于"他勃起的部分在她身上制造的压迫感"[1905e（1901）：30]，她在与K先生的身体接触中感受到了性唤起。朵拉还称，这种唤起让她心烦意乱，整个人都被羞耻感所充斥。从那时起，每当有男性陪伴在侧时，朵拉都会感到震惊、愤怒且厌恶。在弗洛伊德看来，上述迹象在本质上是典型的癔症症状。在与K先生之间的插曲发生后不久，朵拉曾试图与父亲讨论此事。不过，无论是她的父亲还是K先生都极其不公正地指控朵拉，声称这个试图引诱的行为是她虚构出来的。在此之后，朵拉在原定的归期之前离开了度假胜地，并只字未提促使自己提早启程的原因。朵拉的神经状况在逐步恶化，她患有抑郁症，甚至威胁要自杀。在注意到上述状况后，朵拉的家人为她预约了与弗洛伊德的会面。

● ……到移情中无意识的引诱幻想

弗洛伊德对朵拉的分析性会谈的描述很好地表明了他对这一案例的兴趣。该案例清楚地证明了弗洛伊德认为癔症症状的起源与性有关的假设，也清晰地证实了他觉得梦具有揭示无意识冲突的作用的猜测。弗洛伊德以毫不掩饰的热情投入到了对朵拉神经症问题的详细分析中，并报告了随着分析工作的推进，自己对朵拉所做的诠释。决计要让患者认同自己推论的有效性的弗洛伊德是带着一种前所未有的自信语气与朵拉交谈的。如果我们将此与他1895年在《癔症研究》一书中采取的犹疑与谨慎相比较的话，弗洛伊德面对朵拉之时的自信就更为明显了。

在对朵拉进行分析的时候，弗洛伊德的诠释技术仍主要致力于以患者报告的联想、梦以及童年记忆为基础，重构导致神经症症状出现的一连串事件。在和朵拉的工作中，弗洛伊德采用了同样的方法。比如说，他分析了朵拉报告的第一个梦，梦里的她从一幢着火的房子中逃了出来。弗洛伊德向朵拉展示了她幻想中的多个无意识方面，包括当她被试图引诱她的男性吓坏时逃到了父亲身边，以及梦中揭示的想让父亲将原本的引诱者取而代之的无意识愿望，表明了她对父亲的爱慕。弗洛伊德试图通过这种循序渐进的方法，来让患者的意识认清促成了她症状形成的一连串无意识内容。但是，那时的弗洛伊德深陷于对朵拉记忆的搜寻并沉迷于自己随后（对记忆）的重构，而并没有看到自己的"解释（explanations）"在患者身上唤起的潜在阻抗。也正是在那个时候，弗洛伊德意识到仅仅与朵拉分享他自己重构出的表征是不够的；患者必然会在与他的这段此时此地的关系中体验到相关的情绪情感。

因此，朵拉在开始治疗仅3个月后就中断了分析一事，让弗洛伊德感到非常惊讶。在所做过的笔记的帮助下，弗洛伊德开始撰写对这段分析的描述。在撰写的过程中，他从治疗会谈的材料里发现，许多迹象都预示了随后出现的治疗中断。比如说，以朵拉梦中出现的烟味为出发点，弗洛伊德意识到朵拉的父亲、K先生以及他本人都是烟瘾很大的人。对自己之前未能注意到的移情，弗洛伊德进行了事后反思，并得到了如下结论：

> 最后，我也是个吸烟者（的事实）似乎表明（朵拉）曾对我有过移情。考虑到这一移情迹象，我得出的结论是，她可能曾在某天的一次会谈中，冒出了想从我这里得到一个吻的念头。（ibid.: 74）

弗洛伊德也责备自己未能及时诠释移情：

> 但是，当第一个梦出现的时候，她在梦里警告自己最好像之前离开K先生的房子一样，离开我的治疗，我本应倾听这个警告的。我本应对她说："现在，你已经把对K先生的感受转移到了我的身上。你是否注意到了任何事情，让你怀疑我也有和K先生类似的邪恶意图？"（ibid.:

118）

在和弗洛伊德的关系中，朵拉在无意识中体验到的似乎不仅仅是与她对 K 先生的情感类似的、令她感到不安的爱慕与性欲之情，她还感受到了一种想要报复弗洛伊德的愿望，就像她想要对引诱她的人施以报复一样。

● **移情：患者将某个过往之人置换到分析师身上**

移情正是以这种方式，向弗洛伊德展示了自己的力量。移情可以被描述为一出戏剧——一出在分析的过程中，通过患者将自己过去生活中的某个重要他人投射到当下、投射到精神分析师身上而被活现的戏剧。在朵拉的案例中，被转移，或者说被移情到弗洛伊德身上的不是一个，而是两个来自她既往生活的重要他人：弗洛伊德所代表的不仅是 K 先生，也是一个更早的引诱者，即被 K 先生接替的朵拉的父亲。因此，在分析的进程中，朵拉近期生活里发生的一个真实事件呼应了她的一段童年经历，即还是个小女孩的时候，她有过被父亲引诱的幻想。在朵拉的童年时代，与俄狄浦斯情境相关的幻想事件对她心理结构的重要性远远超过了近期切实发生过的、与 K 先生之间的逸事。

● **一个后续的修改：朵拉的同性移情**

当弗洛伊德在 1905 年发表这段案例历史的时候，他将朵拉的阻抗归因于她对 K 先生、她的父亲以及弗洛伊德所代表的男性的爱慕与性欲望。在那个时候，弗洛伊德只考虑了移情的异性维度；因此，他误以为朵拉只会把他看作一个男性（即 K 先生或是朵拉父亲的替代品），而别无其他："一开始，在她的想象中，我所取代的显然是她的父亲"（ibid.：118）。不过，在这段分析结束了二十多年后的 1923 年，弗洛伊德在一个增补的脚注中承认自己轻视了朵拉对 K 夫人的同性依恋的力量："我未能及时发现并告知患者，她对 K 夫人的同性（恋女）之爱是她心理生活中最强烈的无意识倾向"（ibid.：120）。他在这段脚注的最后说道："在我意识到具有同性倾向的情感在心理神经症

（psychoneurotics）中的重要性之前，我经常会在对案例进行治疗的过程中陷入停顿，或发现自己进入了一种完全茫然的状态中。"

这一讨论带来了一个有意思的结论。在 1905 年的时候，弗洛伊德认为自己只是以一个男性形象参与到朵拉的分析之中的，换句话说，当时的他认为自己只是 K 先生以及朵拉父亲的替代品。在于 1923 年添加的脚注中，弗洛伊德强调了朵拉对 K 夫人的依恋，但他仍然没有将自己视为移情中的女性形象——换句话说，他并不认为自己在移情中成为 K 夫人或是朵拉母亲的替代品。因此，即便到了那个时候，弗洛伊德似乎都没有完全理解分析师在移情中所呈现的角色的性别与分析师本人的真实性别并无关联。换言之，在移情中，一个男性分析师代表的可能是男性，也可能是女性，正如女性分析师既可能代表男性也可能代表女性一样——而起到决定作用的是任何一个特定时刻的具体移情情境。对于一个刚刚开始实践的精神分析师而言，移情/反移情的上述特征是尤其难以理解的。

弗洛伊德概念的发展

弗洛伊德后期著作中的移情

和俄狄浦斯情结一样，移情的概念是在弗洛伊德前后几十年的写作中逐步发展出来的。尽管早在 1895 年，弗洛伊德就已经在《癔症研究》一书中就提出了"移情"的说法，但直到 1905 年分析朵拉之时，他才真正开始理解移情的重要性。后来，他在几篇对移情的不同方面或维度进行专题讨论的短篇论文中完善了自己对该主题的想法。在此，本文按时间顺序概述弗洛伊德理论中有关"移情"这一主题的主要思想阶段。

"安娜·O."与所谓的布罗伊尔的逃离

布罗伊尔于 1881 年终止了与安娜·O. 的治疗。弗洛伊德于几年后发表了一篇有关该事件的陈述，其中无疑对有关移情起源的传闻逸事进行了描述。弗洛伊德的报告使人们相信布罗伊尔突然中断治疗皆因安娜·O. 爱上了他，而在面对移情的性本质的时候，布罗伊尔"落荒而逃"了："害怕有伤风化的布罗伊尔逃走了，并把他的患者留给了一位同僚"［弗洛伊德致斯蒂芬·茨威格的信，1932 年 6 月 2 日，1987c（1908—1938）］。不过，近期的历史研究似乎表明，弗洛伊德所声称的布罗伊尔"落荒而逃"与事实真相并无多少关联，而更像是因他与布罗伊尔关系中的困难而被"篡改"或"添油加醋"后的版本——根据弗洛伊德后来的回忆，两人虽然是开辟精神分析之路的同僚，但对性欲在癔症中所起作用的不同看法让他们的关系变得困难起来。

当弗洛伊德于 1895 年在《癔症研究》一书中首次使用"移情"一词时，他相信移情不过是一种阻抗，与其他形式的阻抗并无二致。不同于他后来的看法，那个时候的弗洛伊德还没有意识到该现象的重要性。他当时认为移情的施展余地有限，并视之为对治疗恰当开展所必需的信任关系的阻碍。他举例说明了患者可能在不经意中表现出对医生的不满或是过度依恋。弗洛伊德建议分析师应像精神分析对任何其他症状的处理一样，公开上述阻抗背后的无意识动机，以便帮助患者克服它。

在朵拉离开后发现了移情

在 1905 年弗洛伊德对朵拉的治疗中，移情发挥了重要作用。在那段治疗中，弗洛伊德意识到朵拉终止治疗的原因在于她无意识地"转移"到分析师身上的爱意与情欲。这使得弗洛伊德能够将移情定义为一种置换：患者将感受、愿望、幻想，可能甚至是整个场景置换到分析师身上。这里所说的"整个场景"实际上指的是患者过去（特别是童年时期）与重要之人一起经历过的体验的再现。但是，尽管弗洛伊德事后意识到移情在朵拉决定中断治疗的过程中发挥了重要作用，但当时的他并不认为它是整个精神分析进程动力（dynamics）背后的真正原动力（motive force）。他是这样定义当时的现象的：

> 移情是什么？移情是在分析的过程中被唤起以及被意识化的冲动与幻想（phantasies）的新版本或复制品；但是移情具有用医生这个人代替之前出现过的人的特性，这也是移情的独特之处。换言之：一整套心理体验被重新唤起了，但它们不是被当作往事唤起的，而是被应用到了此刻、加诸医生本人身上。[1905e（1901）：116]

弗洛伊德就这种移情的性质给出了更多详细的说明，称"没有办法避免它"，而且它"只能在几乎毫无援手的情况下被发现"（ibid.：116）。

他对着弗洛伊德喊出了"上尉"

在"对一例强迫性神经症案例的笔记（'鼠人'）（Notes upon a Case of Obsessional Neurosis（The 'Rat Man'）)"①（1909d）一文中，弗洛伊德给出了一个很好的以他本人为对象的移情置换的例子，同时该例子也写照了移情现象在本质上的刻板性。在这个例子中，被称为"鼠人"的患者在部队服役期间，听到一名上尉用愉悦的语调描述了一种通过让老鼠从肛门钻入受害者的身体而实施的酷刑之后，开始产生强迫性观念。听完患者这段叙述之后，弗洛伊德在第二次治疗中正要详细解释"鼠人"的症状起源于性的时候，就听到自己反复被患者称呼为"上尉"。

患者将儿时的人物投射到精神分析师身上

"移情的动力学"（1912b）是弗洛伊德专门针对移情而写的第一篇文章。在此文中，弗洛伊德使用了荣格概念中的"意象（imago）"一词来描述那些来自患者的过去并被转移到精神分析师身上的内在形象。此外，费伦齐在观察到患者倾向于强迫医生接受在被爱的同时也被恨着的父母形象之后，于1909年强调了移情之爱与移情之恨的作用，而弗洛伊

---

① 亦被翻译为"强迫官能症案例摘录（'鼠人'）"。——译者注

德在撰写"移情的动力学"时也考虑了费伦齐的观点。弗洛伊德写道，单纯从"移情"的角度去思考是不够的，精神分析师也得将移情所固有的情感特性纳入考量。基于此，他区分出了以爱意为主导的"正性"移情和以敌意为主导的"负性"移情。他进一步指出，因为婴儿建立的最早的客体关系总会涉及性客体，所以与正性移情相关联的温柔情感总是以性欲为基础的，其中一部分是可被意识到的性欲，另一部分则是无意识的性欲。而这会导致患者对分析师的移情总是双重的——既有正性的一面，也有负性的一面：当移情中伴有敌意或是被压抑的性欲化元素的时候，移情就会转化为阻抗。情感的这种双重倾向促使弗洛伊德采纳了布洛伊勒（Bleuler，1911）的一个概念，即矛盾情感。尽管，弗洛伊德承认矛盾情感可以是一种完全正常的现象，但是当它变得过度——特别是在精神病患者身上变得过度的时候——就可能在患者身上唤起一种指向分析师的负性移情，而这甚至可能会妨碍治疗的成功。

移情与重复

在"回忆、重复与修通（Remembering, Repeating and Working-through）"（1914g）一文中，弗洛伊德进一步推进了原有的理论：他强调了移情重复性的一面，并指出患者的阻抗越猛烈，那么他通过活现而不是通过回想记忆来重复存在问题的核心情境的倾向就越强烈。

> 比如说，患者没有提到他记得自己曾违抗并批评过父母的权威，但是他对医生做出了这样的行为。[……]他（患者）不记得曾对特定的性活动感到非常羞耻，也不记得自己曾害怕被人发现这些性活动；但是他清楚地表示自己对于当下正在接受治疗感到羞耻，并试图在所有人面前都对此保密。诸如此类。（1914g：150）

在那篇文章中，弗洛伊德比以前更成功地展示了日常生活中，特别是在爱情中出现的"移情"与严格意义上的移情之间的差异。这里所说的严格意义上的移情指的是在精神分析治疗中出现的,并与分析师本人有关的一种移情。弗洛伊德将这种治疗性移情称为"移情性神经症(transference neurosis)",并将其描述为一种既是在分析情境中产生的,也是因分析情境而产生的"人为疾病"(ibid.: 154)。弗洛伊德进一步补充道,自己所推荐的这种精神分析设置为患者提供了足够的安全感,让他们可以放任自身的移情幻想,而治疗工作能够治愈上述幻想:"用于抑制患者的强迫性重复并将其转化为记忆动机的[……]主要工具,在于对移情的处理"(ibid.: 154)。

移情之爱:一种难以去除的阻抗

在另一篇讨论技术的文章"对移情之爱的观察(Observations on Transference-love)"[1915a(1914)]中,弗洛伊德讨论了当女性患者倾心于分析师的时候,后者应该做些什么。弗洛伊德称,结束治疗并不是解决办法,因为这种"倾心"与患者的移情有关,所以基于移情具有重复性这一事实,上述现象必然很可能会在她与第二任分析师的关系中重复,然后是第三任分析师,以此类推。但是,治疗师必须认识到这不是患者的真爱,并且"对分析而言,满足患者对爱的渴求与压制这种渴求所引发的灾难是不相上下的"[1915a(1914):166]。弗洛伊德警告说,在这种情况出现的时候,治疗师要对自己可能的"反移情"保持警惕(ibid.: 160)。换言之,(女性)患者对自己治疗师的爱表达了一种阻碍移情发展的阻抗,也正是因此,揭示这种爱意的无意识起源是重要的。弗洛伊德认为,这种爱呈现的仍然是换汤不换药的特定过往情境与婴儿化反应;婴儿化的起源赋予了这种爱以强迫性与病理性,并将其扭转成了需得被分析的阻抗之来源。在面对移情之爱的时候,分析师必须采取一种保守与节制的态度:

> 分析师是完全不可能让步的。无论多么珍视爱的部分,他都必须更加珍视帮助患者度过其人生决定性阶段的机会。(ibid.: 170)

弗洛伊德进一步补充说，只有这样，分析师才能帮助患者"获得额外的心理自由，将有意识的心理活动［……］与无意识的心理活动区分开来"（ibid.：170）。

移情，强迫重复的冲动以及死亡驱力

在1920年的《超越快乐原则》一书中，弗洛伊德在某些患者身上观察到了无法被克服的移情的重复性——这些患者非但没有取得进展，反而还一次又一次地重复他们的失败或是重现他们的症状，因为他们似乎没有办法回忆，也没有办法充分地处理回忆。在弗洛伊德最初的理论——即本能驱力理论中——他认为人类心智的基本目标在于追求快乐并回避不快乐。但指出这些患者重复性的行为与他的第一个理论相矛盾，这使弗洛伊德开始质疑自己最初的构想。他认为，在某些患者身上存在一种无情的心理力量，迫使他们从痛苦走向另一个痛苦，从失败进入另一个失败，以至于他们永远无法成功地克服这种力量。为了将这种临床现象与简单的"重复"区分开，弗洛伊德将前者称为"强迫重复的冲动（the compulsion to repeat）"，因为患者似乎完全没有能力去摆脱被弗洛伊德描述为"恶魔般的"强迫性驱力（compulsive drive-related force）（1920g：21）。弗洛伊德甚至提出了更进一步的假设：他认为存在一种更为根本的、超越了快乐原则的冲突，即两组本能驱力——生驱力与死驱力——之间的冲突。这个新的想法让弗洛伊德能够以生驱力与死驱力之间的根本性冲突为基础，对两类患者之间的差异予以解释——即表现出"移情性神经症"且遵循快乐原则/不快乐原则的神经症患者，与患有抑郁症、倒错或精神病并表现出"自恋性神经症"和敌意移情的患者之间的差异。

弗洛伊德与反移情

在弗洛伊德的著作中很少出现反移情的概念。他在1910年撰写的"精神分析疗法的未来展望（The Future Prospects of Psycho-Analytic

Therapy)"一文中将该术语定义为"因患者对[分析师的]无意识感受所产生的影响而引发的结果"(1910d: 144)。弗洛伊德还建议,为了能"认识并克服自身的这种反移情",医生不仅应先接受分析,并应持续进行自我分析(1910d: 145)。在1913年2月20日写给宾斯万格①的一封信中,弗洛伊德[1992(1908—1938)]指出,反移情可以被看作精神分析最复杂的技术问题之一。他写道,分析师应该抵受住诱惑,不将任何自身感受传达给患者;更为重要的是,分析师应努力阐释反移情体验并对此进行工作。弗洛伊德进一步指出,分析师绝对不应将即刻的情感体验回馈给患者。相反地,分析师总是应先在意识中对这些情感进行处理,并或多或少地依当下的情境所需,将处理后的内容反馈给患者。他还补充道,尽管在特定情境下,分析师可能可以回馈很多内容,但他们绝对不应泄露任何从自身无意识中挖掘出的东西。这在很大程度上正是弗洛伊德阐述反移情的方式:分析师的反移情既得被承认,又要被克服。

弗洛伊德没有进一步探索这个问题。在他看来,反移情本质上是精神分析师对患者移情"背道而驰"的无意识反应。换言之,在未被分析师充分加工与整合的情况下,反移情是一种阻碍移情呈现的反应。留待后弗洛伊德学派的精神分析师们去完成的"任务"是更为详细地探索反移情概念所涉及的议题,并将反移情转变为处理精神分析关系中的移情时不可或缺的工具。

---

① 路德维希·宾斯万格(Ludwig Binswanger,1881—1966),瑞士精神病学家,早期存在主义心理学代表,创立了结合现象学、存在主义哲学和精神分析的研究方法。——译者注

后弗洛伊德学派

反移情概念在弗洛伊德之后的发展

葆拉·海曼与海因里希·芮克：新颖的视角

反移情的概念从20世纪50年代开始得到了逐步的发展。时至今日，反移情已被看作理解患者和分析师沟通方式（至少是我们今日对于沟通的设想）的一种基本工具。伦敦的葆拉·海曼（Paula Heimann）和布宜诺斯艾利斯的海因里希·芮克（Heinrich Racker）是第一批强调反移情价值的人——他们认为分析师的反移情为理解患者对分析情境的体验提供了有价值的线索。需要指出的是，让这些新颖观点得以浮现的促进因素无疑是克莱因在1946年对投射性认同的描述，尽管克莱因本人并不赞同后来出现的、使用她的概念在治疗对话中分析反移情的方法。

葆拉·海曼于1950年在她的文章"论反移情（On Counter-Transference）"中提请分析师们注意自己对患者的情绪反应的重要性，并指出这种情绪反应可以成为探索患者无意识的最佳研究工具。她对与分析师本人的神经症有关的无意识反应和分析师在分析设置中对反移情的使用进行了区分。与此同时，芮克主张将分析师的反移情看作了解患者对（分析）情境之体验的重要线索，并区分出了两种类型的反移情："一致性反移情"与"互补性反移情"——其中前者是共情的基础，指的是分析师有意识地认同了患者人格的特定方面；后者指的是分析师无意识地将自己的内在客体投射到患者身上，从而构建出一种指向患者的移情（Racker, 1953）。大约在同一时期，包括温尼科特（1947）和利特尔（Little, 1951）在内的其他几位或多或少采用克莱因取向开展工作的分析师也在探索反移情及其重要性。从这个角度来看，奈罗特（Neyraut, 1974）做出的贡献是值得一提的：在他的构念中，反移情不仅包含了情绪感受，还包括了分析师个人的精神分析（理论）参考与元心理学观点。

"正常"的反移情与投射性认同：威尔弗雷德·R. 比昂

在 20 世纪 50 年代的末尾，比昂也为反移情的思考做出了贡献。基于他对病理性投射性认同与正常投射性认同的区分（Bion, 1959），比昂识别出了被他以"正常"命名的一类反移情。这些不同的发展意味着我们可以根据新的概念——特别是"容器"的概念（指忍受和转化焦虑的能力）——来看待患者与分析师之间发生了什么。从那一刻开始，移情和反移情就被视为了不可分割的一对概念；事实上，贝蒂·约瑟夫（Betty Joseph）把这称之为"整体情境（total situation）"（1985）。

投射性反认同：莱昂·格林贝格

莱昂·格林贝格（Leon Grinberg, 1962）进一步发展了芮克提出的二元分类以及比昂的贡献，并提出了一个假设，即存在他称之为"投射性反认同（projective counter-identification）"的概念——分析师对患者投射性认同的特定无意识回应：分析师无意识地认同了（患者）投射给分析师的东西。格林贝格认为投射性反认同的产生与分析师自身的内在冲突是相互独立的，因此这一概念不同于芮克所提出的"互补性反移情"。当分析师不得不忍受过度的投射性认同之时，他很可能会"被动地"屈服于患者强有力的投射，并相信这些投射实际上是分析师自己的幻想。如果分析师不仅设法涵容了投射而来的情绪，并成功区辨且识别出这些情绪实际上是属于患者的，那么投射性反认同就可以成为一个非常有用的、让分析师得以触及受分析者幻想材料最深处的技术工具。

反移情概念自 20 世纪 50 年代以来的发展方式对分析技术产生了巨大的影响——这种影响并不仅限于克莱因取向以及后克莱因取向的精神分析，也波及了隶属于任何与国际精神分析协会（IPA）有关的、不同思想学派的多数分析师们。也就是说，对于应如何在日常临床实践中使用反移情的问题，存在许多不同的意见——每个精神分析师对此似乎都有着自己的看法。

对反移情极其不同的看法

在结束这个简短的综述之前,我一定得指出如下事实,即反移情的概念已经引发了两种截然不同的立场。

第一个立场与所谓的"反移情的自我暴露"有关:分析师向患者透露(暴露、袒露……)自己的感受,以至于突出了分析师与患者两人体验之间的差异。正如 Cooper(1998)所述,这一技术的使用可能会让事情往更好的方向发展,但也可能会把一切弄得更糟糕——特别是当分析师将未经充分处理的反移情材料返回给患者的时候。在美国,一些精神分析师已经将"自我暴露"转变成了一种真正的技术。在我看来,这表明了对患者与分析师之间的交流究竟谓何这一问题截然不同的看法——一种与精神分析性关系中处理反移情的经典方法几乎无关的看法。

另一种立场与前述观点截然相反:对任何有关反移情的考量持绝对拒绝的态度。多数追随拉康教学的精神分析师都认同这一观点:即反移情不只是阻抗的诸多形式之一,而是来自分析师的终极阻抗。这是当代拉康学派的精神分析师之间最为主要的技术与理论差异之一,正如 J.-A. 米勒(J.-A. Miller)在他与 D. 沃德卢切(D. Widlöcher)的讨论中所指出的:

> 如果想要找出是什么让拉康学派有别于其他(精神分析取向)的话,我们会发现在拉康取向的精神分析实践中,处理反移情一事既无立足之地,也不被视为一个值得研究的话题。这与拉康学派的精神分析师所采用"被缩短的"治疗会谈以及拉康对无意识的观点是一致的。(Miller,2003:14)

新概念

异性移情（heterosexual transference）

同性移情（homosexual transference）

母性移情（maternal transference）

父性移情（paternal transference）

移情（transference）

（王　凝　译；余　晔　杨浩波　校）

《延森"格拉迪瓦"中的妄想与梦境》
（1907a）

基于短篇小说人物的精神病临床研究

  这是弗洛伊德首次发表的对文学作品的分析；其后他又陆续出版了对其他文学和艺术作品的分析，从而标志着我们今天所说的应用精神分析的诞生。在 1907 年出版这本书时，弗洛伊德试图接触更广泛的读者——希望精神分析会受到更热烈的欢迎——并以此证明，像"格拉迪瓦（Gradiva）"这样的文学作品可以证实他的许多临床观察。这个短篇故事特别适合这种演示，书中的主人公是一位名叫哈诺尔德（Hanold）的考古师，他在梦和妄想中经历的与精神分析师观察到的病人临床症状发展大致相同。此外，哈诺尔德在整个故事中的行为与精神分析师对无意识最深层的探索工作之间存在一个有趣的相似性——弗洛伊德本人经常将这种探索比作考古师的探索。

  在本书中，我们还发现了弗洛伊德非常高的观察天赋。1907 年，他在哈诺尔德身上看到了一定数量的精神病理现象，例如否认现实和自我分裂，尽管他当时没有意识到这些机制是精神病和性倒错所特有的。要到 20 年后，他才认为这些防御机制——否认（或否定）现实和自我分裂——是精神病的典型特征，并将它们与压抑区分开来，从那时起，他将压抑视为一种神经症独有的机制。

生平与历史

弗洛伊德、庞贝和"格拉迪瓦"

正是卡尔·古斯塔夫·荣格（Carl Gustav Jung）让弗洛伊德注意到威廉·延森（Wilhelm Jensen）于 1903 年发表的短篇小说，并向他展示了用精神分析的角度来读这篇小说会多么有意思。1906 年夏天，弗洛伊德带着几分热情读完这篇小说，趁着假期开始写评论，并于 1907 年 5 月出版。关于"格拉迪瓦"，我们应该记住一个有关弗洛伊德的事实。1902 年，他与小 10 岁的弟弟亚历山大访问了庞贝城，他在生命的最后阶段声称他读的考古学书籍多于心理学书籍。1907 年 9 月，在这本书出版后不久，弗洛伊德前往罗马并参观了梵蒂冈博物馆，在那里他看到了启发延森写这部小说的雕塑。弗洛伊德买了一个模型挂在他的咨询室的沙发脚下。1938 年移居伦敦时，他把它带到了伦敦。

1907 年是精神分析史上特别重要的一年，因为在那年里弗洛伊德有三次决定性见面。第一次是见荣格；第二次是见马克思·艾廷贡（Max Eitingon），他们经常一起在维也纳散步，就此开始了精神分析历史上第一个培训分析；第三次是见卡尔·亚伯拉罕（Karl Abraham），在苏黎世与布洛伊勒（Bleuler）一起工作了 3 年后，亚伯拉罕开始在柏林私人执业。

卡尔·古斯塔夫·荣格（1875—1961）

瑞士精神科医师卡尔·古斯塔夫·荣格是分析心理学的创始人。他于 1875 年出生在苏黎世的一个新教家庭。他的父亲是一名牧师。1895 年，他在巴塞尔开始读医，并于 1900 年成为苏黎世 Burghölzli 精神病诊所的助理医生，该诊所的负责人是欧根·布洛伊勒。荣格早年就对招魂术产生了兴趣，并于 1902 年发表了题为"论所谓超自然现象的心理学和病理学（On the Psychology and Pathology of So-Called Occult Phenomena）"的论文。在那间诊所，荣格开发了一种基于单词联想的心理测试，并引入了"情结（complex）"一词来命名该测试在受试者中唤醒的一组图像和幻想。他还将它用于精神病人，并于1906年出版了经典著作《早发性痴呆心理学》（The Psychology of Dementia Praecox），这也是他开始与弗洛伊德通信的时间，他在1907年2月第一次见到了弗洛伊德。

从一开始，他们的关系对弗洛伊德来说就相当重要，因为这意味着，他在当时最负盛名的精神病医院之一苏黎世的布洛伊勒诊所里有一位发言人（荣格）。此外，像荣格这样来自苏黎世的新教家庭的人的出现，突出了精神分析的非宗派方面。弗洛伊德在给亚伯拉罕的信中提到了荣格："只有在他到达之后，精神分析才摆脱了成为犹太民族事务的危险……我们的雅利安同志对我们来说是不可或缺的。"弗洛伊德非常喜欢荣格，有时称他为"儿子和法定继承人"，他坚信荣格有一天会接替他。他可能将几年前对弗利斯的理想化部分地转移到荣格身上。1909年，弗洛伊德应克拉克大学邀请，在荣格和费伦齐的陪同下访问了美国。紧接着，荣格被任命为国际精神分析协会（IPA）的第一任主席，并成为年鉴的主编。同年，他在苏黎世附近的屈斯纳赫特（Küssnacht）开始了私人执业，这也是他度过余生之地。

弗洛伊德和荣格之间的冲突在1912年变得特别尖锐。主要分歧在于荣格不接受弗洛伊德的力比多理论，也不接受他赋予婴儿性欲的角色。1913年《潜意识心理学》（Psychology of the Unconscious）出版后不久，荣格就永远离开了精神分析运动，并辞去了在苏黎世大学的职务。然后他精神崩溃，有一段时间深受焦虑和幻觉之苦。此后，他将所有时间都投入到深入的自我分析中，他在自传中称其为"直面无意识"。正是在这个时候，他发展了属于他理解心理生活方式的大部分概念——集体无意识、原型、个体化、荣格的梦的诠释——以及他自己的治疗方法，他称之为"分析心理学（analytical psychology）"。

从此，他走上了自己的路。在这个后弗洛伊德时期，他逐渐聚集了一定数量的追随者,他的作品在国际上越来越广为人知。1921年,他出版了《心理类型》(*Psychological Types*),在其中他根据个体化的概念对心理发展进行了类型学分类。但是,他对不同民族心理的看法有时导致他采取种族主义的意识形态。在第二次世界大战的大部分时间里,荣格都在博林根建造的一座孤立的自建塔楼里,专注于他的心理治疗实践和撰写各种论文。他的研究涉及广泛的主题,包括炼金术、灵性和神秘主义。他试图在这些领域和他自己的现象学概念——通过自性化(individuation)来发展心智——之间建立联系。荣格于1961年在屈斯纳赫特去世。

我们如何定义荣格的角色以及他的思想在当代的位置呢?根据泰勒(Taylor, 2002)的说法,20世纪的历史是首先将荣格视为弗洛伊德的追随者,荣格的理论在精神分析语料库中被视为持不同政见者的声音。然而,最近对深度心理学史的研究倾向于表明,荣格是"象征假说"的真正倡导者,与19世纪的超越心理学一脉相承,但他受惠于弗洛伊德的事实依然是毋庸置疑的。泰勒认为,这种影响在当代社会中仍然很重要:

> 我们可以将西方国家心理治疗反主流文化中对荣格思想的兴趣日益浓厚归因于这些较早期的因素。与此同时,获认证的荣格分析师将他们的宗系认定为弗洛伊德的变体,并更加努力开拓精神分析领域,在更广泛的心理学和精神病学主流文化中寻求合法性,而实际上他们尚未承认自己的宗系。(Taylor, 2002: 300)

作品解析

引文页码参见《西格蒙德·弗洛伊德心理学著作全集(标准版)》第九卷,1–95。

第十章 《延森"格拉迪瓦"中的妄想与梦境》

● **"格拉迪瓦":叙事**

故事的主人公哈诺尔德是一位热爱自己工作的考古师;他喜欢旅行,过着大体平凡的生活,尽管他不时遭受"短暂性妄想"(1907a:72)的困扰。小时候,哈诺尔德非常喜欢住在附近的一个小女孩措埃·博特岗(Zoë Bertgang)[在德文中,"Bertgang"的意思是"一个步姿优雅的人"(ibid.:37)]。在青春期,他对自己不断发展的性欲感到不安,因此远离了这个年轻女孩和其他女人,甚至完全忽略她们。然而,哈诺尔德在博物馆里看到了一个古代年轻女子的雕塑,他对她优雅的步态,特别是她走路的方式着迷。他买了一个浅浮雕的石膏模型挂在他的书房里。他给这个女孩取名为"格拉迪瓦"——"那个走过去的女孩"。这位神秘的年轻罗马女子对他的吸引力越来越大,以至于他再也无法思考其他事情了。一天晚上,他梦见自己身处维苏威火山爆发前不久的庞贝城,并在那里遇到了格拉迪瓦;在梦中,他试图警告她即将面临的危险,但这并没有用。当他醒来时,在一个强烈的无意识愿望的推动下,哈诺尔德立刻动身前往庞贝城。

到了庞贝城,他在被掩埋的城市废墟中遇到了一位年轻的女人,他认为她就是格拉迪瓦——但实际上是他儿时的邻居和朋友措埃,她也碰巧造访庞贝城。小说家对两位主角之间各种遭遇进行了非常精彩的描述,并把读者代入到了哈诺尔德的位置,他们发现自己有着与哈诺尔德同样的怀疑,甚至是妄想:他时不时瞥见的年轻女子真的是生活在两千年前的格拉迪瓦?在这时,延森笔下的措埃(又称格拉迪瓦)扮演了一个治疗性的角色:就像治疗师可能会做的一样,她分享了哈诺尔德的妄想,但又没有被它吸进去。她的话有双重含义,以便她可以细心地与他交谈,让他正视他的妄想,并鼓励他放弃它们。在故事的结尾,哈诺尔德承认格拉迪瓦实际上是措埃,他在不知不觉中爱上了她,他不再需要将这种爱置换到古董浮雕女人的身上。延森在结尾让我们发现了一个重要的细节(从精神分析的角度看来尤其重要的),且我们对此并不意外:哈诺尔德的追求不自知地被一个婴儿式的愿望所决定,这个愿望源于更早期,也隐藏得更深——寻找他小时候去世的母亲的愿望,就好像他母亲的最后记忆被埋在层层遗忘之下,这是由于某种类似于火山爆发的心理巨变的结果。

● **被描绘成临床情况的虚构人物**

在他对延森故事的评论中，弗洛伊德把虚拟的角色当作是临床情境中遇到的来访者一样来研究。他表明，可以使用与分析来访者的梦和幻想的方法来分析哈诺尔德的梦、幻想和妄想。例如，当哈诺尔德梦到在庞贝遇见格拉迪瓦时，梦里实现了那些被潜意识压抑的愿望，即再次与他所爱和渴望的女人相遇，正如弗洛伊德在《梦的解析》中（1900a）主张的一样。然而，鉴于这些性冲动是有意识的、不可接受并且必须被压抑的，哈诺尔德在现实中离开了所爱的女人（措埃），转向神话人物格拉迪瓦。正是这些被压抑的性欲的回归，迫使他开始了他的庞贝城病态之旅，产生了格拉迪瓦的幻觉，而没有认出措埃。换句话说，小说家的故事证实了弗洛伊德的论点，因为故事表明，决定哈诺尔德梦想和妄想的因素与他对性的压抑有关。此外，弗洛伊德表明，小说家给主人公编造的梦可以使用与分析来访者的梦相同的方式来诠释。弗洛伊德还强调了精神分析师的治疗作用与延森赋予措埃的角色的相似之处——她逐渐帮助哈诺尔德区分幻觉和现实，并成功让他接受自己对措埃的渴望，同时，措埃这个名字也是有含义的，这是一个真正充满活力的年轻女性名字，也是"生命"的意思。

弗洛伊德概念的发展

弗洛伊德与文学或艺术创作

1907年，弗洛伊德首次从精神分析的角度来研读文学作品。让我们想一想他与艺术创作的关系。弗洛伊德和其他分析师一直对各种形式的艺术，尤其是文学作品非常感兴趣，他们对艺术家激起观众或读者情感的能力着迷。在文学作品中，索福克勒斯的《俄狄浦斯王》或莎士比亚的《哈姆雷特》等主题的选择使得在虚构人物的故事与我们在分析中观察到的来访者的冲突之间，具有重要的相似之处。这些相似之处使精神分析师——从弗洛伊德本人开始——将虚构人物视为潜在的临床病例。

弗洛伊德对艺术家创作艺术作品的原因以及艺术创作如何激发观众或读者的诸多情感进行了相当多的思考。他觉得艺术家创造力的源泉在于他自己的无意识，艺术家内心的幻想世界被投射到艺术作品中——画家把无意识画在画布上，作家则把无意识投射到小说或戏剧的人物身上。

> 毫无疑问，作者采取了不同的方式。他将注意力集中在头脑中的无意识上，倾听其可能的发展，并赋予它们艺术表达，而不是通过有意识的批评来压制它们。因此，他从自己身上体验到我们从他人那里学到的东西——潜意识活动必须遵守的法则。（1907a：92）

这使我们不仅可以分析艺术作品本身，还可以分析其作者。至于文学作品和绘画对观者的影响，弗洛伊德说是通过认同产生的。认同是艺术家被压抑的愿望隐藏在所呈现的艺术作品中的结果，艺术家希望在读者或赏画者身上唤起最初启发自己创作的情感（Freud，1914b）。

弗洛伊德的倡议鼓舞了许多精神分析师将他们的思想贡献给对艺术作品的研究之中。如果要谈近期关于这个主题的著作，我会提到汉娜·西格尔（1991）的作品，它比弗洛伊德的著作要更为深入。在西格尔看来，艺术家不只是试图通过艺术作品传达一种无意识的愿望，也是试图为无意识问题寻找幻想的解决方案（fantasy solution），以及试图传达修复的需要（need for reparation），这是艺术家创作冲动的核心。西格尔将梦与艺术作品相提并论。然而，正如她所说，与梦不同，艺术作品可以"体现（embodied）"在物理现实中。这就是为什么它们的美学影响部分取决于艺术家如何使用实际具体的媒介，以象征性地表达他们的幻想："[艺术家]不仅是一个做梦者，而且是一位杰出的工匠。工匠可能不是艺术家，但艺术家必须是工匠"（Segal，1991：176）。

后弗洛伊德学派

神经症和精神病在"格拉迪瓦"中并列吗?

《延森"格拉迪瓦"中的妄想与梦境》这一作品很有意思,不仅是从精神分析应用在文学作品的角度来看有意思,从理论和临床的角度来看也是一个有意思的作品。就临床方法而言,弗洛伊德非凡的天赋使他能够观察并得出一系列归因于神经症的症状,例如哈诺尔德对女性欲望的抑制和他的短暂性的幻觉妄想。然而,弗洛伊德在写哈诺尔德的幻觉时只使用了"妄想"一词,而没有使用"精神病"一词。那我们还能在这个案例中谈论精神病吗?

在这个问题上,后弗洛伊德精神分析师有非常大的分歧。对于那些严格遵守弗洛伊德文本的人来说,哈诺尔德的妄想主要与意识的暂时模糊有关,并非精神病,这也是我们能在神经症患者中不时观察到的现象(Jeanneau, 1990)。另外一些后弗洛伊德精神分析师则在阅读"格拉迪瓦"时采用了弗洛伊德后来提出的否认现实和自我分裂概念的视角,他们认为哈诺尔德的幻觉属于他的自我中否认无法忍受的现实的那部分,而另外的自我部分则接受了现实。从这个角度来看,一旦接受现实的部分支配了他否认现实的自我部分,哈诺尔德就被治愈了。Ladame (1991)认为,哈诺尔德的妄想和幻觉是我们会在青少年身上看到的典型精神病理。现在我们会谈论精神崩溃,其结果可能因人而异。达妮埃尔·奎诺多茨(Danielle Quinodoz, 2002)强调了弗洛伊德为精神分析师提供的一个模型,让我们知道可以"如何在不忽视来访者其他部分的情况下处理来访者的'疯狂'部分"[D. Quinodoz, 2002(2003: 53)]。她接着说,哈诺尔德可以既是妄想的,但又同时过着基本正常的生活的,这意味着他的自我分裂——这种现象我们现在经常在她称之为"多相的(heterogeneous)"的来访者身上遇到。在同一个人中妄想部分和另一个接受现实的部分共存的情况,要求精神分析师采用一种独特的技术。例如，措埃虽然没有被哈诺尔德的错觉所吸住，但她非常小心，没有立即对他揭露这件事。"她的言论具有双重含义"，因此不仅可以被哈诺尔德的妄想部分理解，也可以被他完全了解现实的人格的部分理解。

如果我们根据后来的评论来读弗洛伊德在这个话题上所说的内容，很明显，在他描述的大多数临床案例中，他确实将精神病的典型机制与和神经症有关的机制并列在一起。尽管他没有尝试将这一点概念化，但我们可以从1895年的《癔症研究》一直到1918年的"狼人"案例中观察到他的这种倾向。在《精神分析纲要》[1940a（1938）]中，弗洛伊德认为，不仅是精神病的来访者中，神经症的来访者和正常个体身上也许都在不同程度存在着否定现实的部分自我和接受现实的部分自我。

几位作家指出，恋物癖的主题在弗洛伊德的这篇论文中无处不在——正如 Jean Bellemin-Noël（1983）所指出的：从恋足到格拉迪瓦的步态。

新概念

幻觉（hallucination）

幻觉妄想（hallucinatory delusion）

神经症（neurosis）

精神分析应用于文学作品（psychoanalysis applied to a work of literature）

精神病（psychosis）

（王　觅　译；余　晔　杨浩波　校）

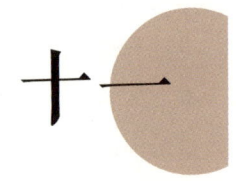

"对一个 5 岁男孩的恐惧症的分析('小汉斯')"
(1909b)

有史以来的第一个儿童分析

该案例研究是对首个儿童精神分析治疗的描述。给"小汉斯"[男孩真名赫伯特·格拉夫(Herbert Graf)]提供治疗的正是该男孩的父亲马克思·格拉夫(Max Graf)——这是当时很普遍的一种做法。这段分析从 1908 年 1 月持续到了同年 5 月,同时弗洛伊德以男孩父亲记录并讲给他听的观察为基础,为这段分析提供了督导。弗洛伊德本人只有过一次主动的参与——与父子双方共同进行的一次关键性讨论。弗洛伊德撰写了对治疗的记录,并在经"小汉斯"父亲许可的情况下,于 1909 年在精神分析评论期刊《精神分析和精神病理学研究年鉴》(Jahrbuch für Psychoanalytische und Psychopathologische Forschungen)的第一期中发表了此文。《精神分析和精神病理学研究年鉴》是在 1908 年于萨尔茨堡举办的第一届精神分析大会上决议创设的。这一评论期刊虽"寿命不长",但也一直持续出版到了第一次世界大战爆发之时。

我们可以从这个案例研究中学到些什么呢?首先,"小汉斯"为弗洛伊德提供了他所急需的"证据",证明了他所提出的假设的准确性,即儿童性欲的存在具有普遍性。其次,对恐惧症案例的治疗成功极好地说明了精神分析治疗不仅适用于成人，也可用于儿童。

生平与历史

"小汉斯"：歌剧导演的辉煌职业生涯

小汉斯的父母和弗洛伊德并不陌生，因为他的母亲奥尔加·格拉夫（Olga Graf）曾在数年前接受过弗洛伊德的分析。小汉斯的父亲马克思·格拉夫是一位作曲家兼音乐评论家，他于1900年结识了弗洛伊德。马克思·格拉夫对精神分析正在做出的发现有着浓烈的兴趣，并在1913年前持续定期参加了"星期三心理学小组"的会面。从1906年开始，即小汉斯还不到3岁的时候，马克思·格拉夫开始将自己对儿子的观察分享给弗洛伊德。当他这么做的时候，马克思·格拉夫同意了弗洛伊德对其最为密切的追随者的要求，即他们对于婴儿性欲有关的一切事宜应予以记录，以支持他在1905年的《性学三论》中提出的假设。弗洛伊德在"儿童的性启蒙（The Sexual Enlightenment of Children）"（Freud, 1907c）以及"论儿童性理论（On the Sexual Theories of Children）"（Freud, 1908c）这两篇文章中都使用了小汉斯父亲的一些观察。他还在1909年发表的"小汉斯"的案例报告中向我们介绍了诠释的工作，并描述了如何处理——至少是部分地处理——需要被解决的议题，即构成了惊恐症状底层的那些冲突。

后来，弗洛伊德与这个男孩以及他的父母都失去了联系，但他在一篇于1922年写就的后记中告诉我们，曾有一个年轻人在那一年的春日里拜访过他，并称自己就是弗洛伊德1909年所写的那个"小汉斯"。弗洛伊德很高兴地得知"曾被预言（将拥有）一个最为邪恶的未来"的男孩（1909b：148）长成了一个非常健康，且不再因抑制而遭受痛苦的年轻人。弗洛伊德还了解到汉斯的父母已经离婚，并已各自分别再婚了。然而，弗洛伊德惊讶地发现这个年轻人对他所接受的精神分析治疗完全没有记忆。

作曲家古斯塔夫·马勒是赫伯特·格拉夫的教父，而赫伯特本人也成了著名的歌剧导演。起初，他被任命为纽约大都会歌剧院的舞台经理。随后为了自己的职业生涯，赫伯特回到欧洲，担任了日内瓦大剧院的导演一职。尽管职业生涯非常成功，但他的私人生活却被打上了婚姻不幸的标记——这促使赫伯特于1970年在日内瓦找胡戈·佐尔姆斯（Hugo Solms）进行了分析。赫伯特在1973年去世于日内瓦。赫伯特·格拉夫（1972）将记者弗朗西斯·里佐（Francis Rizzo）对自己进行的四次访谈以《一个隐形人的回忆录》(Memoirs of an Invisible Man)为题出版，并在其中公开表明了"小汉斯"这一身份。不过，不同于自己的父亲，赫伯特对精神分析毫无兴趣。马克思·格拉夫在弗洛伊德过世后也起到了重要的作用——弗洛伊德曾于1906年将"舞台上的精神病角色（Psychopathic Characters on the Stage）"一文的手稿托付给马克思·格拉夫[Freud，1942a（1905—1906）]，而后者为此文在弗洛伊德去世后的发表做出了贡献。

作品解析

引文页码参见《西格蒙德·弗洛伊德心理学著作全集（标准版）》第十卷，1–147。

● 证明性欲在幼儿中的重要性

弗洛伊德的叙述分为了两个部分：第一部分是一个简短的介绍，汇集了"小汉斯"的父亲在这个男孩3—5岁期间（即恐惧症爆发前的阶段）所做的观察；第二部分是对治疗推进过程的叙述，以及随后附上的弗洛伊德本人的评论。

小汉斯对性问题的看法被自己的父亲准确地记录了下来，而这些记录清楚地表明这个小男孩非常专注于有关各种形式的性欲的谜题。此外，由于这个案例中并不存在任何病理性状况，因此，在这个小男孩身上观察到的情况，

第十一章 "对一个5岁男孩的恐惧症的分析（'小汉斯'）"

可以普遍适用于所有儿童——无论他们的年龄为何。小汉斯父亲所报告的观察支持了弗洛伊德在《性学三论》中提出的假设，即婴儿性欲是存在的。在此前，这些假设主要是基于成年患者在分析过程中交流的记忆而推断出来的。

● "小汉斯"呈现出的婴儿性欲的早期表现

在小汉斯父亲的笔记中，弗洛伊德发现了一些证据，表明这个小男孩对自己的身体，特别是对被他称为"尿尿的小家伙（widdler）①"的阴茎特别感兴趣。那个特殊的器官唤起了小汉斯不懈的好奇，并同时成为他的快乐以及焦虑的来源。他几乎是不停地在询问父母有关阴茎的问题。他向自己的父亲问道，"爸爸，你也有一个尿尿的小家伙吗"，并从父亲那里得到了肯定的回答。不过，他时不时地也会得到一些模棱两可的答案，特别是当他的问题涉及自己的母亲或是小女孩的时候。有一天，在小汉斯看着自己的母亲脱衣服的时候，母亲问他：

"你干吗这么盯着我？"
汉斯："我只是想看看，你是不是也有一个尿尿的小家伙。"
母亲："当然。你难道不知道吗？"（1909b：9-10）

小汉斯妈妈这个模棱两可的回答是什么意思呢？是简单地表明自己也有一个用于尿尿的出口吗？还是在暗示自己也有一个阴茎呢？弗洛伊德认为，在小男孩的眼中，后一种可能性所具有的意义远比前者重要。上述想法促使弗洛伊德在脑海中构建出了"婴儿性欲理论"。根据该理论，女性和男性一样，都是拥有阴茎的。这个年幼的孩子对"女性也有阴茎"这一看法极为确信，甚至确信到了令弗洛伊德震惊的程度。母亲的回答很可能进一步加深了

---

① 根据文意，winddler是小汉斯自己发明的说法，所以，此处没有选择常见的对阴茎的别称。英文中前缀"winddle"是"撒尿"的意思，而"er"是表名词的后缀，通常指代人或物。因此，根据小汉斯发明这个词的逻辑，此处翻译为"尿尿的小家伙"。其他文献中也会翻译为"小东西"或"小鸡鸡"等。——译者注

小汉斯的确信,尽管他父亲的说法正好相反——女孩并不具有阴茎。这是父子之间这类对话的一段摘录:

> "汉斯答应在下周日,也就是3月15日那天,跟我一起去莱恩斯(Lainz)。"汉斯的父亲写道。
>
> "一开始,他是抗拒的,但最后还是跟我一起去了。[……]我在途中跟他解释说,他妹妹并没有像他这样的一个尿尿的小家伙。我还告诉他,小女孩和女人都没有尿尿的小家伙:妈妈没有,汉娜没有,等等。"
>
> 汉斯:"那你有尿尿的小家伙吗?"
>
> 我:"当然。为什么(这么问)?你是怎么想的?"
>
> 汉斯(停顿了片刻):"可是如果小女孩们没有尿尿的小家伙的话,那她们是怎么尿尿的呢?"
>
> 我:"她们没有和你一样的尿尿的小家伙。当别人给汉娜洗澡的时候,你难道没有注意到(这一点)吗?"(ibid.: 31)

弗洛伊德惊讶地发现,儿童对上述问题有所误解的状况是极其常见的,而他们似乎并没有整合实际观察到的事物——比如说,小女孩不具有"尿尿的小家伙";而这正是阉割焦虑的起点。汉斯的父亲指出,当自己的儿子3.5岁的时候,有一天他的母亲看到他把自己的手放在了阴茎上。

> 她威胁他道:"如果你这么做的话,我就把你送到A医生那里,让他把你尿尿的小家伙给切了。那你到时候要用什么来尿尿?"
>
> 汉斯:"用我的屁股。"(ibid.: 8)

弗洛伊德说,小汉斯正是在这个场合获得了"阉割情结"的,而阉割情结在神经症的出现中起到了决定性的作用。

在继续阅读这篇报告的过程中,我们不可能不因小汉斯所提问题的相关程度而感到惊讶。更令人吃惊的一点在于他对真相的刨根问底——特别是当他的父亲或是母亲给出的回答无法令他满意的时候。比如说，在小汉斯 3.5 岁的时候，即 1906 年 10 月，妹妹汉娜出生了，而这是他人生中的一件大事：

"4 月 14 日。汉娜的主题是重中之重。"汉斯的父亲在他为弗洛伊德准备的笔记中写下了以上这句话。

> "你可能还记得，在更早的记录里，汉斯对这个夺走了自己父母一部分爱的新生婴儿感到强烈的厌恶。这种不喜欢之情并没有完全消失，只不过部分地被一种夸张的感情过度抵消了。他已经多次表达了希望鹳① 不要再带婴儿来了的愿望。他还称我们应该付钱，来让他② 不要再从婴儿所在的'大盒子'拿出更多（宝宝）了。"（ibid.: 68）

汉斯已经明白，汉娜曾经待在那里面，并且她出来的时候就像一个"lumf"（这是汉斯发明出来以指代"粪便"的词汇）一样。在妹妹出生后的几个月里，汉斯表现出的不只是嫉妒：他甚至数次表达了希望妹妹死掉的想法或愿望，但与此同时，他也公开声明过自己是多么地喜欢妹妹。

● 俄狄浦斯情境以及对父亲的矛盾情感所引发的冲突

弗洛伊德很高兴看到汉斯"以一种最为切实且最为坚定的方式证实了"（ibid.: 111）他在《梦的解析》和《性学三论》中所写的内容："汉斯真的就是一个小俄狄浦斯——他想让自己的父亲'别挡道儿'，他想要摆脱父亲，以便让自己能够和美丽的母亲单独相处，并与她同床共枕"（ibid.: 111）。汉斯想要和自己母亲睡觉并"连哄带劝地得到"她的愿望，起源于他父亲经常出门在外的那个夏日假期。这个小男孩表达了希望父亲"走开"和"永远离开"的愿望——换句话说，他希望父亲"死掉"。对弗洛伊德而言，这种指向父亲的死亡愿望是所有小男孩共有的一个特征，也是正常俄狄浦斯情境的一个组

---

① 西方有鹳鸟送子的传说。——译者注
② 原文中用的是"他"，但根据文意，指代的应该是鹳。——译者注

成部分。不过，当上述愿望加剧的时候，它就有可能成为各种症状的根源，就像我们在小汉斯身上所见到的情况一样。如此一来，爱与恨这一对矛盾情感之间的冲突就变成了俄狄浦斯情境的一个核心焦点。

> 可这个被他当成敌人一样，恨之入骨的父亲，却也是那个他一直爱着，且注定会继续爱下去的父亲。父亲是他的榜样，是他的第一个玩伴，也是从他婴儿期最早的阶段就一直照顾着他的那个人。正是上述部分引发了第一个冲突，而这也是一个无法找到任何即时解决方案的冲突。（ibid.：134）

弗洛伊德还观察到，这个年龄的小汉斯会不加区别地对小男孩和小女孩"示爱"。"汉斯是一个同性恋（所有儿童很可能都是同性恋），而这与他一直都在心里认定的事实是完全一致的，即他只认识一种生殖器官——一种与他所拥有的那个一样的生殖器官"（ibid.：110）。和弗洛伊德后来的很多著作一样，他在这篇文章中也认为阴茎同时在男孩和女孩的性心理发展中起到了关键的作用。不过，他确实在本文中提到了一种可能性，即小男孩也许能够想象阴道的存在：

> 尽管阴茎的感官使他走上了假定阴道（存在）之路，但他尚不能解决这个问题，因为在他的体验中，自己尿尿的小家伙并不需要这种东西（指阴道）的存在。相反，他坚信母亲和自己一样，是拥有阴茎的，而这（信念）对一切解决方案都构成了阻碍。（ibid.：135）

尽管弗洛伊德在本文中多次提到与女性性欲有着具体关联的幻想，但他并没有明确地将这些幻想关联到任何可以与男性性欲相对应的女性性欲概念。不过，"关联到女性性欲概念"这一有挑战性的任务，被他的追随者们——特别是女性精神分析师——接手了。弗洛伊德的性欲观念仍然是"以阴茎为中心的"，也就是说，该性欲理论是以两性之差异的本质在于是否拥有阴茎这一观点为基础的。我认为,正如我在此前已经指出的那样,上述观念意味着弗洛伊德本人对婴儿性欲论中有关两性差异的看法的坚持。

● **通过精神分析疗愈婴儿恐惧症的过程**

对小汉斯的分析是因重度恐惧症的出现而促成的:男孩开始拒绝离开家门,也拒绝走到户外,以防自己被马咬伤或是被马撞倒。弗洛伊德将这种恐惧症状的形成解释为妥协的结果:小汉斯对于被马咬伤的恐惧是因置换而起的——在无意识中,他对于被自己父亲阉割感到焦虑,并将这种焦虑置换到了动物身上。但是,这种阉割焦虑又是从何而来的呢?临床资料表明,这种恐惧源于小汉斯在解决俄狄浦斯情结方面的无能为力:一方面,他对母亲产生了强烈的乱伦依恋,这种依恋甚至强到了让他想要和母亲同床共枕并消灭自己父亲的程度——而对这个小男孩而言,上述愿望是令人无法忍受的;另一方面,他在深深地被父亲吸引的同时,又将父亲当成对手——一个在自己试图靠近母亲时的挡道者,并因此而恨着自己的父亲——而这种体验同样是令人无法忍受的。在弗洛伊德看来,小汉斯对母亲的乱伦愿望,以及他因恨自己所爱着的父亲而体验到的内疚感,共同激活了这个小男孩的恐惧——他害怕自己会因禁忌的欲望而被施以阉割的惩戒。

但是,如果我们对他们的经历稍加关注的话,我们就会意识到,以上种种难道不是每个小男孩都会陷入的那种俄狄浦斯情境吗?我们要以何为据,来对正常的与病理性的俄狄浦斯情境进行区分呢?我们又要基于何种标准来划定正常的阉割焦虑与会唤起恐惧症状的阉割焦虑之间的界限呢?也许,当小汉斯3.5岁的时候,妹妹的出生激化了他对妹妹的嫉妒,也强化了他对新生儿的生育者——即自己父母——的愤怒,从而加剧了这个小男孩的俄狄浦斯冲突。

在弗洛伊德看来,造成恐惧症的致病因素并不在于小汉斯想让自己妹妹死掉愿望,因为这个小男孩能够公开地谈论上述愿望。诱发恐惧症的真正原因在于想让自己父亲死去的愿望,因为这些愿望被压抑到了无意识中。男孩的意识无法忍受对自己所爱的父亲产生如此的恨意:他压抑了自己攻击性的冲动，并将因担心被父亲阉割而产生的焦虑，置换为对被马咬伤或被马撞倒的恐惧。这种妥协形成/症状使小汉斯能够继续在意识层面爱着自己的父亲，避免对父亲产生无法忍受的仇恨，因为对小男孩而言，这种情况（即恨自己所爱的父亲）意味着一个他永远无法解决的僵局。

在治疗达到这个关键阶段之后，并没有出现更多的进展，而这是促使弗洛伊德本人决定亲自介入的原因。在同时会见小汉斯和他父亲的时候，弗洛伊德意识到这个小男孩在马身上注意到的特定细节必然让他联想到了自己的父亲——（父亲的）眼镜和胡子。弗洛伊德向小男孩指出了这一点，而这成为治疗的一个转折点——从那以后，治疗更加明确地通往了彻底的疗愈。实际上，弗洛伊德已经诠释了小男孩对父亲的移情。他给出的解释帮助小汉斯意识到了自己将希望父亲死的愿望以及因担心被父亲阉割而产生的恐惧置换到动物身上的原因。

我应该补充的一点在于，对该案例的分析使弗洛伊德能够指出婴儿性欲的病理性表现与正常表现之间并不存在根本性的不同。比如说，阉割焦虑以及乱伦性力比多或是攻击性冲动既存在于罹患恐惧症状的儿童中，也存在于发育正常的儿童身上。正常状态与病理状态之间的区别首先取决于一个定量因素：当内在状况制造出了一种无法被处理的过度焦虑时，就会出现妥协形成/症状。在弗洛伊德看来，这种婴儿神经症构成了一个普遍适用的模型，因为它证明了成人神经症与婴儿期的情结是密切相关的，而后者指的正是我们在小汉斯的恐惧症中发现的那个婴儿期情结。在《抑制、症状与焦虑》中，弗洛伊德（1926d）在修订自己有关焦虑的理论时，重新考虑了小汉斯的案例。对上述理论进行修订的基础是弗洛伊德提出的"超我"概念——一个在1909年尚未被构建出的概念。

后弗洛伊德学派

回看小汉斯的被动与主动倾向

"小汉斯"的案例引发了数量相当庞大的评论。在此，我只撷取几则,来论述一二。

一些精神分析师极为正确地指出,弗洛伊德在他的诠释中只考虑了小汉斯希望通过成为自己母亲的丈夫来达成对父亲的认同,并以此来取代自己的父亲——换言之,弗洛伊德将首要位置赋予了直接或是正性俄狄浦斯情结,而忽略了反向或是负性俄狄浦斯情结。尽管如此,依照西尔弗曼(Silverman, 1980)和弗朗基耶尔(Frankiel, 1991)所言,弗洛伊德确实掌握了某些迹象,表明小汉斯也具有认同自己的母亲,以取其位而代之的愿望。比如说,案例报告揭示了小汉斯对父亲的情欲化依恋、他想要和母亲一样拥有宝宝的愿望、他对自己怀孕母亲的认同,以及他对母亲的愤怒与指向母亲的竞争之心。当时的弗洛伊德既将要理解双性性欲的重要性,也开始明白如果想要解决神经症的话,需要被诠释的不仅仅是与俄狄浦斯情结的直接形式有关的愿望与防御,还应包括与俄狄浦斯情结的反向形式相关的愿望与防御。尽管上述意识已经逐步显现,但弗洛伊德并没有使用案例材料中与认同母亲的主题相关的部分。我们可能会好奇,这究竟是出于何种原因呢?在可能使弗洛伊德放弃上述材料的一众原因中,我们必须记住的一点是,在小汉斯接受治疗期间,弗洛伊德所使用的仍是原发性双性性欲(constitutional bisexuality)的想法;直到1923年,他才开始谈论心理上的双性性欲以及俄狄浦斯情结的负性或反向形式。此外,我们也许会假设,弗洛伊德没怎么提到小汉斯与母亲的冲突,可能也与保密的原因有关,因为小汉斯的母亲此前曾接受过弗洛伊德的分析。而另一个确实经常出现的状况是,弗洛伊德会先提供一段对临床现象的精妙描述,而弗洛伊德本人或是追随他的精神分析师要到之后才能将这些临床现象加工整合为某种概念或理论。也正是因此,当代的读者总会发现,回归弗洛伊德的著作并再次通读全文是一件有意思的事情。

马奥尼(Mahony, 1993)仔细研究了马克思·格拉夫在两年多的时间里写下的、与自己儿子有关的笔记,并第一个指出该临床材料的抄录中必然存在扭曲。在马奥尼看来,写下这些笔记一定在小男孩的治疗中，起到了具有决定性的移情作用。转折点出现在"小汉斯"主动要求承担决策之职的时候——他要自己决定将会被传达给弗洛伊德的内容为何，并要求父亲听写其口述。"如果我把所有的东西都写给教授的话，我的胡闹很快就会结束，不是吗？"（Freud, 1909b：61）。马奥尼利用了所选词语的多义性，将自己的论文命名为"独裁的口述者以及他的治疗（The Dictator① and his Cure）"，以此扼要地突出了这个小男孩独裁的决心，以及他在口述应该记录何种内容上所表现出的积极主动性——这份报告也因此变成了"他的'一言堂'活动"（Mahony, 1993：1250）。

生平与历史

儿童精神分析领域的先驱

赫米内·胡格-赫尔穆特（1871—1924）

尽管从史实来看，赫米内·胡格-赫尔穆特（Hermine Hug-Hellmuth）绝对是第一位儿童精神分析师，但她的存在仍是相对不为人知的。在1910年开始接受伊西多·赛杰尔（Isidor Sadger）的分析之后，她决定停止自己在学校所担任的教职，并将全副身心都投入到了儿童精神分析之中。赫米内·胡格-赫尔穆特于1913年被接纳成为维也纳（精神分析）协会的会员，并参加了星期三小组的会面。她撰写了几篇论文，并在文中指出无论是儿童的智力发展与情感发展，还是儿童最早的性感觉与自慰，都始于生命的最初几周。赫米内·胡格-赫尔穆特也是第一位关注儿童游戏价值的精神分析师，不过当时的她仅仅将游戏看作观察儿

---

① 英文中 dictator 一词既指暴君、独裁者或是专横之人，也指口述内容以供他人或机器记录者。按照文意，马奥尼在选择 dictator 一词命名文章时，同时选择了独裁者与口述者两层含义，考虑到一词多义的语言差异，故译文中并列译出了双重含义。——译者注

童发展的一种手段。心理治疗中游戏技巧的使用是在后来由梅兰妮·克莱因，以及随后的安娜·弗洛伊德逐步开发的。在1920年于海牙举办的大会上，赫米内·胡格-赫尔穆特主张，有必要在儿童精神分析中牢记"教学"和"教育"这两个维度（Geissmann & Geissman, 1992）。赫米内·胡格-赫尔穆特于1924年去世。实际上，她是被自己的侄子罗尔夫（Rolf）勒死的，而她曾在此前因为后者行为上存在的问题而对其进行了分析。诋毁和批评精神分析的人大肆渲染了这起谋杀案，并借机公开谴责这种疗法对儿童和青少年造成的危险。

梅兰妮·克莱因（1882—1960）

丧失、哀悼以及抑郁

梅兰妮·克莱因于1882年出生于维也纳。克莱因从很小的时候起，就开始应对与哀悼有关的问题了：她在4岁的时候失去了姐姐。克莱因与母亲的关系也是极为矛盾的。据说她的母亲是个占有欲很强且极具侵入性的人，同时克莱因也出现过几次重度抑郁症的发作。1902年，在克莱因20岁的时候，她深爱的哥哥埃曼努埃尔（Emmanuel）去世了。在一年后，即1903年间，她与工程师阿图尔·克莱因（Arthur Klein）结婚，并育有三个孩子：1904年出生的梅利塔（Melitta）、1907年出生的汉斯（Hans），以及克莱因母亲过世一年之后的1914年出生的埃里克（Erich）。克莱因于1914年在布达佩斯开始了自己的第一次分析之旅。她当时的分析师桑多尔·费伦齐鼓励克莱因培养并发展她自己在早期婴儿幻想和儿童分析方面的兴趣。她在1919年宣读的一篇名为"一个儿童的发展（The Development of a Child）"（Klein, 1921）的论文中，报告了自己对一个小婴儿的观察（这个婴儿不是别人，正是她自己的儿子埃里克），并成为匈牙利精神分析协会的成员。同年，由于匈牙利政局的动荡以及反犹太主义的盛行，克莱因离开了匈牙利，搬到柏林，并带着自己的孩子们定居于此，而她的丈夫则在瑞典安家了。夫妻二人于

1923 年离婚。

儿童精神分析技术

按照克莱因本人的描述，正是在定居柏林期间，她从严格的精神分析视角出发，对自己的婴儿观察技术进行了最后的润色。此外，她开始了第二段分析。这一次，克莱因的分析师变成了卡尔·亚伯拉罕，而后者的思想对她产生了巨大的影响。克莱因一直认为自己是亚伯拉罕的追随者之一，并相信自己的著作是对后者著作的延续（Segal, 1979）。这一段分析终止于 1925 年 12 月卡尔·亚伯拉罕于去世之时。克莱因于同年应邀在伦敦举办了一系列的讲座。她在伦敦感受到了热烈的欢迎与欣然的接纳，但在她心里，柏林已不再如此了——因为现在，这是一个没有了亚伯拉罕的柏林。当琼斯邀请她在伦敦逗留一段时间的时候，克莱因应允并于 1926 年 9 月离开了柏林。不久之后，她就决定在伦敦定居了。克莱因于 1932 年出版了《儿童精神分析》（*The Psycho-Analysis of Children*），并在书中讨论了她对男孩和女孩早期发展阶段的全新见地。

与安娜·弗洛伊德的冲突

起初，梅兰妮·克莱因受到了英国同僚们的热烈欢迎。但从 1927 年起，安娜·弗洛伊德萌生出了对儿童分析的不同看法，并开始越发严厉地批判梅兰妮·克莱因（Grosskurth, 1986）。尽管如此，克莱因还是被英国精神分析学会的同僚们视为关键人物与先驱者，并对他们的工作方式产生了重大影响（Hinshelwood, 2002）。1934 年，时年 26 岁的克莱因之子汉斯在一次登山事故中丧生。当时的克莱因已经在着手撰写一篇讨论抑郁症的关键论文了（此文发表于 1935 年）。对克莱因而言，1934 年是令她极为伤心难过的一年，特别是她还在同年遭到了自己女儿梅利塔·施米德贝格（Melitta Schmideberg）的分析师爱德华·格洛弗（Edward Glover）以及梅利塔本人的激烈批判。除却其他的不满与怨愤，梅利塔还指控自己的母亲是导致哥哥"自杀"的罪魁祸首（尽管实际情况无疑指向了山难/坠崖纯属意外的说法）。不过，这还并非克莱因一生中所遭遇的、最为强烈的反对之声。为了逃避纳粹主义在奥地利的兴起，安娜·弗洛伊德与父亲于1938年一起抵达伦敦。在随后的1943年，为了斟酌与讨论有关各方的理论立场与概念，英国精神分析学会组织了被称为"论战（Controversial Discussions）"的一系列科学讨论。不得不说，这是一场仍在继续的"战争"，但论战也给我们留下了一些非凡的文本材料（King & Steiner, 1991）。在达成君子协议后，主要参与者们决定在英国精神分析学会的支持下成立三个精神分析团体：一个是由安娜·弗洛伊德领导的学派；另一个是由梅兰妮·克莱因领导的学派；而第三个学派则包含了绝大多数、不拘泥或不依附于前述任一派别的学会成员们——他们构成了所谓的"中间学派"，即日后在克莱因过世后被称为"独立学派"的团体。尽管这三个不同的学派仍然存在，但时至今日，其成员之间在科学性上的差异已经远没有当年那么明显了（King & Steiner, 1991）。

通过游戏进行分析：一种富有革新精神的技术

梅兰妮·克莱因是游戏技术这种全新的儿童精神分析之法的创始者。正是在克莱因的发展下，游戏技术成了儿童分析的基本方法（而不仅仅是一种观察之道）。

> 克莱因的天才之处在于，她注意到游戏是儿童自我表达的自然之法，因此，游戏可以被用作与儿童进行交流的方式。对儿童而言，游戏绝不仅仅"只是游戏"，它也是件（花费体力或脑力的）事情。它不仅是一种探索与掌控内在世界的方式，也是一种通过幻想的表达与修通，来探索和掌控焦虑的手段。在游戏中，儿童会将自己的幻想戏剧化，并在这样做的过程中阐述并修通自身冲突。（Segal, 1979: 36）

换言之，对于儿童而言，游戏可以揭示同样会在梦境中出现的幻想,但与后者不同的是,游戏包含了现实检验这一要素。

在梅兰妮·克莱因看来,儿童会对精神分析师产生直接且极为强有力的移情。她坚持认为,对负性移情的诠释也是必需的。这构成了她与安娜·弗洛伊德的分歧,因为对后者而言,最初的重点在于通过建立治疗联盟让儿童为接受分析做好准备。此外,克莱因认为赫米内·胡格-赫尔穆特或是安娜·弗洛伊德所倡导的教育方法不应在儿童精神分析之法中占据一席之地,因为这些教育方法只会让年幼的患者感到困惑。对克莱因而言,真正的精神分析情境只能通过精神分析的手段来创造。在1919—1923年期间,克莱因一点一点地完成并润色了自己对儿童分析所需的具体设置的看法,即儿童分析应有准确的会谈时间,以及每个接受分析的儿童都应有一套专属的玩具箱,并应在箱子内放上小房子、各种尺寸的男女娃娃、小动物、橡皮泥、铅笔、绳子、剪刀等器具。在温尼科特看来,该配置标志了"儿童分析中最为重要的进步"(Segal,1979:42)。

在理论层面上,梅兰妮·克莱因通过儿童分析获得的专业知识使她能够提出一些假设,而这些假设增加了我们对儿童发展——特别是儿童发展的早期阶段的认识。从这个角度而言,我们可以说,如果弗洛伊德发现的是成人身上的儿童的话,那么梅兰妮·克莱因就在发现儿童身上的婴儿方面发挥了重要作用。

弗洛伊德与克莱因的比较

在许多主题上,梅兰妮·克莱因与弗洛伊德的思想一致,并完全同意后者所假设的精神分析基本原则:无意识的存在、婴儿性欲所起的作用、俄狄浦斯情结、移情以及其他关键方面。也就是说,在一些其他议题上,克莱因与弗洛伊德的想法并不一致。尽管在多年漫长的时光里,克莱因提出的结论一直都是有争议的,但现如今,为数不少的当代精神分析师认为她提出的若干假设几乎是不言而喻的。

以下列出了一些克莱因与弗洛伊德两人抱有不同观点的议题。克

第十一章 "对一个 5 岁男孩的恐惧症的分析（'小汉斯'）"

莱因认为个体从生命的伊始就能认识到客体的存在，而对弗洛伊德而言，婴儿发现客体之存在的时间点要晚得多（他的原初自恋假设）。克莱因指出，俄狄浦斯情结开始运作的时间点要比弗洛伊德认定的早很多，并主张"俄狄浦斯冲突的早期阶段"（Klein，1928）之说。克莱因声称原始的俄狄浦斯情结起源于口欲驱力与肛欲驱力，而不仅仅来自性器驱力，同时构建原始俄狄浦斯期情结的基础是部分客体（而不是完整客体的阶段）。在克莱因的理论中，俄狄浦斯情结的早期阶段是原始客体关系中的重要元素。她完善了弗洛伊德对男孩以及女孩性心理发展的描述。和弗洛伊德相比，克莱因为小男孩对母亲的迷恋赋予了更多的重要性，而弗洛伊德更关心的则是小女孩（对父亲）的迷恋。克莱因对女性性欲的构念也与弗洛伊德大不相同。她认为，女性性欲并不等价于"被阉割"的男性性欲。同时，基于对男女婴儿的认识与了解，克莱因认为女性性欲具有特定的现实，即阴道存在的事实。克莱因进而描述了小女孩所经历的基本焦虑：对自己身体的内容物被夺走和被清空的害怕（Klein，1932）。

克莱因假设存在一个极其严苛的原始超我。在克莱因看来，原始超我的建立要比俄狄浦斯情结的出现更早，而非弗洛伊德理论所认为前者在后、后者在先的发展顺序。弗洛伊德在 1930 年写的一篇论文中明确地提到了克莱因的观点："然而，经验表明，儿童发展出的超我的严苛程度与儿童遭受的治疗的严重程度（severity）并不相符"［Freud 1930a（1929）：130］。克莱因随后进一步发展了她自己的原创概念，例如抑郁心位（Klein，1935，1940），后来还有偏执-分裂心位与投射性认同的概念（1946）——这些想法是逐渐才获得了充分的理解与接纳的。

值得注意的是，克莱因同意弗洛伊德有关死驱力之存在的假设，而她本人的重要贡献在于"原初嫉羡"这一概念的提出，以及指出原初嫉羡是先于嫉妒而出现的（Klein，1957）。嫉羡的想法对于因生驱力与死驱力的冲突所导致的临床情境有很大的帮助。在克莱因之前，嫉羡更多还只是一个单纯的理论性概念，而后克莱因学派的分析师们继续发展了该概念涉及临床的一些方面。

安娜·弗洛伊德（1895—1982）

被自己的父亲分析

安娜·弗洛伊德是西格蒙德·弗洛伊德与玛莎·弗洛伊德的第三个女儿，也是他们六个孩子中最小的一个。除此之外，安娜还是儿童精神分析的先驱。青少年时期的安娜已经对精神分析产生了兴趣，但她最初接受的是学校教师的培训，并且于1920年前一直都在从事该职业。安娜从青春期开始出现了被殴打的幻想，而该症状是她接受第一段分析的主要原因之一。安娜总共接受过两段分析，分别是从1918—1922年的第一段分析，以及随后于1924年进行的另一段分析——而两次承担分析师之职的都是她的父亲。这种状况在当时并不罕见，因为那时的精神分析师尚未发现此举可能在移情/反移情关系中引发的不利因素。安娜于1922年宣读了一篇讨论被殴打的幻想的临床论文，并在27岁之时获得了维也纳精神分析学会的会员资格。

安娜·弗洛伊德的儿童精神分析

安娜·弗洛伊德于1925年在维也纳主持了一个儿童精神分析研讨会，并在1927年出版的《儿童精神分析技术导论》（Introduction to the Technique of Child Analysis）一书中提出了自己对儿童精神分析的看法。在方法上，安娜建议（分析师）使用儿童的梦境以及绘画，并采用游戏技术——但游戏主要是为观察儿童这一目的而服务的。尽管在后来发现防御机制所起的作用时，安娜的观点有所改变，但她最初的看法认为分析师应该对儿童患者采取一种兼具教育性以及精神分析性的态度，在那之后才有可能对儿童最初的阻抗予以诠释。安娜·弗洛伊德在自己的书中（Anna Freud, 1927a）对梅兰妮·克莱因的一些想法提出了尖锐的批评。在那个时候，她们二人的意见分歧主要与移情有关：在克莱因看来，即便在治疗的早期阶段，移情也是治疗一个典型特征；而安娜·弗洛伊德则认为移情现象的出现要远晚于克莱因所认为的时间点。此外，她们在游戏技术的实施以及超我的性质这两方面也存在分歧。在超我的议题上，克莱因认为超我是婴儿身上一个原始且严苛的内部机构/自主体（agency）；而安娜·弗洛伊德则称，鉴于儿童的自我尚不成熟，超我不可能在个体还这么年幼的时候就被整合进来。

在20世纪20年代接近尾声的时候，安娜·弗洛伊德开始对自我的成长以及适应问题产生兴趣。在海因茨·哈特曼（Heinz Hartmann）离开维也纳前往美国之前，这位自我心理学的创始人之一曾与安娜·弗洛伊德共事过。不过，必须谨记的一点在于，安娜·弗洛伊德总是让自己与自我心理学保持一定的距离。在治疗实践中，安娜会同时参考或引用弗洛伊德的两种结构理论，并在两者中选择她认为可能会对自己年幼的患者有益的一个。

自我与防御机制

为了理解安娜·弗洛伊德对精神分析的贡献，我们必须对她人格的特定方面予以考虑，因为这些方面在她的职业生涯中留下了深刻的印记。安娜的工作一方面揭示了她对父亲的强烈认同，而这是她永远不会放弃的；另一方面也呈现了她发展自己原创想法的能力（A-M. Sandler, 1996）。

在她的著作《自我与防御机制》（*The Ego and the Mechanisms of Defence*, 1936）中，安娜·弗洛伊德探索了自我与本我、超我，以及与外部现实相互作用的方式。她指出，在病理性状态下，防御机制的过度使用可能会导致自我的贫乏以及对现实感知的扭曲。除了当时的精神分析已知的防御机制外，安娜·弗洛伊德还增加了两个新的机制——"对攻击者的认同"以及"利他性屈从"，其中后者指的是个体出于替代性或间接体验自身愿望的目的而放弃自己的愿望。安娜·弗洛伊德在本书中对所谓的原始防御和更成熟的防御进行了区分，其中后者需要更高的自我成熟度。

对儿童的直接观察

即使在最早的著作中，安娜·弗洛伊德也非常重视任何从精神分析视角出发的、对儿童的直接观察。在她看来，这种类型的观察可以（让我们）更容易理解婴儿——甚至非常年幼的婴儿——体验生活事件的方式，并且上述探索的结果可以为精神分析的理论与技术提供启示。

除此之外，安娜·弗洛伊德对拓展精神分析领域的不断关注，为可以在研究和治疗两方面齐头并进的精神分析机构的创建奠定了基础。在多萝西·伯林厄姆（Dorothy Burlingham）的帮助下，安娜·弗洛伊德于1925年在维也纳为年幼的贫困儿童设立了托儿所，而伯林厄姆也在随后的岁月里成为她的毕生挚友。实际上，伯林厄姆的两个孩子是安娜·弗洛伊德在1923年进行第一批儿童分析时的患者。安娜·弗洛伊德于1938年与父亲和家人一起避难至伦敦，而她在这里再次与多萝西·伯林厄姆联手创建了用于照料与父母失散儿童的"汉普斯特德战时托儿所"。在约翰·鲍尔比（John Bowlby）进行研究的同一时期，安娜·弗洛伊德也对母亲与孩子的分离所带来的影响进行了深入研究。战后，她主张应允许父母探望正在住院的幼童，同时，如果儿童极为年幼的话，则应允许母亲继续陪伴他们。安娜·弗洛伊德对贫困、弱势且被忽视的儿童表现出了毫不掩饰的关注。我们也许会觉得上述关注与如下事实不无关联，即作为家中最小的孩子的安娜·弗洛伊德，可能体验到了一种被哥哥姐姐忽视之感。这大概也是她重视与儿童的家长以及家庭圈子进行预防性工作的原因之一。

"发展线"的概念

在很大程度上，安娜·弗洛伊德的理论以及技术方法的核心在于由她的发展概念所衍生出的一种观点。这一观点比通常为经典理论所覆盖的范围更广。长期以来，发展的概念一直与弗洛伊德于1915年描述的力比多阶段论密切相关。随着时间的推移，在对儿童发展的描述中纳入一些其他因素变得必要起来。而这所谓的其他因素，包括但绝不仅限于攻击性、客体关系，以及自我、本我和超我三者之间的关系等。考虑到这一点，安娜·弗洛伊德在她的著作《儿童期的常态与病态》（*Normality and Pathology in Childhood*，1965）中引入了"发展线"这一具有独创性的概念。该概念是以如下想法为基础的，即受过精神分析培训的人可以利用对儿童行为的详细描述，推演出有关儿童内在世界之运作方式的有价值的信息。

在她为发展线这一概念所做工作的基础上，安娜·弗洛伊德进一步描述了理解儿童和青少年发展到成年的整个过程中，同时发生的多个现象的复杂性之法。上述变化包括不同类型的焦虑随着年龄变化的演变；与身体功能的变化相关的转变——喂养、如厕训练等；以及从新生儿依赖到获得自主性（autonomy）的转变。安娜·弗洛伊德强调检验每个儿童的总体发展状况的重要性。她认为，精神分析工作的主要聚焦点在于帮助儿童找到回归正常发展进程之路。

培训准儿童精神分析师

第二次世界大战结束后，在"战时托儿所"与安娜·弗洛伊德共事过的几位同僚萌生出了通过接受更结构化的培训课程，来成为儿童心理治疗师的念头。因此，安娜·弗洛伊德在1947年制定了自己的培训项目，并于1952年创立了汉普斯特德儿童治疗培训课程与诊所（Hampstead Child Therapy Training Course and Clinic），即现在的"安娜·弗洛伊德中心"。儿童观察是以5岁以下儿童为目标群体的，而该内容在对"接受精神分析训练的儿童治疗师"候选人的培训中占比相对较小。英国精神分析学会于1970年正式承认了安娜·弗洛伊德中心开发的培训项目，该项目向希望成为儿童分析师的候选人开放。

新概念

阉割焦虑（castration anxiety）

童年恐惧症（childhood phobia）

婴儿的好奇心（infantile curiosity）

婴儿神经症（infantile neurosis）

（王　凝　译；余　晔　杨浩波　校）

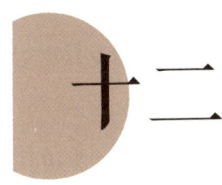

"对一例强迫性神经症案例的笔记('鼠人')"
(1909d)

强迫症状也有意义且能通过精神分析得到解决

对恩斯特·兰策(Ernst Lanzer,外号"鼠人")的精神分析让弗洛伊德相信,即使是严重的强迫症状也能通过精神分析得到治愈,使用的是在癔症案例中已经被验证有效的技巧。强迫性神经症——或称为"怀疑性躁狂(doubting mania)"[Freud,1895b(1894):93]——的特征是严重限制患者自由的异常强迫性现象:思维反刍、强迫观念、强迫实施某些不良行为的冲动、用于对抗这些想法和行为的仪式等。例如恩斯特·兰策受到强迫思维的困扰,他一直害怕有人可能会对他的父亲施行鼠刑,因此弗洛伊德给他取了"鼠人"这个外号。鉴于强迫症状具有让人丧失能力的属性,这种障碍一直被认为是因为退化或者心理的某种器质性衰弱导致。这个治疗的成功结果让弗洛伊德证明了强迫性神经症是心理原因导致的,并且强迫性神经症和癔症一样,也源于无意识的性冲突和无意识的情感冲突。此外,他还证明,如果精神分析成功让患者意识到童年时发生的重大冲突的记忆的话,神经症症状就可以被消除。这个治疗也让弗洛伊德强调了肛欲性欲(anal eroticism)和爱与恨的冲突在强迫性神经症中所起到的决定性作用。从1912年开始,弗洛伊德就把爱恨之间的冲突命名为"矛盾情感的冲突(conflict of ambivalence)"。

很多精神分析师都曾对这个临床个案进行过评论,尤其是现在,弗洛伊德的完整笔记已经可供大家使用了。这让我们能够更多地学习弗洛伊德实际的技术,并把它的优缺点与当代实践进行比较。

生平与历史

"鼠人"——恩斯特·兰策

恩斯特·兰策是一名29岁的律师。他因为多种强迫症状导致生活中所有事情都受到了严重抑制,而向弗洛伊德寻求帮助。他花了10年在维也纳大学完成了法律学习,却极难适应专业的工作;他在恋爱上也遇到了困难,并不断推迟结婚的念头。恩斯特·兰策在1907年10月1日跟弗洛伊德开始精神分析之前已经见过几位著名的精神科医生,但他们都对他的情况没有帮助。弗洛伊德一开始就意识到治疗这样的案例可能具有的科学意义,尤其是这个患者似乎拥有进行分析性工作的天赋。弗洛伊德看起来很喜欢他,甚至曾经邀请这个患者和自己家人共进一次午餐——这是一个很罕见的情况,而且违反了弗洛伊德自己提倡的伦理规则。在治疗期间,弗洛伊德曾经四次在星期三小组例会上向维也纳精神分析学会的同事报告过这个患者的进展。在1908年于萨尔斯堡举行的首届国际精神分析大会上,弗洛伊德宣读了一篇有关这个案例的、极具思想性的论文。弗洛伊德传记的作者欧内斯特·琼斯在会上第一次见到了弗洛伊德,并详细记述了弗洛伊德这场精湛的演讲给他留下的深刻印象。

除了弗洛伊德在1909年发表的关于该案例的报告之外,我们还能读到弗洛伊德对这个治疗过程所做的笔记——这是非常罕见的,因为弗洛伊德有销毁笔记的习惯。这份珍贵的笔记突出了弗洛伊德作为作家的才华。除了内容之外,这份笔记的文学性让读者可以了解到"鼠人"的

第十二章 "对一例强迫性神经症案例的笔记（'鼠人'）"

焦虑，并能感受到弗洛伊德对这个患者的共情。这份笔记的部分内容在 1955 年的《西格蒙德·弗洛伊德心理学著作全集（标准版）》[1909d: 251–318，"附录：案件原始记录（Addendum: Original Record of the Case）"] 中出版；弗洛伊德笔记原稿的完整版最初是以德文发表的，并且在 1974 年被 E. R. Hawelka 翻译成法文。

弗洛伊德对治疗的结果非常满意。治疗后患者找到了工作，这是他在见弗洛伊德之前几个月都无法进行的事情。在 1914 年 8 月，恩斯特·兰策应召入伍，之后他被俄国军队俘虏，并于第一次世界大战爆发后不久的 1914 年 11 月去世。

作品解析

引文页码参见《西格蒙德·弗洛伊德心理学著作全集（标准版）》第十卷，151–249。

● 令人震惊的一系列强迫思维

当恩斯特·兰策向弗洛伊德求助时，他描述了一系列强迫思维。这些症状已经逐渐变得愈发严重，以至于他在过去 2 个月里已经完全无法工作了：他有一种不理性的恐惧，担心有些事情会发生在他挚爱的父亲以及一位他喜欢的"女士"身上；他害怕自己会出于强迫性冲动用刮胡刀割破自己的喉咙；他还有很多荒谬的禁令，这些越来越多地侵入他的心智，最终导致他的思考和行动都陷入了完全瘫痪的境地。

弗洛伊德立刻让恩斯特·兰策承诺遵守自由联想的规则，而自由联想至今仍为精神分析的基本规则：

> 第二天我让他对治疗有且仅有的一个条件做出承诺，就是（他要）把浮现在他脑海的所有东西都说出来，即使这些东西让他不舒服，或是

他认为这些东西不重要、不相干或毫无意义。然后我就让他开始讲述任何他想交流的话题。（1909d：159）

在第一节治疗中，弗洛伊德就让患者从他看女性裸体以及认为他父亲或"他喜欢的女士"可能会死的强迫心理中解脱了出来。患者告诉弗洛伊德他窥阴的强迫症状在六七岁时就开始了——当时一个年轻漂亮的女家庭教师会把他带到她的床上，并让他爱抚她。由于这些早期的性经历伴随着强烈的兴奋和无法忍受的内疚感，因此，这个小男孩的内心产生了一种无法解决的冲突：

> 因此，我们找到了一种情欲本能和与之拮抗的部分；一个尚不具备强迫性的愿望，以及一个与之对抗的、已经具有强迫性的恐惧；一种痛苦的情感以及一种倾向于表现防御行为的冲动。神经症的清单已经全部满足了。（ibid.：163）

● **对老鼠强烈的强迫性恐惧**

正是通过分析这个患者对老鼠强烈的强迫性恐惧，弗洛伊德才得以深度探索强迫性神经症的真正成因，以及找到消除症状的办法。所有的一切都开始于不久之前——前一年的八月——患者在军队中听一个上尉讲了一种极为恐怖的东方酷刑。行刑者把一个锅倒扣在受刑者的屁股上，锅里面装了老鼠，这些老鼠就会钻进受刑者的肛门里。自从听了这个故事，患者就一直因一种强迫观念而感到恐惧——他担心这种酷刑会被施加到他父亲以及他喜欢的女士身上。为了驱走这个无法忍受的想法，他会采取一个拒绝的姿势再加上一个咒语"无论你在想什么（都通通无效）"。弗洛伊德注意到在叙述的每一个重要节点，患者脸上都会露出一种奇怪的表情，看起来像是"对他所没有意识到的愉悦感的恐惧"（ibid.：167）。

（患者的）这段讲述是详细分析"鼠人"所患的许多强迫思维和行为的起点；而在分析的过程中被系统性地采用的方法就是患者的自由联想。在这项一丝不苟的去凝缩（decondensation）工作的最后，弗洛伊德成功地消除了患者一个又一个的强迫观念和行为。

● 爱、恨、肛欲性欲之间永不止息的挣扎

在对"鼠人"的分析中,弗洛伊德的诠释主要集中在他对两个基本冲突的重构:一方面是患者自己、父亲以及他喜欢的女士之间的三角冲突——这个冲突的主要出发点是患者和父亲的俄狄浦斯关系;而另一方面是爱和恨的冲突,因为患者的强迫思维是他情感失衡的结果——事实上他的恨比爱多,"爱和恨的斗争在爱人的胸膛里激荡,而爱和恨的客体是同一个人"(ibid.: 191)。此外,俄狄浦斯冲突以及爱恨的冲突紧密地交织在一起,形成了一个复杂的网,这是典型的强迫性神经症及其症状。

在弗洛伊德报告这个案例的过程中,他跟我们分享了他为了解构这个纠缠的网所不得不遵循的复杂路径。弗洛伊德抱着巨大的耐心,逐一处理这些强迫观念或行为,试图发现这些乍看之下极为荒谬的症状的意义,然后再让他的患者理解这些意义。下一步,他试图把各个元素替换到具有更广泛意义的网络中——这个网络在分析过程中慢慢扩大,从而构建出(对患者)精神病理状况的总体认识。弗洛伊德的重构大部分基于患者自由联想;他尝试让患者相信他的发现的正确性,通过这样建立了治疗联盟,而实证表明,治疗联盟为治疗的成功做出了极大的贡献。但是他并没有怎么使用移情进行工作,即使他在好几个场合确实都提到过移情元素存在,例如,患者会梦见弗洛伊德的女儿,还梦见自己凌辱弗洛伊德,或者他在某次解释了移情的治疗中称呼弗洛伊德为"上尉"。

● 对强迫症状和行为的诠释

弗洛伊德是如何分析患者的强迫观念和行为的呢?我会用一个例子来说明。"鼠人"有一个强迫症状:为了保护他喜欢的女士,他移开了她途经之路上的一块石头,但又立刻把同一块石头放回了原地。在弗洛伊德看来,这个移开又放回石头的强迫行为在象征化的角度来说是非常重要的,因为患者这些矛盾的行为表达的是一种怀疑——他怀疑自己对这位女士的爱:移开石

头以保护她是一个出于爱的行为，而放回石头之举则是出于恨，因为通过这个行为他重建了一个可能导致这位女士受伤的障碍物。弗洛伊德在此给出了一个临床概念，即我们后来所知道的"撤销"——这是一个两步的强迫行为，第二步取消了第一步。

弗洛伊德认为这类行为的真正意义在于强迫症状将爱和恨这两种对立的倾向并置，并以这样的方式同时实现了两者。但患者并没有意识到恨的成分，而是用合理化的方式来为自己的行为辩护，即用难以置信的理由来遮掩恨的成分，并把这个部分压抑到无意识中。弗洛伊德写道，这种神经症的特征实际上是：

> 爱并没有成功地扑灭恨的部分，只是把恨驱赶到了无意识中；而在无意识中，恨就不会被意识操作所摧毁，得以持续存在甚至进一步增长。
> （ibid.: 239）

尽管肛欲性欲的主题贯穿了整个分析，但在这篇文章中，弗洛伊德对此只是顺带一提；他当时还没有赋予它足够的重要性。后来弗洛伊德认为肛欲性欲是强迫性神经症的一个元素。例如，在阐释"鼠人"对老鼠的强迫思维时，他提到了肛欲性欲的概念：老鼠重新唤醒了患者对童年阶段具有强烈色欲时刻的记忆，这种快感因寄生虫导致的直肠不适而被维持了多年。弗洛伊德还谈到了很多与金钱以及肛欲性欲有关的象征性意义，它们决定了强迫性神经症的典型特征：例如，与被污染的强迫性恐惧有关的强迫性清洁，金钱和粪便的等同关系，老鼠和孩子的等同关系，以及认为孩子是从肛门生出来的婴儿式性信念。

● 并存的神经症性和精神病性元素

虽然在讨论如何诊断"鼠人"的障碍时，弗洛伊德谈到了"神经症"，但在我看来，他在好几个场合点出的一些元素则更像是精神病性的问题而不是神经症问题，而这些精神病性的元素是与它们神经症的对应部分同时存在的。例如，当患者想象他的父母能够以读心的方式知道他想法的时候，弗洛伊德就考虑这是否是妄想:"事实上,还有另外一些东西,那是一种妄想或谵妄,其奇怪之处在于他认为父母会知道他在想什么,因为他把这些内容大声说了出来,即使他并没有听到自己真的讲出自己想的内容"(ibid.: 163-164)。他开始使用谵妄(deliria)这个术语(ibid.: 222)来描述这个患者的强迫行为:"鼠人"会在工作一天后的深夜打开家里的前门,期待自己父亲的出现,即使他知道父亲已经去世将近9年了。这种信念是对现实的否认,是典型的精神病性的思维。弗洛伊德抗拒认为"这是一个妄想的想法……超出了强迫性神经症的范围"(ibid.: 233),或者是一种婴儿期狂妄自大的残留物,伴有"(患者)给自己想法和感受赋予的全能感"(ibid.: 233)。弗洛伊德还提到恩斯特·兰策是"高度迷信的",他相信预兆和预言梦,虽然他继续补充道:"他既迷信又不迷信;他的态度不同于那些认为自己和所信仰的神融为一体的未受教育者"(ibid.: 229)。换言之,弗洛伊德观察到的不只是"鼠人"同时相信和不相信他的迷信,他也同时相信和不相信他父亲的死亡。

弗洛伊德概念的发展

弗洛伊德对强迫性神经症的看法:30年的研究

弗洛伊德是首个将强迫性神经症看作一个独立的精神病学种类的人。这发生在1895—1896年左右。但在1909年,在对"鼠人"恩斯特·兰策进行分析的时期,弗洛伊德对这种障碍的心理病理学理解得并不完善。他花了30年的时间来建立他对这个障碍完整的理解。我接下来会总结一下他在不同阶段的思考。

弗洛伊德在1895年给弗利斯的信中写道,他觉得这些患者的强迫思维和行为的来源一定涉及一些发生在童年的性创伤。"我有没有跟你口头提过或是写信说过一个巨大的临床秘密?癔症是性发育前(presexual)的性冲击所引发的。强迫性神经症则是前性器期/性发育前的性快感所导致的,这种快感在之后转化成了(自我)责备"[弗洛伊德在1895年10月15日写给弗利斯的信,Freud, 1985c(1887—1904): 144]。在1895年和

1896年发表的一系列文章中，弗洛伊德报告了他对强迫思维所涉及的一系列机制的假设，并在一开始就指出这些机制都是源于心理的（1894a）。之后他把一系列具体症状都归在了"强迫性神经症"的名下（强迫观念和行为、病理性怀疑等），而在那之前，这些症状被归到了从大脑衰退到神经衰弱多种不同的病理中（1895c，1895h，1896b）。通过引入强迫性神经症的概念，弗洛伊德打破了他所处时代的精神科传统——他提出，与癔症一样，这些综合征的起源都可以被归于心理内部的冲突。癔症是另外一种临床障碍大类，弗洛伊德也是提出癔症源自心理成因的第一人。

1905年，弗洛伊德在《性学三论》（1905d）中提出了婴儿性欲这一革命性的说法。弗洛伊德讲到了肛欲性欲在儿童自慰中扮演的角色，他还指出肛欲施虐在前性器组织中是普遍存的；两者都与爱恨之间的冲突紧密相关，他后来把爱与恨的冲突称为"矛盾情感的冲突"。

直到1907年和1908年，通过对"鼠人"恩斯特·兰策的分析，弗洛伊德才确认了自己假设的准确性，即爱与恨的冲突确实在强迫症状的心理发生学中扮演了关键作用，由此开启了治疗这种情况的全新可能（1909d）。在讲述这个分析的时候，弗洛伊德描述了肛欲性欲在患者的症状和整体人格中所扮演的角色。在另外两篇同时期的文章中，弗洛伊德探索了其他能联系到强迫性神经症的主题。在"强迫行为与宗教习俗（Obsessive Actions and Religious Practices）"（1907b）一文中，他把强迫性神经症的强迫特质和宗教习俗联系了起来。在他看来，两者都在象征层面上具有保护性仪式的意义，可以让个体免受无意识内疚感的侵扰。此外，在"性格与欲性色欲（Character and Anal Erotism）"（1908b）一文中，他将肛欲性欲（在儿童阶段，当与肛门区域相关的身体功能被强烈地性欲化的时候，会浮现出肛欲性欲）与患强迫性神经症的成人的典型特征（需要秩序、一丝不苟、固执且贪婪，而这些都与保留排泄物有关）联系了起来。

1913年，在《性学三论》（1905d）的附录中，弗洛伊德提出了一个新的发展阶段——"肛欲期"，并指出在这个时期占据主导位置的是肛欲性欲和施虐性驱力。这个阶段接在口欲期之后，发生在性蕾期之前。

第十二章 "对一例强迫性神经症案例的笔记（'鼠人'）"

他认为肛欲期构成了具有强迫性神经症特点的固着点或退行水平。

1917 年，在"论以欲性色欲为例看本能转化（On Transformations of Instinct as Exemplified in Anal Erotism）"（1917c）一文中，弗洛伊德谈到了当生殖器组织的首要地位被确立的时候，与肛欲性欲有关的驱力会发生什么。例如，他认为对金钱的兴趣源于前性器期对排泄物的兴趣，而拥有一个孩子的愿望和阴茎嫉羡的根源都在于欲性色欲——患者在粪便、婴儿和阴茎这三个术语之间创造了象征性等价的关系，这样的话，"通用象征"（1917c：132）就存在于生殖器阶段的头脑中了。

最终，在 1923 年出现了超我的概念。原始形式的超我对自我极为严厉。这解释了人们在许多患者——特别是在强迫症患者——身上发现的过度内疚感。他们对自己的指责以及对惩罚的需要都是极度强烈且淹没性的。弗洛伊德在 1924 年对这些假设进行了最后的润色，提出了性欲受虐（erotogenic masochism）的想法，并将这个概念与生、死驱力之间的根本冲突联系到了一起。

后弗洛伊德学派

是神经症，还是精神病？抑或既是神经症，也是精神病？

正如"格拉迪瓦"（Freud，1907a）中哈诺尔德的"妄想"一样，我们可能会问自己，恩斯特·兰策的症状是否至少部分是精神病性的而不是神经症性的？然而，在"鼠人"的案例中，我们有一个真正的患者，而非将精神分析应用于文学作品的情况。正如我在对"格拉迪瓦"的评论中所指出的那样，一些精神分析师会将这些症状视为非精神病性的暂时性意识混乱，并称这是一些可以在神经症患者身上观察到的意识混乱。其他精神分析师则认为，弗洛伊德在对"鼠人"的描述中混合了典型的神经症性机制以及具有精神病性特征的机制，例如否认现实、理想化和全能思维。我确实认为弗洛伊德所报告的恩斯特·兰策的临床材料中同时存在这两种机制；而弗洛伊德呈报的其他案例也是如此——

从《癔症研究》（1895d）到"一位女同性恋个案的心理成因"（1920a）。弗洛伊德已经在进行这种区分的迹象可以在"论心理功能的两个原则（Formulations on the Two Principles of Mental Functioning）"（1911b）一文中找到。在这篇论文中，弗洛伊德区分了快乐/不快乐原则和现实原则，并将这一主题或脉络沿用到了他所有的后续著作中。在他最后的一些作品，如"恋物癖（Fetishism）"（1927e）和《精神分析纲要》[1940a（1938）]中，弗洛伊德强调了对现实的否认（denial）或否定（disavowal）和自我分裂的重要性。克莱因和比昂以弗洛伊德生命最后阶段的著作为基础，对神经症相关的防御机制与更为典型的精神病性防御机制的区分做了进一步发展。

弗洛伊德在"鼠人"案例中的技术：批评和评论

布莱克（Blacker）和亚伯拉罕（1982）指出，尽管男性是弗洛伊德发表的这份案例的一个主要特征，但在他的笔记中，女性无处不在。在他们看来，除了弗洛伊德强调的、患者对父亲的矛盾情感冲突之外，患者对母亲的矛盾情感冲突也是其"底色"的组成部分，但在分析中，这一方面从未真正被考虑过。布莱克和亚伯拉罕（1982）认为弗洛伊德某些反移情的见诸行动表明了这种未被承认的母性移情所扮演的角色的重要性——例如，弗洛伊德邀请"鼠人"与他的家人共进午餐之举在本质上是一种与口欲有关的母性姿态。

马奥尼（Mahony，1986，2002）认为，尽管事后看来这个分析有明显的不足之处，但它在治疗上是成功的。

> 然而，通过他的坚持和对所有可能的移情反应（尤其是负性移情反应）的忽视，以及通过在分析中忽略女性的作用，而主要强调"鼠人"和他父亲之间的俄狄浦斯关系，[弗洛伊德]确实成功地获得了高质量的治疗结果。（Mahony，2002：1435）

第十二章 "对一例强迫性神经症案例的笔记（'鼠人'）"

利普顿（Lipton，1977）分析了弗洛伊德在进行本次分析时（1907）所采用的技术。他观察到，弗洛伊德采用的是我们现在所说的"经典精神分析法"，这也是他在之后的30年中所使用的技术，而弗洛伊德在1912—1914年间撰写的技术论文中也确认了自己对该技术的使用。在利普顿看来，"经典的"弗洛伊德技术隐含着两个独立的元素：一方面是分析性情境中所固有的工具性方法，另一方面是患者和分析师之间发展出的个人关系，而这是分析设置之外的部分。与经典技术不同的是，在当代后弗洛伊德学派的分析师所实践的"现代"分析性技术中，移情和反移情被广泛使用。利普顿认为后一种方法涉及了患者和分析师之间的个人关系的全部。在提到"现代"技术时，利普顿明确指向的是与自我心理学相关的精神分析学派，以及含蓄地指向了克莱因和后克莱因流派。

新概念

矛盾情感（ambivalence）

肛欲人格（anal character）

肛欲性欲（anal eroticism）

肛欲性（anality）

强迫行为（compulsive actions）

爱和恨的冲突（conflict between love and hate）

强迫思维，强迫观念（obsessions, obsessive ideas）

全能想法（omnipotence of thought）

治疗联盟（therapeutic alliance）

撤销（undoing what has been done）

（王　觅　译；余　晔　杨浩波　校）

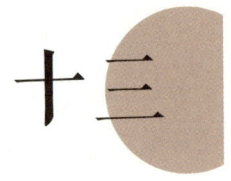

十三

《莱奥纳尔多·达芬奇与他的一段童年记忆①》
（1910c）

达芬奇镜子中的弗洛伊德

文艺复兴时期的全能天才莱奥纳尔多·达芬奇的生活和工作一直深深吸引着弗洛伊德，弗洛伊德对达芬奇的研究（写于1910年）让他得以引入了几个基本的精神分析概念，如升华（sublimation）和自恋（narcissism），并且描述了一种特殊的同性恋现象。

弗洛伊德将达芬奇的传记作者提到的某些令人惊讶的行为作为分析的起点：例如，为什么达芬奇对发明的热情过度发展，同时对作为艺术家的活动逐渐减少，并最终放弃绘画？弗洛伊德认为，驱使我们获取知识的冲动源于对婴儿性欲的研究，即我们所有人都希望知道婴儿来自哪里，以及父亲和母亲在其中扮演什么角色。然而，当婴儿的性欲受到过度压抑时，就像达芬奇的情况，性欲会转化为完全没有性内容的智力的好奇，弗洛伊德把这个过程称为升华。

---

① 本文英译版原名为 Leonardo da Vinci and a Memory of his Childhood，现有的中译本名为《达芬奇童年的记忆》以及《达芬奇的童年回忆》。译者此处依照英文版直译。——译者注

第十三章 《莱奥纳尔多·达芬奇与他的一段童年记忆》

弗洛伊德接着分析了达芬奇报告的唯一童年记忆——当达芬奇在他的摇篮里时，因嘴被一只秃鹰用尾巴撞击而张开了。弗洛伊德用这个记忆来阐明一种无意识的口交幻想，这似乎解释了达芬奇人格组织早期的建立以及属于它的特定关系模式。最后，关于这位年轻艺术家对他身边关系密切的年轻男性表现出的爱，弗洛伊德描述了一种特殊的同性恋客体选择：根据这个假设，他在自己身边围了一些他爱的小男孩，他就像母亲一样爱他们，达芬奇以此认同了一位慈爱的母亲，同时通过爱他们来爱自己。弗洛伊德称这种自爱为自恋；这是他第一次使用这个词。

生平与历史

两个天才之间的亲密关系

在写给弗利斯的一封信中，弗洛伊德第一次表达了对莱奥纳尔多·达芬奇的兴趣（写于1898年10月9日）；1909年11月，他从美国回来后就开始进一步研究这一课题。弗洛伊德在进行这项工作之前收集了大量关于达芬奇的信息，也读了Dimitry Merezhkovsky的小说。这本小说以日记体的形式创作，就像是这位大师的一位年轻弟子写的日记一样，它描述了日复一日的生活如何折磨富有创造性的天才达芬奇。弗洛伊德于1910年5月出版了这本书，但费伦齐认为，自"小汉斯"的案例史问世以来，再没有作品比这本新书更惊世骇俗了，他担心这本书出版后的反响。原本支持弗洛伊德作品的人在这本书出版后，也对他敢于谈论口交和同性性欲感到震惊。但是弗洛伊德对他所写的东西很满意。他做出的唯一让步是在第二版中将"同性性欲"一词替换为"倒置（inversion）"。第三版出版于1923年；其中一半都在1938年被纳粹烧毁了。

是什么原因导致弗洛伊德认同了天才的创造者达芬奇，对他有强烈的亲近感呢？首先，弗洛伊德和达芬奇对知识有着相同的热情：他们都孜孜不倦地进行研究，总是在寻找新的发现，从不犹豫探索广泛的主题，而且他们都和同时代的人格格不入。此外，弗洛伊德生命中的这段特殊时期也对应着他的内在发展，这让他更加意识到：在与弗利斯的长期友谊中，他时不时地怀有着无意识的同性性欲和偏执感；而且这些倾向在他与新学生的关系中再次出现，尤其是荣格和费伦齐。值得注意的是，弗洛伊德对达芬奇的研究是在他着手调查史瑞博（Schreber）案例前不久完成的，而在史瑞博的案例中，他证明了偏执在很大程度上是基于对同性性欲倾向的压抑。在达芬奇过去的历史中，弗洛伊德发现了自己的童年和这位艺术家的童年之相似之处：与达芬奇一样，弗洛伊德出生的时候，他的母亲非常年轻，而他的父亲比母亲年长得多，因此世代的顺序似乎被打乱了。然而，与弗洛伊德不同的是，达芬奇是一个私生子，他一生都因此而受苦。此外，弗洛伊德在达芬奇身上观察到一些心理病理表现，这让他想起了他近期在"鼠人"案例中研究的强迫性神经症：一种根本性的矛盾情感、变成强迫思维的反复回想／变得具有强迫性的思维反刍，以及对绝对完美的追求。这些病理表现强烈到达芬奇未能完成自己的一些主要作品的程度。

1910年，弗洛伊德54岁。他不再是一个被孤立的人物了；事实上，尽管他的许多想法仍然受到挑战，但他的名气却在增长。那一年，他创立了国际精神分析协会（荣格是第一任主席）。这一时期，他的学生中也有越来越多的人与他持不同意见；弗洛伊德任命阿德勒为维也纳学会的主席，希望能缓和局势，但这并不奏效。弗洛伊德非凡的创造力在这一时期达到了顶峰，他的家庭生活给了他所有的满足。后来，他回顾人生的时候，称这段时期是他一生中最快乐的时光。

作品解析

引文页码参见《西格蒙德·弗洛伊德心理学著作全集（标准版）》第十一卷，57–137。

第十三章 《莱奥纳尔多·达芬奇与他的一段童年记忆》

● 一个行为令人费解的天才

在这本书的开头,弗洛伊德提醒读者,达芬奇首先被认为是一位极具影响力的画家,因为他同时代的人并不知道他在科学笔记中所体现的发明才能。尽管他创作了《蒙娜丽莎》和《最后的晚餐》等艺术作品,但众所周知,他的创作速度很慢。他很少能完成他创作了一半的画作,显然不知道它们最后会变成什么样子。他最终完全放弃了绘画——弗洛伊德认为这是他抑制的症状。与此同时,他对无论什么学科的知识都有着不可抑制的渴望,而过度的研究活动最终压垮了他。弗洛伊德还指出,达芬奇喜欢让英俊的男孩和年轻人围绕在身边,并指定了其中一人作为自己的继承人,尽管他似乎没有与他们中的任何一个有同性恋关系。根据他的传记所述,莱奥纳尔多从未与任何一名女性坠入过爱河,也从未曾与她们发生过性关系。弗洛伊德震惊于一个事实:即使达芬奇富有才华地画出了女性之美,但他这样伟大的艺术家却或多或少地对情欲不敏感,并对爱和恨的感受漠不关心——他对知识的渴望似乎不带任何情绪。

● 升华:"能够探索,而无法爱"(1910c:77)

弗洛伊德想知道达芬奇对研究的热情是如何产生的,这种热情是如此强烈,以至于它扼杀了这位艺术家的情感生活和性生活。他认为,达芬奇投入到求知欲中的能量来自他对性问题的持久好奇心,这种好奇心可以从幼儿身上观察到,他们想知道婴儿是从哪里来的;他们的研究一无所获,因为他们从不满足。弗洛伊德认为,当婴儿性欲被过度压抑时,正如同达芬奇表现的那样,成年人会通过升华将本能驱力的性目标转换为非性目标。"因此,这类人会像别人对爱的狂热般,满怀激情地投入到探索之中,他能够探索,而无法爱"(ibid.:77)。弗洛伊德说,当压抑特别强烈时,性驱力可能会面临三种可能的议题:好奇心和性欲导致思维的普遍抑制,这是神经症的典型症状;或好奇心本身被"性欲化(sexualized)",如此,性欲化的思维就等同于性好奇,并最终取代了性满足,如强迫性神经症;或是第三种可能性,力比多转化为一种对知识的渴望,这种渴望回避了任何形式的性主题——弗洛伊德认为达芬奇就是这样的。

然后弗洛伊德转向了我们知道得很少的达芬奇童年的故事，特别是在达芬奇的科学笔记中提到的仅存的早期记忆。达芬奇在一篇关于鸟类飞行的文章中写道："我能记得的最早记忆之一是当我还在摇篮里的时候，一只秃鹰飞到我面前，用它的尾巴不仅拍开了我的嘴，还多次撞击我的嘴唇"（ibid.：82）。在弗洛伊德看来，这段记忆为达芬奇的人格从童年开始发展的方式提供了重要的线索。这个记忆唤起了口交的行为。毫无疑问，它的根源是更早的童年经历——可以追溯到生命的最开始，在孩子能够有记忆之前的时期。对弗洛伊德来说，这是婴儿吮吸母亲乳房时的感觉痕迹："对这种体验——我们生命中快乐的第一个来源——的机体的印象无疑会不可磨灭地印在我们身上"（ibid.：87）。弗洛伊德接着说，这种口欲幻想——阴茎和嘴——也暗示了一种被动的同性性欲幻想，这种幻想与母亲兼具这两种性器官的想法有关。在弗洛伊德看来，这能够被达芬奇从未被他的父亲在法律上承认，在生命最初的几年是由母亲独立抚养的事实所证明。弗洛伊德引用了古埃及神话中被描绘成双性的母神穆特（Mut）为例证实了自己的论点——"她的身体是女性的，从胸部就可以看出，但它也有一个处于勃起状态的男性器官"（ibid.：94）。

● **一种基于自恋性认同的同性性欲**

根据他在达芬奇童年记忆中发现的口交幻想，弗洛伊德接着描述了这位艺术家所表现出的一种特殊类型的同性性欲：在他的童年早期，他与母亲之间强烈的情欲性关系将他对母亲的爱转化为一种认同——而这种关系又因为他父亲的缺席而得到强化。在这种情况下，男性会占据自己母亲的位置，通过对年轻男性的爱来爱自己。弗洛伊德称这种同性客体选择为"自恋"，这是他第一次使用这个词，因为它的原型是古希腊神话中的那喀索斯[①]（水仙花）：

[①] 德文中自恋一词为 narzissmus，英语为 narcissism。该词源于古希腊神话的那喀索斯之名（Narcissus），该词又指水仙花（narciss），传闻那喀索斯死后化为了水仙花。——译者注

第十三章 《莱奥纳尔多·达芬奇与他的一段童年记忆》

那喀索斯爱上了自己映在湖面上的倒影，他以为这是另一个人。这种特殊的同性客体选择似乎确实在达芬奇的例子中占了主导位置：他让年轻男子包围了自己，他像母亲一样爱他们，而不与他们中的任何一个发生狭义的性行为。值得注意的是，弗洛伊德将自恋与认同过程联系在一起：弗洛伊德的第一个自恋理论并不是简单地指爱自己的事实，它暗示着对母亲的认同，从而像母亲那样爱自己。后来，弗洛伊德倾向于摒弃"自恋性认同"的这一方面，尽管它无疑在这里有一席之地；当克莱因在1946年引入投射性认同的概念时，这一观点仍然得到了进一步发展。

● **蒙娜丽莎神秘的微笑**

弗洛伊德认为达芬奇的画作表达了他早期与母亲的关系的紧密程度；比如，蒙娜丽莎神秘的微笑，一些评论家甚至称之为"达芬奇式的微笑"。在另一幅描绘圣母玛利亚、耶稣和圣安妮的画中，弗洛伊德看到了达芬奇两个母亲的表征，即在他最年幼的时候抚养他的亲生母亲卡特琳娜，以及后来照顾他的他父亲年轻的妻子。1913年，O. 普菲斯特（O. Pfister）指出了这幅画中圣母玛利亚所穿长袍皱褶中的秃鹰形象，普菲斯特将其诠释为"画谜"（ibid.：115，注释；同参见于第116页的图3）。弗洛伊德也没有忘记达芬奇的父亲。他让人们注意到这位艺术家对他父亲的认同——例如，根据弗洛伊德当时获得的传记资料，达芬奇对自己的画漠不关心，就像他父亲对他漠不关心一样。此外，弗洛伊德认为，达芬奇那科学家的胆识和精神的独立性中其实是在生命早期没有（获得）任何父性支持的结果，也是对他父亲（和一般意义上的权威人物）的反抗行为——特别是对天主教会的教条主义的反对。

后弗洛伊德学派

"秃鹰"而非"鸢"：翻译错误的结果

翻译中的一个错误足以推翻弗洛伊德的假设吗？1923年，一位杂志记者首先注意到一个事实——莱奥纳尔多·达芬奇童年记忆的德文翻译中有一个错误，因此弗洛伊德写的是"秃鹰（vulture）"而不是"鸢（kite）"。显然，在弗洛伊德使用的达芬奇的科学笔记的翻译版中，笔记上的意大利语单词"nibio"被翻译成了德文"Geier"（秃鹰）。这个错误导致杂志记者对弗洛伊德诠释的有效性表示怀疑。1956年，著名的艺术史学家迈耶·夏皮罗（Meyer Schapiro）发表了一份记录翔实的研究报告，证实弗洛伊德犯了一个错误，并将其归咎于弗洛伊德对达芬奇笔记的肤浅理解；此外，他还证明了以圣安妮为第三人的这种绘画主题在文艺复兴时期的艺术中是反复出现的，但弗洛伊德却认为这是一个特例。这一翻译错误后来被精神分析的批评者所用（有时是恶意的）；他们不仅用它来质疑弗洛伊德对达芬奇的诠释，还以此来诋毁弗洛伊德精神分析的普遍价值。在1961年发表的一篇论文中，弗洛伊德档案的管理员库尔特·艾斯勒（Kurt Eissler）费尽心思地为弗洛伊德的方法辩护——他认为误把原本的"鸢"字替换成"秃鹰"并不能说明弗洛伊德的方法取向就是无效的。

　　仔细阅读弗洛伊德在1919年添加的注释后，我惊讶地发现弗洛伊德自己也设想过这种鸟可能不是秃鹰——这是在1923年翻译误读这个问题被公之于众之前的事。1910年，哈夫洛克·埃利斯（Havelock Ellis）在书中批评了弗洛伊德的一个观点；几年后，弗洛伊德的回答是："所讨论的大鸟当然不必一定得是一只秃鹰"（1910c：82，注释2）。在同一条注释中，弗洛伊德讨论了达芬奇"记忆"的真实本质：这是一个对真实事件的记忆吗？还是他母亲反复告诉他的一个故事在他记忆中留下的痕迹，而他后来可能把这个故事当成了自己记忆中的一段亲身经历？面对这一困境，弗洛伊德坚定地认为幻想比实际记忆重要。如今，在所有围绕着达芬奇童年记忆的争议之后，幻想的作用被认为比有关真实事件的记忆的作用更重要，因为无论如何，真实事件的记忆会一次又一次受到不同的修改。

第十三章 《莱奥纳尔多·达芬奇与他的一段童年记忆》

> **新概念**
>
> 同性性欲（homosexuality）
> 同性客体选择（homosexual object choice）
> 自恋（narcissism）
> 升华（sublimation）

（王 觅 译；余 晔 杨浩波 校）

第二部分
成熟的年代（1911—1920）

十四

"关于一例自传中出现的偏执狂（偏执型失智）的精神分析评注"

（1911c）

继神经症之后，对精神病的研究

在潜心研究神经症的起源，尤其是癔症性的和强迫性的神经症起源之后，弗洛伊德便去继续寻找那些根源于精神病的特殊机制。他被偏执症患者产生的妄想的性心理内容和神经症患者被压抑的性心理内容之间的相似性所震惊；前者似乎在公开表达自己的这些幻想，而后者则把这些隐藏在自己的潜意识里。从1907年开始，弗洛伊德开始研究偏执狂和早发性痴呆症（精神分裂症）之间潜在的联系。在他与卡尔·亚伯拉罕和荣格讨论的过程中，丹尼尔·保罗·史瑞博（Daniel Paul Schreber）在1903年出版的一本自传《关于我的神经疾病的回忆录》(*Memoirs of my Nervous Illness*)（以下简称《回忆录》）吸引了他的注意力。弗洛伊德在这本书里发现了丰富的资料：来自患者本人对自己偏执妄想的颇具天赋的描述。这一案例研究完全基于史瑞博博士的自传本身——弗洛伊德从没见过患者本人——他却一样令人信服地证明了被害焦虑和偏执性妄想都是对压抑的同性恋愿望防御的结果。至于妄想背后的机制，弗洛伊德认为，是把（同性）爱转换成了恨的结果，之后这个恨通

第十四章 "关于一例自传中出现的偏执狂（偏执型失智）的精神分析评注"

过投射到外在迫害者身上这样的方式从而得以排出清空。

鉴于对首席法官史瑞博的研究构成了弗洛伊德关于精神病的主要理论和临床文档，我们将简要检视他几十年来对探究这一疾病背后机制所做的各种尝试。尽管他从史瑞博博士身上识别了一些与他精神病性结构有关的心理机制，但是弗洛伊德相信精神病性的患者无法建立移情性的关系，因此无法被分析。今时今日，这一观点不再是金科玉律，尤其是克莱因流派和后克莱因流派的精神分析师不再持有这一观点，因为他们极大地发展了针对这一类患者的分析性的方法。

生平与历史

弗洛伊德所知道的关于史瑞博博士的疾病史

在对史瑞博博士疾病的探索中，弗洛伊德唯一可利用的材料是患者在他的回忆录里提供的，虽然他试图联系史瑞博博士的朋友或者亲戚，但是他完全没有获得任何关于患者童年或家庭背景的信息。下面是弗洛伊德所知道的关于史瑞博博士的信息。

史瑞博博士第一次发病始于1884年，呈现为抑郁性疑病的形式，这次发病是在他落选国民议会议员不久之后发生的。当时，他时年42岁，是个下级法院的首席法官。他在莱比锡的弗莱克西希（Flechsig）教授的诊所接受治疗。弗莱克西希是当时著名的精神病和神经解剖学专家，他发现了脊髓小脑背侧束（随后该部位以他的姓氏命名）。在弗莱克西希教授的诊所治疗了数月之后，史瑞博博士完全康复。他的第二次发病在几年之后的1893年，当时他53岁，刚被任命担任萨克森上诉法院首席法官这一重要职务。由于严重的幻觉性妄想，他再一次在弗莱克西希的诊所住院治疗；6个月后，他被转到另一个位于德累斯顿，由韦伯（Weber）医生担任主任的诊所接受治疗。住院8年之后，他通过在德累斯顿法庭上的上诉才获得了出院的许可。也正是在这上诉的过程中，丹尼尔·保罗·史瑞博写下了他的《回忆录》，在这本回忆录中，他详细记录了自己发病的过程、他的妄想和幻觉，以此来作为支持自己向法院提出准许出院申请的证据：他的意图，就是要向法院证明，他已经变得适应社会生活，而他的疾病也已经不能作为把他继续留在精神病院里的充足法律理由了。因此，他在1902年获得了自由，因为法院观察到，尽管他依然精神失常，但是史瑞博博士对自己或者他人已经不会构成潜在的危险。之后丹尼尔·保罗·史瑞博与他的妻子和他们的养女在德累斯顿过上了退休生活。5年之后，他的抑郁性精神病复发，他不得不被送到莱比锡的精神病院中接受治疗，直到他1911年11月14日去世——同年，弗洛伊德的案例研究出版。

在他的研究报告中，弗洛伊德还简短地提到了丹尼尔·保罗的父亲，丹尼尔·戈特洛布·莫里茨·史瑞博（Daniel Gottlob Moritz Schreber）医生，是一位内科医生，他以鼓励年轻人保持身体健康的言论闻名，还撰写过一部关于治疗性体操的手册。关于丹尼尔·保罗的母亲，在《回忆录》里完全没有提及，奇怪的是，弗洛伊德也完全没有提到她。

作品解析

引文页码参见《西格蒙德·弗洛伊德心理学著作全集（标准版）》第十二卷，1–79。

● **从被转化为女性的焦虑到救赎的使命**

在急性发作期，丹尼尔·保罗·史瑞博的偏执和幻觉性妄想，本质上是焦虑引发的被害妄想，他的妄想主要聚焦在他会被阉割并且转化为女人这一想法上，且认为自己难以逃离这种性虐待。一开始，他的迫害者是弗莱克西希教授，当时正是治疗他的医生；他是这一"灵魂谋杀"的始作俑者，并且密谋要把史瑞博的身体变成女性，这样就会使得史瑞博"向那个以性虐待为

第十四章 "关于一例自传中出现的偏执狂（偏执型失智）的精神分析评注"

目的人屈服，然后又被'抛在一边'——这也就是说，毫无疑问的，任其腐烂"（1911c：19）。这之后，上帝本人代替了弗莱克西希教授的迫害性位置，丹尼尔·保罗·史瑞博听到有声音对他说话，感觉自己身体多种器官受损（例如胃或肠道），并以此作为自己被迫害的证据。

之后，这种以性为基础的迫害性妄想，变成了救赎妄想，那些他要被悲惨地阉割的幻想与他拥有一项需要完成的神圣使命结合了起来；他要被变成一个女性的强迫观念逐渐变成了他要完成的一项秘密使命的一部分，他认为他会在上帝神圣光芒照射之后受孕，并因此孕育出一个新的种族。这一使命，意味着他与上帝的结合，但对于上帝，他有着既尊敬又反叛的矛盾态度，尤其是，上帝要求史瑞博这样一道德感极高的人，经历那种只有女性才可体验的感官的性的狂喜。弗洛伊德对这一转化的妄想评价为"那些妄想的形成，我们以为是病理性的产物，实际上，是康复的企图和重构的过程"（ibid.：71）。

● 偏执：作为防御对抗被压抑的同性恋愿望

鉴于丹尼尔·保罗·史瑞博的疾病始于被迫害的妄想，弗洛伊德推断，这所有迫害的元凶无疑就是弗莱克西希教授；在史瑞博整个发病期间，弗莱克西希是最主要的引诱者，就算上帝的影响都不及他。弗洛伊德不禁发问——为什么弗莱克西希，这个治愈了史瑞博第一次发病，并且成为他的患者衷心感激客体的人，却变成了迫害者？弗洛伊德认为，这位曾被热爱和敬仰且被赋予了巨大影响力的人物，变成了迫害者，正是因为爱转换成了恨的结果。这种情感的反转为什么会发生呢？这是因为，史瑞博对弗莱克西希的感激之情，是建立在他对教授的强烈的色情依恋的基础上的；也正是这份依恋，让史瑞博想要成为弗莱克西希这样了不起的人的妻子："作为一个女性，臣服于性交的行为也不失为一件乐事"（ibid.：42）。也就是说，"史瑞博疾病的基础，正是他同性恋冲动的爆发"（ibid.：45）。在随后的妄想的转化中，弗莱克西希迫害者的位置被上帝取代了；这意味着史瑞博更欣然地接受了同性恋的幻想，因为"合理化"的运作，使得被阉割而转变为一个女性，成为神圣使命的一部分。"这也意味着竞争的两股力量同时找到了出口。他的自我在夸大妄想中找到了补偿，同时又使得他渴望女性化的幻想可以浮现出来并变得可以被接受"（ibid.：48）。

弗洛伊德还进一步，把史瑞博对弗莱克西希的好感归结为"移情过程"（ibid.：47）。他认为这一对医生的移情是丹尼尔·保罗·史瑞博对自己父亲或者哥哥强烈的爱发生置换的结果。虽然他并没有关于史瑞博家庭的任何信息，弗洛伊德推测，如果患者灌注在父亲或者哥哥身上的情感如此强烈，那么很有可能这个人已经去世了；这一假设之后也被证实是正确的。

● **恋父情结**

推演进行到这一步，弗洛伊德便可以揭示史瑞博与其父亲之间关系的婴儿式的本质。"所以，在史瑞博这一例子中，我们又一次发现回到了恋父情结这个我们已经非常熟悉的领域"（ibid.：55）。他表示，对于史瑞博与他父亲、与上帝的矛盾的分析表明，这些矛盾都是基于他婴儿期与深爱的父亲之间的冲突，因此，这个妄想背后的机制与导致神经症的机制极其相似。弗洛伊德认为，史瑞博的父亲在他的儿子看来一定是一个严厉而威严的人物，他妨碍了小男孩自体性欲的性满足，并使他受到以阉割作为惩罚的威胁。换句话说，形成丹尼尔·保罗妄想核心的是想要转化成女性的愿望，是他婴儿期自慰害怕被父亲阉割这一恐惧的产物；这使得这个男孩在他的恋父情结中，采取了一种被动的同性恋态度或"女性态度"，是一种融合了屈服和反抗的态度。

● **婴儿发展期中的自恋阶段**

弗洛伊德指出，妄想的特征并不是与恋父情结相关的同性恋愿望的幻想，因为这一情结不仅在神经症人群中以潜伏的形式存在，也以潜伏的形式存在于正常人群中，比如处在康复期的史瑞博。在这一病例里的妄想，弗洛伊德认为，患者产生了迫害妄想，来抵抗那些未能成功保留在自己潜意识中的同性恋愿望。

弗洛伊德继续指出，同性恋倾向是婴儿性发展中特殊的一个阶段，也被

第十四章 "关于一例自传中出现的偏执狂(偏执型失智)的精神分析评注"

我们称为自恋阶段,这一阶段介于自体性欲和客体爱这两个阶段之间。

> 这一阶段被称为自恋。这一阶段是这样的。在个体的发展历程中有一个阶段,在这个阶段里,他会统一他的性本能(一直忙于自体性欲的行为)以此来获取一个爱的客体;他开始以他自己(他自己的身体)来作为他的爱的客体,只有以这为基础,他才能在之后,选择除他以外的其他人作为客体。(ibid.: 60-61)

因此,弗洛伊德认为,在正常发展过程中,当异性恋客体被选中时,同性恋的倾向也并没有随之一起消失;而是"依附(attached)"在社交本能之上(ibid.: 61),使得同性之间的友谊和志同道合的情谊得以在这个基础之上形成。

另一方面,在病态的案例里,婴儿期发展中的自恋阶段也许会在某些个体中形成一种"固着点"或"退行"(ibid.: 62);这一在他们性格中的"弱点",使得他们对偏执及继发的迫害性焦虑都非常敏感。

● 偏执的机制

在对研究进行总结时,弗洛伊德把各种类型的偏执归纳为一个单一的命题:"我(一个男人)爱他(一个男人)"(ibid.: 63)。由于这一命题无法被个体的意识接受,便转化成为它的反面"我不爱他——我恨他!"。这无法容忍的恨意被压抑在潜意识里,然后再投射到外在世界里的某个人身上:"我恨他"因此就变成了"他恨(迫害)我,这也就使我恨他变得正当"(ibid.: 63)。用这样一个方式,个体内部潜意识中的恨,便以一个看似是外在迫害的形式显露了出来:"我不爱他——我恨他,因为他迫害我"(ibid.: 63)。弗洛伊德还说:"观察无疑可以推出,迫害者就是之前深爱的那个人"(ibid.: 63)。弗洛伊德得出了结论,并把这一公式应用于偏执这一大类之下的所有可能的妄想种类:被害性妄想、色情性妄想、男性或女性的所有嫉妒妄想以及自大妄想。

弗洛伊德概念的发展

弗洛伊德对精神病发作特定机制的搜寻

弗洛伊德对史瑞博个案的研究，是他持续致力于对精神病特定（病理）机制研究的一部分。一般来说，弗洛伊德对制定描述性标准以对妄想进行系统分类不感兴趣，而更感兴趣的是阐明妄想的基本机制。在不深入讨论任何复杂的区别的情况下，我觉得我应该指出弗洛伊德对"偏执"一词的使用是如何随着他思想的发展而有所改变的。

弗洛伊德说的"偏执"或"偏执妄想"指的是什么？

19世纪末期，"偏执（paranoia）"是德国精神病学界来描述所有一般意义上妄想（delusion）的词，且在他关于这一主题的早期文章中，弗洛伊德也是应用了这个词的最广义的意思。后来，埃米尔·克雷珀林（Emil Kraepelin）将各种妄想形式从根本上进行了区分，把早发性痴呆（发病后最终结果是精神失常）和系统化的偏执性妄想（没有精神衰退）区分开来。"早发性痴呆"一词迅速就因为欧根·布洛伊勒的研究结果让位给了"精神分裂"，他的研究强调了"分裂（splitting，德文为spaltung）"在这一病症中的重要位置。弗洛伊德使用"偏执"一词，不仅包含被害性妄想，还包含色情性妄想、所有嫉妒妄想以及自大妄想。自1911年之后，他始终坚持克雷珀林在早发性痴呆（精神分裂）和偏执之间的区分标准。但是克雷珀林的学生布洛伊勒并不认同这一区分标准——他认为分裂只是偏执的一个特征，就像分裂是精神分裂的特征之一一样。在他对史瑞博偏执的分析中，弗洛伊德得出的结论是，这些病理性的状态，确实存在各种各样组合的可能。

投射的作用

弗洛伊德在跟弗利斯的通信中（1894年1月24日，手稿H；1896年

第十四章 "关于一例自传中出现的偏执狂（偏执型失智）的精神分析评注"

1月1日，手稿K），和在"对一例对慢性偏执的分析（Analysis of a Case of Chronic Paranoia）"（Freud，1896b，第三部分）一文对这一主题的研究中，就已经开始讨论偏执了。在他的早期作品中，他就强调投射的机制是精神病的特征之一，视其为把内在无法忍受的感觉对外界的立即释放，无非是一个排空的过程，但是，弗洛伊德逐渐意识到（尤其在他研究了史瑞博的《回忆录》之后），投射不仅仅只是简单地把压抑的内容或者其他的东西排空到外界去：相反的——"从外界"回来的那些东西，都有其被压抑在"内部"的根源。"说被内在压抑的感觉投射到外在是不正确的；事实是，正如我们现在看到的，那些在内在被废除的，从外部返回了"（ibid.: 71）。从他对史瑞博案例的研究开始，弗洛伊德认为偏执的各种类型的妄想都基于对同性恋愿望压抑的防御，且这一投射并不是精神病所特有的。

从"对现实的去贯注"到"否认现实"

1911年，弗洛伊德描述了对外部现实去贯注（de-cathexis）在史瑞博的偏执中所起的作用；这早于他在1924年引入的"现实感丧失（loss of reality）"概念，也早于1927年的"否认现实（disavowal of reality）"的概念。1911年弗洛伊德在史瑞博案例中描述的去贯注，不仅包括患者紧密社交圈中的人，还包括整个现实世界。"患者把自己贯注在身边人和外在世界里的力比多撤了回来。因此，所有的一切对他来说都变得无关紧要，与他毫无关系"（ibid.: 70）。史瑞博感到世界末日就要来临了；弗洛伊德把这归因为，患者经历爱的丧失之后，内心巨大的灾难性感受，表征为广泛的去贯注。弗洛伊德还进一步说明，这一妄想是企图要重获失去的外在贯注——这是把偏执患者的妄想视为他企图治愈的另一个原因；弗洛伊德在随后的著作中也多次提到了这一要点。"这一妄想的形成，我们以为是病理学的产物，实际上是一种康复的尝试，一个重构的过程"（ibid.: 71）。

史瑞博：一例对精神病现象精妙的临床描述

就如弗洛伊德首次定义其他概念一样，弗洛伊德在精神病理学中发现的一些特定的现象，之后他认识到这些现象也会存在于神经症或者正常个体中，只不过是强度较小而已。例如，早在他引入"自我的分裂（splitting of the ego）"［1940a（1938）］——自我分裂成一部分否认现实，一部分接受现实——这一概念之前，弗洛伊德在史瑞博案例中也描述过相似的情况，他谈到了患者把人格分成两个部分的情况，一部分是妄想，另一部分则保持很好的适应性。

> 事实是，一方面，他发展了一套精巧的妄想性结构，我们有充分的理由对此感兴趣；另一方面，他的人格已经被重构了，除了一些孤立的扰乱之外，它是有能力满足日常生活的需要的。（1911c：14）

如果把妄想看作一个整体，弗洛伊德指出，疾病越深入发展，迫害者就越被分解；他描述了说明这种"分解"的不同方式——"上神"和"下神"，"弗莱克西希"和"上帝"，"受尊敬的父亲"和"可憎的父亲"。弗洛伊德这里明确地表示"分裂"是偏执性精神病特有的机制。

> 这种分解过程非常具有偏执的特点。偏执的分解正如癔症的凝缩一样。或者，更确切地说，偏执再一次将在潜意识中凝缩和认同的产物，分解为了组成它们的元素。（ibid.：49）

话虽如此，尽管弗洛伊德确实充分利用了他卓越的观察才能来描述许多在精神病中运作的机制（如他关于史瑞博博士的文章），但后弗洛伊德的精神分析师却需要对两者进行更精细的区分。基于原始防御的机制属于精神病，而基于压抑的机制则是典型的神经症。当牢记这一区别时，就可以通过精神分析方法治疗精神病患者（无论是成人或儿童），

第十四章 "关于一例自传中出现的偏执狂（偏执型失智）的精神分析评注"

并获得一定程度的治疗成功，尽管因为这些患者建立的移情非常特殊，使得分析成为一件相当困难的事情。

后弗洛伊德学派

对弗洛伊德在史瑞博案例中假说的重新评估

1955年，丹尼尔·保罗·史瑞博的《回忆录》的英文版［艾达·麦卡尔平（Ida Macalpine）和理查德·A. 亨特（Richard A. Hunter）合译］问世，使得英语国家的精神分析师也可以接触弗洛伊德当年做案例研究时的文本资料；这导致弗洛伊德在1911年提出的一些理论被重新评估。一些学者对精神病仅仅是压抑的同性恋愿望的假设提出了质疑。例如，费尔贝恩（Fairbairn，1956）认为，同性恋最主要是与对异性父母的强烈拒绝有关——尤其是对母亲的强烈拒绝，而史瑞博的回忆录中甚至没有提到母亲。费尔贝恩补充说，孩子选择同性父母作为迫害者是为了避免因与母亲的原始关系而产生的更强烈的迫害焦虑。麦卡尔平和亨特（1955）则认为精神病起源于发展阶段的更早期，他们称之为"无客体"，一个位于个体认同感核心位置的退行点。总而言之，我们可以说克莱因流派的咨询师认为弗洛伊德过分强调了史瑞博的恋父情结；对这些分析师而言，精神病的起源与婴儿和母亲早期的关系更有关联。

父亲对丹尼尔·保罗妄想的影响：现实还是幻想？

从20世纪50年代开始，好几位学者开始对丹尼尔·保罗·史瑞博的童年和家庭背景进行了深入的历史研究。他们的发现中特别值得一提的是，他的父亲发明了一系列令人大为惊叹的外科器械，而这些器械的作用，是矫正儿童邋遢的体态；发表在好几本书里的这些器械的示意图都令人赞叹。基于这些新的信息，尼德兰德（Niederland，1963）认为，史瑞博的迫害妄想无疑是因为童年时他所受到的创伤的结果，当他还是个男孩时,他受到了专横跋扈且残暴的父亲虐待和诱惑。拉卡米耶(Racamier)和沙瑟盖-斯密盖尔(Chasseguet-Smirgel)则强调了他父亲精神病性人格的影响;他父亲似乎完全取代了母亲的位置,像把她完全吸收了一样,以至于《回忆录》中完全没有提到她。更近期一点的伊斯雷尔斯(Israëls, 1981)和洛丹(Lothane, 1992)质疑了父亲带来的创伤性影响这一概念——好几位精神分析师都把这归因于史瑞博的父亲——但质疑者的理由是这一结论没有任何历史的事实作为依据。然而,在我看来,即使我们没有足够的传记证据来支持丹尼尔·保罗的父亲在他儿子的成长过程中确实表现出暴虐的说法,该论点也并没有以任何方式否定有关影响的假设。丹尼尔·戈特洛布·莫里茨·史瑞博的教育理论和他儿子丹尼尔·保罗·史瑞博的偏执妄想中,都存在着施虐和引诱的幻想。

以父之名的权利丧失:一个精神病理论概念

1955年,拉康根据史瑞博《回忆录》的英译本对史瑞博的偏执进行了研究。在他1955—1956年在关于精神病的研讨会中,拉康(1981)在他关于精神病起源的理论发展中引入了两个新概念:权利丧失(foreclosure)["止赎(forclusion)"]和以父之名(Name-of-the-Father)。对拉康而言,权利丧失是对"符号"秩序之外的基本能指的主要否定;由于此后不可能将其整合到个体的无意识中,因此它只能以幻觉的形式作为一个"真实"的元素返回。根据拉康的说法,在精神病中,主体不能被充分地结构化,因为父亲被排除在扮演象征性的父性角色之外,这本是他在与孩子的关系中的正当位置——这个角色需要传递他的名字以便孩子获得一个身份。因此,根本性的能指(以父之名)被排除在外——本该被象征的东西却没有被象征——且用偏执妄想的形式作为"真实"的秩序回归。换句话说,对于拉康而言,史瑞博的变成女人的被迫害妄想,是作为儿子无法把来自父亲的阉割威胁理解为象征性特征的结果;因此,这种威胁就被视为来源自外部现实的危险,换句话说，处于无法进行分析的"真实"秩序中。对于拉康来说，止赎（权利丧失）是精神病的特征，但他从未表示过在他看来，止赎可以如何逆转；因此，他关于精神病治疗的观点仍然是一种纯粹的推测（Diatkine，1997）。

梅兰妮·克莱因：为精神病的精神分析治疗奠定基础

凭借儿童精神分析师的背景，克莱因关键的临床和理论贡献使针对精神病患者的精神分析得以发展。一方面，通过引入偏执–分裂心位和抑郁心位等概念，她区分了与精神病相关的原始防御机制和在神经症中发现的更高级的防御机制；另一方面，与弗洛伊德所相信的相反，她认为精神病患者确实建立了一种可以分析的移情关系。对于克莱因来说，精神病的功能是基于对偏执–分裂心位的固着以及过度依赖于投射性认同。她没有考虑偏执–分裂心位可能既有正常的形式也有病理性的形式这一可能性，也没有考虑投射性认同也可能是同样的情况。而这些就留给她的后继者——罗森菲尔德、西格尔和比昂，来对偏执–分裂心位的心理病理学进行更进一步的研究了；这些精神分析师一方面区分了偏执–分裂心位的正常和病理形式，另一方面区分了投射性认同的正常和病理形式。与克莱因将精神病视为对偏执–分裂心位的固着不同，这些分析师认为这种障碍是病理性的退行，退行回到偏执–分裂心位，一种以病理性投射性认同为特征的精神病性退行。克莱因流派早期客体关系思想的发展对精神分析技术产生了相当深远的影响；它们构成了我们看待心灵如何处理某些现象的方式中的重要组成部分，不仅在精神病和自恋的被分析者中，而且在精神不那么受干扰的人中也是如此。

> **新概念**
>
> 妄想作为对同性恋的防御（delusion as a defence against homosexuality）
>
> 自恋，性心理发展的自恋阶段（narcissism, narcissistic stage of psychosexual development）
>
> 偏执（paranoia）
>
> 固着点（point of fixation）
>
> 退行点（point of regression）
>
> 投射（projection）
>
> 合理化（rationalization）

（吴　铮　译；余　晔　杨浩波　校）

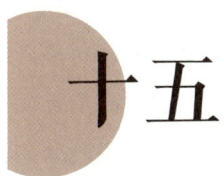

十五

1904—1919 年撰写的技术性文章

"弗洛伊德的精神分析步骤"（1904a）

"论心理治疗"（1905a）

"精神分析治疗的未来展望"（1910d）

"'野蛮'精神分析"（1910k）

"精神分析中释梦的操作"（1911e）

"移情的动力学"（1912b）

"对从事精神分析的医生们的建议"（1912e）

"论开始治疗"（1913c）

"回忆、重复与修通"（1914g）

"对移情之爱的观察"〔1915a（1914）〕

"精神分析治疗的前行方向"（1919a）

给从业者的一系列建议

弗洛伊德曾打算撰写一份完全致力于讨论精神分析技术的备忘录，但他从未成功完成该设想。这一想法的初衷是为了帮助越来越多对精神分析感兴趣，但又无法前往维也纳、接受弗洛伊德直接指导的人们。不过，我们可以在弗洛伊德于 1904—1919 年间撰写的一系列短文中寻觅到他本人关于技术的基本思想。弗洛伊德没有遵循任何特定的顺序，而是使用日常的语言，并以提出建议的形式，写下了自己长期以来从事精神分析的体验。通过这种切实有效的方法，弗洛伊德提出了至今仍在被沿用的、构成精神分析一般方法论的要素（至少，隶属于弗洛伊德于 1910 年创立的国际精神分析协会的那些精神分析师仍在实践这一方法论）。在大约 1903 年的时候，弗洛伊德就已经确立了开启和实施精神分析治疗的基本规则，并将躺椅/扶手椅的设置、分析性会面的次数与节奏，以及精神分析进程本身整合成了一个具有一致性的整体。和精神分析的早期状况相比，该方法已经得到了长足的发展，其治疗干预的潜力也已经得到了扩展——除神经症患者外，精神病性患者以及所有年龄段的患者（从幼童到业已步入迟暮之年的老人）都可以从中获益。尽管神经科学和精神药理学在近期产生了一些新的发现，但必须承认，在被应用于其本职领域的时候，尚未出现任何新的、能够取代精神分析的突破性发现。实际上，如果精神分析在其自身领域内并非无可替代的话，难道第一个注意到这一事实并做出必要的治疗性决定的人不应该是精神分析师本人吗？

而今，阅读弗洛伊德在 1904—1919 年间撰写的、有关技术的文章时，读者会惊讶地发现，弗洛伊德在近一个世纪前提出的许多问题仍未得到解答。例如：考虑到新近出现的治疗工具，我们可以完全不使用精神分析吗？我们现在是否更多具备了科学地"证明"精神分析有效性的能力了呢？从长远来看，那些声称比精神分析治疗更快且更便宜的治疗技术是否同样有效？这是一些弗洛伊德早已提出过的问题，而他在当时希望的是，能够在距他不远的将来找到令人满意的答案。

后弗洛伊德学派

只发表了数量极少的探讨精神分析技术的论文

弗洛伊德在尝试编写一本探讨精神分析技术相关议题的手册时遭遇了一些困境，而其后那些后弗洛伊德学派的精神分析师们似乎也面临着同样的难题。与已发表的其他主题的精神分析文章的数量相比，关于技术这一话题的论文数量非常稀少。经典作品中，最广为人知的恐怕要属奥托·费尼切尔（Otto Fenichel，1941）、爱德华·格洛弗（Edward Glover，1955）和拉尔夫·格林森（Ralph R. Greenson，1967）的著作了，但它们的出版距今也已经有相当长的一段时间了。R.奥拉西奥·埃切戈延（R. Horacio Etchegoyen）撰写的《精神分析技术的基本原理》（The Fundamentals of Psychoanalytic Technique，1991）一书无疑是一部具有国际地位的著作。这本既易于阅读又易于查询的书籍，是以经过充分研究和详细记录的手册形式呈现的。作者概述了从弗洛伊德到当代精神分析从业者已经发表的、关于精神分析技术的文章与著作。埃切戈延密切地关注与该问题相关的思想之发展，而他本人既是上述发展的见证者，也是为之做出贡献的参与者。埃切戈延还研究了世界各地的精神分析师——从克莱因到拉康，再到其他主要的欧洲、拉丁美洲以及北美洲的精神分析从业者——所采纳的、种类繁多的理论观点对精神分析技术的影响。在此基础上，埃切戈延结合自己的临床经验，强调了不同理论观点的优缺点。

作品解析

1904—1913年间撰写的技术性文章

引文页码参见《西格蒙德·弗洛伊德心理学著作全集（标准版）》[以

下简称《全集（标准版）》]，详情如下：

"弗洛伊德的精神分析步骤（Freud's Psycho-Analytic Procedure）"（1904a）参见《全集（标准版）》第七卷，247–254；

"论心理治疗（On Psychotherapy）"（1905a）参见《全集（标准版）》第七卷，255–268；

"精神分析治疗的未来展望（The Future Prospects of Psycho-Analytic Therapy）"（1910d）参见《全集（标准版）》第十一卷，139–151；

"'野蛮'精神分析（'Wild' Psycho-Analysis）"（1910k）参见《全集（标准版）》第十一卷，219–227；

"精神分析中释梦的操作（The Handling of Dream-Interpretation in Psycho-Analysis）"（1911e）参见《全集（标准版）》第十二卷，89–96；

"移情的动力学（The Dynamics of Transference）"（1912b）参见《全集（标准版）》第十二卷，97–108；

"对从事精神分析的医生们的建议（Recommendations to Physicians Practising Psycho-Analysis）"（1912e）参见《全集（标准版）》第十二卷，109–120；

"论开始治疗（On Beginning the Treatment）"（1913c）参见《全集（标准版）》第十二卷，121–144。

● **精神分析之法及其适应证**

弗洛伊德首先阐述了精神分析是什么，并认为它具有相当大的科学价值。他强调了当时正在实践的各种心理治疗与他本人的精神分析之间的区别，并说出了如下言论：

> 一种洞察得最深且推进得最远的治疗，一种通过其方法可以引发患者最为巨大的转变的治疗。[……]我也可以说它是最有意思的一种方法，是唯一一种告诉我们病态现象的起源以及相互关系的方法。（1905a：260）

通过这一表述，弗洛伊德阐明了他对自己这种、不同于其他类型心理治疗的疗法极为感兴趣的原因，尽管他并无意于贬低其他的方法。

> 我并不鄙视这些方法中的任何一个，并且会在适当的情况下使用它们。如果我真的把自己局限于一种治疗形式之中——局限于布罗伊尔口中的"宣泄法"，但我自己更喜欢称为"分析"的疗法中的话，那是因为我已经允许自己被纯粹的主观动机所影响。（ibid.：259）

至于适应证这一问题，弗洛伊德认为精神分析是治疗神经官能症（psychoneuroses）的一种特别有用的方法，因为"这些疾病不是被药物治愈的，而是由（内科）医生治愈的，也就是说，是被医生的人格治愈的，因为医生通过自己的人格施加了心理层面的影响"（ibid.：259）。患者必须满足一定数量的条件，例如"天生的智力以及道德的发展（需达到）一定的程度"（1904a：254）。弗洛伊德认为对超过50岁的患者开始该疗法并非可取之道，因为他说，"接近或超过50岁时，治疗所依赖的心理过程的弹性，在通常情况下是不足或缺乏的"（1905a：264）。现如今，这种年龄限制已不再被接受了。事实上，弗洛伊德本人在83岁时所具备的创造力表明，年龄的增长并不一定会引发他在48岁、撰写这份建议时所想象的后果，即心理弹性的丧失。在这篇文章中，弗洛伊德承认自己"只对严重的，实际上是最为严重的病例"使用了自己的治疗方法（ibid.：263），但治疗是成功的，因此相应的患者能够"永久地适于生存"（ibid.：263）。此外，弗洛伊德警告缺乏经验的治疗师，在他们有足够的经验来处理这些阻抗之前，不要低估当患者出现阻抗时，分析会遭遇的困境，"因为弹奏心灵这一乐器并非易事"（ibid.：262）。

- **进程与设置**

"经典"精神分析治疗的设置（psychoanalytic setting）指的是带有"躺椅以及扶手椅"的布局，即患者躺在躺椅上，而分析师坐在患者后方且在患者视线之外的扶手椅上。自弗洛伊德在20世纪伊始建立精神分析治疗以来，上述"经典"设置基本上没有过任何改变。弗洛伊德每周向患者提供五天（甚至是六天）、每天持续一小时的治疗。在这些文章中，弗洛伊德并没有否定源自或是衍生自精神分析的技术，比如以精神分析为导向的心理治疗或其他方法，但他的写作只涉及了所谓的精神分析治疗的"经典"形式。

弗洛伊德指出，鉴于其复杂性，实际上是不可能对精神分析进程（psychoanalytic process）本身是如何展开进行描述的。他把分析性进程类比为国际象棋游戏。

> 任何一个人，但凡希望从书中学到精妙的国际象棋对局，都会很快发现，能被详尽且系统地介绍的只有开局和残局/终局，而开局之后可展开的走棋变化无穷，断然无法进行如此详细的描述。（1913c：123）

弗洛伊德继续了描述他的工作方式和进行精神分析治疗的条件。在每次分析的开始，他都要求患者毫不犹豫地遵守"精神分析技术的基本规则"（ibid.：134），换言之，患者必须"不加批评或选择地"把脑海中或内心里浮现出的一切传达给分析师（1912e：112）。与此同时，弗洛伊德建议分析师维持"均匀悬浮的注意力"这一态度（ibid.：111），并避免在实际治疗过程中做笔记，以免干扰自己对患者所述内容的倾听。在弗洛伊德看来，"速记记录的拥有"几乎没有任何价值（ibid.：113），因为书面记录必然具有的只是一种表面上的精准，也正是因此，书面记录"无法成功地替代［阅读者］在分析中的实际在场"（ibid.：114）。

● 允许自己措手不及

在跟随弗洛伊德试图改进自身技术的脚步时，我们可以看到他决定越来越多地依赖患者自发且自然浮现的思维进程。弗洛伊德最初会出于通过诠释来尝试拼凑正在接受治疗的患者的心理结构的目的，从患者的联想中提取出自己感兴趣的方面。但后来，弗洛伊德逐渐放弃了任何提取的尝试。这个关键的转折点似乎出现在弗洛伊德1907年对"鼠人"的分析中——他改变了自己的观点，放弃了"主动"的态度（即将分析师的重构强加于患者）；此后，他信任的是精神分析进程自身的展开方式。弗洛伊德是这样说的：

> 最成功的案例是那些治疗师不带有任何可见目的、依其本来面貌推进，允许自己因其中任何的新转折感到措手不及，并且总是以开放的、不带有任何预设的心态面对新转折（的案例）。（1912e：114）

● **给自己足够的时间**

如果我们相信患者有能力找到他自己的方式，来解决当前冲突的话，那我们就可以很好地理解这一事实，即"精神分析总是需要很长的时间［……］——比患者预期还要长（的时间）"（1913c：129）——这是弗洛伊德在他关于技术的文章中始终坚持的一点。尽管，他承认"缩短分析治疗是合理的愿望"，但他毫不犹豫地说"不幸的是，它（上述愿望）受到一个非常重要的因素的反对，即心智深层变化的完成所具有的缓慢性——毫无疑问，（这）最终要归咎于我们无意识进程的'永恒性'"（ibid.：130）。

弗洛伊德非常清楚地指出，一旦精神分析过程被启动，精神分析师就别无选择了，而只能跟随其指引，无论指引的方向为何。

> 总而言之，一旦开始，它就会按照自己的轨迹行进，且为其指定前进方向或是规定到达不同节点的先后顺序都是不被允许的。因此，分析师对疾病症状的控制力可以与男性的性能力相比较。诚然，一个男性能够成为一个完整孩子的父亲，但即使是最强壮的男性也无法仅凭一己之力在女性有机体内创造出一个脑袋、一条手臂或是一条腿，他甚至不能规定孩子的性别。他也只是启动了一个由遥远的过往事件决定的、高度复杂的过程罢了，而这一过程会以孩子从母体的分离而告终。神经症同样具有有机体的特征。（ibid.：130）

弗洛伊德补充说，鉴于精神分析需要花费大量的时间以及金钱，因此一些患者会满足于只是摆脱自身诸多症状中的一种。但是，对弗洛伊德而言，精神分析之法必须被视为一个整体，因为它构成的是一个不可分割的统一体。

最受［精神分析师］欢迎的患者必然是要求分析师在可行的范围内，给予他们完全的健康的患者。这些患者还会尽可能多地将时间交由分析师处置，因为足够的时间对康复的过程而言是必不可少的。这样的有利条件只会在少数案例身上出现。（ibid.：131）

● **建立精神分析的设置**

只有在一些特定要求得到满足的情况下，精神分析的进程才能够在最佳条件下展开。而这个要求就是弗洛伊德对其患者提出的建议："在我可用于工作的日子里，每位患者都会分得特定的长为一小时的时段——该时段属于这个患者，而患者本人要为此负责，即便他并没有使用它"（1913c：126）。他会让患者躺在躺椅上，而他自己（弗洛伊德）则会坐在患者后方，超出患者视线范围的地方，以便更好地"分离出移情"（ibid.：134），同时，这也是因为弗洛伊德并不喜欢被人盯视。每位患者每天接受一节分析，也就是说，通常情况下，每人每周会接受六次分析，虽然他确实允许惯例中出现一些例外情况。

对于轻症或是已经取得了良好进展的持续进行的治疗，每周三天（的分析）就足够了。除此之外，对于时间的任何其他制约都不会给医生或患者带来任何好处；而在分析开始时，它们（一周三次）是完全不可能的。（ibid.：127）

弗洛伊德认为，几乎不可能在治疗伊始，找到有关治疗持续时间长短的任何迹象或暗示。每个患者都可以自由地在任何时候，依照自己的意愿中断治疗，尽管弗洛伊德确实小心地指出，如果以这种方式中断分析的话，患者的状况可能会恶化。弗洛伊德多次提到过来自于各方的、旨在缩短精神分析治疗持续时长的压力——（他们）提出的论据和理由为数众多且各式各样。"患者洞察力的缺乏与医生真诚的缺失，这两者共同作用所引发的结果是，分析会陷入要在最短的时间里满足最无止境的需求的期待之中"（ibid.：128）。缩短分析持续时间的问题总会被提出，而弗洛伊德对此给出了他幽默的反驳：

> 没有人会指望一个人能像提起一个轻便的凳子一样，用两根手指就提起一张沉重的桌子，或是指望一个人用搭建一座木屋的时间去建造一座大房子。但是，一旦这变成一个涉及神经症的问题［……］，即使聪明的人也会忘记，时间、工作和成功之间所需遵循的必要比例。（ibid.：128–129）

对于治疗的保密性，弗洛伊德是这样说的："必须建议患者［……］将他的分析视为他自己与医生之间的事情，并不与任何人分享涉及分析的事宜，无论分享的对象与患者有多亲近，或是对方有多好奇"（ibid.：136）。弗洛伊德还讨论了分析费用的支付，并指出，在分析师与患者的关系中，金钱通常带有无意识的性意义。他建议分析师要确保自己能够定期获得报酬，以免出现积累了大量（未支付）资金的状况。他提出了免费治疗的话题。对于这种他本人已经进行了很多年的实践，弗洛伊德强调了如下事实，即无偿治疗会极大地增加一些阻抗。他还探讨了精神分析对穷人以及下层社会之人的可及性这一问题。

● 移情与反移情

弗洛伊德指出，移情并非精神分析所特有的现象。在生活中的其他场景下，同样会发生移情，但是只有在精神分析的环境中，移情才能得到充分处理。弗洛伊德描述了两类移情：基于爱意的正性移情以及基于敌意的负性移情。"如果我们通过将移情带入意识层面来'消除'移情的话，那我们从医生身上剥离出来的只是情绪化行为的这两个成分"（1912b：105）。

随后，弗洛伊德将分析师的注意力引向了被他称为"反移情"的现象上。

"反移情"一词是由弗洛伊德首次提出的,它是在医生身上产生的,并且"是患者影响其(医生)无意识情感所致的结果"(1910d:144)。弗洛伊德所说的"反移情"究竟是什么意思?后弗洛伊德学派的精神分析师在后来进一步发展了反移情的概念,而和他们相比,弗洛伊德在这篇文章中使用该术语的方式要有限得多。对于弗洛伊德而言,这一概念首先指的是分析师的无意识感受,而这些感受与患者的移情是"相反的",因此被称为"反移情"。这些反应取决于分析师的人格,如果不克服的话,它们将成为处理与加工移情的障碍。出于这一原因,弗洛伊德要求所有的分析师都要对自己的反移情有所觉察并有所控制——而这只能通过亲自体验分析以及随后的自我分析来实现。

> [我们]已经注意到,没有一个精神分析师能够踏足超出自身复杂性与内在阻抗所允许的范畴;因此,我们要求他以自我分析作为他(分析性)活动的起点,并在他对患者进行观察的同时不断深入对自己的分析。任何未能在这种自我分析中取得成效的人,都可以立即放弃通过分析来治疗患者的一切念头。(ibid.:145)

此外,弗洛伊德还建议,所有准精神分析师都应接受"培训分析(training analysis)"(ibid.:145,注释)。

弗洛伊德还坚持认为,所有准精神分析师都应该让自己熟悉这项技术,以避免"野蛮"精神分析之类的错误。所谓的"野蛮"分析指的是在初次咨询访谈时,"粗暴地将医生发现的秘密告知[患者]"(1910k:226)。弗洛伊德还讨论了分析师可能受到的诱惑,即分析师可能出于解决患者阻抗的目的,让患者知道(分析师)自己的冲突与缺陷。

毫无疑问,年轻而热切的精神分析师会受到诱惑,将他们自己的个人特征自由地带入讨论之中,以便将患者带到自己身边,并帮他越过自身狭隘的性格所构成的障碍。(我们)可能会预期,出于解决患者现有阻抗的目的,让患者瞥见医生自身的心智缺陷与冲突,并通过将自己生活的私密信息告知患者，来把自己放到与患者平等的位置上，会是一个完全可被允许且行之有效的举措。（1912e：117–118）

然而，弗洛伊德说，经验表明，上述方法并不会带来预期的结果——事实上，其效果是恰恰相反的。

> ［患者］想要扭转局面，并会发现对医生的分析要比对自己的分析更有意思。治疗的主要任务之一——移情的解决——也会因医生的亲密态度而变得更加困难［……］。因此，我毫不犹豫地谴责这种技术是不正确的。在自己的患者面前，医生应该是不透明的，就像一面镜子一样，（医生）应该展现给他们（患者）的是（患者）展现给他（医生）的内容，除此之外，别无他物。（ibid.：118）

像任何其他医疗技术一样，精神分析必须从"那些已经精通它之人"处被习得（1910k：226）。正是出于尽可能地保护患者、让他们不致陷入"野蛮"精神分析从业者所带来的危险这一目的，弗洛伊德如他在那篇文章中所述的那样，于1910年创立了国际精神分析协会（IPA）这样一个在当前实践中发挥着重要作用的组织。"［其］成员通过公布自己的名字来声明他们对［国际精神分析协会］的遵守，以此来拒绝为那些不属于我们，却把自己的医疗程序称为'精神分析'之人所做的事负责。"

后弗洛伊德学派

精神分析的设置：一个缓慢而渐进的过程

我们所说的精神分析的"设置"是什么意思？

精神分析的设置是为了让精神分析进程用可能的最佳方式展开所必须满足的一系列条件。这些条件是由患者和分析师彼此间达成的共识所确定的。如果可能的话，（最好）在他们的初步讨论中（确立上述共识）。在经典的精神分析中，患者会躺在躺椅上，而分析师则会坐在患者视线之外的后方。在这种情况下，患者能够着眼于自己的内在世界，而不是看向作为真实的人而存在的分析师。这种安排有助于患者遵循精神分析的"基本规则"，即将脑海中浮现出的一切都告诉分析师；同时还能促进自由联想，以及帮助患者将自身幻想世界中分析师所扮演的多种角色投射到分析师身上。通常情况下，一节分析的时长为45分钟或50分钟，同时患者每周会进行四到五次的分析（在一些地区，分析的频率可能会在特殊情况下被缩减为每周三次）。每节分析的时长以及进行分析的频率被视为构成患者心理稳定性的一个因素，因为一旦决定之后，就不能因一时兴起或任一参与方的心境而更改时长及频率。

在分析性会面之外，应避免患者和分析师之间出现社交性的往来以及私人化的联络。此外，出于保密的原因，若非情况特殊并征得了患者的许可，否则分析师不会向任何第三方提供任何信息，也不会试图联络患者身边的亲友。总体而言，在分析性情境中，患者和分析师在现实关系中对彼此施加的、严格的伦理约束确保了（分析）情境的完整性，以至于他们可以在想法和幻想的层面上完全自由地超越这些限制——而这一事实自带了一种自相矛盾的意味。从这个角度来看，在象征的层面上，设置可以被视为一种保护，而它代表的是对乱伦的禁止。

长期发展后的结果

尽管弗洛伊德很快就得出了为精神分析性治疗建立一个适当的设置确有必要这一结论，并在大约1903年的时候已经确立了设置的基本要素，但精神分析师们花了很多年的时间才完全理解设置的真正含义与重要性，以及设置与精神分析进程之间的关系。在《癔症研究》（1895d）一书中，弗洛伊德描述了自己是如何用自由联想之法取代暗示，从而奠定了分析性设置的基础。后来，尽管弗洛伊德已经在1904年写下了自己的正式建议，还在此后撰写了一些有关技术的论文，但他经常赋予自己无须遵守自己制定的严格规则的豁免权。那时的弗洛伊德还无法理解这种豁免所导致的不利影响。比如说，弗洛伊德在往来信件中直呼其名地详述或讨论接受自己分析的人，完全没有试图掩饰他们的真实身份；他邀请一些受分析者与自己和自己的家人一起进餐；同时他还分析了与自己有着密切关系的人，其中就包括费伦齐，以及后来被他分析的亲生女儿安娜。这表明，在相当长的一段时间里，精神分析性设置的限度仍然是不精确的。直到第二次世界大战之后，当关注的重点越来越多地偏向于移情/反移情关系的时候，精神分析师才觉得保持对设置的严格限制是必要的，这样才能充分地涵容在分析师以及在患者身上唤起的情绪的强烈程度。

连接设置与分析性进程的密不可分的纽带

在（精神分析的）早期，精神分析师特别强调的一点是修通精神分析的进程，换言之，他们关注的是患者的内在发展。在那个阶段，考虑设置只是因为设置涉及了物质或物理层面的安排，而后者让分析性进程能够以正确的方式展开。将分析性设置置于一个合理的理论基础上的首次尝试出现于20世纪50年代的末期。威尔弗雷德·比昂（1962）所做的工作使从业者能够看到治疗中分析师-受分析者这一情境与母亲-婴儿关系之间的类比，并理解设置与进程所具有的地位是等同于"容器"与"被涵容物"的。何塞·布莱热（José Bleger, 1967）认为，在克莱因提出的偏执-分裂心位之前，还存在一个发展阶段。该阶段由布莱热所说的自我与客体所凝聚出的核组成，创造出的是一种共生性联结。根据布莱热的说法，在患者成功地将自己和精神分析性设置区分开之前，患者都会通过自己与分析性设置构建的亲密关系来表达上述共生性联结。自那时起，数位精神分析师为我们对设置与进程的关系的思考做出了贡献，其中包括唐纳德·W.温尼科特提出的"抱持"以及迪迪埃·安齐厄提出的"皮肤自我（skin ego）"的概念。

从内在理解设置

这些研究使我们更好地理解了精神分析的设置对于在设置中发生的分析性进程的重要性。对设置的误解时有发生,而这些误解不仅来自那些没有进入精神分析的人和某些患者,还有可能来自精神分析师本人。比如说,公众对于设置的印象往往是扭曲的,将设置看作患者伸开四肢躺在躺椅上与精神分析师坐在扶手椅上的简单加和。这种夸张的漫画式表述让设置变得毫无意义,精神分析的整体情境都显得荒谬了起来。在治疗开始的时候,分析师会具体说明并明确指出分析性设置的安排,例如,需要定期进行治疗/分析、需要每周进行大量治疗,以及需要向分析师支付费用等。通常情况下,患者需要一段时间才能理解设置安排的重要性——特别是在理解为什么无论患者有何种事由,分析师都要求患者为缺席的治疗付费这一点上所花的时间尤长。乍看之下,这些条件也许显得荒谬且毫无意义——这种感觉会一直延续,直到患者自己发现它们的重要性,并在自身的内在体验中理解严格定义设置对精神分析进程的成功发展而言是必不可少的。

就培训而言,需要考虑的一个重要方面在于确保准精神分析师能成功地内化精神分析性设置的重要性,使其成为他们的第二天性,或是老习惯。上述过程始于精神分析候选人对(被)分析的亲身体验,并通过接受精通精神分析的同僚的督导得以进一步继续。多亏了上述机制,设置才不会被简单地体验为一系列由精神分析师或机构武断或任性地强加的、不灵活的规则。

从这个角度来看,只有当其中的每个基本部分都在分析性情境这一背景下有意义时,分析性设置才有价值。比如,临床经验表明,患者与设置建立的关系通常是受分析者和分析师之间的一种非言语交流。特别需要指出的是,上述非言语交流(即患者与设置的关系)也许会表达出无意识的移情阻抗,因此可被诠释并被修通。如此一来,随着治疗的推进以及分析师的帮助,患者可以逐渐发现设置中不同元素的重要性以及它们与移情进程的关系。

设置在经典精神分析中的基本原理

设置与进程是一个整体中不可分割的两个元素。就这一点而言,每周多次会面的精神分析治疗仍是隶属于国际精神分析协会并依照弗洛伊德的教义践行精神分析的精神分析师们的工作基准(reference marker)。高频率的会面可以促进内省以及对诠释的处理与加工。设置与进程之间密不可分的联系,也让我们能够区分精神分析的进程及其在心理治疗中的相应部分,尽管两者之间的区别不能像经典的科学标准所期待的那样,被可量化的数据证明。就我个人而言,我经常使用一些隐喻来说明两者的不同。比如说,借用拉普朗什(1987)提出的心理能量与原子能的类比:我们希望看到它像一种无法控制的连锁反应一样被释放,还是想通过回旋加速器来疏导它?我还喜欢用摄影与电影的比较来类比。摄影和电影的基础都是摄影图像这一相同的技术,但两者的结果是不同的——因为在摄影和电影中,图像彼此接续的频率是不同的。当图像之间接续的频率低于每秒18张的时候,我们会分别知觉每一张图像;而当图像间彼此接续的频率更高的时候,我们知觉到的就是运动——这是电影的一个特征。

"艺术"而非"技术":确定性科学视角下的精神分析

考虑到精神分析师所进行的治疗工作的属性以及所治疗对象(即人之心智)的特点,即使合适的设置已得到确立,也无法保证精神分析的进程必然会取得成功。一些批评家会用以上事实为论据,来质疑精神分析的有效性。他们争论的基础是一种以确定性为取向的科学模型。然而,异议应该被讨论,而这也正是我要做之事。

我要首先指出的一点在于,如果我们以一种对比鲜明的成功与失败为基准去看待人之心智的话,那事情就过于简单化了,因为这种泾渭分明的二分法并没有考虑到心智是一个复杂系统的事实。正如我们现在所知道的，在这样一个系统中，我们无法预计或是要求一个给定的行动总能引发一个特定的结果：线性决定论的法则已不再适用。从科学的角度来看，我们必须谨记，一个复杂的系统是由无数个变量组成的，因此从长远来看，这样的系统会以一种"不可预测的"方式运作。即使是很小的干扰也有可能在某个任意的时刻改变系统的发展方式，以至于对系统的演变进行预测是不可能的。因此，如果我们认为人之心智会像确定性混沌理论所描述的复杂系统那般运作的话，那我们就完全有理由主张，从长远来看，心理现象既不可预测，也不符合认为给定的行动总会引发特定的结果这一"经典"科学模型（Pragier & Faure-Pragier，1990；J-M. Quinodoz，1997a）。

应当说，就任何一个给定的患者而言，我们都不可能准确预测精神分析治疗是否会在他/她的身上取得成功。在我看来，方法论的观点也可以充分解答上述"不可能性"的存在。按照瓦萨利（Vassalli，2001）的说法，弗洛伊德的方法是一种技术，但此处的"技术"并非我们当今所理解的"技术"，而是亚里士多德意义上的技术（techné），换言之，它是一种"艺术"。如此一来，此类活动的结果并不涉及线性决定论所具有的"确定性"或是"必然性"，而是与"概率"以及"可能性"有关。因此，精神分析师的职业是一门艺术。分析师使用的不是证据，而是线索、推论以及直觉性的想法——这是精神分析师运作的方式，也是被弗洛伊德用德文中的 erraten 一词所描述的进程（在英文中，通常被翻译成"to guess"，即进行猜测或推测）。如果我们采纳上述观点并将精神分析的实践视为一种亚里士多德意义上的技术的话，那这首先意味着诠释性思考之工作的实现与逻辑推理无关，而是通过推测的方法来进行的；其次，这也表明并不存在任何办法可以确保精神分析师治疗特定患者的艺术一定会成功。依瓦萨利之言，这要归因于精神分析对象的本质——分析之受众的复杂性证明了使用推测之法的正当性与合理性。在探索无意识这样一个无人能够表征的对象之时，诠释的技术确实是允许我们合理地期待成功，并可以任由我们使用的唯一手段，难道不是吗？

生平与历史

桑多尔·费伦齐（1873—1933）

在讨论技术性议题的时候，就不可能不提到桑多尔·费伦齐所起的开拓性作用。费伦齐是来自匈牙利的内科医生以及精神分析师，他对临床、技术和理论问题做出了极为重要的贡献。尽管在一段时间里，他曾是弗洛伊德最为亲密的合作者之一，但在费伦齐生命的最后阶段，因为他所谓的"主动性（active）"技术这一棘手问题，两人之间有了裂痕。

费伦齐出生于匈牙利，并在那里度过了自己的一生。他在维也纳大学学习医学，并于1896年取得了学位。费伦齐于1907年发现了《梦的解析》一书，结识了荣格，并在随后的1908年间经由荣格引荐而认识了弗洛伊德。次年，费伦齐陪同弗洛伊德以及荣格踏上了他们的美国之行。从那时起，弗洛伊德与费伦齐两人的复杂关系迅速发展了起来——后者先后成为弗洛伊德的学生、朋友、关系密切的家族伙伴以及知己，并接受了弗洛伊德的分析。从1908年与弗洛伊德的第一次会面开始，费伦齐就积极投身到了匈牙利乃至世界范围内的精神分析拓展与扩大运动之中。提出创办国际精神分析协会（IPA）并由荣格担任协会第一任主席这一想法的正是费伦齐，而国际精神分析协会确实于1910年成立了。从1912年起，费伦齐成了"秘密委员会"的一员——这是在荣格离开后设立的一个委员会，旨在保护弗洛伊德免受政治操纵的牵连。

在著作方面，费伦齐最著名的论文"内摄与移情（Introjection and Transference）"发表于1909年。费伦齐在这篇文章中引入的"内摄"之说于日后成了精神分析的基本概念。除此之外，他还发表了多篇以独创性以及临床见解而著称的论文。与弗洛伊德一样，费伦齐也对心灵感应的传播，以及系统发生论假说感兴趣。其中，系统发生论假说认为可以追溯到史前时代的创伤记忆代代相传，并奠定了神经症的基础。此外，费伦齐针对战争神经症所做的工作促进了第一次世界大战之后精神分析思想的传播。

费伦齐曾接受过弗洛伊德的分析,但这是前者多次坚决要求后的结果(即便如此,对于接收费伦齐为自己的患者一事,弗洛伊德仍有着诸多顾虑)。他们之间的分析是分为三个阶段进行的。第一阶段的分析发生在1914年,而后两个阶段都是在1916年展开的。每个阶段的分析都持续了大约3周的时间,同时,其中一个阶段是以一天两节分析的频率展开的。费伦齐的主要问题与其自身的矛盾情感有关。特别是在接受分析的过程中,他曾一度卷入了一场情感纠葛——费伦齐在与情妇吉扎伊洛·帕洛什(Gizella Pálos),还是与吉扎伊拉的小女儿埃尔玛(Elma)结婚之间举棋不定、犹豫不决。最终,费伦齐在1919年与吉扎伊拉成婚,但他很快就为此而感到后悔。自此以后,费伦齐不断指责弗洛伊德影响了自己的决定,尤其对弗洛伊德未能充分分析自己的(费伦齐的)负性移情这一点提出了控诉。弗洛伊德在"可终结的与不可终结的分析"(1937c)一文中对上述指控做出了回应。

1918年,在布达佩斯举行的第五届国际(精神分析协会)大会上,费伦齐被选为国际精神分析协会(IPA)的主席。然而,由于当时匈牙利社会以及政局的动荡不安,费伦齐不得不放弃主席之位,并让贤于琼斯。次年,即1919年,费伦齐辞去了布达佩斯大学精神分析学教授一职,并将全部的时间都投身到了与患者的工作中以及撰写有关精神分析技术的著作中。

在20世纪20年代,费伦齐开始探索他所说的"主动性"技术的可能性,并将该想法推行到了极致。上述方法旨在促进患者表现出与早期儿童创伤有关的极深层的退行时,在移情中出现的情感维度(这些深层的退行会使治疗陷入停顿)。费伦齐在1924年与另一位主动性技术的倡导者兰克(Rank)共同出版了《精神分析的发展》(*The Development of Psychoanalysis*)一书。书中包含的一些思想超前于他们所处的时代。除了其他的一些点,费伦齐和兰克特别强调了在分析师-患者的关系中分析负性移情的重要性,并突出了移情中母性的一面(弗洛伊德在此前一直着重关注的是移情的父性维度)。他们两人提出的缩短精神分析治疗时间的方法先是遭到了亚伯拉罕和琼斯的强烈反对,随后弗洛伊德本人也加入了反对的阵营。费伦齐的研究使他采用了一种旨在向患者提供儿时未曾得到的爱的技术取向。这一技术上的转变使得费伦齐能够接受患者与分析师之间的肢体接触,包括相互爱抚与亲吻;他还提议在精神分析关系中,双方对彼此进行"相互分析(mutual analysis)"。弗洛伊德意识到了移情关系中违反乱伦禁忌的风险,并以此为基础,对自己的学生试图通过实际的满足、给予患者以爱这一逾越伦理界限之举做出了谴责。弗洛伊德指出,精神分析的方法提倡的是将分析性关系限制在患者和分析师之间没有身体接触,彼此交流幻想以及沟通情绪感受的范畴内。

弗洛伊德与费伦齐的关系持续了 25 年。在此期间,他们交换了超过 1200 封信件。1933 年,两人的通信因费伦齐的过世而告终,而这些信件成了(了解)精神分析历史上这一决定性阶段的宝贵信息来源。在 20 世纪 20 年代走向尾声的时候,弗洛伊德和费伦齐之间出现了分歧,而这也意味着他们不可能再像以前那样亲密了,但他们从未彻底中断彼此的联系。在费伦齐过世后,弗洛伊德(Freud, 1933c)在对前者的致敬和称颂中,承认了自己以前的学生对精神分析的影响。

围绕费伦齐所提出的主动性技术展开了激烈争论,而这导致他被弗洛伊德取向的精神分析学界不公地遗忘了长达 10 年之久。不过,近期的出版物恢复了他在精神分析史上的应有地位,并重新唤起了人们对他具有创新性的思想的兴趣——这完全是他应得的(Haynal, 1986, 2001)。尽管费伦齐本人可能一直处于一种默默无闻的位置,但他的影响力持续了一个时代,而这要归功于被他分析过的著名精神分析师们,如琼斯、克莱因、里克曼、罗海姆(Roheim)、巴林特,以及格罗代克(Groddeck)。除此之外,费伦齐关于主动性技术的研究对后来的实践者——如费伦齐的学生巴林特,以及温尼科特、马苏德·汗(Masud Khan)、科胡特和莫德尔(Modell)——产生了相当大的影响。

📖 "回忆、重复与修通"（1914g）

引文页码参见《西格蒙德·弗洛伊德心理学著作全集（标准版）》第十二卷，145–156。

这篇有关技术的论文对于理解移情分析是至关重要的。弗洛伊德表明，一些患者并不具备记住自己过去发生的事情并用言语交流上述经历的能力。这些表面上被遗忘的记忆会重新浮现在他们的行为中，并在患者与精神分析师的关系中以行动化的方式被重复。这里有一个简短的例子，可以说明弗洛伊德所说的重复而非记得的含义。患者可能并不记得自己在童年被遗弃的经历，因此也不会谈论此事；但在成年后，患者似乎会时不时地断绝自己建立或是投入的人际关系，比如说与女友分手或是离职（结束与雇主的关系）。患者并没有意识到他正在关系的进程中做出一些导致自己再次被抛弃的举动，也完全不知道自己为什么会这样。被抛弃成为一种不断自我重复的模式，但患者并没有意识到这些（抛弃）是生命早期已经体验过的情境之重复，同时也没有什么可以阻止他重复这一事件模式。那患者在"重复"的究竟是什么呢？按照弗洛伊德的说法：

> 他重复了已经从被压抑的源头进入了他显性人格（他的抑制、无用的态度，以及病理化的性格特质）中的一切。他还在治疗的进程中重复了自己所有的症状。（1914g: 151）

这种"强迫重复的冲动"是同时关乎移情以及阻抗的：一方面，它与移情有关，因为它是通过分析师其人来完成的、患者过去行为举止的重复——"移情本身不过是一种重复"（ibid.: 151）；与此同时，在另一方面，这种重复与阻抗有关，以至于"阻抗越强烈，就会越广泛地用见诸行动（重复）代替回忆"（ibid.: 151）。因此，当分析工作能够在意识层面将疾病与患者过去的经历联系起来之前，精神分析师不应将疾病视为患者全无记忆的过往事件，而应"将其视为一种当前的力量"。

弗洛伊德还指出，重复的强度与移情的情感特征成正比：当移情是正性或积极的时候，患者倾向于记得，而如果移情是负性或消极的且阻抗更强烈的话，通过行动去重复的倾向就会变得更为明显。在极端情况下，移情关系自身会陷入一种重复的境地："患者用重复的行动打破了自己与治疗之间的纽带"（ibid.: 154）。然而，如果恰当地处理了移情的话，分析师将能够"［抑制］患者（试图）重复的强迫，并将其［转化］为回忆的动机"（ibid.: 154）。对分析师的工作而言，仅仅去"命名阻抗"是不足够的，因为这样做的确：

> 不会引发它（阻抗）的即刻停止。（分析师）必须在全然不顾阻抗存在的情况下，按照分析的基本规则继续进行分析性工作，来给患者以时间，让（后者）更熟悉他现已认识到的这种阻抗，修通它，并克服它。（ibid.: 155）

分析师需要尊重患者完成上述修通所需的时长——这是整个精神分析进程中的关键要素。

📖 "对移情之爱的观察"［1915a（1914）］

> 引文页码参见《西格蒙德·弗洛伊德心理学著作全集（标准版）》第十二卷，159–171。

当分析师面对移情之爱的时候，他应该采取何种态度来避免中断治疗呢？比如说，当一名女性患者似乎爱上了自己的治疗师，而这种爱实际上是患者儿时对自己母亲或父亲的爱之重复的时候，分析师应该作何回应呢？按照弗洛伊德的说法，分析师既不应该站在道德的制高点上，对患者的态度予以谴责；也不应该要求患者"压制……她的本能"（1915a: 164），因为这些态度会与分析性方法背道而驰。除此之外，他还建议（分析师）不要"在宣称自己对患者的好感予以回应的同时，却又［……］回避着在躯体层面实践这种喜爱之情——在能够把这段关系引导到更为平静的轨道并提升到更高的水平之前"（ibid.：164）。上述态度并非没有危险，因为"[我们]对自身的控制并没有完备到我们绝不可能在某一天突然越过我们原本预期的境地的程度"（ibid.：164）。这种态度的风险在于，患者的引诱在分析师身上得到了回应；而其后果是"[她将]成功地见诸行动——在现实生活中重复那些本应仅被记得的、本应仅以心理材料的形式被重现的，以及本应仅限于心理事件之范畴（的内容）"（ibid.：166）。这就是为什么治疗一方面应该在节制（abstinence）的状态下进行（在我即将提到的一篇文章中，弗洛伊德花大量篇幅讨论了"节制"的概念）；而另一方面应允许患者的需求与渴望存在，因为它们是推动患者改变的力量。

后弗洛伊德学派

精神分析的伦理维度

正如加伯德（Gabbard）和莱斯特（Lester）在他们撰写的《精神分析中的边界与违反边界》（*Boundaries and Boundary Violations in Psychoanalysis*，1995）一书中所指出的那样，与僭越精神分析设置相关的议题是极为复杂的，因为它们牵涉的因素甚众。随着精神分析进程的展开，不仅有可能遇到弗洛伊德在"对移情之爱的观察"一文中所描述的、关乎于性的逾矩，还有可能发生非性化的违规，而加伯德和莱斯特（1995）认为后一种情况是不应被轻视的。这些违规行为的表现形式多样，程度各异。每一种违规都是对设置的破坏，而这种破坏是与反移情的见诸行动挂钩的：比如，分析师将费用定得太低或是太高、分析师要求患者放弃过多的时间，或是分析师不分白天黑夜地听命于患者等。从精神分析师的角度来说，有很多种原因都可能导致他们无法保持与患者约定的设置；加伯德和莱斯特的观察表明，精神分析师的见诸行动往往与他本人正在经历的一些个人危机之类的状况有关。

他们强调了必须将各种预防措施落实到位的现实。在对准精神分析师的培训中，必须关注候选人的个人分析是以何种方式结束的，并应评估候选人分析自身反移情反应的能力。在临床的层面，就探索和考察候选人在维持恰当的设置方面存在的技术性问题而言，督导是一个极其有用的工具；仅仅是督导这一个环节就可以确保精神分析进程的恰当发展。"我们须得向患者提供的最为有效且最有力量的礼物就是分析性设置"（Gabbard & Lester，1995：147）。除此之外，两位作者还认为，精神分析师在极为孤立的条件下私人执业是一个风险因素。他们建议，无论一个分析师（在工作上）有多么地驾轻就熟，他都应该花时间与有经验的同僚讨论有关反移情的问题。最后，加伯德和莱斯特（1995）建议每一个精神分析协会或学会都应该设立一个独立于机构本身的伦理委员会。这样的一个伦理委员会不仅可以完全保密地听取来自任何患者或第三方的交流，还会保密地倾听任何碰巧遭遇困境的精神分析师的言谈。根据他们的经验，通常情况下，人们不是从道德的角度考虑牵扯了违反精神分析设置之边界的议题，就是忽略这些问题的发生。他们认为必须做些事情，来为那些身处困境中的个体提供治疗性帮助。

"精神分析治疗的前行方向"（1919a）

> 引文页码参见《西格蒙德·弗洛伊德心理学著作全集（标准版）》第十七卷，157–168。

弗洛伊德在"精神分析治疗的前行方向（Lines of Advance in Psycho-analytic Therapy）"（1919a）这篇文章中讨论了他所说的"分析性治疗应尽可能地在匮乏或是被剥夺的情境中——在一种节制的状态中——进行"（1919a：162）一话的含义。这并不意味着剥夺患者的所有满足感，也不意味着要求患者克制或避免性交；而是说（不节制时）存在两种可能会威胁到治疗进展的危险因素。第一种危险与患者寻求替代性满足的倾向有关，比如患者在朋友处或是其他地方获得了满足，而没有把这些本应由分析师承担的部分带到分析中。这样的满足是有风险的，因为它可能会在原有症状停止的时候取其位而代之。另一种危险发生在患者在移情关系中——或者说，患者在与分析师的关系中——寻求替代性满足的时候。这就是为什么分析师必须确保"患者留有大量未实现的愿望"（ibid.: 164）；施加一定程度的挫败感是必要的，即便"医生必须"三不五时地"承担教师和指导员之职"（ibid.: 165）。

在文章的最后，弗洛伊德展望了精神分析的未来前景。他设想（分析性）技术的发展将使精神分析治疗不再仅适用于神经症，还能被应用于精神病性的患者。弗洛伊德还提到人口中较为贫穷的群体也可以通过一种免费的、修订版的精神分析治疗获得帮助。

> 我们疗法的大规模应用很可能也会迫使我们将如同纯金一般的精神分析与像是青铜一般的直接提供建议相结合；同时，催眠的势力也可能在此（精神分析中）重新找到自己的一席之地，就像是它曾在治疗战时神经症中起过作用一样。但是，无论为人们提供的这种心理治疗采取的是何种形式，也无论它是由何种成分构成的，治疗中最为有效且最为重要的成分肯定仍会从严格且不偏不倚（untendentious）的精神分析中借鉴而来的。（ibid.: 167–168）

后弗洛伊德学派

当今国际精神分析协会的作用

1910年，在纽伦堡大会上，弗洛伊德成立了国际精神分析协会（IPA），而协会的宗旨在于维护他所创设的精神分析。在1920年的时候，国际精神分析协会的成员人数为240名。而今协会中已经有了来自大约30个国家的10 000多名成员，其中的多数成员分布在欧洲、北美洲以及拉丁美洲。国际精神分析协会的作用是制定普适性的培训指导原则、组织研讨会与国际性会议，以及促进临床事务、培训与研究的发展。协会还会协调精神分析师职业生涯中国际性的一面，并指导与监督新团体的创建——特别是在那些明显对精神分析重新焕发兴趣的国家中的新建团体,比如说目前的东欧地区,以及许多其他国家。

从20世纪20年代开始,鉴于世界范围内活跃的精神分析中心的数量越发庞大,为了让精神分析能够在最佳条件下传播,制定出相应的国际标准成为必要之举。培训被交由国际精神分析协会下的各个分会或分支组成机构负责的同时,也受制于协会内的一系列规章制度,以避免由一些"外部"机构来对准精神分析师进行评估所带来的障碍。培训主要基于三个互补的载体:个人体验(被称为"受训分析",指候选人对精神分析的亲身体验);督导(经验丰富的精神分析师对精神分析候选人的首个治疗案例所做的督导);以及学习基本理论原则(对精神分析的基本原则的学习,其中弗洛伊德本人的著作被赋予了重要地位)。

随着时间的推移,国际精神分析协会(IPA)试图就正在寻找精神分析培训的候选人、希望成为协会成员的人,以及试图获得培训资质认证的成员分别所必须满足的条件给出最低限度的建议。在每个阶段,经验丰富的精神分析师都会和相应的被评估人员有一系列的接触,并以此为基础做出评估。前者试图评价后者是否具备了进行精神分析治疗的必要素质,或是后者是否具有对准精神分析师进行培训所需的特质。这些建议是国际精神分析协会下设的各个附属学会与机构最终达成的共识。比如说,20世纪80年代末颁布的指导方针指出,准精神分析师需要每周接受足够次数的分析,以便候选人能够深入体会有关精神分析的一切——这也正是弗洛伊德本人的建议。如今,多数学会要求准分析师接受频率为每周四次或五次的个人分析(在一些特殊情况下每周三次的分析也是可以的);并建议准分析师应该在有经验的培训分析师的督导之下完成两例成功的精神分析。尽管多数学会仍在使用以上这些最低限度的要求,但是他们承受了越来越多的压力——这些压力不仅来自国际精神分析协会之外的地方,还来自协会内部的一些成员。施压的声音要求学会缩短培训的时长并制定低于现有标准的培训准入门槛,而其背后的初衷是希望能够允许更多的心理治疗师接受培训,进而成为精神分析师,并以分析师的身份提供临床实践。

我个人认为,这里存在着两种需要:其一在于维持精神分析的基本成就——考虑到精神分析师的工作性质以及精神分析进程的自身属性,维持上述成就本就是耗时耗力的;其二在于以不丧失精神分析的特异性为前提,向更多人开放精神分析的大门。在我看来,在这两种需求之间取得平衡从来都不会是一件容易的事。

新概念

节制(abstinence)

反移情(counter-transference)

正性移情,负性移情(positive transference, negative transference)

精神分析的进程(过程)(psychoanalytic process)

精神分析的设置(psychoanalytic setting)

精神分析的技术(psychoanalytic technique)

回忆(remembering)

重复,强迫性重复(repetition, compulsion to repeat)

移情之爱(transference-love)

(王 凝 译;余 晔 杨浩波 校)

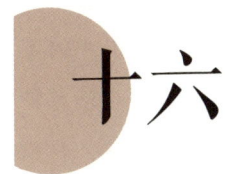

《图腾与禁忌》

（1912—1913）

野蛮人与神经症患者的精神生活的共同之处

远见卓识还是陈词滥调？

在这本重要的书中，弗洛伊德对人性提出了一个非凡的精神分析观点，与他早期的著作相比，这本书开辟了新的视角，值得得到更多的关注。他的研究以民族学家和人类学家的研究为基础，与精神分析的某些发现相联系，特别是与涉及俄狄浦斯情结的某些因素相提并论，如禁止谋杀自己的祖先——父亲或其代表，以及禁止乱伦——禁止与父亲的妻子结婚。然而，俄狄浦斯情结并不是随着每个人或每一代人的出生而重新诞生的，这种想法导致弗洛伊德提出了一个假设，其洞察如此大胆，以至于他为此受到了猛烈的批评：俄狄浦斯情结的形成可追溯至人类起源的祖先痕迹。对弗洛伊德来说，这些古老的痕迹可以从每个人对他的父亲——弗洛伊德对母亲只字不提——的强烈矛盾情绪中看出，也可以从代代相传的无意识的内疚感中看出。弗洛伊德说，这些负罪感无疑是自古以来在图腾餐仪式中铸下的错误的残余，当时兄弟们出于对父亲的憎恨团结起来，杀了他并吃掉他以继承统治。这种先祖的吃人行为不仅引起了个人的负罪感，而且还产生了人类社会组织的不同发展阶段，使人类从原始民族的图腾崇拜阶段发展到具备使社会生活可持续发展的集体道德。弗洛伊德说，宗教中也呈现了这一点——在这里，我们可以再次找到从古代图腾宗教流传到现代基督教的痕迹。弗洛伊德在《图腾与禁忌》中提出的各种假设引起了各方面的批评，但事实是，这本书提出了一些根本性的问题，正如他自己所预言的那样，（这本书）"扰乱了世界的睡眠"（Freud，1914d：21）。这也许解释了当代社会为何对《图腾与禁忌》缺乏兴趣。

生平与历史

宗教的起源之谜

宗教的起源问题一直在弗洛伊德的脑海中，尽管他是一个没有宗教信仰的犹太人，但他对这个问题的兴趣被荣格对神话学和神秘主义的研究重新点燃。从1911年起，弗洛伊德将大量时间用于研究现有的关于宗教和民族学的许多著作；他对弗雷泽（Frazer）和冯特（Wundt）的著作特别感兴趣。在接下来的两年里，他几乎耗费了所有的时间来撰写构成《图腾与禁忌》的四篇文章；这些文章最初于1912年和1913年在《意象》（Imago）期刊上发表，然后以书的形式汇集在一起。在精神分析领域之外，这本书遭到了鄙视，特别是来自人类学家的鄙视，他们声称弗洛伊德歪曲了某些事实，并对他的假设的普遍性提出质疑。然而，弗洛伊德从未放弃过他的想法，他认为没有必要修改所写的东西，甚至恰恰相反，他在后来关于团体心理学的著作中提出了同样的主张，并在1939年以同样的措辞重申了他的立场："然而，最重要的是，我不是一个民族学家，而是一个精神分析师。我有权从民族学文献中获取我在分析工作中可能需要的东西"（Freud，1939a：131）。

与卡尔·古斯塔夫·荣格的决裂

1911 年，精神分析运动开始蓬勃发展。然而在维也纳学会内部，却开始出现冲突，其中一些冲突相当激烈；某些成员之间的分歧和嫉妒更是愈演愈烈。阿德勒于 1911 年辞职，他的理论发展使他放弃了诸如无意识、压抑和婴儿性欲等概念——而这些都是精神分析中的基本概念。1912 年，斯泰克尔（Stekel）离开了学会，这让弗洛伊德感到很欣慰。对于长期以来被认为是弗洛伊德"王储"的荣格来说，情况则有些不同。他们一起工作了 6 年，但在 1907 年第一次见面后不久，他们之间的意见分歧已经显现出来了。不过这并不妨碍荣格在 1910 年成为国际精神分析协会（IPA）的第一任主席和《年鉴》的主编；另外，当弗洛伊德于 1909 年应邀到美国克拉克大学做一系列讲座时，他也陪同弗洛伊德一起去了。当时，荣格正开始研究神话学。他们的意见分歧集中在赋予"力比多"的含义上：对弗洛伊德来说，力比多是性驱力，仅此而已，而荣格认为，力比多不能仅仅局限于性，它也具备驱力的普遍意义，包括那些自我保护的驱力。荣格在 1912 年发表了他的论文"力比多的象征（Symbols of the Libido）"，其中他发展了关于力比多的本质、神话和乱伦的象征意义的观点。正是这本书中的观点促使了弗洛伊德要求荣格离开精神分析运动，他们在科学上的分歧从此彰显无疑。在此之前的几件逸事已经表明他们即将分道扬镳——荣格的几次错误行动，以及在慕尼黑，弗洛伊德在荣格面前的那一次晕厥。这一事件使弗洛伊德意识到他指向前学生的死亡愿望，并唤醒了他对 19 个月大时发生的事情的记忆，他也曾对他的弟弟有过类似的死亡愿望。弗洛伊德和荣格之间的最终决裂发生在 1913 年 9 月的魏玛大会上。

作品解析

> 引文页码参见《西格蒙德·弗洛伊德心理学著作全集（标准版）》第十三卷，1-161。

● **对乱伦的恐惧**

在这本书中，弗洛伊德的意图是强调民族学所教导的原始人的心理学和精神分析所揭示的神经症患者的心理学之间的某些相似之处。他从澳大利亚土著人践行的图腾主义讲起。每个原住民部落都以其图腾命名，一般来说是一种动物——例如袋鼠或鸸鹋。图腾是世袭的，其特征会在家族世代延续。弗洛伊德说，凡是存在图腾的地方，都有"禁止与拥有同一图腾的人相互发生性关系，因此也禁止他们结婚的戒律"（1912—1913：4）。违反这一禁令会受到极其严厉的惩罚，就好像是为了避免威胁到整个部落的某种危险。这些原始民族一定对乱伦有着异常的恐惧，弗洛伊德还列举了社会人类学中的其他例子。对违反禁令的恐惧伴随着一系列的"习俗"，其目的是为了避免属于同一图腾的个人之间的任何形式的亲密接触。到目前为止，这些习俗中最广泛和最严格的是避免男人和他的岳母之间的亲密接触。从精神分析的角度来看，弗洛伊德认为这种相互回避是基于一种"矛盾"的关系，即亲情和敌意相互共存且与乱伦的恐惧紧密相连。

依据弗洛伊德所述，"野蛮人"遇到的与图腾有关的乱伦恐惧也表现在神经症患者的精神生活中，它本质上是婴儿式的。

> 精神分析学告诉我们，男孩最早的爱的客体是乱伦性的，这些客体是被禁止的——他的母亲和他的姐妹。我们也了解到，随着他的成长，他将自己从这种乱伦的吸引中解放出来。（ibid.：17）

因此，无意识的乱伦固着或力比多退行在神经症中起着至关重要的作用，对父母的乱伦欲望以这种方式构成了"神经症的核心情结"（ibid.：17）。精神分析对乱伦的恐惧在神经症患者无意识思维中重要性的揭示，受到了普遍的怀疑；对弗洛伊德来说，这种反应证明了这一因素在我们每个人身上产生了大量的焦虑。

> 我们有理由相信，这种否认主要是人类对其早期乱伦愿望的厌恶的产物，现在则被压抑所取代。因此，很重要的一点是，我们能够表明这些后来注定要变成无意识的乱伦愿望，仍然被野蛮人视为必须采取最严厉的防御措施的紧急危险。（ibid.：17）

● **禁忌和情感的矛盾性**

弗洛伊德继续研究禁忌（taboo）的概念，这是一个波利尼西亚词，有两种含义：一方面，它包含"神圣""献祭"的概念；另一方面，它意味着"怪怖的""危险的""禁止的"。与禁忌有关的禁令不是宗教或道德体系的一部分，而是自己强加给自己的。禁忌最初源于对邪恶力量的恐惧，然后禁忌本身成为一种邪恶。禁忌来源于处于特殊状态或特定位置的人——国王、祭司、经期妇女、青少年等——所固有的一种特殊的魔力；在所有情况下，禁忌会同时引发尊重和畏惧的感觉。在精神分析中，我们遇到了像这些"野蛮人"一样将自己置于禁忌之下的人——强迫症患者。这些患者有一种内在的确定性和道德信念，他们认为如果违反了一些神秘的禁令，不幸的后果肯定会随之而来。与禁令相关的恐惧并不妨碍——无论在原始人还是神经症患者中——违反禁令所带来的愉悦和渴望。弗洛伊德补充说，违反禁令的愿望是一种极具感染力的愿望。

然后，弗洛伊德试图发现原始人的禁忌和强迫症患者的禁忌的共同之处——他在主体的矛盾态度中找到了共同点。在原始民族中，许多伴随着禁忌的规定中存在着高度的矛盾性。例如，这可以从对待敌人的方式中看出来——通过一些诸如赎罪仪式之类的传统把这些敌人处死；禁忌的高度矛盾性还体现在对统治者的禁忌中，在这种禁忌中，王室成员既被敬仰，又被封闭在一个限制性的仪式系统中，这显然是人们对嫉羡的特权阶层所持的矛盾心理。

我们在禁忌中发现矛盾情绪的规律性，导致弗洛伊德更仔细地研究某些基本心理机制在这些现象中所扮演的角色。例如，他将原始人面对首领感受到的被迫害感与偏执狂的妄想相提并论：两者都是基于儿子对父亲兼具亲情和敌意的矛盾心理，正如弗洛伊德在讨论史瑞伯的父亲情结时已经表明的那样。至于关于死亡的禁忌，弗洛伊德指出，在某人死后压倒幸存者的"强迫性自责"是由于幸存者觉得对所爱之人的死亡负有责任，而这也涉及强烈的矛盾情绪。

几乎在每一个对某人有强烈情感依恋的案例中，我们都会发现在柔情背后，无意识中隐藏着敌意。这是经典的例子，是人类情感矛盾性的原型。（ibid.：60）

那么，强迫症患者与原始人的区别是什么呢？根据弗洛伊德的说法，强迫症患者对死者的敌意是无意识的，因为这种敌意是死者的死亡带来的无法言说的满足感的表达；在原始人中，机制则不同，因为敌意是"投射"到死者身上的。"活着的人否认他曾经对死去的亲人怀有任何敌意，反倒是死者的亡灵怀有敌意，并且在整个哀悼期间要伺机害人"（ibid.：61）。弗洛伊德注意到存在于矛盾情感这方面的分歧——这个话题后来在他关于分裂的著作中得到了进一步阐释。

在这方面，禁忌的遵守就像神经症的症状，都具备双重意义。一方面，就其限制性而言，它们是哀悼的表达；但另一方面，它们显然暴露了它们试图掩盖的对死者的敌意，这种敌意被伪装成自卫。（ibid.：61）

对禁忌的解释也揭示了诸如"良心（conscience）"或"负罪感"等概念，这些概念在弗洛伊德的思想中开始变得更加清晰。他把"良心"定义为神经症患者所经历的对特定愿望的内心谴责的感知；这种可怕的感觉与野蛮人对禁忌的态度没有什么不同，它是"良心发出的命令"，任何违反它的行为都会产生"可怕的内疚感"（ibid.：68）。对弗洛伊德来说，内疚感和对惩罚的恐惧是基于感情的矛盾性，在神经症患者和原始人中都是如此；然而，区分出前者的是，禁忌不是一种神经症症状，而是一种社会制度。这些观点的发展预兆了弗洛伊德在大约10年后的1923年定义的关于"超我"的想法。

● 万物有灵论、魔法和全能想法

万物有灵论（animism）在原始文化中非常盛行，原始文化相信世界上充满了无数善良的和邪恶的灵魂；这些灵魂被认为是自然现象的起因。弗洛伊德认为，在历史进程中，人类对世界的看法经历了三个主要阶段：万物有灵论（神话学）、笃信宗教和相信科学。第一个世界观是万物有灵论，这是一种心理学理论；此外，万物有灵论与巫术和魔法相伴而行。巫术是感应灵魂的艺术，而魔法是万物有灵论技术的一个重要组成部分。魔法用于使自然现象服从于人类的意志，保护个人不受敌人和危险的影响；同时，它赋予个人伤害敌人的力量。在这种世界观中，对思想的普遍高估影响了对现实的认知，因此魔法所依据的原则是建基于思想的全能之上的："管控魔法的原则、万物有灵论思维模式的技巧，是'全能想法（omnipotence of thoughts）'原则"（ibid.：85）。

在神经症患者身上，精神分析揭示了这种原始的心理功能模式，即思想的全能性，特别是在强迫症的情况下，被患者高估的思维过程取代了现实，如鼠人对老鼠的痴迷。弗洛伊德写道，对自身心理过程力量的过度高估是"自恋"的一个基本要素，在这个发展阶段，性驱力已经找到了一个客体，但这个客体是这个人自己的自我。因此可以说，原始人思想的全能性对应于力比多发展的早期阶段——"智力自恋（intellectual narcissism）"——神经症患者要么通过退行，要么通过病态固着，也处在这个阶段。在弗洛伊德的结论中，他又回到了这样的想法：在万物有灵论的体系中，充斥宇宙的灵魂和魔鬼只是个人自身情感冲动和重要他人的"投射"；这样一来，个人把自己内部的心理过程看作是外部的，就像具有偏执妄想的史瑞伯把他的心理过程看作是源于自身之外那样。

● 童年时期图腾崇拜的回归

图腾与俄狄浦斯

弗洛伊德以民族学家弗雷泽（J. G. Frazer）等人的著作为基础进行讨论，他们表明，图腾动物被普遍看作是部落的祖先，图腾作为一种遗产代代相传，弗洛伊德强调，图腾崇拜和异族通婚制是祖传的；在这方面，他同意达尔文关于灵长类动物和人类中都存在原始群体的想法。考虑到这一点，弗洛伊德把图腾动物和童年恐惧症之间建立联系，因为恐惧症的客体往往是一种动物。弗洛伊德认为，图腾动物和恐惧症的客体都代表着令人又敬又畏的父亲，正如我们在小汉斯的马匹恐惧症中看到的那样。这两种情况下对父亲的矛盾情绪，使得弗洛伊德得出结论：图腾和俄狄浦斯情结有相同的起源。

> 如果图腾动物是父亲，那么图腾崇拜的两个主要条例、构成其核心的两个禁忌——不杀图腾和不与同一图腾的女人发生性关系——与俄狄浦斯情结的两个罪行不谋而合，即弑父娶母；也与儿童的两个原始愿望相吻合，对它们不够充分的压抑或唤醒也许构成了每一个神经症的核心。（ibid.：132）

图腾餐与弑父

在弗洛伊德对图腾崇拜的探索中——特别是对古代的仪式性的"图腾餐"的探索中——弗洛伊德提出了一个大胆的假设，根据这个假设，在时间的迷雾中，在某次祭祀的过程中，原始部落的父亲在某个时刻被他的儿子们杀死并吞食。

有一天，被驱逐的兄弟们聚到一起，杀死并吃掉了他们的父亲，从

第十六章 《图腾与禁忌》

而结束了父系部落的统治。他们联合起来，有勇气去做并成功地完成了对他们个人来说不可能完成的事情。（ibid.：141）

因此，原始民族的图腾餐仪式似乎是对这一事件的纪念。

也许图腾餐是人类最早的节日，也是对这一令人难忘的罪行的重复和纪念，它是社会组织、道德约束和宗教等许多事情的起始。（ibid.：142）

在仇恨得到满足后，儿子们开始感到内疚和悔恨，这使得他们寻求与遭受暴行的父亲来和解。因此，他们从内疚感中创造了一种图腾宗教，其中包含了图腾崇拜的两个基本禁忌：禁止杀死代表父亲的图腾动物，以及禁止乱伦。弗洛伊德认为，这种内疚感不仅是图腾宗教的核心，也是所有宗教、社会和伦理的核心。

当今社会的建立基于对共有罪行的共谋；宗教的基础是内疚感和随之而来的悔恨；而道德的基础，一部分是这个社会的当务之急，一部分源自内疚感所要求的忏悔。（ibid.：146）

图腾祭祀是所有宗教的起源

弗洛伊德接着论证说，宗教形成了对父亲的矛盾心理的顶峰：父亲被消灭之后又被重新并入部落，兄弟们这么做是为了能变得像父亲一样。父亲被理想化和尊崇，转化为部落的神。因此这第一次伟大的祭祀行为在记忆里被证实为不可摧毁的，而后来宗教思想的各种发展是对这一点的一种合理化。弗洛伊德展示了这一点在基督教中的表现，在基督教中，基督牺牲了自己的生命来救赎他的兄弟，把他们从世袭的罪恶中解救出来。"毫无疑问，在基督教的神话中，原罪是对父神的犯罪"（ibid.：154）。

在他的结论中,弗洛伊德思索着这种弑父相关的罪恶感是如何在几千年来持续存在,而个人或后代都没有意识到这一点。他假设存在一个"集体心理",其中的心理过程就像在个人的头脑中发生的那样。这些是在"直接交流和传统"之外代代相传的。这个过程是如何运作的,在很大程度上仍属未知。

总的来说,社会心理学对如何在连续几代人的精神生活中建立所需的连续性表现出极少的兴趣。问题的一部分似乎是由心理倾向的继承来解决的,然而,在个人生活中需要给予某种推动,然后才能唤起它们的实际运作。正如歌德所述,"你从你父亲那里继承的东西,要把它变成你的"[歌德,《浮士德》(*Faust*),第一部分,682–683]。(ibid.: 158)

弗洛伊德在书的最后对神经症患者和原始人进行了区分。

神经症患者首先在行动上受到抑制,对他们来说,思想完全代替了行动。另一方面,原始人是不受约束的,思想直接进入行动。对他们来说,行动才是思想的替代物。这就是为什么……我认为我们面临的情况,可以有把握地假设"行动是一切的开始"。(ibid.: 161)

后弗洛伊德学派

富有远见也饱受批评的著作

《图腾与禁忌》一书一经出版,就引发了一场批评风暴——既来自精神分析师,也来自人类学家。即使在今天,这种争论也没有平息;以下从丰富资料中摘录的短文将充分证明这一点。

对弗洛伊德的民族学假说的批评

1920 年,民族学家克罗伯(Kroeber)是最早对《图腾与禁忌》提出反对意见的人之一。他对著作中的方法论和理论观点都提出了质疑，并否定了弗洛伊德关于文明社会和宗教基础的假设。然而，对于在人类学研究中使用精神分析的发现，克罗伯确实保持着开放的态度。其他批评家则对弗洛伊德进行了个人攻击。弗里曼（Freeman，1967）认为，原初的弑父理论本质上是弗洛伊德对自己父亲的矛盾心理的表达。一般来说，弗洛伊德的观点受到攻击，不仅是因为启发这些观点诞生的"社会达尔文主义"，而且还大多因为专业作者否定《图腾与禁忌》的民族学和人类学基础。

种系发生：一个备受争议的问题

对弗洛伊德在《图腾与禁忌》中提出的假说的主要批评之一来自精神分析师本身。我们值得停下来研究一下他们的观点，在阅读了弗洛伊德发表的所有著作之后，我确信在强调种系传递的重要性方面，他既是敏锐的，又是超前的。这个有争议的问题与他关于记忆痕迹代代相传的假说有关，他认为这些记忆痕迹可以追溯到人类的起源；在他相当多的著作中，弗洛伊德都诉诸这种解释。弗洛伊德把个人从婴儿期到成年的发展过程——个体发育，和涉及人类物种从起源到现在的发展过程——种系发生，二者区别开来。他认为，人类历史上发生的创伤性事件的痕迹在每个人身上都会留下印记，并对个人人格结构起到一定作用和影响。例如，在《图腾与禁忌》中，他认为存在于我们所有人身上的俄狄浦斯情结和内疚感是基于与家族背景相关的个人因素，其中就有可以追溯到人类起源的原始部落弑父的"历史"痕迹。

即使在今天，许多精神分析师也否定种系发生的假说，他们认为这与生物学和遗传学相关。一些人求助于技术论据，说就他们的日常工作而言，本能的驱力和内心冲突的起源并不十分重要：无论后天获得与先天遗传如何平衡，都会向患者提出同样的解释，因此，在这些分析师看来，这种区别仍然停留在理论层面。另一些人则诉诸心理学论据，正像弗洛伊德他自己在质疑的片刻提到的那样，他们观察到每当弗洛伊德试图解释违背"生物学基石"的个体发育的某一特定现象时,他似乎就会采用种系发生的解释。然而,正如不伦瑞克(Braunschweig, 1991)所论证的那样,我相信种系传递确实在心理的因果关系中发挥了作用,尽管我们还没有充分了解种系传递可发挥作用的生物学基础。就我而言,比昂用他的"前念(pre-conception)"的想法开辟了精神分析的新视野,他把前念描述为个体拥有心理体验的先天能力。尚未被体验证实的前念必须等待它们的现实化,到那时它们就成为"观念(conception)"。

在过去的几十年里,后弗洛伊德精神分析著作对传递的一个特定方面越来越感兴趣:代际传递,一种在临床实践中经常遇到的现象。这种传递是通过无意识的认同过程发生的,这些认同过程代代相传,遵循着那些在种系传递中不为人知的其他路径。

正如弗洛伊德1939年在《摩西与一神教》中建议的那样,我认为如果精神分析师把本能传递现象纳入考虑范畴也将是有益的,就像我们在动物身上观察到的那样。同样,我确信当代精神分析师将受益于了解更多最新的民族学发展;他们对这方面的了解往往是粗略的。这些新的研究数据可以很好地结合以"更多地了解人类本性"为共同目标的交叉学科的发展(Schäppi, 2002)。

迈向精神分析人类学

尽管有争议,《图腾与禁忌》还是有理由被看作真正的精神分析人类学和民族精神分析学的起点。现在有很多著作都见证了这些理论发展的影响。美国精神分析师 Abram Kardiner 试图将精神分析和社会人类学结合起来,并构思了"基本人格"的概念,他认为这是社会规范在潜意识层面的整合(Kardiner & Linton, 1939)。匈牙利人类学家和精神分析师罗海姆(Roheim, 1950)是第一个做实地调查的人,他在人类学研究中不仅引入了俄狄浦斯情结的概念,还引入了当时精神分析的整个理论基础。他分析了当地居民的梦、他们的游戏、他们的神话和信仰。他是这一学科的真正先驱者。对罗海姆来说,在所有文化中心理机制的普遍性从来不是一个疑问；其他人，如明斯特伯格（Münsterberger，1969）、哈特曼、克里斯和洛温斯坦（Lowenstein）(1969)，以及帕兰和莫根塔勒（Parin & Morgenthaler, 1969）也开始认同这一观点。另一方面，一些人类学家——例如马利诺夫斯基（Malinowski）和米德（Mead）——并不相信俄狄浦斯情结的普遍性；这个话题仍然是一个有争议的问题。德弗罗（Devereux, 1972）采取了一种"互补主义"的立场：精神分析学和人类学对任何特定的现实都有不同但互补的观点，一个从内部看现象，另一个则从外部着眼。德弗罗的理论催生了民族精神分析的临床工作，它成功地考虑到了在跨文化精神分析实践中所唤起的特定的反移情感觉。

新概念

矛盾性（ambivalence）

万物有灵论（animism）

良知（conscience）

乱伦禁忌（incest taboo）

弑父（killing of the father）

爱/恨（love/hate）

魔法（magic）

全能想法（omnipotence of thoughts）

种系传递（phylogenetic transmission）

负罪感（sense of guilt）

（许　珂 译；余　晔　杨浩波　校）

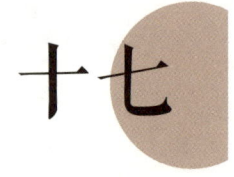

十七

"论自恋:导论"
(1914c)

一个有许多含义的概念

精神分析引入自恋(narcissism)这个词来表示对自己的爱,这个词与希腊神话中的那喀索斯(Narcissus)有关。那喀索斯爱上了一个人,他以为这个人是别人,最后发现自己爱上的其实是池水里的倒影。值得注意的是,那喀索斯淹死时并没有意识到他看到的不是别人,而是他自己的倒影。弗洛伊德在1910年第一次使用这个词来描述同性恋者选择与自己相似的伴侣,这个过程中他们"把自己作为他们的性客体"[1905d: 144(1910年补充说明)]。此后不久,弗洛伊德指出,自恋是儿童性心理发展中的一个中间阶段,介于自体性欲(以自慰为模型)和以客体–爱为特征的更高级阶段之间[1911c (1910): 1912—1913]。

1914年,当他写本章所讨论的论文时,弗洛伊德实际上做的比简单"介绍"自恋要深入得多:他将整个精神分析对自恋这一概念所提出的问题做了一个全面的调查。这使得这篇论文很晦涩难懂。这篇文章难懂的更重要原因是弗洛伊德和后弗洛伊德学派的精神分析师以不同的方式使用自恋这个词,特别是原始的自恋。在这篇文章中,弗洛伊德再次指出,力比多本质上主要是与性有关的，他描述了一种原始或早期的自恋形式，他称之为原始自恋（primary narcissism）；婴儿把自己当作爱的客体，觉得整个世界都围着自己转，这之后婴儿才会选择某个外部客体。以他人真实的样子爱他人的能力，承认他人独立于且不同于自己的能力，从关系的角度而言是一种进步，因为它意味着，在爱他人的同时，个体转而会爱自己：这时候力比多贯注转向自身，弗洛伊德称之为次级自恋。在正常发展过程中，次级自恋为自尊奠定了基础，并与客体的爱共存。然而，病态的自恋确实存在；这些症状表现为不同严重程度的人格障碍，在精神病中，可能会发展到有夸大妄想的程度。此外，自恋对个体的关系有相当大的影响；弗洛伊德描述了两种主要的客体选择类型：一种是依恋型，即爱的是客体，且个体承认客体是独立于自己的；另一种是自恋型，其本质上是基于个体对自己的爱。弗洛伊德给出了各种各样的例子。

自恋人格的撤退特征使弗洛伊德相信，这样的人不适合接受分析，因为，他们不像神经症的个体，他们不能建立移情关系。但后弗洛伊德学派的精神分析学家指出，自恋的移情实际上是可以分析的，这为精神分析的一些非常重要的发展打开了一扇大门。

弗洛伊德概念的发展

自恋：弗洛伊德作品中难以定义的一个概念

"自恋""原始自恋"和"次级自恋"这三个词很难定义，因为无论是弗洛伊德本人还是整个精神分析文献都以多种不同的方式使用它们。正如拉普朗什和彭塔利斯（1967）指出的那样，弗洛伊德对"次级自恋"的使用比"原始自恋"的问题要小。弗洛伊德将次级自恋定义为"力比多的自我从它迄今所贯注的客体中撤回"；在弗洛伊德看来，原始自恋指的是"儿童把全部的力比多用来贯注于自身的早期状态"[Laplanche & Pontalis, 1967（1973：337）]。这些作者指出，若我们试图确定这种（自恋）状态建立的确切时刻，就会发现即使在弗洛伊德的作品中，我们也会看到前后不同的各种观点。在1910—1915年间，他将自恋阶段置于自体性欲和客体爱之间；在1916—1917年，他使用了"原始自恋"这个词来表示生命的第一种状态，它甚至存在于自我形成之前，它是子宫内生命的缩影。拉普朗什和彭塔利斯还指出，原始自恋的这个词在精神分析理论中经常表示"一种严格的'无客体'——或至少是'无分化'——状态，暗示主体和外部世界之间没有分离"（ibid.: 338）。他们在讨论精神分析有关自恋的不同概念时指出，引用拉康提出的"镜映阶段"的关系类型来说，原始自恋的概念忽略了参照自身的意象或镜映的关系。

弗洛伊德认为，自恋的来访者不会建立移情

因为自恋的个体有从外界与他人关系中撤回的倾向性，弗洛伊德认为，"自恋性神经症"的人是不能被分析的，因为在他看来，他们无法建立移情。他将那些无法建立移情的来访者，例如那些表现出精神病或躁郁状态的来访者都归为"自恋性神经症（narcissistic neurosis）"，这个类别相对于能建立"移情性神经症"的神经症病人，后者可以被分析。

事后看，我们可以说，弗洛伊德看待移情的方式很可能妨碍了他去研究负性移情。虽然他描述了两种形式的移情，正性的和负性的，但他只把后者看作是一种阻碍正性移情的阻抗；由于这个原因，他无法把这种阻抗作为移情本身的一个组成部分来分析。后弗洛伊德学派的精神分析师的工作让我们现在可以整体地思考移情；在临床实践中，精神分析师会根据他们自己的理论和技术参考来处理移情情况。

作品解析

引文页码参见《西格蒙德·弗洛伊德心理学著作全集（标准版）》第十四卷，67–102。

第十七章 "论自恋：导论"

● **从原始自恋到次级自恋**

弗洛伊德在文章一开始就定义了自恋这个概念，它出现在数年前性学家给出的临床描述中：

> 一个人对待自己身体的态度，就像对待性客体的身体一样——他看着它，也就是说，轻触它，抚摸它，直到他通过这些活动获得完全的满足。（1914c：73）

弗洛伊德补充道：精神分析已经表明，这种对自己身体的性贯注不仅出现在精神病理的病例中，也会出现在正常的性心理发展过程中；通过这句话，弗洛伊德为自恋的探索开辟了一个更广阔的领域。

弗洛伊德写道，精神分析实践表明，一些来访者——尤其是精神分裂症的来访者——对精神分析师有一种"自恋的态度"。他们对外界的人和事都不感兴趣；结果，他们变得无法分析，正如亚伯拉罕早在1908年就指出的那样。那么精神分裂症来访者的力比多会发生什么变化呢？根据弗洛伊德的理论，当力比多从外部世界中撤回时，它会在自大的夸大妄想中寻求庇护。"从外部世界撤回的力比多被导向自我，从而产生了一种被称为自恋的态度"（1914c：75）。然而，夸大妄想并不是新的无中生有；它们是原先状态的放大——这就是弗洛伊德所称的原始自恋状态。从客体转回自我的自恋是次级自恋。"这导致我们将通过撤回客体贯注而产生的自恋看作是次级自恋，叠加在被许多不同的影响所掩盖的原始自恋之上"（ibid.：75）。

精神分析发现精神分裂症的夸大妄想的思维特征与幼童的相似，如全能的思维、魔法和自大狂。弗洛伊德接着提出，在非常小的婴儿身上，可能有一种原始的自我力比多贯注——原始自恋——其中一些力比多后来被释放到客体上，即指向外部世界的人。他还指出，对自我的力比多性贯注本质上会持续一生，"（它）与客体贯注相关联，就像变形虫的身体与它所产生的伪足相关联一样"（ibid.：75）。对比自我-力比多和客体-力比多时，弗洛伊德说，这两种贯注处于一种平衡状态："一种的使用越多，另一种减少得就越多"（ibid.：76）。

弗洛伊德再一次坚持力比多的性本质特征，他强调了自己与荣格的争论；弗洛伊德认为荣格把力比多看作是一个普通的心理能量（mental interest），这清空了这个概念的所有内容。为了支持他提出的力比多在心理中扮演关键角色的假设，弗洛伊德花了相当长的时间来论证他的力比多的理论基本上是建基于生理学，即使当时的科学界并没有给他多少支持。

> 我们不能等待另一门科学给我们有关本能理论的最终结论，我们更应该试着通过心理现象的综合，看看它能解释多少这种生物学的基本问题。（ibid.：79）

● **自恋的多种表现形式**

精神分析对自恋现象（特别是对原始自恋的研究）的主要研究手段仍然是对精神病的调查；然而，这并不是唯一的手段。弗洛伊德说，其他的研究方法也是可行的：对器质性疾病、疑病症和情爱生活（erotic life）的研究。

众所周知，当一个人在遭受某种器官疼痛或不适的时候，就会从外部世界撤回所有的兴趣，包括他们对爱的客体的力比多贯注；当个人的担忧平复后，这些力比多贯注也会恢复。睡眠产生了类似的撤回模式："睡眠的状态［暗示了］一种自恋的撤回，将力比多从客体转回自身，或者更准确地说，转移到唯一的想睡觉的愿望上"（ibid.：81）。疑病症患者也会将他们的兴趣和力比多从外部世界中撤回，把注意力集中在那些引起他们注意和引起他们痛苦的器官上。对身体某一部分的自恋性力比多贯注不是疑病症的唯一特征；它也会发生在神经症中，身体的任何部分都可能带有欲源带的特质，被作为性器的代替品。"每当欲源的器官有这些变化时，都可能伴随有对自我的力比多贯注的变化"（ibid.：84）。从这个观点，每一个欲源区的力比多性贯注都对应着自我的力比多性贯注，因此与原始自恋有关。

弗洛伊德在疑病症和精神分裂症之间所做的类比使他能够进一步往前走，并引入了一个新的观点，即在病理退化的过程中"内转"导致了"力比多的淤积（damming-up of the libido）"（ibid.：84）。因此，力比多的淤积可能是造成疑病症患者器官妄想和精神分裂症患者夸大妄想的根本原因。通过这个力比多淤积的量化性概念，弗洛伊德为自恋的本质增加了一个经济（economic）维度，这与他在1911年史瑞博的个案研究中引入的，自恋作为一个发展阶段的概念不同；这就完成了自我力比多和客体力比多的对比。

人类的情爱生活提供了许多基于自恋的力比多贯注的例子。婴儿最早的性满足是与那些支持婴儿的重要功能有关——被喂养、被照顾，等等；后来，这种支持性的方面通过这样一个事实变得明显，即主要照顾者也是孩子的第一个性客体——最初的这个人是母亲或她的替代者。弗洛伊德建议将这种对客体的选择称为"依附性（anaclitic）"，在成年人中，这种选择是基于他们童年最早的对客体的选择。还有一些个体的客体选择并不以他们的母亲为榜样，而是以他们自己为榜样，如性倒错和同性恋者，弗洛伊德将这种客体选择称为"自恋"。正如弗洛伊德自己立刻指出的，这两种客体选择在一开始并没有很清晰的区分："我们假设每个人都有这两种类型的客体选择，尽管他可能偏向一个或另一个"（ibid.：88）。因此，弗洛伊德说，"一个人最初有两个性客体——他自己和照顾他的女人——这样我们就假定每个人都有一种原始自恋，在某些情况下，这种自恋可能在客体选择上以主导性的方式表现"（ibid.：88）。

弗洛伊德接着概述了几种客体选择。依附性的完全的客体爱是男性的特征。弗洛伊德依然认为恋爱是一种病理状态，因为热恋会高估爱慕的女性的价值，唤起"神经症性的冲动"，这会导致"自我的匮乏，因为力比多都朝向爱的客体"（ibid.：88）。至于女性的客体选择，弗洛伊德认为，许多女性将她们的关系建立在自恋的客体选择模式上。为了支持这个说法，弗洛伊德指出，青春期时性器官开始成熟，"这似乎强化了原始自恋"（ibid.：88），女性受男性的吸引往往是一种自恋性质的。"严格地说，这种女人对自己的爱类似于男人对她们的爱。她们需求的不在于爱，而是被爱"（ibid.：89）。然而，弗洛伊德也说，他准备承认有相当多的女人是用男性的类型来爱的，她们发展出这种典型的高估客体的客体选择。另一些自恋的女人倾向于避开男人，却设法找到一条路，间接地通向完整的客体之爱——她们对自己生下的孩子的爱。弗洛伊德以一种非常敏锐的方式探索了为什么自恋人格对他们周围的人有如此大的吸引力；他推断那些受这样的个性所吸引的人"已经放弃了他们自己的自恋，而寻求客体爱"（ibid.：89）。弗洛伊德在这篇文章中总结了儿童的原始自恋，从父母的态度就很容易推论出这点，他们高估自己的孩子，把每种完美都归到孩子的身上，期待孩子的生活会比自己好很多，这真是一个"婴儿陛下（His Majesty the Baby）"的例子（ibid.：91）。

● 从婴儿期的自恋到成年期理想的形成

弗洛伊德接着讨论了过度的自爱，这是婴儿自恋的特征，一旦孩子长大成人，就不得不应对外部世界的挫折。没有人能放弃童年时代旺盛自恋的完美的愿望；这并没有消失，取而代之的是一种内在的自主体（agency），弗洛伊德有时称其为"理想自我（ideal ego，德文为 idealich）"，有时又称其为"自我理想（ego ideal，德文为 ichideal）"。后来，他更为精确地使用这些概念。换句话说，"成人投射出来的理想，其实是他丧失的童年自恋的替代物，这个童年自恋中他就是自己的理想"（ibid.：94）。

理想的形成使个体在不断地衡量自己的思想和行为时，对自我的要求也相应增加。这就是弗洛伊德所说的"良心"的作用，它通常是一种偏向压抑的因素。

> 如果我们能找到一种特殊的心理自主体（agency），它的任务是看到源于自我理想的自恋满足得到保证，并以此为目的，不断地观察实际的自我，并通过这种理想来衡量它，我们并不会意外。（ibid.：95）

这种对自我的要求不仅出现在病态的被监视妄想中——来访者认为他们的想法被（他人）知道了，他们的行为被观察了——这种现象也出现在正常人身上，他们的头脑中有这样的想法。"这种观察、发现和批评我们所有意图的力量确实存在……在我们每个人的日常生活中"（ibid.：95）。良心的制度本质上是父母对孩子的批评的体现，然后是教育者的批评，最后是整个社会的批评。弗洛伊德在 1900 年所描述的"梦的审查"可能是另一种形式。这种理想除了个人方面外，还有社会方面；它是一个家庭、一个阶级、一个民族的共同理想。弗洛伊德后来在他对团体心理学的机制的详细探索中更充分地发展了这个话题。

后弗洛伊德学派

自恋移情现象是可以分析的

20 世纪 20 年代末，一些精神分析师证明了一些在弗洛伊德看来属于"自恋性神经症"范畴的来访者确实表现出了移情现象，这结果与弗洛伊德的想法相反。这些分析师——其中包括露丝·麦克·不伦瑞克（Ruth Mack Brunswick）、克莱因、沙利文和保罗·费德恩（Paul Federn），他们认为，尽管这些来访者的负性移情倾向超过了正性移情，但他们仍然可以进行分析。这些先驱者的工作使精神分析的方法能够应用于广泛的精神病理状况，包括一些之前被认为无法分析移情的。从早期的尝试开始，业界发展出了不仅针对儿童和成人的精神病的精神分析，这些新方法还能针对躁狂—抑郁状态和倒错行为以及新出现的病理，那些当时被归类为边缘状态和自恋型人格障碍的病理。一般来说，弗洛伊德对自恋性神经症和移情性神经症的区分的看法已经被业界抛弃了。越来越清晰的是，那些曾经被认为是纯粹的神经症的来访者实际上也有一些自恋的问题，反之亦然。当代精神分析师因此常常不得不面对"异构"来访者（D. Quinodoz, 2002），他们的移情由发展上更成熟的元素（神经质性本质的）以及发展上更原始的元素（混合了精神病性、倒错和自恋的元素）组成。

自恋障碍的精神分析治疗：两个主要趋势

自恋障碍的两种不同概念

目前，很多精神分析师提出了不同的看待自恋的方式，包括理论和技术的角度。因此，对自恋状况的治疗方法有很大的差异。我无法一一详细说明所有趋势——它们的术语以及临床技术都有很大的不同。然而，在精神分析业界有两种主要的治疗倾向，这取决于精神分析师使用哪种自恋概念。有些人遵循弗洛伊德的原始自恋的概念，认为它是生命开始存在的一个阶段，婴儿在那个阶段还不知道客体的存在，对这些精神分析师来说，这个阶段是正常儿童发展的一部分。另一些人则认为客体关系从生命之初就存在，并采用克莱因的方法：并不存在弗洛伊德所谓的原始自恋阶段，只有"自恋状态"。这些不同的模型使得精神分析不同流派对自恋障碍的治疗技术方法千差万别。

那些认为在生命的开端有一个"无客体"的阶段的人

从技术的角度来看，那些把原始自恋——"无客体（objectless）"——视为正常发展阶段的精神分析师，倾向于认为在分析过程中出现的自恋现象是相对正常的，帕拉西奥·埃斯帕萨（Palacio Espasa，2003）指出，这就是为什么他们在做出诠释时不会特别注意自恋移情的冲突方面。这一思想学派的典型人物有安娜·弗洛伊德、马勒、温尼科特、巴林特和科胡特。

安娜·弗洛伊德（1965）采纳了她父亲的观点，认为在生命之初存在一种无分化的自恋状态，在这种状态下客体并不存在；她将这儿童心理发展的第一阶段称为"共生阶段（symbiotic phase）"。后来，随着婴儿的发育，他们的兴趣越来越集中在客体上；这一过程围绕着一系列不同的阶段展开。

马勒的观点与安娜·弗洛伊德不同，她认为客体关系是从共生或婴儿期的原始自恋阶段开始发展，与她提出的"分离－个体化过程"并行（Mahler et al., 1975）。她观察到患有精神病的儿童在察觉到分离感时会出现恐慌状态，由此提出了"共生精神病"的概念。根据这一概念，她描述了所有儿童心理发展中的"正常共生阶段"。马勒的思想被自我心理学学派的精神分析师所采纳，并应用于儿童和成人的精神分析性治疗。

温尼科特（1955—1956）也认为原始的认同在生命之初很普遍——婴儿认为母亲和孩子完全融合在一起——但他很少使用原始自恋这个术语。在这个阶段，婴儿会产生自己创造了客体的错觉，而母亲的职责就是维持这种错觉，直到婴儿准备放弃它。如果在这个阶段出现问题，就会出现"原始情绪发展"的障碍。对于这样的来访者，精神分析的目的是让他们退行到早期婴儿式依赖的阶段，在这个阶段中，来访者和环境融合在一起，处于一种最初的自恋状态，"真我"将能够成长。巴林特（1952）认为有些来访者表现出需要躯体接触，这对应于他们需要回到"原始的客体爱"，在巴林特看来，这就等同于回到原始的自恋：通过允许来访者回到这个状态，精神分析的过程让我们可以"通过退行来向前发展"。

在无客体的自恋阶段的支持者中，我必须提到贝拉·格兰贝热（Béla Grunberger）和科胡特的观点。对格兰贝热（1971）来说，自恋本身就是一种心理自主体；他认为，"自恋分析的关系"推进了治疗。科胡特（1971）针对自恋障碍者提出了一套新的精神分析方法，他把出现理想化移情的来访者的治疗分为两个阶段：首先是一个退行到原始自恋的初始阶段，一旦这种状态的平衡开始瓦解，继而出现的是一种修通或处理这种移情的阶段。

那些认为客体在生命之初就能被感知的人

那些认为新生儿的自我从一开始就能感知到客体的精神分析师认为，自恋现象是一种攻击性或力比多冲动的表达，是一种防御，一旦客体被感知为是独立于自我，与自我不同的时候，这种防御就会被激发起来。因此，这些精神分析师倾向于认为，自恋现象可以在此时此刻的移情关系中得到详细的诠释；他们非常重视诠释来访者与分析师关系中与分化、分离有关的焦虑（J-M. Quinodoz，1991）。这一群体中的主要人物中，我会提到克莱因以及后弗洛伊德学派的分析师，如罗森菲尔德和西格尔等，他们的研究至少部分被安德烈·格林和科恩伯格延续。

对克莱因来说，原始自恋阶段并不存在；新生儿出生后立即就能感知客体——这可能是克莱因与弗洛伊德最大的分歧。自恋的概念在她的作品中仍然存在，但它出现在1946年关于投射性认同的理论，以及在1957年嫉羡的理论中：这些概念过程让我们用新的角度来看自恋扮演的角色，自恋是用于防御感知到的客体作为独立和不同于自己的存在。这一观点使得克莱因学派的分析师开始谈论自恋的"状态"，而不是自恋的"阶段"。正是基于这些思想，比昂（1957，1967）、罗森菲尔德和西格尔在20世纪40年代末开始分析精神病患者，并严格维持传统的精神分析环境。随后，他们的临床工作使一种特殊的克莱因学派方法得以发展，用于治疗移情的自恋维度。

我觉得有必要详细讨论一下罗森菲尔德的贡献，它们在分析自恋移情的可能性方面尤其有影响力。在罗森菲尔德看来，弗洛伊德所描述的原始自恋现象（它先于对客体的感知）应该被视为原始类型的真实客体关系。罗森菲尔德认为，自恋是基于对自我的全知全能和理想化，这种理想化是通过对理想化客体的内摄和投射性认同而获得的。对理想化的客体的认同导致了（自我）否认自己与客体之间存在任何差异或边界。罗森菲尔德（1965：171）说，这就是为什么"在自恋的客体关系中，对自我和客体之间的分离意识的防御占据了主导地位"。罗森菲尔德认为，嫉羡在自恋现象中也起着至关重要的作用。罗森菲尔德继续探索生驱力和死驱力之间的冲突，在1971年提出了力比多自恋和破坏性自恋之间的区别。他注意到，当与客体有关的自恋状态被抛弃时，个体就不可避免地感受到对客体的憎恨和蔑视，因为一旦外部客体被认为具有某些特质，来访者就会感到被羞辱。当这种怨恨被分析时，来访者就可以克服他的敌意移情:"这时[来访者]才会意识到分析师是一个有价值的外部的人"(1971: 173)。但是,当这些破坏性的方面占主导地位时,嫉羡就表现为一种愿望,要摧毁分析所取得的任何进展,并攻击分析师,因为这个客体代表了活力和美好的真正来源。根据罗森菲尔德的说法,无论破坏性冲动的强度有多大,在临床上,为了减轻仇恨和嫉羡的影响,一定要接触到自我中依赖的力比多那部分,从而允许来访者建立良好的客体关系。这可以通过详细分析(来访者)在否认客体的自恋位置和承认客体的客体连接位置之间的不断切换来实现。

西格尔(1986)对自恋的观点与罗森菲尔德相近;在她看来,生与死的驱力概念有助于解决弗洛伊德的原始自恋假说所带来的问题。西格尔认为,在一些来访者身上,自恋可能以理想化死亡和憎恨生命的形式出现——他们希望消灭的不仅是客体,还有他们自己;这种愿望似乎是对感知客体的防御。西格尔提出了个体如何从自恋中脱身而出的问题。她说,只有通过"协商"抑郁的位置,个体才能摆脱自恋结构,建立稳定的非自恋客体关系。

格林讨论了罗森菲尔德的一些观点,并以自己的方式加以发展,特别是在 1983 年出版的《生自恋,死自恋》(*Life Narcissism, Death Narcissism*)一书中。格林突出了死亡驱力在与客体的各种关系中产生的"解绑(unbinding)"功能;他将这种效应称为死亡驱力的"去客体化功能"(Green, 1986)。他还展示了,在精神病中,死亡驱力是如何导致投射活动的消失,以及去贯注(de-cathexis)导致思维的"空白"。我将用一两句话来总结科恩伯格(1975)的观点。在对自恋的理论研究中,科恩伯格试图将弗洛伊德的观点与克莱因、比昂等客体关系学派的观点相协调。科恩伯格在病理性自恋中看到了一种特定的模式,这种模式在来访者的童年就已经固定下来了;他写道,自恋型人格障碍与我们在边缘状态下看到的情况类似,尽管其严重程度不同。他说,自恋人格有一个浮夸的自体,但自恋人格的自体比边缘人格的自体更有内聚性,但这种自体仍然是病态的,掩盖了他们身份认同感的破碎。

> **新概念**
>
> 依附性客体选择（anaclitic object choice）
> 力比多的淤积（damming-up of the libido）
> 自我理想（ego ideal）
> 自恋（narcissism）
> 自恋客体选择（narcissistic object choice）
> 原始自恋（primary narcissism）
> 次级自恋（secondary narcissism）

（王　觅　译；余　晔　杨浩波　校）

1915—1917年撰写的元心理学论文

"本能及其变迁"（1915c）

"压抑"（1915d）

"论无意识"（1915e）

"梦理论的元心理学补充"（1917d）

"哀悼与忧郁"［1917e（1915）］

"一个种系发生幻想：移情性神经症概述"［1985a（1915）］

《精神分析引论》

［1916—1917（1915—1917）］

结束意味着新的开始

什么是"元心理学（metapsychology）"？基于30多年的精神分析经验，弗洛伊德创造了"元心理学"这个术语，用来阐释他的心理机能理论。正如他自己所说，形而上学是用来观察物理现象的，与之类似，元心理学是用来观察心理现象的。因此，弗洛伊德将精神分析从临床描述层面抽象到理论层面；他提出了具有普遍适用性的人类心理运作方式的模型。以"驱力"这个概念为例，弗洛伊德引入这个术语，用来描述人类进食和生育的驱动力，他称前者为"自我保存驱力（本能）"，后者为"性驱力（本能）"。鉴于"驱力"

是一个抽象的概念,我们不可能直接触碰到它们,但是驱力会产生效应或以某些方式被表征出来,据此,我们可以间接地感知它们。例如,性驱力就有诸多不同的表现形式:对某人产生了性的渴望而内心骚动,用言语表达这种渴望,或者做了与性欲有关的梦。在这些关于元心理学的论文中,弗洛伊德使用了大量宽泛抽象的术语;对于临床经验并不丰富的读者而言,理解这些文本多少有些困难。但是,当我们跟随弗洛伊德的思路前行时,一定要记得,他始终在思索临床实践和理论建构之间的联系。

如果我们来看弗洛伊德思想的发展历程,元心理学的相关论文是他思想演变的首要成果,此时,他提出了常态和病态心理活动的综合模型。这就是我们所熟知的弗洛伊德的"第一地形(或结构)模型",其中,他区分了无意识、前意识和意识三个系统。与之相对应,他还基于快乐－不快乐原则,提出了"第一本能驱力理论"。另一方面,这些元心理学系列论文也是其他新视角的开端,其中包括:客体关系、认同、爱与恨的情感以及无意识内疚感。几年后,这些新的思路汇集成了他的"第二地形模型",以及与之配套的"第二本能驱力理论"。

生平与历史

艰难而多产的时期

战争岁月,1914—1918年

从第一次世界大战爆发到战后的几年,弗洛伊德经历了一段艰难的岁月,尽管如此,他在科学研究方面的产出还是极其丰富的。1914年8月战争爆发时,安娜·弗洛伊德被困英国,在欧内斯特·琼斯的帮助下,她终于返回了维也纳。当时,弗洛伊德的长子马丁前往了俄国前线,而小儿子恩斯特则征战于意大利,两个儿子在战场中的命运牵动着全家人的心。1915年11月,弗洛伊德同父异母的哥哥伊曼纽尔(Emmanuel)去世,享年81岁,与他们的父亲逝世时年龄相同,为此弗

洛伊德感到十分悲痛。次年，也就是1916年，弗洛伊德的二儿子奥利弗应召入伍。

由于战争时期生活艰难，来寻求治疗的患者寥寥无几，信件的收发时间不定，访客变得屈指可数；弗洛伊德所负责的几个精神分析刊物的生存也受到威胁。尽管如此，他始终与卡尔·亚伯拉罕针对忧郁症的问题保持密切的书信往来。同时，也与桑多尔·费伦齐和露·安德烈亚斯－莎乐美保持着书信联系。

年近六旬时的归纳总结

1915年，弗洛伊德开始撰写构成元心理学论文集的12篇理论论文，仿佛是对自己的工作做一个总结。那时，弗洛伊德年近六旬，感觉已日薄西山。战争及随之而来的不幸，加深了他对死亡的担忧。他原本计划在战后将这些论文结集成书出版，书名都已被拟为《元心理学初探》（*Zur Vorbereitung einer Metapsychologie*）。与此同时，他在1915年分别发表了前3篇论文"本能及其变迁""压抑"和"论无意识"，并在1917年发表了后2篇——"梦理论的元心理学补充（A Metapsychological Supplement to the Theory of Dreams）"和"哀悼与忧郁"。我们从弗洛伊德的信件中得知，实际上，此时他已经完成了我们后面介绍的7篇论文的撰写，然而这些论文未见发表，构想中的著作从未问世。

然而，在1983年，在费伦齐的文稿资料中，人们发现了弗洛伊德第12篇从未发表的文章副本，题为"一个种系发生幻想：移情性神经症概述（A Phylogenetic Fantasy: Overview of the Transference Neuroses）"，文章后还附带了一封信，弗洛伊德在信中询问了费伦齐对该文的看法[Freud，1985a（1915）]。由此看来，很可能是弗洛伊德自己销毁了其余的文稿。

作品解析

📖 "本能及其变迁"（1915c）

> 引文页码参见《西格蒙德·弗洛伊德心理学著作全集（标准版）》第十四卷，109–140。

● 本能（驱力）的基本特征

《西格蒙德·弗洛伊德心理学著作全集（标准版）》中将德文"Trieb"翻译成英文"本能（instinct）"。在《西格蒙德·弗洛伊德心理学著作全集（标准版）》的前言中，讨论了选择与"Trieb"相对应的可能的英文翻译，考虑过"驱力（drive）"和"冲动（urge）"，最终选择了"本能（instinct）"一词。按照弗洛伊德在 1905 年《性学三论》中的观点，他将本能定义为一种动态的压力，它有源头（source）、有目标（aim）和客体（object），他也阐述了这些因素的含义。本能是一种恒常动力，类似于一种"需要"，只有"满足"了驱力目标，才能消除这种"需要"。弗洛伊德认为，无论是对食物的需求，还是对性满足的欲望，这些都是本能，存在于所有人身上。虽然本能的目的只有一个，就是获得满足，但客体——本能借助或通过它达成目的——是较为多变的：它既可能是一个外部客体，例如个体周围的某个人，也可以是主体自己的身体部位。一般来说，客体具有随机性，它不是唯一的，并且很容易被取代。"本能在其存在过程中经历着变迁，它（客体）也会经历多次的变化"（1915c：122–123）。最后，"本能源于躯体过程，其产生于身体的某个器官或某个部位，其刺激在心理生活中通过本能表征出来"（ibid.：123）。事实上，我们只能间接地知道本能的来源："在精神生活中，我们只通过它们（即本能）的目标来认识它们"（ibid.：123）。

神经系统掌控着本能刺激。"神经系统是一个装置，其功能是摆脱到达它的刺激，或者将它们降至最低水平"（ibid.：120）。在弗洛伊德理论发展的这一阶段，他认为，精神装置是被快乐原则支配的，其运作由快乐–不快乐情绪自动调节。"不快的感觉与刺激的增加有关，快乐的感觉与刺激的减少有关"（ibid.：120–121）。从这些前提出发，弗洛伊德重新将本能（驱力）定义为：

> 对我们来说，"本能"是一个介于精神和躯体之间的概念，有机体内产生了刺激，刺激到达精神层面，本能就是这些刺激的精神表征，本能作为一个度量衡，衡量当精神与身体连接后，由此产生的对精神的需求。（ibid.：121–122）

● 自我保存本能与性本能

个体存在着各种形式的本能冲动，但弗洛伊德建议将它们分为两类：一类是自我（ego）/自体保存（self-preservative）本能，其典型例子是饥饿和食物摄取；另一类是性本能。最初，性本能依附于自我保存本能，后者为前者提供了有机体源泉、目标和客体；只有当外部客体被抛弃时，性本能才具有独立性。例如：婴儿在吸吮母亲乳房时获得快乐，嘴作为性区，获得了满足，这是与喂养有关的性欲快感；到后来，与吸吮有关的性快感就与喂养过程剥离开了。弗洛伊德认为，移情性神经症中出现的冲突源于自我保存本能和性本能之间的对立，正如他之前所说——冲突源于这样一个事实，即性驱力可以通过幻想获得满足，如此，它遵循的是快乐原则，表征现实原则的自我保存本能只能通过真实客体获得满足："因此，神经症心理倾向的一个重要部分在于，因为需要对于现实的顾忌，从而延迟了性本能方面的教育"（1911b：223）。后期，弗洛伊德不太重视这两组本能冲动之间的区别，也不太重视神经症中由此导致的冲突。

● 本能驱力的逐步综合

弗洛伊德补充道，性驱力具有诸多基本特征，其中之一是它们的数量众多，性驱力源于身体的各个部位，必须经过一个渐进的过程，才能实现整合，达到性成熟。

它们［……］相互独立，各自行动，直到后来才实现基本上的整合。每一种本能驱力追寻的目标都是达到"感官愉悦"；只有当整合完成时，它们才服务于繁殖功能，从而成为通常意义上的性本能。（1915c：125–126）

- **性驱力的变迁指的是什么？**

弗洛伊德首先定义了他所说的各种防御的"变迁（vicissitudes）"，防御产生的目的是为了反对本能驱力，阻止本能驱力的推进。性驱力将会经历以下的变迁：逆转为对立面、返还至主体自身、压抑以及升华。他声称，驱力逆转为对立面和驱力返还至主体自身是两个截然不同的过程，但无法将其分开描述。第一种变迁涉及驱力目标，驱力可以转化为它的对立面；第二种变迁涉及客体，客体可以是他人，也可以是主体自身。例如，在施虐转为受虐的过程中，我们看到成为受虐狂蕴含着从主动到被动的逆转，其中造成痛苦的人和遭受痛苦的人之间发生了角色转换。正如弗洛伊德在 1915 年对这一主题的构想，他认为在性心理发展过程中，施虐先于受虐；当时，他并不认为存在原始受虐狂，直到 1924 年他才假设这一点（见他于 1924 年对 1915c：128 的脚注）。在他 1915 年的论文中，他将施虐定义为对另一个人实施暴力，而不伴随任何性快感；只有在受虐阶段，疼痛才伴随有性兴奋。如果施虐狂确实在制造痛苦时体验到性快感，那是由于认同了受虐客体。

因为当这些痛苦被施加在其他人身上时，主体通过对受虐客体的认同而受虐地享受这些痛苦。当然，在这两种情况下，享受的不是疼痛本身，而是伴随而来的性兴奋，对于施虐狂来说，可以轻而易举地获得这部分。（1915c：129）

弗洛伊德进而探讨了窥淫癖–裸露癖中类似的转化问题。

● 爱与恨：它们与本能驱力的关系

弗洛伊德从矛盾情感的角度探讨了爱与恨的话题。他逐渐意识到，这种复杂的情感在患者亟待处理的心理冲突中起着决定性的作用："因为，在患者身上，[爱与恨]同时指向同一个客体的现象特别普遍，两种情感共存的现象是矛盾情感最重要的例子"（ibid.：133）。接着，他又提出了一个重要的具有争议的问题：既然爱和恨是情感，不是驱力，那么它们对于驱力来说意味着什么？爱与恨的发展的背后是怎样的进程？原始形式的爱如何最终成为"作为完整性欲流的爱"（ibid.：133）？为了回答这些问题，弗洛伊德创作了一些最具启发性的作品；从他的作品中提取几个句子必然会破坏其连续性，但我将尽我所能地概述他的观点。

● 生命之初的爱与恨

根据弗洛伊德的观点，如果我们考察爱与恨的变迁，我们会发现有"三对极点"支配着我们的整个精神生活：（1）自我–非我（或主体–客体），此处考虑的是到达自我的刺激是源于内部还在外界；（2）快乐–不快乐，这依赖于感觉的属性；（3）主动的–被动的，在弗洛伊德看来，这是阳性（男性气质）–阴性（女性气质）对立的基础。那么，在精神生活之初，这三对极点是如何被组织起来的呢？

起初，本能贯注于自我，所以在某种程度上个体能够获得自我满足。这就形成了一种自恋的原始状态，在这种状态下，自我不需要外部世界，因为它是自体性欲的。"因此，在这个阶段，自我–主体与快乐的事物相吻合，外部世界与无关紧要的事物（如果作为刺激的来源，这也可能是不愉快的事物）相吻合"（ibid.：135）。后来，当自我无法避免地感到不愉快的内部刺激时，比如感到饥饿并需要外部客体的喂养，它必须脱离自体性欲，并向外寻求客体。这一过程，让自我从快乐–不快乐维度产生了一个新的组织，"只要呈现给自我的客体能带来快乐，它就把它们纳入进来，将它们'内摄'（费伦齐的术语）；另一方面，自我又将内部感到不快的所有东西驱逐出去"（ibid.：136）。

● "纯粹快乐-自我"的基础性分化

因此，自我发生了基础性的分化，它不再仅仅是一个内部（自我/主体）和外部（无关紧要/不愉快）的问题，而是一方面涉及一个"快乐自我"，其中包含着带来满足的客体，另一方面，外部世界被主体感知为异物，因此成为不快乐的源泉。

这样一来，原始的"现实自我（reality-ego）"通过一个合理的客观标准来区分内在和外在，它就转变为一个纯粹的"快乐自我"，并将快乐属性置于首要位置。对于快乐自我而言，外部世界被划分为两个部分，一个是已经融入自身的快乐部分，剩下的是外界无关紧要的部分。（ibid.：136）

换句话说，在原始自恋阶段，客体造就了"恨"和"爱"的两极对立。

最开始，外部世界、客体和被憎恨的事物似乎是等同的。后来，如果一个客体被证明是快乐的源泉，自我就会爱上这一客体，并将它融入自我当中；因此，为了得到纯粹的快乐自我，再一次地，客体与那些无关紧要的、令人憎恨的事物相吻合。（ibid.：136）

● 爱是完整性欲流的表达

因此，当客体成为快乐源泉时，我们说自己"爱"那个客体；相反，当客体成为不快情绪的来源时，我们便"憎恨"它。弗洛伊德继续思忖，如果说本能驱力是"爱"客体的，这个表达是否正确？他继续指出，如果说驱力"憎恨"客体，我们会觉得这一说法有些奇怪。因此，他认为"爱与恨的这两个术语不能用于解释本能与客体的关系，而只能用于描述完整自我与客体的关系"（ibid.：137）。对于有利于自我保存的客体（例如食物等），我们最多只是使用"有好感""喜欢"等词汇来表达。

那么，当个体充分发展之后，"爱"这个词又代表着什么呢？对弗洛伊德来说，毫无疑问，一旦各部分本能被整合进完整的自我中，个体便发展到生殖器阶段，爱则产生于该阶段。

> 在描述自我与其性欲客体的关系时，使用"爱"这个词是最恰当的，这一事实告诉我们，只有当所有性本能的组成部分聚合后，它们服从于生殖器的支配，并以人类繁殖为目的，才能将"爱"这个词来描述自我与性欲客体的关系。（ibid.：137–138）

与"爱"这个词相比，"恨"的使用就与性快感没有如此紧密的联系了；但它似乎是不快乐的决定因素。"自我憎恨、厌恶和追求的目的是摧毁所有使其产生不快乐的客体，而不考虑它们是否意味着性满足或自我保存需求的受挫"（ibid.：138）。对弗洛伊德来说，恨的根源在于自我为自我保存而斗争；换句话说，恨更多地与客体不能满足自我保存的需求有关，而非与性生活有关。矛盾心理的冲突与自我保存的程度有关，这在神经症患者中尤为明显。

● 发展过程中爱与恨的起源

弗洛伊德写道，起初，自我能够满足它自身的一些性欲冲动，因此，爱最初具有自恋特征。随后，爱便朝向了客体。"[爱]最初是自恋的，然后传递给客体，他们已被纳入扩展的自我（extended ego），客体成为自我的快乐源泉，自我表现出趋向于客体的动力"（ibid.：138）。弗洛伊德接着描述了爱的最初几个阶段。爱的最初目的是融合（incorporate）或吞噬（devour），这是一个极其矛盾的阶段；个体不知道摧毁客体的究竟是什么，爱还是恨。下一个发展阶段是肛欲施虐前生殖器期，在接下来便是生殖器期。"直到生殖器组织得以建立，爱才变为恨的对立面"（ibid.：139）。由此，弗洛伊德得出结论，恨比爱古老，因为只有当自我变为"完整自我（whole ego）"后，爱才会出现。

这也解释了矛盾情绪的本质，即对同一客体既有爱又有恨。

夹杂着爱的恨，一部分来自尚未完全逾越的爱的初级阶段；另一部分源于自我本能的否定反应，从自我利益与爱的利益之间时常冲突的角度来看，本能的否定反应可以在一些真实且同时出现的动机中找到依据。因此，在这两种情况下，夹杂着爱的恨源于自我保存的本能。（ibid.：139）

弗洛伊德接着指出，如果与某一特定客体的爱的关系破裂，常会浮现恨的感觉，因此"我们便形成了爱转变为恨的印象"（ibid.：139）；然而，他未对该"转变"做详细描述。这篇文章的结尾，他指出，当个体退行至施虐阶段，恨就具有了性欲特征；弗洛伊德后来继续发展了该观点，探讨了施受虐、生本能与死本能的根本性冲突。

📖 "压抑"（1915d）

引文页码参见《西格蒙德·弗洛伊德心理学著作全集（标准版）》第十四卷，141–158。

● 压抑的作用

弗洛伊德在 1915 年的"第一本能理论"中认为，本能驱力的第一要务是寻求快乐满足。然而，驱力在寻找快乐的过程中，可能会遇到阻抗，使其无法运作。在这些阻抗中，压抑尤为重要，因为它是两方势力的妥协，一方是因为自我无法应对来自内部的冲动而产生逃避，另一方是被谴责和处罚。既然本能驱力的唯一目的是寻求快乐满足，那么它缘何要被压抑呢？因为，虽然获得的满足在心灵的一部分产生快乐，但快乐似乎与心灵另一部分的需求相矛盾；就在那时，"谴责的批判"出现了，并触发了压抑。"压抑的本质十分简单，就是拒绝某些内容进入意识，并让其远离意识"（1915d：147）。因此，压抑并不是最初就存在的一种防御机制；只有当意识与无意识彼此区分开后，才能出现压抑。弗洛伊德写道，在意识与无意识区分开之前，其他的防御机制可能会起作用，比如，驱力逆转为对立面以及返还至主体自身。

第十八章 1915—1917年撰写的元心理学论文

● **观念表征的变化**

在这篇文章中，弗洛伊德采用了自己在1894年和1896年的文章中对关于神经-精神病防御机制的假设，虽然他并未明确提及其中观点的延续性。他认为，本能驱力的心理表征有两个方面可能被压抑，即观念表征（representation）及其情感，二者被压抑的结果各不相同。就观念表征而言，弗洛伊德假定必然存在一种原始的压抑，"压抑的第一阶段，其中本能的心理（观念）表征被拒斥在意识之外"（ibid.：148）。例如，在"小汉斯"的案例中，被马咬伤的焦虑掩盖了被父亲阉割的无意识焦虑，"父亲"这个观念就是被压抑的表征。压抑的第二阶段，即压抑运作，"影响着被压抑表征的心理衍生物，或者影响着那些与该表征有关却源于他处的思维链"（ibid.：148）。

因此，压抑不仅涉及观念表征本身，而且还涉及其无意识的衍生物，换句话说，生成的衍生物或多或少都是与被压抑的内容有关的，由此，这些衍生物也受制于防御机制。从这个观点来看，症状也是被压抑内容的衍生物。然而，压抑并不能阻止本能表征持续存在于无意识中，本能表征会自行组织并继续产生衍生物：它"置身于黑暗中，并持续扩增"（ibid.：149）。这一持续的过程意味着，从严格意义上讲，压抑起到的是一种暂缓作用。例如，小汉斯对马的焦虑、他无法出门以及他朋友从马上摔下来的记忆，等等，都是被压抑的衍生物。

如果这些无意识衍生物与被压抑的观念表征之间的距离足够远，它们就可以自由进入意识；而分析师能够识别出患者自由联想中的这些衍生物。

● **压抑的特征**

根据弗洛伊德的说法，压抑"其运作具有独特性"（ibid.：151），它会对每个心理衍生物进行单独处理。它也是高度活跃多变的，需要持续地消耗能量；因此，是否能持续地将被压抑的本能驱力衍生物保持在无意识中，或者说允许其进入意识中，这都取决于衍生物的数量。"数量因素对这场冲突具有决定性意义：一旦令人不快的想法超过某种强度，冲突即将出现，正是冲突的活化导致了压抑的出现"（ibid.：152）。

● **情感的变化**

在阐明了观念表征的变化后,弗洛伊德又将注意力转向情感的变化发展,或者更准确地说他开始关注"情感定额(quota of affect)"(ibid.: 152):这是受压抑的本能驱力的数量因素。

> 情感与本能相一致,直到后来,情感脱离了观念,并找到了自己数量相匹配的表达方式,并在该过程中被感受为情感。从这一点开始,在描述存在压抑防御机制的个案时,我们必须分别思考,作为压抑的结果,观念会发生什么变化,以及与之相关的本能能量会转化为何物?(ibid.: 152)

如果我们继续思考小汉斯案例,受到压抑的情感是这个男孩对他父亲怀有敌意的冲动,想要杀死他,这属于俄狄浦斯情结。

如上述案例所示,代表着本能的观念必须远离意识,所以它发生了变迁。本能表征的数量因素变化大概有三种:本能完全被压抑,踪迹难寻;或者它表现为充满质感和极具色彩的情感;或者本能直接转化为焦虑。鉴于压抑的目的是避免不愉快,"因此,属于表征的情感配额的变迁远比观念的变迁重要,这一事实对我们评估压抑过程具有决定性意义"(ibid.: 153)。弗洛伊德接着说,压抑创造了替代性的形成(formation)与症状;在他看来,这些是被压抑内容返还的直接结果,而它们以完全不同的过程存在着。在文章的结尾,弗洛伊德做出了非常有启发性的探讨,详细地描述了在临床实践中,在三种主要的精神-神经症中压抑的作用机制。在焦虑性癔症(或恐惧症)中,比如动物恐惧症,压抑是失败的,它只是用一种表征代替另一种表征,因此焦虑根本不会消失。在真正的转化性癔症中,压抑彻底地消除了情感配额,因此癔症患者表现出了"美丽的冷漠(belle indifférence)"。为此付出的代价是创造出主要的替代形成,通过凝缩,将整个情感贯注吸附于替代形成上。最后,在强迫性神经症中,对所爱之人的敌对冲动被压抑;但这种压抑是无法维持的,而返还的情感则是无限的自我谴责。

第十八章 1915—1917年撰写的元心理学论文

弗洛伊德概念的发展

什么是情感?

当我们试图定义"情感(affect)"这一术语时,很快便会发现自己正在处理一个非常复杂的问题,因为在精神分析中,这个词有诸多不同含义。在弗洛伊德最早的作品中就出现了这一术语。

他主要以两种方式使用这个词:从广义上讲,"情感"指的是情绪的总体状态,其性质和强度会有变化;从狭义上讲,情感是由本能驱力的定量方面所构成的,这种情况下需要计算本能驱力的能量强度。在弗洛伊德与布罗伊尔合著的《癔症研究》(1895d)中,情感占据着重要位置。弗洛伊德将癔症症状的起源归因于一种无法被释放的"被勒住的情感"。治疗就是让患者回忆起被遗忘的创伤事件来释放情绪,通过释放达到宣泄的目的。对弗洛伊德来说,观念表征和情感有着不同的变迁,他在1915年的元心理学论文中提到"情感配额"时强调了情感的经济学维度。

后来,情感这一概念有了更广泛的内涵,涵盖了诸如焦虑、哀悼、内疚感、爱、恨等多种现象。这一点在《抑制、症状与焦虑》(Freud, 1926d)出版后更加清晰。这些情感中,只有少数几个成了弗洛伊德细致研究的对象,他将这几类情感与自我的发展紧密地关联到一起,因为在他看来,自我才是情感的真正发源地。然而,尽管对比"情感配额"这一简单表达与能量有关的术语,情感这一概念广阔得多,但即使在当代精神分析理论中,它的定义仍相当不清晰。

📖 "论无意识"(1915e)

引文页码参见《西格蒙德·弗洛伊德心理学著作全集(标准版)》第十四卷,159–215。

● 无意识概念的合理性

开篇第一章，弗洛伊德论证了无意识的存在，并声称精神分析揭示了心理过程，而这些心理过程本身就是无意识的；通过意识来感知无意识，就好像通过感觉器官来感知外部世界一样。他还指出，压抑过程并没有消灭那种用来表征本能的观念，压抑是阻止其变得有意识。当这一过程发生时，观念继续产生情感，情感可能会进入意识层面，但是观念本身还停留在无意识中。

● 地形说观点

在此之前，弗洛伊德主要关注的是"动力学的（dynamic）"观点，换句话说，就是导致神经症的冲突的性质，例如，他将小汉斯的恐惧症归因于无意识焦虑，即害怕被父亲阉割。在引入无意识（unconscious）、前意识（preconscious）和意识（conscious）系统之间的区分后，他又以全新的视角来看待心理过程，探讨不同心理过程在心灵中的定位［术语"地形（topographical）"，来自希腊语 topos，意为"地点"，具有地质学意义］。然而，弗洛伊德强调，这些不同的心理定位与解剖学本身无关。

正是"心理活动"要经历两个阶段才会进入意识，弗洛伊德由此引入了前意识（preconscious，简写为 Pcs）的概念。他指出，在这两个阶段之间存在着"一种测试（审查）"（1915e：173）。第一次审查发生在无意识和意识之间，可能会阻止心理活动变得有意识；如果它通过了第一次考验并进入意识，在他完全被意识化之前还须接受第二次审查。这一过程就发生在弗洛伊德定义为前意识的地方。"在此，[心理活动]还没有被意识到，不过它已经具备进入意识的资格了"（ibid.：173）。

弗洛伊德接着试图描述一种表征是如何从无意识状态转变为意识状态的。他认为这是一个两阶段的过程。临床经验告诉我们，仅仅将之前被压抑的表征带入意识是不够的，不能完全消除压抑产生的影响。

> 如果我们告诉患者，他曾经有一些想法是被压抑了的，而我们已经发现了这部分，也许这样的告知，最初对他精神状况的改善无济于事。

最重要的是，这既不能消除压抑，也不能消除压抑产生的影响，正如我们所期待的那样，先前无意识的想法现在已经进入了意识。相反，首先要做的是，对这个被压抑观点的再一次"拒绝"。（ibid.：175）

弗洛伊德认为，此时，患者的同一个想法化作两种不同的形式，一种是听觉的形式，这归功于分析师用解释将其带入意识中；另一种是无意识的形式，即患者经验中的无意识记忆。因此，"克服了阻抗后，在有意识的想法与无意识的记忆痕迹发生关联之前，压抑是不会得以解除的。只有将无意识记忆变得有意识，压抑才会被成功的解除"（ibid.：175–176）。然而，弗洛伊德并不满足于仅在此基础上对意识与无意识进行区分。

● 无意识情绪

在本章的开头，弗洛伊德提醒读者，本能驱力永远不会成为一个意识客体。它只能通过两种方式进入意识：要么将自己依附于一个表征，要么依附于一种情感。"如果本能不依附于一个想法，或无法以某种情感状态表现出来，我们就无法了解它"（ibid.：177）。

弗洛伊德继续讨论感受（feelings）、情绪（emotions）和情感（affects）是否可以像观念表征那样是无意识的。弗洛伊德认为，如果我们认为可被感知性是感受、情绪和情感的本质的话，那他们就不可能是"无意识的"。然而，在精神分析实践中，我们习惯于谈论无意识的爱、恨、愤怒，以及无意识的内疚感，而与此同时，我们似乎在争论，感受只能是有意识的。弗洛伊德试图解决这一矛盾，他说，只有与情感冲动有关的想法被压抑而变得无意识，而感受、情绪和情感的变化在本质上是量的多少。他说，如果一种情感或感受消失了，它可能被转化了，或者被"抑制（suppressed）"了，抑或是"发展受阻"，但它不是"被压抑（repressed）"的（ibid.：178）。

当我们谈论情感变为无意识时，我们真正所指的是发生了其他一些操作：要么情感依附于另一个可以被压抑的想法，要么它已经转化为焦虑。虽然弗洛伊德非常清楚地指出"严格地说，我们可以说存在'无意识想法'，而不应该说存在'无意识情感'"（ibid.：178），但他继续说：

> ［但］在系统中，很可能存在着某些可以转化为意识的情感结构。而这当中的区别在于：观念是建立在记忆痕迹之上的贯注，情感和情绪则相当于释放的过程，释放的最终表现形式会被个体感知为感受。（ibid.：178）

在1915年，弗洛伊德关于情感本质的观点始终犹豫不定；但在他后期的理论中，他承认情感在无意识中确实占据重要地位。

● **地形说和压抑的动力学**

在此部分中，弗洛伊德探索了在无意识中维持对被压抑的观念采取贯注的机制。在压抑中，贯注从观念中撤出，但被压抑的想法仍能持续发挥作用。那么，我们如何解释无意识观念不会再次返回到前意识或意识的现象呢？为了全面描述这一复杂过程，仅仅考虑贯注的置换是不够的；我们需要采取多重视角，要思考贯注属于哪个系统，也要思考贯注的撤回发生在哪个系统——无意识、前意识还是意识？弗洛伊德假设存在一个新的因素在发挥作用，他称之为"反贯注（anticathexis）"（ibid.：181），它可以保护前意识系统，使其免受无意识观念的压迫。例如，小汉斯对马的恐惧是一种意识层面的反贯注，它取代了与父亲有关的焦虑，而该想法的贯注仍处于压抑当中。就压抑而言［"事后施压（after-pressure）"］，反贯注的目的是将思想保持在压抑状态，而原始压抑旨在构建压抑并使其持续发挥作用。

弗洛伊德称这种多视角方法为"元心理学"；分析师将从三个角度来研究心理现象：地形学视角、经济学视角和动力学视角。在反贯注的情况下，地形学视角考虑与贯注起源有关的系统（无意识、前意识或意识）；经济学视角考虑精神能量分配的数量问题；动力学视角探讨的是冲突问题，冲突的一方是本能驱力带来的压力——愿望（wish）——迫使表征观念从无意识中浮现，另一方面，防御机制使得自我要去对抗那些被压抑观念的浮现。弗洛伊德接着展示如何应用这些视角来理解恐惧症、癔症和强迫性神经症，对临床实践具有较高指导意义。

● 无意识系统的独特性

在无意识中，"不存在否定，不存在怀疑，确定性也无程度之分"（ibid.：186），并且贯注的巨大流动性产生了置换和凝缩现象，这正是初级过程的特征。此外，无意识过程不受时间限制，而是受快乐原则的制约，因此它们无须理会现实，也不会受相互矛盾的影响。

相反，次级过程在前意识系统中占主导地位，其特征是抑制贯注表征的释放。此外，弗洛伊德还区分了完全依赖前意识系统的意识记忆（conscious memory），与固定于无意识中的记忆痕迹（memory traces）的区别。

● 无意识、前意识和意识之间的关系

其实，无意识、前意识和意识不是三个彼此孤立的系统；它们之间有着密切的关系，并持续相互影响。弗洛伊德揭示了三者之间的关系，指出了无意识中哪些特定内容是持续被压抑的，并强调了审查制度运作的两个层面。"第一个层面，审查对无意识系统本身进行审查；第二个层面，审查是用来阻止前意识中由无意识所产生的衍生物"（ibid.：193）。他说，想成为意识，不仅仅是离开无意识到意识层面那么简单；真实地意识到前意识系统中出现的内容，似乎暗示了一种超贯注（hypercathexis）："在前意识和意识之间存在的审查过程告诉我们，成为意识不仅是一种感知活动，也可能是一种超贯注，是精神组织的进一步发展"（ibid.：194）。据此，他还补充了两个重要的评论：第一个评论，是关于个体之间无意识层面的交流，他声称，"从描述性观点来讲"，这一现象是"毋庸置疑的"。"一个人的无意识可以绕过意识而影响另一个人的无意识，这真是一件令人叹为观止的事情"（ibid.：194）。第二个评论涉及精神分析的治疗过程，他认为意识很难影响无意识，所以治疗过程需要投入大量的时间和精力。

● 无意识的评估

神经症为探索无意识提供了一条途径,而精神分裂症则为我们提供了另一条更为直接的路径,因为在精神分裂症患者身上没有压抑造成的阻碍,我们能看到赤裸裸的无意识。弗洛伊德指出,精神分裂症患者有一种"僵硬"且"矫揉造作"的表达方式,他们语言表达十分混乱,经常提及自己的身体器官,近乎一种"器官语言"(ibid.: 198)。他还指出,在精神分裂症患者中,词语受了凝缩机制的影响,这与产生梦境的初级过程类似。"这一过程走得很远,如果一个单词可以表达无数的连接,它就可成为一系列思维链的表征"(ibid.: 199)。此外,对于这些患者来说,词语本身的重要性远超于它们所代表的事物。换句话说,在精神分裂症患者中,与词语有关的内容占主导地位,因此,患者认为,比起词语与现实事物的关系,言语表达之间的相似性更为重要。例如,弗洛伊德援引维克托·陶斯克(Victor Tausk)的一个患者,他的观念受到了抑制,认为自己的编织袜上有许多"孔洞";尽管"孔洞"一词代表两种不同的事物——针织物上的洞和女性的阴道口,因为这个词浓缩了两种含义,所以患者一联想到"孔洞"就会感到恐惧。因此,精神分裂症患者会在没有任何阻抗的情况下表达其抑制的无意识象征含义,由此精神分析师可以直接接触到他们的无意识。而癔症或强迫症患者的情况并非如此,因为压抑的作用,更难接触到他们的无意识含义。换言之,我们可以说,精神分裂症患者思维方式的特点是"他对待具体事物与对待抽象事物没有差别"(ibid.: 204)。

弗洛伊德接着讨论了为什么在精神分裂症中,词语表征被当作事物表征来看待,就像在陶斯克的患者将"孔洞"一词等同于"女性的阴道口"。关于客体的意识表征,弗洛伊德进一步区分了词语表征和事物表征:词语表征以听觉为基础,而事物表征以视觉为基础。由此,词语表征被整合到一个概念化中,这个概念化将言语表达与意识觉知联系起来。弗洛伊德说道,在言语发展之前,无意识表征只是由事物表征所构成;因此,在精神分析治疗期间,意识觉知的过程中,口头语言起着特别重要的作用。正如弗洛伊德所说:"意识表征由事物表征及其相关的词语表征共同构成,而无意识表征只是事物表征"（ibid.：201）。正是由于语言的特殊属性，次级过程才有可能替代原初过程，并建立前意识系统，弗洛伊德将其称为"一个更为高级的精神组织"（ibid.：202）。在移情性神经症中，压抑所摒弃的正是词语表征，所以，精神分析过程必须用言语代替行为；因此言语思维就成了精神分析实践中最卓越的工具。

再次提到精神分裂症时，弗洛伊德说，在这些患者中，之所以将词语表征作为主要贯注的方式，恰恰是他试图康复的结果。将本能贯注从客体的无意识表征中撤回，这是自恋性神经症的一个特征，随后，患者将对词语表征进行更加强烈的贯注。患者经历这些过程是"想要再次拥有已丧失的客体"（ibid.：204）；为了做到这一点，"他们使用客体的言语表征，从而踏上了寻找客体的路"，这也是他们试图康复和治愈的努力。弗洛伊德补充道，尽管如此，精神分裂症患者"发现自己被迫满足于用语言代替事物"（ibid.：204）。在这篇论文的结尾，弗洛伊德警告我们，切勿将思维锻炼得过于抽象。

> 当我们进行抽象思考时，有一种危险，那就是我们可能会忽视词语与无意识事物表征的关系。我们必须承认，哲学思辨的表达和内容，已经开始按照类似精神分裂患者的思维模式运行，这是我们所不愿看到的。（ibid.：204）

后弗洛伊德学派

弗洛伊德的第一地形模型和第一本能驱力理论：是法国精神分析的特色？

确实，法语世界的精神分析学派从弗洛伊德早期著作中汲取了很多的灵感，而"元心理学论文集"中的前三篇正是弗洛伊德早期作品的代表。也正是这个原因，法国精神分析学派的特点是，该流派的方法是基于弗洛伊德的第一结构理论，即无意识、前意识和意识系统，还有弗洛伊德的基于快乐－不快乐原则的第一本能驱力理论。这种特别的重视程度达到这样一种状态：在弗洛伊德元心理学的相关论文发表后，法国学派的精神分析师们也发表了大量的著作，其中大多数都带有弗洛伊德采用的抽象风格印记。在这一点上，法国和英国的精神分析学派之间存在明显的不同：前者关于实际临床实践的探讨过于含蓄，而后者更明确地思考了临床实践。或许法国地区的精神分析家们的思考方式受到哲学传统的影响，有时会将临床经验抛在脑后，而将注意力集中在更具思索性的问题上。正如皮埃尔·吕凯（Pierre Luquet，1985）所言："精神分析源自对日常工作认识，而不是推断。如果能达成这一点，精神分析的应用和哲学思考就会自然浮现。"

　　法国精神分析学家之所以重视弗洛伊德的第一结构理论和本能驱力理论，有几个原因。可能最主要的一个原因是：弗洛伊德的早期著作，其中的一部分最先被译成了法语，而他后期的作品则较晚才被翻译成法语。此外，拉康较为喜欢弗洛伊德关于元心理学的相关文章，所以在1955年，当他提倡"回归弗洛伊德"时，这些文章更受关注。正如我所指出的，这种"回归弗洛伊德"并不涉及弗洛伊德的所有著作，而只是他关于神经症的一些早期作品，例如：《梦的解析》（1900a）和《笑话及其与无意识的关系》（1905c）。聚焦于弗洛伊德的部分作品，有利又有弊：一方面，它鼓励了人们深入研究弗洛伊德的早期作品；但另一方面，这一导向削弱了弗洛伊德后期作品的重要性，尤其忽视了他关于抑郁症、精神病和性倒错论文的重要价值。然而，早在1915年，这些创新观点就已经清晰地出现在弗洛伊德的作品中，尤其是在"本能及其变迁"和"哀悼与忧郁"中。事实上，正是这些新的想法，使得弗洛伊德起草第二本能驱力理论和第二心理结构理论。

　　从20世纪70年代开始，越来越多的法国精神分析家认为有必要将精神分析的应用范围扩展至神经症之外；他们开始对治疗"困难"患者表现出兴趣，这些患者的基本问题都与自恋有关。因此，这些精神分析家开始逐渐对弗洛伊德在1915年后所写的文章表现出更多的兴趣，即第二本能驱力理论、第二心理结构理论与原始防御机制，但与此同时也没有忽略弗洛伊德早期的贡献。在这些国际上最著名的作品中，我要特别介绍格林（Green）有关边缘状态（borderline states）的作品，安齐厄（Anzieu）关于皮肤自我（skin-ego），麦独孤（McDougall）和沙瑟盖－斯密盖尔（Chasseguet-Smirgel）关于性倒错的研究，以及拉卡米耶（Racamier）有关精神病的研究。

情感与观念表征密不可分

20世纪60年代末，格林强烈反对拉康发展其精神分析观点的方式：因为拉康在他的精神分析概念中排除了情感和身体的重要性，俨然要将精神分析变成语言能指的智力游戏。格林于1973年出版了《活着的话语》[Le Discrops vivant，英文版书名：《精神分析话语中的情感结构》（The Fabric of Affect in the Psychoanalytic Discourse）]，试图恢复体验的情感和身体维度应有的地位，这种重要性不仅是在精神分析理论层面，同时也体现在精神分析过程中的实际感受当中。

在这著作中，格林首先以年代为序回顾了弗洛伊德的作品，他重点指出，在弗洛伊德理论中，情感与观念表征都扮演着重要角色。据此，格林对比了拉康的观点，拉康贬低了情感的作用，甚至认为在无意识中只存在表征和语言能指，并不存在情感，因此他完全忽视了移情－反移情的重要作用。格林也承认，弗洛伊德在撰写"元心理学论文"时，对无意识情感的性质一直犹豫不定。然而，在弗洛伊德后期的著作中，他本人逐渐摆脱了这种疑惑；他总结说，无意识情感确实存在，比如，无意识内疚感，然而他并未赋予情感和被压抑的表征以相同的地位。在弗洛伊德思想的发展过程中，格林认为"观念表征的代表（representation-representative）"应该与本能驱力的"情感的代表（affect-representative）"相区别。此外，格林认为情感有两个维度：一方面，情感与身体紧密相连——"情感凝视着移动的身体"[1973（1999：164）]，从经济学观点来看，这是一个能量释放的过程；另一方面，在心理维度上，它们具有与快乐-不快乐相关的品质,"身体不是某一行为的主体,而是激情的客体"(ibid.: 164)。格林将纯语言学上的"语言(language)"与"话语(discourse)"进行了区分,他还引用了拉康的原话,语言"只能自我指代"(ibid.: 177),而格林将"话语"描述为"躯体原材料转换成为语言"(ibid.: 178)。因为话语将一个人的思想、表征、情感、行为和身体状态汇聚在一起。然而,格林没有进一步阐述他关于情感的观点;因此,他在《活着的话语》中提出的概念依旧是弗洛伊德第一结构理论的延续。

对法国精神分析学界而言,这本书是一个重要的转折点,因为格林的思想影响了许多先前无条件追随拉康的精神分析学家,使他们不仅能够对拉康缩短治疗小节时长的方法提出反对意见,也帮助他们再次回归到理论与实践继续深入发展的弗洛伊德传统轨道上。

📖 "梦理论的元心理学补充"(1917d)

引文页码参见《西格蒙德·弗洛伊德心理学著作全集(标准版)》第十四卷,217–235。

元心理学论文的第四篇写于 1915 年,发表于 1917 年,其中弗洛伊德旨在将他最新发展的理论与梦的理论相整合。例如,他详细阐述了暂时性退行(temporal regression),也就是个体退行到发展的早些时候,以此恢复原始自恋,就像是在梦中愿望获得满足一般,他还解释了地形学退行(topographical regression),是"个体退行到愿望得到满足的幻觉阶段"(1917d:223)。但是,如果梦的愿望即是一种幻觉的退行,并相信愿望得到了现实的满足,那么我们如何区分梦与其他形式的幻觉呢? 例如,梦与梅涅特氏[①](Meynert)的急性幻觉错乱和精神分裂症的幻觉又有何区别呢? 由此,弗洛伊德引入了

---

① 特奥多尔·赫尔曼·梅涅特(Theodor Hermann Meynert, 1833 年 6 月 15 日—1892 年 5 月 31 日),是一位德裔奥地利神经病理学家和解剖学家。——译者注

"现实检验"的概念，自我借助现实检验就可以区分感知与表征、内在与外界。然后，他继续探讨了在病理状态和梦中，现实检验是如何被破除的。在梦中，睡眠状态会导致贯注从意识、前意识和无意识系统中撤退，进而导致了现实检验被废除；因此，退行的神经通路打开了，梦就变成一种"幻觉式的、充满愿望的、精神病性的梦"。总而言之，这篇文章对《梦的解析》（1900a）中的梦理论进行了补充，但并未提供任何全新的视角。

生平与历史

卡尔·亚伯拉罕（1877—1925）：精神分析研究的先驱人物

卡尔·亚伯拉罕（Karl Abraham）是早期精神分析史上的重要人物，弗洛伊德在"哀悼与忧郁"一文中提出的假设也归功于亚伯拉罕的早期开创性工作。亚伯拉罕生于德国，在柏林受训成为一名精神科医生，1907年前往苏黎世的比尔赫兹利（Bürghölzli）医院进修，当时欧根·布洛伊勒（Eugen Bleuler）担任主任，荣格也是该院的高级注册医师。也正是在瑞士学习的这段时间，亚伯拉罕开始接触弗洛伊德的著作。同年，他在柏林开始私人执业，并前往维也纳拜访弗洛伊德。那次会面后，两人建立起深厚的友谊。1907—1925年间，两人频繁地通信，对许多科学问题进行了深入的交流。然而，很快荣格和亚伯拉罕之间的竞争就凸显出来，这当中弗洛伊德脱不开干系，当时他对荣格偏爱有加，认为荣格是他的继承人；弗洛伊德希望借助荣格的力量将精神分析推广到国际精神病学界和犹太人之外的医学领域。然而，荣格反对弗洛伊德的性欲理论，因此弗洛伊德和荣格之间的关系很快恶化，而亚伯拉罕则是该理论坚定不移的捍卫者。从那时起，弗洛伊德高度信任亚伯拉罕；亚伯拉罕在精神分析学的发展中发挥重要作用，特别值得一提的是，他于1910年创建了柏林精神分析协会。随后，他成为继荣格之后的下一任国际精神分析协会（IPA）主席，并担任多家精神分析期刊的主编，包括《精神分析年刊》（Jahrbuch für Psychoanalysis）。他还是几位杰出精神分析师的培训分析师，如埃莱娜·多伊奇（Hélène Deutsch）、爱德华·格洛弗（Edward Glover）、詹姆斯·格洛弗（James Glover）、卡伦·霍尼（Karen Horney）、梅兰妮·克莱因、尚多尔·劳多（Sándor Radó）和特奥多尔·赖克（Theodor Reik）。遗憾的是，他48岁时因肺部疾病早逝；对于整个精神分析运动而言，这是极大的损失。

亚伯拉罕刚开始接触弗洛伊德的观点时，就很快投入了该理论的怀抱。不过在开辟个人理论道路时，也会与他的导师产生分歧。亚伯拉罕的著作逻辑严密，表述清晰。我特别推荐读者关注他早期针对躁郁症和力比多发展的开创性研究。他是精神分析历史上，第一位治疗躁郁症患者的精神分析师。在1911年的一篇论文中，他指出抑郁症之所以丧失了爱的能力，是因为其施虐幻想的暴力性质和"在力比多中存在过强的施虐成分"[Abraham, 1911（1988: 139）]。根据亚伯拉罕的说法，抑郁症源于患者施虐倾向的压抑；忧郁和躁狂状态受制于相同的情结，唯一不同的是，患者对待这些情结的态度。在缺乏实证的前提下，他还指出，成年人的抑郁症的根源可以追溯到儿童期抑郁；后来正是梅兰妮·克莱因为该假设提供了临床证据，同时，他也把这一发现转告了弗洛伊德（1923年10月7日，亚伯拉罕写给弗洛伊德的信，423A）。

1924年，亚伯拉罕发表了他的整合性观点。其中，他试图根据力比多的发展阶段，确定不同精神障碍的固着点。为了实现这一目标，他援用弗洛伊德关于性欲阶段的经典理论（1905a），同时将自己的一些创新思考融入其中。尤其是，他将力比多发展的口欲阶段和肛欲施虐阶段分别区分了两个亚阶段。根据亚伯拉罕的观点，肛欲施虐阶段可以分为：肛欲前期，该阶段与对客体的排泄和破坏有关，抑郁症则固着于此阶段；另一个亚阶段是肛欲后期，该阶段与对客体的保留和控制有关，强迫性神经症固着于此阶段。对于抑郁症来说，固着点甚至可能比排泄的肛欲施虐前期更早，由此，亚伯拉罕认为，抑郁症的固着点甚至可以追溯到口欲阶段。他将口欲阶段分为如下两个时期：口欲前期，吸吮乳汁但还没有出现矛盾情感；口欲施虐期，此时婴儿长出了乳牙，因此在吸

> 吮和咬之间产生了矛盾情感。与此同时，亚伯拉罕描述了针对客体关系方面，爱与恨的发展演变过程，他指出，当发展到生殖器期时个体才会建立对一个完整客体的爱："只有当力比多发展到生殖器期，个体才拥有完整的爱的能力"（1924：425）。
>
> 亚伯拉罕的著作影响深远，特别是对他的学生梅兰妮·克莱因，正如毫伊瑙尔（Haynal）和法尔泽德（Falzeder）指出的那样，"如果想要准确地理解克莱因理论，就必须掌握其理论基石，也就是亚伯拉罕的工作，他的工作中也附带着弗洛伊德的理论与认可"（2002：xxviii）。

📖 "哀悼与忧郁"［1917e（1915）］

> 引文页码参见《西格蒙德·弗洛伊德心理学著作全集（标准版）》第十四卷，237–258。

● 正常的与病理性的哀悼过程

在"哀悼与忧郁"一文中，弗洛伊德探讨了当个体真正失去所爱的人、对所爱之人丧失信心或失去了某一理想之后，将出现的一系列反应。为什么有一些人会产生哀悼的情绪，经历一段时间就能够克服悲伤，而一些人则会深陷忧郁呢？在弗洛伊德所处的年代，人们用"忧郁症（melancholia）"来称呼我们今天所谓的"抑郁症（depression）"，"忧郁症"这一术语当时仅用来描述最严重的、精神病性的忧郁（Bonaparte et al., 1956; Strachey, 1957; Laplanche, 1980, 1956; Strachey, 1957; Laplanche, 1980）。弗洛伊德指出，正常的哀悼过程主要发生在意识层面，而病理性的哀悼则更多地与无意识有关，因为抑郁症患者"无法在意识层面感知到他丧失了什么"［1917 e（1915）：245］。而无论在正常哀悼还是病理性哀悼的过程中，自我全神贯注于哀悼的过程，进而个体会表现出抑制状态与兴趣丧失。然而，在忧郁症中，还有另一个附加因素，即自尊的极度贬损。"在哀悼中，世界变得贫乏和空洞；对于忧郁症患者来说，是自我本身变得贫乏与空洞"（ibid.: 246）。在病理性哀悼中，个体的自尊丧失最为突出，具体表现为自我责备和自我贬低。我们如何解释这些对自我的指责，以及这些指责甚至能够发展为对惩罚的妄想性期待？

- **忧郁症患者所谓的"我真没用！"实际上意味着"你真没用！"**

弗洛伊德极具天赋的开创性观点，即他认识到抑郁症患者的自我谴责实际上是在责备那些"丧失了"的重要客体，这些人通常是患者周围的亲友。因此，他说，"当一个女人大声地哀叹，可怜自己的丈夫娶了自己这么一个没用的妻子，这实际上这是在指责她丈夫的无能，无论从哪个角度看，她想表达的就是这个意思"（ibid.：248）。换句话说，当这个女人责怪自己说："我真没用！"这种自责实际上是对丈夫的无意识指责："你真没用！"正如弗洛伊德用德文所做的扼要表达："他们的抱怨就是控诉（Ihre Klagen sind Anklagen）"。"他们的抱怨（complaints）实际上是古语中的'控诉（plaints）'"（ibid.：248）。这里存在一个语意的浓缩，Klagen 指的是发牢骚式的抱怨，Anklagen 则指具有对某人控诉性质的抱怨。

根据他的直觉，弗洛伊德意识到忧郁症患者在表达自我谴责时使用的词汇。例如，当患者说"我真没用！"是对他内心冲突的准确描述。"更为重要的是，他（抑郁症患者）本人向我们描述了自己心理状况"（ibid.：247）。鉴于患者自我谴责的语言结构源于其内在冲突组织，弗洛伊德系统地探讨了与之相关的各种因素，并将各个阶段继续分解为不同的组成部分：比如，他描述了个体丧失客体后出现的口欲内摄，通过从客体爱退行到自恋状态，以获得对客体的认同，而返回至主体实际上源于最初对客体的恨等。稍后，我将对这些概念逐个进行介绍，为了正确理解弗洛伊德描述的这些过程，读者一定要密切关注我的描述，一个特别的原因是，弗洛伊德在描述与理论相关的临床材料时是较为含蓄的，不是很清晰。不过，我将尝试对这些过程进行概述。

- **与外部世界的决裂以及自恋撤回**

弗洛伊德首先解释了在忧郁症患者的自我谴责中，用主语"我"替换了

"你"。表面上清晰的表达是"我真没用";实际上,他们在含蓄地表达"你真没用"。那么,与这种口头表达转换相对应的心理过程又是怎样的呢?弗洛伊德解释说,当丧失客体时,正常的哀悼和病理性的哀悼之间有着根本性差别,这种区别源于力比多贯注的方向不同。在正常的哀悼中,个体可以放弃"丧失"的客体,并将力比多撤回,而自由的力比多又可以附着于一个新的客体。然而,在忧郁症中,个体并没有从丧失的客体中撤回力比多,为了防止与客体分离,自我在幻想中"吞噬"了客体,与之融为一体,这正是自恋性认同的发展途径。

> 因此,自我就承载了客体的影子,由此,自我会被一个特殊的机构判断为是一个已经被遗弃的客体。这样一来,客体的丧失转化为自我的丧失,而自我与所爱之人之间的冲突转化为自我的批判与自我认同之间的分歧。(ibid.: 249)

力比多的贯注方向,从客体贯注转到与客体融合的自我贯注。这解释了忧郁症患者缘何对身边的人丧失兴趣,也解释了为什么个体会出现自恋性撤回:忧郁症患者极其关注自身,就好像陷入了自我谴责的旋涡。

此外,指责转向自身也意味着自我的分裂。一部分自我与丧失了的客体相融合,另一部分自我则批评患者,并建立弗洛伊德称之为"良心"的中介机构。"我们将从他身上看到,自我的一部分如何对抗另一部分,对它予以评判并将其看作是自己的客体"(ibid.: 247)。这种批判性的机构组织正是"超我"的前身。

- **爱退行至自恋性认同,恨返还至主体自身**

弗洛伊德写道,抑郁症患者表现出的强烈的自我毁灭倾向,是由于患者对于客体以及自我的爱与恨之间矛盾情感变得更为剧烈,这些情感分道扬镳,并有着自己的发展轨迹。一方面,主体继续爱着客体,但代价是回归到爱的原始形式,从"爱"客体到"成为"客体,即发生了认同。"对客体的自恋性认同就替代了性欲贯注，其结果是，尽管主体与心爱之人之间存在冲突，但二者的爱恋关系仍得以继续"（ibid.: 249）。性欲退行至同类相食的口欲期，在这个阶段，自我通过吞食客体而与之融合。此外，由于自我对所爱客体的自恋性认同，主体对外部世界客体的仇恨从此转向了与客体相融合的自我。

> 如果对客体的爱——即使客体本身已经被摒弃，这份爱仍不能割舍——在自恋性认同中得以保存，那么恨就会施加在这个替代性客体上，虐待它，贬低它，折磨它，并从它的痛苦中得到施虐性满足。（ibid.: 251）

● 外显的自责是对他人隐含的谴责

弗洛伊德指出了一个更具决定性的因素，他指出忧郁症患者的自我谴责同时也是对客体的攻击，换句话说，病人的自恋性撤回过程，仍然伴随着无意识客体关系。他解释道，与强迫症患者类似，忧郁症患者发现，自己很"享受"同时对自己和他人（患者周围的亲友）报以施虐和仇视的倾向。

> 在这两类疾病中，患者的病症是自我惩罚的一种迂回途径，同时以此对所爱客体实施报复与折磨，这样也避免了公开表达自己的敌意。（ibid.: 251）

弗洛伊德认为，忧郁症患者的自我批评是一种攻击客体并对其进行严格报复的方式，他指出，这些患者不仅具有自恋的特征，他们还设法与周围的人保持一种客体关系，而这种关系则建立在憎恨和攻击之上。可能是因为他强调躁郁症患者的自恋撤回，导致他得出这样的结论：这些患者无法建立移情关系，也无法进行分析——因此被称为"自恋性神经症"。后弗洛伊德流派的精神分析师则指出，这些患者不但可以建立移情关系，而且是可以被分析的，虽然在这种移情中，患者对分析师敌对的情绪占主导地位。

弗洛伊德概念的发展

弗洛伊德后期对"哀悼与忧郁"的发展

如果我们对弗洛伊德关于抑郁症的最初假设和后期理论发展进行思考，就能更好地理解他关于抑郁症心理机制的描述。在此，我将简要介绍几个理论要点。准确起见，大家可以在看我的论述的同时翻看弗洛伊德原文的描述。

对生本能与死本能之间冲突的阐述（1920）

弗洛伊德修正了他在 1915 年提出的基于快乐－不快乐原则的本能驱力理论，一个主要的原因是他发现自我毁灭本能在抑郁症患者的心理过程中发挥着至关重要的作用，如果驱力的目的皆为获得满足，那么如何解释抑郁症患者的自杀行为？为了回答这类问题，弗洛伊德于 1920 年提出了全新的本能驱力理论，该理论的基础是生本能与死本能之间的冲突；他用该理论解释诸多精神病理状态，其中就包括忧郁症。

自我、本我与超我之间的冲突（1923）

1915 年，在"哀悼与忧郁"一文中，弗洛伊德将忧郁症患者的自我谴责归因于自我的一部分对另一部分的"批判"，即道德意义上的"良心"或"良心的声音"。1923 年，在弗洛伊德的理论中，这种"批判"成为一种自主体，被称为"超我"，弗洛伊德还提出了另外两个新的自主体，分别是自我与本我，他描述了三者之间的密切联系。在正常情况下，超我对自我有调节作用，而自我必须要应对来自本我的驱力需求。然而，在忧郁症中，弗洛伊德注意到超我对自我过度施虐，因为在这种疾病中，他写道：

（超我）无情残暴地怒斥着自我，就如同它占领了个体内所有施虐的部分。[……]此时，支配超我的正是一种纯粹的死本能，实际上，如果自我不能通过转为躁狂进而抵抗超我的暴虐，这些死本能足以将自我推向死亡。（1923b：53）

自我的分裂（1927）

早在"哀悼与忧郁"一文中，就已经出现了自我分裂的概念，当弗洛伊德在描述忧郁症患者的"道德良心"对自我批判的严峻程度时，他描述了自我的"分歧（cleavage）"，以及一部分自我与其他自我的"分裂（split off）"。

随后，他在关于"恋物癖"（1927e）的论文中，继续完善了有关自我分裂的观点，并认为在抑郁症中，分裂的产生源于个体否认客体的丧失。弗洛伊德讲述了他分析过的两兄弟，当他们还是孩子的时候，"无视（scotomized）"父亲的死亡，不过他们都没有发展成精神病。

> 他们的精神生活中的一股支流没有认识到父亲的死亡，而另一股支流则充分考虑到了这一事实。因此，基于愿望的态度与基于现实的态度并存着。这种分裂已经导致我其中的一个病人形成了中度强迫性神经症的基础。（1927e：156）

换句话说，自我分裂的观点表明，在病理性哀悼中，自我的一部分将否认丧失的现实，而另一部分则可以接受这一现实。在他后期的一些论文中，弗洛伊德越来越重视诸如否认（denial）或拒绝（disavowal）现实，以及自我分裂等现象。

第十八章 1915—1917年撰写的元心理学论文

后弗洛伊德学派

基于弗洛伊德的元心理学论文,克莱因与后克莱因学派的发展

在克莱因引入自己的独特观点之前,她以经典的弗洛伊德理论为基础,构建了自己关于精神分析的假说。她的著作中,一些基本观点源于弗洛伊德的基本概念,其中大部分可见于弗洛伊德的"本能及其变迁"(1915 c)、"论无意识"(1915 e)和"哀悼与忧郁"[1917 e(1915)]三篇论文。

克莱因本人从未提及"元心理学",她倾向于将自己的概念建立于临床实证之上;她特别强调结构概念,如偏执分裂心位和抑郁心位结构,也十分强调投射性认同这个概念。这里,我将对这些概念进行扼要的回顾。

心理运作和变化的结构性概念

通过引入"心位(position)"的概念,克莱因不仅确定了心理结构的两种截然不同的基本心位:偏执-分裂心位和抑郁心位,还对精神分析过程中发生的心理结构变化做出解释。"心位"的概念不同于力比多发展的时间"阶段"(如口欲阶段或生殖器阶段)概念,因为心位是一个结构性概念,旨在反映心理组织所处的当前状态,以及描述心理组织在两种心位之间发生转换的情况。

许多因素影响着偏执-分裂和抑郁心位的构成以及两种心位的转换。这里列举几个因素:自我的凝聚程度(支离破碎还是完整的)、客体关系的性质(部分客体还是完整客体)、采用的防御机制的水平(原始的或更高级的)。在从偏执-分裂心位向抑郁心位的转换过程中,按照弗洛伊德的理论来看,个体将从俄狄浦斯情结的早期阶段(克莱因认为,俄狄浦斯情结是婴儿心理发育早期阶段的一大特征)向俄狄浦斯情结的晚期形式转变。换句话说,凭借"心位"这一结构性概念,克莱因证明了从偏执-分裂心位到抑郁心位的转换，代表着个体的心理功能从精神病性到心理健康的根本性转变。

从"纯粹快乐自我"到爱与恨的整合

克莱因把弗洛伊德1915年在"本能及其变迁"一文中所描述的"纯粹快乐自我"以及与之相关的投射和内摄的概念纳入自己的理论模型。她描述了小婴儿的情感发展，从最初的部分客体关系开始，逐渐发展到能与客体分离的完整客体关系。弗洛伊德是这样描述"纯粹快乐自我"的："既然（自我）面前的客体是快乐的源泉，那么自己就将他们纳入自身，将其'内摄（introjects）'[根据费伦齐（1909）的术语]；另一方面，自我又排斥其内在所有产生不快的东西"（Freud，1915e：136）。以此为基础，克莱因接着描述了婴儿早期的人际关系，指出这种关系最初是与部分客体建立的，即母亲的乳房，它被分裂成一个理想的乳房，是所有期望的来源，和一个迫害的乳房，是仇恨和恐惧的客体，这种情况就是她称的"偏执-分裂心位"。她接着描述了自我及其客体逐渐整合后的发展过程，当婴儿开始感知母亲是一个完整的人并能够去爱母亲时，这一变化的发生就意味着抑郁心位的开始。

如果我们根据克莱因的概念来读弗洛伊德在1915年写的东西，我们可以看到，弗洛伊德在直觉上感觉到，情感的性质和客体关系确实发生了变化；然而，他并没有明确地将这种转变概念化为爱与恨的整合，或者认为是从部分客体关系向完整客体关系的转变。弗洛伊德用以下术语描述了这种变化：

> 必要时，我们可能会说本能"爱"客体，努力追求从客体上获得满足；但是如果说本能"恨"一个客体，我们就觉得很诧异。因此，我们开始意识到，爱与恨的术语不应该用于描述本能与其客体的关系，而只能用来描述自我与客体的整体关系。（1915c：137）

在弗洛伊德关于爱与恨的变迁的理论描述中，克莱因后来又贡献了自己的观点，从而使理论更具有临床实用性。

哀悼和躁郁症状态

弗洛伊德在"哀悼与忧郁"一文中提出的观点也是克莱因的灵感来源，据此她构建了自己的躁狂抑郁状态理论（Klein，1935）。她发现了攻击性与力比多之间的冲突，正如弗洛伊德在1917年描述的成年抑郁症时指出，该问题源于发展早期，并发现抑郁症的固着点在童年早期。根据弗洛伊德关于攻击性和内疚感在抑郁情绪中发挥的作用的探讨，克莱因认为，在这种情况下，修复（reparation）的想法特别重要，个体希望能够恢复或修复被攻击性和毁灭性幻想破坏的客体。她指出，有两种形式的修复：一种是正常的、创造性的修复，来自抑郁心位，与主体对客体的爱和尊重有关；另一种是病理性修复，形式较为多样，例如，针对抑郁情绪的成功否认而出现的躁狂修复；或者用以强制消除抑郁性焦虑的神奇方式——强迫性修复。

比压抑更原始的防御机制

当克莱因意识到，在压抑机制正式建立之前，一些其他的防御机制就已经开始运作了，因此，她对弗洛伊德关于压抑的观点进行了修正。然后她区分了原始的防御机制和压抑机制，前者通过分裂自我来影响自我的结构，后者在不改变自我的结构的情况下对心理内容进行操作。原始的防御机制启用了某种形式的镇压，这种镇压对外部现实和精神现实都有剧烈的影响，而压抑则完全不同。在原始防御机制中，有五种防御机制在克莱因的理论体系中占据特殊位置：否认、分裂、投射、内摄和全能。在1946年，克莱因增加了她称之为投射性认同的防御机制，它是原始投射的衍生物：在投射性认同中，不仅只有本能被投射出去，而且部分的自我也可以通过幻想的方式投射到客体身上。主体为了控制客体，在投射性认同过程中不仅驱逐出自我所有糟糕和招人厌恶的部分，同时驱逐出自我良好的部分。后来，比昂（1959）将病理性投射性认同和正常的投射性认同做了区分，由此这一概念成为克莱因流派精神分析（以及其他当代精神分析思想）的核心概念之一。

病理象征与正常象征之间的转换

借助弗洛伊德在"论无意识"（Freud，1915e）中关于精神分裂语言特点的描述，同时参考克莱因（Klein，1930）关于象征的早期著作，汉娜·西格尔和比昂相继发展了关于象征功能以及病理性象征与正常象征之间转化的观点。

汉娜·西格尔：从象征等同到真正的象征（象征表征）

1957年，西格尔区分了两种象征形成和象征功能："象征等同（symbolic equation）"和真正的象征或象征表征。她指出，象征形成很大程度上依赖于从偏执－分裂到抑郁心位的转换，也与投射性认同的强度有关。当精神分裂患者的客体关系出现了问题，并且投射性认同不断增强，部分自我便与客体以非常具实（concrete）的方式产生认同；因此，个体将象征等同于象征化客体，认为二者完全相同，这便是"象征等同"这一术语的来源。

象征等同是精神分裂性思维的基础；它们也是病理性哀悼的特点，即对丧失客体产生认同。只有当个体出现了抑郁心位，伴随着分离的体验，象征才可以表征客体，而不是成为客体的等同物：由此，打开了个体产生真正的象征（或象征性表征）的大门。应该指出的是，西格尔首先把具实象征（concrete symbolism）看作是朝向偏执－分裂性心位的退行；然而，后来她与罗森菲尔德以及比昂一起，区分了偏执－分裂心位的正常形式和病理性形式，并指出具实象征实际上属于病理性的偏执－分裂性心位。

西格尔（1991）继续主张，象征形成的过程尤其关键，因为象征决定了我们的交流能力，而且我们进行的每一次交流都是借助于象征进行的，不仅包括个体与外界现实的交流，也包括我们与自己的内心世界进行交流。

威尔弗雷德·比昂：创造一个思考思想的装置

1962 年，比昂引入了 α 元素和 β 元素之间的区别。据此，他带来了对象征形成的新理解，病理性象征与正常象征之间转化的新观点；比昂的观点十分不同，可以将其看作是对西格尔理论的补充。α 功能的概念起源于比昂对精神分裂症患者的研究，这些患者无法赋予自身经验以意义，也难以用语言表达它们。比昂的目的是为了阐述如下的过程：感官接收的原始材料是如何转化为心理内容的？这些内容又是如何对精神产生意义，从而可以被思考和被梦加工的？根据比昂的观点，如果一个思想要在一个类似于象征化的过程中能够被心理过程思考，那么就必须有一个"前念（pre-conception）"与"实现化（realization）"相遇：正是这种相遇创造了一个"观念（conception）"。思想形成与理论建构正是以两个元素结合而创造第三个元素为基础。和西格尔一样，比昂也认为思考与情绪紧密相连；这些过程可以通过偏执－分裂心位或者抑郁心位来表达。当 α 功能出问题时，感官资料无法被充分处理，它们仍然作为未被消化的 β 元素保留在心智当中，只能通过投射性认同被排出。

📖 "一个种系发生幻想：移情性神经症概述"［1985a（1915）］

生平与历史

1983 年发现的一份未公开的手稿

这篇论文之所以具有重大意义，是因为它是在 1983 年由伊尔莎·格鲁布里奇－西米蒂斯（Ilse Grubrich-Simitis）在费伦齐委托给巴林特的一系列文稿中偶然发现的，其中附有弗洛伊德于 1915 年 7 月 28 日写给费伦齐的一封信，信中弗洛伊德征询费伦齐对他某些思想的看法。这应

> 该是弗洛伊德的第 12 篇元心理学论文的第一篇草稿，系弗洛伊德亲笔书写，也是他规划出版的著作中 7 篇未发表论文中唯一得以保存的一篇。弗洛伊德计划出版一本著作，12 篇论文各成一章，但只有 5 篇论文在 1915—1917 年间被分别发表。然而，从他的信中可知，他确实写了另外 7 篇文章；看起来，很可能是他自己销毁了那 7 篇文章。正因如此，"移情性神经症概述"一文的发现才令人兴奋不已。
>
> 弗洛伊德在《图腾与禁忌》（1912—1913）中提到了种系发生学，这一主题贯穿他后期的所有作品。弗洛伊德认为，现今人类的精神生活带有我们远古种系发生遗留下来的不可磨灭的痕迹。我们现在认为是精神现实的原始幻想，实际上是发生在史前时代的真实创伤事件所留下的痕迹，甚至可以追溯到冰河时代。

作品解析

> 引文页码参见《一个种系发生幻想：移情性神经症概述》[Freud, 1985a（1915）]。

文章的第一部分采用电报体撰写，简要地回顾了焦虑性癔症、转换性癔症和强迫性神经症这三种"移情性神经症"的主要发病机制。

弗洛伊德提到了压抑、反贯注、替代形成以及症状的作用，等等。论文的第二部分则偏离论文的主体，因为弗洛伊德在此处较为详细地阐述了他的种系发生假设，有时他称之为种系发生的"幻想"。与第一部分不同，这一部分的描述较为全面。弗洛伊德试图将产生神经症（自恋性神经症和移情性神经症）的因素与人类发展的历史相比较，此处，他参考了费伦齐（1913）早期关于这一主题的开创性作品。弗洛伊德宣称，他唯一的研究手段就是他对神经症患者的观察。

因此，人们得到的印象是，力比多的发展史重新演绎了比自我发展更为古老的种系发生史；第一个发展史或许重复了脊索动物门的发展史，而第二个发生史则取决于人类进化史。[1985a（1915）：11–12]

弗洛伊德在这里思考的是史前时代人类所经历的创伤可能对神经症的影响，以及那些与本能驱力相关的因素。例如，他认为"一部分儿童自出生时就带来了源于冰河时代的不安情绪，此后，这种不安的情绪使得儿童将难以满足的力比多视为外在威胁"（ibid.：14）。弗洛伊德在这篇文章中还继续讨论了原始部落中的弑父主题，他认为该事件是人类负罪感和文明的起源，不过这些内容在《图腾与禁忌》（1912—1913）中已经有所讨论。

《精神分析引论》[1916—1917（1915—1917）]

在 1915—1916 年和 1916—1917 年，连续两年的冬季，弗洛伊德举办了一系列公开讲座，吸引了无数的听众，其讲稿以《精神分析引论》为题出版。这本著作的写作风格，读起来就像看到弗洛伊德在与读者进行互动交流，其中还包括许多奇闻逸事和临床实例。该书一出版就获得了巨大成功，至今它与《日常生活的心理病理学》（1901b）一起，可能是弗洛伊德所有著作中最广为流传的两本书。鉴于该著作主要对精神分析从最初诞生到 1915 年的发展进行了回顾性介绍，除对个别观点进行深入阐述之外，在附录中阐述了一些诠释者可能感兴趣的内容，这本书的主要内容在我前面介绍弗洛伊德作品时已经有所讨论，所以我在这里将不再进行具体介绍。

新概念

情感（affects）

矛盾（ambivalence）

良心（conscience）

批判，对自我的批判（criticism, criticism of the ego）

抑郁（depression）

无意识衍生物（derivatives of the unconscious）

自我本能（ego instincts）

感受（feelings）

内疚感（guilt feelings）

恨（hate）

与丧失的客体认同（identification with the lost object）

融合（incorporation）

本能驱力（instinctual drives）

内摄（introjection）

爱（love）

躁狂（mania）

受虐狂（masochism）

忧郁症（抑郁症）[melancholia（depression）]

元心理学（metapsychology）

自恋性认同（narcissistic identification）

正常哀悼（normal mourning）

器官语言（organ-speech）

病理性哀悼（pathological mourning）

种系发生史（phylogenesis）

前意识（preconscious）

原始本能（primal instincts）

"纯粹的快乐自我"（"purified pleasure-ego"）

表征（representation）

观念表征的代表（representative-representation）

压抑（repression）

施虐狂（sadism）

自我谴责（self-reproaches）

象征（symbolism）

暂时性退行（temporal regression）

事物表征（thing-presentation）

地形学退行（topographical regression）

无意识（unconscious）

词语表征（word-presentation）

（李　航　译；余　晔　杨浩波　校）

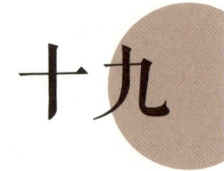

"选自一例婴儿神经症案例的历史('狼人')"
[1918b（1914）]

近看婴儿神经症核心的原初场景

这段引人入胜的叙述是关于弗洛伊德进行的最长的精神分析。这是一个23岁的年轻人的分析故事，他患有严重的心理问题，被认为是无法治愈的；弗洛伊德认为，经过四年半特别困难的分析，来访者被完全治愈了。在讲述这个案例时弗洛伊德几乎没有谈到移情，但他在分析之初写给费伦齐的信中却对他所面对的负性移情的纯粹暴力说了很多："我正在治疗一个年轻富有的俄国人，他因为强迫和强烈的爱而来寻求帮助，在第一节面谈后他向我承认了以下的移情：犹太骗子，他想从背后与我性交和把屎拉在我的头上"（弗洛伊德给费伦齐的信，1910年2月13日）。尽管谢尔盖·康斯坦丁诺维奇（Sergueï Constantinovitch）的性格中精神病的部分没有逃过弗洛伊德的注意，但弗洛伊德的叙述主要集中在来访者的婴儿神经症上；他的目的是通过这个案例来证明，成年期的神经症是建立在婴儿神经症的基础上的，而性在其中起着决定性的作用。弗洛伊德邀请读者跟随他，一起进行一个又一个的发现，一层层地探索谢尔盖·康斯坦丁诺维奇的既往史。

他先是一般性地了解了谢尔盖·康斯坦丁诺维奇童年多个诱惑场景中的

第十九章 "选自一例婴儿神经症案例的历史（'狼人'）"

主角；这让来访者想起了一个他4岁时做的充满恐惧焦虑的梦，这是一个著名的关于狼的梦。弗洛伊德将这个梦解释为来访者在18个月大时所目睹的原初场景——父母之间的性交——的延迟的再激活。弗洛伊德继续他的研究，他通过一系列的特写来审视那个原初场景的各个方面，最后集中在孩子和父亲的阴茎在母亲体内的相遇上。在弗洛伊德看来，这个最初的场景，出现在孩子的无意识幻想中，是失调障碍（disorder）的起点，继而决定了这个年轻人成年后的神经症。通过对谢尔盖·康斯坦丁诺维奇的婴儿性欲理论的详细分析，弗洛伊德强调了小男孩的被动女性倾向（对应反向的俄狄浦斯情结）和男性倾向（对应于俄狄浦斯情结的正向或直接的形式）之间的冲突。一旦这些男性化倾向能够被修通，它们就成功地主导来访者无意识的同性恋冲动，使其康复。然而，谢尔盖·康斯坦丁诺维奇性格中的精神病性方面并没有休眠很长时间。这些症状在1926年再次出现，当时他出现了疑病、妄想的爆发，但在他与露丝·麦克·不伦瑞克进行进一步分析后，这些症状被治愈了，所以他再次恢复了健康。直到他生命的最后，谢尔盖·康斯坦丁诺维奇仍然被认为是"弗洛伊德的著名来访者"，他更广为人知的名字是"狼人"。

生平与历史

谢尔盖·康斯坦丁诺维奇·潘克耶夫（1887—1979）：狼人

他与弗洛伊德的第一次分析

谢尔盖·康斯坦丁诺维奇·潘克耶夫（Sergueï Constantinovitch Pankejeff），后来被称为"狼人"，1910年1月，23岁的他第一次向弗洛伊德咨询。这个年轻人来自一个非常富有的俄国贵族家庭，他当时已经不抱任何康复的希望了。他在求助的几年前就已经开始发病。他在18岁时感染了淋病，之后患上了抑郁症。1906年，父亲自杀后，他的抑郁症恶化，1908年，在他生命中扮演重要角色的姐姐安娜（Anna）也自杀后，他的抑郁症再次恶化。他的精神健康状况不佳，这使他完全丧失了行动能力,他完全依赖他人,再也不能独自去任何地方旅行,时刻需要一名男仆和他的私人医生的陪同。他曾咨询过当时最著名的精神科医生,并在德国的精神科住院治疗过几次,但都无济于事。弗洛伊德在1910年2月就开始跟他的分析,每周五节分析;治疗持续了4.5年。1914年7月,分析结束了,而这个日期是弗洛伊德事先定的。分析结束几天后,第一次世界大战爆发了。谢尔盖·康斯坦丁诺维奇回到敖德萨(Odessa),娶了特雷莎(Teresa),完成了他的法律学习。在弗洛伊德看来,来访者已经完全康复了。

为理论做出巧妙的示例

弗洛伊德对这个治疗的成功感到满意,他在1914年11月和12月撰写了这段治疗,他的叙述主要集中在来访者的婴儿神经症以及性在其中所起的作用;他非常清楚地表示,他无意写一份完整的分析报告。他在开头写道:"这种婴儿神经症才是我想谈的主题"[1918b(1914):8]。为什么弗洛伊德会做出这样的选择呢?因为他想用这个案例来证明他的假设。他想向其批评者证明精神分析的有效性;他特别想到了那些宣布谢尔盖·康斯坦丁诺维奇是一个没有希望的病例的精神病学家——包括柏林的特奥多尔·齐恩(Theodor Ziehen)和慕尼黑的埃米尔·克雷珀林,他们堪称当时最著名的治疗师。此外,弗洛伊德想给他的学生显示婴儿神经症和性在成人神经症中起到了怎样的决定性作用,他们中的一些人开始质疑这方面——特别是荣格和阿德勒,他们都不同意弗洛伊德在这个问题上的看法,但弗洛伊德认为婴儿神经症和性是根本。

狼人不幸的起点

1917年10月(俄历),布尔什维克革命爆发,谢尔盖·康斯坦丁诺维奇变得一贫如洗。他和妻子离开俄国,定居维也纳,他在那里贫困地度过了余生。抑郁、身无分文、失业,他再次求助弗洛伊德,弗洛伊德在1919年11月—1920年2月重新给他进行精神分析。最后,他在一家

第十九章 "选自一例婴儿神经症案例的历史（'狼人'）"

> 保险公司找到了一份文员的工作，并得到了弗洛伊德和他维也纳同事们的资助。但是谢尔盖·康斯坦丁诺维奇的麻烦并没有结束。在1926年精神崩溃之后——严重的偏执——弗洛伊德把他介绍给他的一个学生露丝·麦克·不伦瑞克，她对精神病的精神分析很感兴趣，她开始治疗他（见"后弗洛伊德学派"一节，163–164页）。

作品解析

> 引文页码参见《西格蒙德·弗洛伊德心理学著作全集（标准版）》第十七卷，1–122。

● 一个漫长的治疗过程，其结束时间是事先确定的

在他的序言中，弗洛伊德流露出一些带着后见之明优势的思想。他首先点出了这样一个事实，对如此严重的来访者进行分析是一个挑战；精神病医生诊断他为"躁郁症"，并判定狼人是无法被治愈的。由于无法发现任何支持这种诊断的因素，弗洛伊德事后推断这个来访者可能患有强迫症，这种病在他童年时期出现，在他8岁左右时消失；因此，在18岁之前，他可以过着相当正常的生活，但在18岁时，他又病倒了。弗洛伊德说得很清楚，他打算专注于婴儿神经症，而没有试图写一篇关于这个人疾病的完整描述。"因此，我将讨论的是一种婴儿神经症，它不是在它实际存在时被分析的，而是在它终止15年后才被分析的"［1918b（1914）：8］。

这种治疗持续了4.5年，取得了成功。弗洛伊德对此有两个重要的技术评论。第一个是关于精神分析治疗的时间长短，它必然与病情的严重程度成正比：

> 只有从呈现特殊困难的分析中才能得到新的东西，而克服这些困难需要花费大量的时间。只有在这种案例中，我们才能成功地沉入心智

发展的最深处和最原始的层次，并从那里获得后来形成的问题的答案。（ibid.：10）

最后，精神分析师的耐心因来访者最终的发现而得到回报。"事后我们觉得，严格地说，只有如此深入的分析才配得上精神分析这个名字"（ibid.：10）。第二个技术评论涉及弗洛伊德发现自己有必要确定一个结束分析的日期，这不是通常的程序：他对来访者的不合作感到震惊。"他倾听，理解，保持不可接近"（ibid.：11），于是"治疗的头几年几乎没有产生任何变化"（ibid.：10）。然后弗洛伊德采取了一个不同寻常的步骤，提前一年确定分析结束的日期，并决定不管发生什么都要在那个日期之前结束分析。他高兴地发现，随着结束日期的临近，来访者的阻抗消失了。"[在]不相称的短时间内分析出了所有可能消除他的抑制和症状的材料"（ibid.：11）。弗洛伊德说他也对自己由此获得的成功感到非常惊讶，他也很理解读者们的怀疑，因为他们自己对这种经历一无所知，而这种经历本身就能让人信服。

● 婴儿神经症的连续转变

弗洛伊德首先描述了来访者在治疗之初所呈现的情况，总结了儿童时期的疾病，并确立了主角。他以同样的方式继续他的叙述，以便让我们一步一步地分享他的发现，他这样做的时候继续保持悬念。这个年轻人5岁前一直和他的父母以及比他大2岁的姐姐安娜一起住在一处豪华的乡村庄园里。此后，这家人搬到了城里的一所房子里。他的父亲是抑郁的，他的母亲身体虚弱——来访者在分析过程中才完全意识到这些。他记得小时候有个保姆照顾他，他叫她娜嘉（Nanya），她对他照顾得很周到。

给弗洛伊德留下深刻印象的第一个重大事件是，当来访者还是一个3.5岁的小男孩时，他的性格出现了突然的变化。在此之前，他的脾气一直很好，这之后他变得暴躁、暴力，甚至对他身边的人和动物施虐；这种变化适逢一位英国女家庭教师的到来。在他大约5岁的时候，另一个转变发生了：他开始出现焦虑和恐惧的症状——首先是害怕被狼吃掉（他姐姐利用了这种恐

第十九章 "选自一例婴儿神经症案例的历史（'狼人'）"

惧），然后是害怕毛毛虫和其他动物。第三个转变发生了，他的恐惧症状被一种宗教类型的强迫性神经症的表现所取代，他虔诚祈祷，但祈祷时又有亵渎神明的想法。这些强迫思维逐渐减弱，在他 8 岁的时候消失了，所以这之后他可以过基本正常的生活。因此，弗洛伊德要写的就是对这种婴儿神经症的分析，其他的一概略过不提。

● 诱惑场景的多米诺骨牌效应

由于小男孩性格的第一次变化正好与英国女家庭教师的到来相吻合，弗洛伊德立刻对她产生了怀疑。然后来访者回忆起两段记忆，似乎证实了诱惑在他还很年轻时就已经发生的假设。第一个记忆与家庭女教师口头威胁要阉割他有关，第二个记忆则与他的姐姐有关，她会玩弄谢尔盖·康斯坦丁诺维奇的阴茎。弗洛伊德继续他的研究，他接着详细分析了这两件事的后果，并得出结论，小男孩性格的变化很可能是这两件事的直接结果。他接着分析了由此而来的一系列事件，显示了小男孩是如何离开他的姐姐，即他的第一个诱惑者，而转向他们的保姆娜嘉。有一天，当他向她炫耀他的阴茎时，她责骂他，并告诉他，做这种事的孩子会在那个地方"受伤"——这种威胁引发了他可能失去阴茎的恐惧。当他看到姐姐和另一个小女孩小便后，他想到女孩没有阴茎时，他的阉割焦虑加剧了。

然而，最初的诱惑的多米诺骨牌效应并没有随着对阉割的恐惧而结束。它的影响还持续扩大，导致来访者退行到肛欲施虐阶段，这是他尚未充分发展的性器的性无法弥补的。弗洛伊德描述了年轻男孩采取的"女性的被动态度"，它与肛欲施虐有关，这个描述令人印象深刻；狼人首先对女人采取了这种立场，这是他最早的诱惑者，然后是对他的父亲。

> 看来他姐姐的诱惑迫使他成为一个被动的角色，给了他一个被动的性的目的。这种经历的持续影响下，他的（变化）路径是，从姐姐通过娜嘉再到父亲——从对女性采取被动的态度，到对男性采取同样的态度，并且通过这种方式与他早期自发的发展阶段保持了联系。（ibid.：27）

弗洛伊德说，这时期谢尔盖·康斯坦丁诺维奇的行为问题是特别难以忍受的，他"淘气"的大目标是迫使他父亲惩罚他，如此，他的尖叫只是试图勾引他的父亲，把他拉进一个施受虐关系。弗洛伊德利用这一情况警告家长和教育工作者，不要落入某些孩子所设下的陷阱，这些孩子的行为问题可能掩盖了他们潜意识里想要受到惩罚的愿望。因此，谢尔盖·康斯坦丁诺维奇性格的转变可以被解释为退行到肛欲施虐期；但是当焦虑和恐惧开始浮现时，发生了什么变化呢？

● **与狼有关的梦境和原初场景**

谢尔盖·康斯坦丁诺维奇 4 岁时第一次出现的焦虑，同时还发生了一件事，这不是一件外部事件，而是一个焦灼的梦。

> 我梦见一个晚上，我躺在床上。[……]窗户突然自动地打开了，我惊恐地看到几只白狼坐在窗前的大核桃树上，有六七只。狼浑身雪白，看上去更像狐狸或牧羊犬，因为它们有像狐狸一样的大尾巴，当它们关注什么事情的时候，它们的耳朵就会像狗一样竖起来。我惊恐万分，我显然要被狼吃掉了，我尖叫着醒来。（ibid.: 29）

这位来访者坚持说，这个梦是关于他童年早期发生的一件事，当时他还太小，不记得事情是什么了。随着这个年轻人对这个梦做了越来越多的联想，弗洛伊德逐渐设法将梦的内容与来访者不再记得的事件的性质联系起来。他在这一分析阶段成功地将拼图碎片放在一起，希望可以发现它们的意义。"一件真实的事情–可以追溯到很早期–看–动弹不了–性问题–阉割–他的父亲–可怕的事情"（ibid.: 34）。

弗洛伊德继续详细地描述了一系列推理，这使他认为这个男孩很可能在更早的时候就目睹了父母之间的性行为，那时他才 18 个月大，而且性行为肯定是从后面发生的，这样这个男孩就能同时看到母亲的生殖器官和父亲的生殖器官。弗洛伊德认为，目睹这个原初场景在当时并没有致病效应，即，当

第十九章 "选自一例婴儿神经症案例的历史('狼人')"

谢尔盖·康斯坦丁诺维奇 18 个月大目睹原初场景的时候并不致病,但当他 4 岁时,男孩的性发育使这件事被激活,出现了延迟效应。

那么,我们该如何解释这个梦让人如此焦虑的事实呢?对于弗洛伊德来说,这种过度的焦虑很可能是由于他拒绝自己为了取代母亲的位置,想要被父亲从背后插入的愿望;这种指向父亲的被动态度被压抑了,而他对父亲的焦虑以一种恐惧的形式转移到狼身上。弗洛伊德简略地说:

> 他的焦虑是对指向父亲的性满足渴望的否定——正是这种渴望把他的梦灌进了他的脑袋。焦虑所采取的形式("被狼吃掉"的恐惧)只是(我们听到的,退行的)与他父亲交配愿望的变换,也就是与他母亲用一样的方式获得性满足的愿望的变化。他最终的性目标(对父亲的被动态度)屈服于压抑,因此对父亲的恐惧以对狼的恐惧症的形式出现(ibid.:46)。

但在认同母亲的过程中,男孩认同了被阉割的母亲,这是他的男子气概所反抗的另一种危险。弗洛伊德这样解释这一点:"'如果你想从父亲那里得到性满足,'我们也许可以想象他会对自己说,'你必须允许自己像母亲一样被阉割;但我不同意。'简而言之,这是他男子气概部分的明显抗议!"(ibid.:47)。

- **是真实发生的场景,还是想象出来的?**

这样的原初场景真的是一个这么小的孩子亲眼看见的吗?还是在一个追溯性的幻想中想象出来的?从一系列的角度考虑这一基本问题后,"这是精神分析整个领域中最微妙的问题"(ibid.:103,注释)——弗洛伊德认为如果进行足够的深度分析,分析师将最终确信在 18 个月大时见证这样一个场景完全是有可能的。然而,在这么小的年龄,孩子没有办法理解他所知觉到的东西,因此,一旦孩子的性心理发展有所进展,那些第一印象将不得不经历"延迟修正"(ibid.:48)。从技术的角度来看,弗洛伊德补充说,在分析的过程中，来访者可能会把这些幻想当作是真的。"只有在分析的最后，在幻想被揭露之后，差异才会出现"（ibid.: 50）。换句话说，分析师必须等到来访者能够区分现实和幻想。但无论现实与幻想的权重如何，弗洛伊德似乎都支持这样的观点，即这个场景确实属于个体的过去，无论是个体发生（ontogenetic）或系统发生的（phylogenetic），而且它先于任何可能通过延迟修正而呈现的意义。此外，他说，我们不能用"记忆"或"回忆"来称呼这些场景；当它们在分析处理中出现时，最好完全避免这个术语，因为它们从根本上是建构的产物。

> 我想说的是：可以追溯到如此早的时期的场景（如同我现在谈论的来访者的例子），展示了类似的内容，而且这些场景对这个案例的历史具有如此非凡的意义，它们通常不作为回忆再现，但必须从各种迹象的集合中逐步地、费力地进行推测和构建。（ibid.: 51）

● 从恐怖症到强迫性神经症

第三个变化——当来访者4.5岁时，恐惧症状转变为带有宗教主题的强迫性症状——这是额外因素干预的结果。根据弗洛伊德的观点，宗教主题在很大程度上是谢尔盖·康斯坦丁诺维奇的强迫症的一个特征，他无疑是从他母亲常读给他听的宗教故事中取材的；这个男孩把自己和父亲之间受虐和矛盾的关系置换到了基督和上帝的关系上。在他10岁的时候，他有一个对他有很大影响的德国家庭教师。这个教师很少注意学生对他的痴迷，于是这种痴迷开始缩小，直到完全消失。然而，对他同性恋态度的压抑确实留下了痕迹，使他在青春期无法升华，也无法发展智力。弗洛伊德对他的分析使他消除了压抑，这些压抑被解除了，所以来访者能够升华他的同性恋冲动，并把它们运用到他的社交生活中，当时他只有非常少的社交生活。

● 肛门性欲，金钱和女性认同

在这一章中，弗洛伊德探讨了两个问题：第一个问题涉及金钱和肛欲性

第十九章 "选自一例婴儿神经症案例的历史（'狼人'）"

欲之间的关系，而第二个问题涉及来访者被动的女性态度的各个方面，以及它们与他肠道功能紊乱的关系。

弗洛伊德从联结来访者处理金钱问题的方式与他排便的古怪行为开始着手。例如，这位极其富有的来访者对金钱有一种矛盾的态度。他有时挥霍无度，有时视财如命，这种自相矛盾的行为正好与一种需要经常灌肠的难治性便秘症同期出现。这种对待大便的行为反映在他的性格中：他一直处于怀疑的状态，特别是关于他的精神分析治疗。弗洛伊德说怀疑是"这个来访者最有力的武器，他疾病最爱的权宜之计"（ibid.：75）。

弗洛伊德接着给出了一个很好的描述，作为一个小男孩，谢尔盖·康斯坦丁诺维奇如何建立了一个畸形的成人和他自己的性形象，它们都受到其以肛欲性欲为特征的婴儿性欲理论的扭曲。

第一，来访者回忆起他小时候害怕感染痢疾，因为他的粪便中不时发现血迹。弗洛伊德将这种恐惧解释为一种想要认同母亲愿望的表达，他将自己粪便中的血与母亲经期的血等同起来。他随后的联想使来访者在下述两者之间建立了联系——原初场景中女人所采用的姿势，以及通过肠道疾病表现的肛欲性欲固着的强度：

> 他对女性的认同，他对男性的被动的同性恋态度，通过肛门区来表达。[弗洛伊德写道]这一区域功能的紊乱已经具有了女性柔情冲动的重要性，而且在后来的疾病中也得以保留。（ibid.：78）

第二，弗洛伊德指出，就他的来访者而言，女性是被阉割的，阴道的功能和肠的功能是一样的。换句话说，当他还是个孩子的时候，他就对原初场景有了一个概念，这个概念基本上是基于"泄殖腔理论"（ibid.：79），因为当时他对两性之间的差别以及女性生殖器性行为的作用还没有充分的认识。女性可以被阉割的想法在小男孩身上强化了对阉割自己阴茎的恐惧，这反过来又加强了他对女性的认同以及他对男性的被动的女性化态度。他的同性恋倾向被压抑了，但又以另一种形式重新出现，那就是他高度情欲化的肠道疾病。

> 他指向男性的女性化态度通过压抑被否定了，它又退回到了肠道症状，表现在腹泻、便秘和肠道疼痛上，这些症状在来访者的童年时期非常常见。（ibid.：80）

第三，弗洛伊德更进一步，将三个要素等同起来：粪便、礼物和孩子。他谨慎地继续推进——"当我建构了这些，来访者就接受了最后的一幕"（ibid.：80）——弗洛伊德提出的假设，当他在18个月大的时候目睹了原初场景，小男孩充满了兴奋，通过递给父母一坨大便来打断他们的行为，这给了他一个尖叫的借口。在这个时候，拉一坨大便不仅仅是对父母的一种挑衅，它还具有礼物的意义——实际上是把孩子送给父亲，因为在日常对话中，"礼物"和"孩子"通常被认为是等同的。此外，弗洛伊德说，排出粪便可能被体验为阉割的原型，这是为了获得父亲的爱而付出的代价。这种幻想让人想起首席法官史瑞博的妄想，他愿意接受阉割，以成为天父的妻子。

在详细讨论了来访者无意识的同性恋倾向之后，弗洛伊德在这一章的结尾强调了他同时存在的异性恋倾向。他表明，事实上，阉割的威胁来自父亲，这是对父亲无意识的敌意（甚至希望他死）和与他对父亲的爱有关的内疚的来源。这个小男孩所走的通路很简单，就是正向的俄狄浦斯情结，弗洛伊德说，这是所有神经症患者都有的。

● 一个诱惑场景很可能遮掩了另一个

在确定了分析结束的日期后，最后几个月的工作带来了新的因素，这些元素使临床图像完整，这是在分析接近尾声时常见的情况。来访者回忆起一个他以前从未提起过的诱惑场景；这件事显然发生在他2岁之前，还涉及格鲁沙（Grusha，娜嘉之前的保姆）。他记得他看见格鲁沙跪在地上擦地板；她的屁股朝向他，他就往地上撒尿，她威胁要阉割掉他。对弗洛伊德来说，这一事件在他的来访者的头脑中建立了一种联系，在一个跪着的年轻女子和性

第十九章 "选自一例婴儿神经症案例的历史（'狼人'）"

交场景中的女子之间建立了一种联系；这样，保姆成为母亲的替代者，男孩认同了他的父亲："因为这个画面的激活，他充满了性兴奋，就像他的父亲（父亲当时的行为被年幼的他理解为撒尿），他对她表现出一个男性的方式"（ibid.：93）。根据弗洛伊德的理论，这种记忆和伴随它而来的幻想很可能是伴侣的臀部对这个年轻人产生特殊吸引力的基础，也是他倾向于贬低他爱的客体的基础，他总是从出身卑微的女人中挑选对象。

来访者确信，只有他可以返回在母亲的子宫里重生的情况下，他才能被治愈，弗洛伊德用特写原初场景来总结了这个电影般的追踪镜头，甚至到了想象母亲的子宫内部的情况。弗洛伊德甚至认为，回到母体子宫内的愿望，不仅是为了获得重生，也是为了与父亲性交。

> 他希望自己能回到子宫里，不仅仅是为了能重生，也是为了能和父亲交媾，能从父亲那里得到性满足，能给他生个孩子。（ibid.：101）

在这里，我们就像在放大镜下观察一样，原初场景中的主角并不像以前那样是完整的客体，而是部分客体——母亲子宫里的父亲的阴茎——就像他们在童年早期幻想中出现的那样。

> 有一种愿望是在母亲的子宫里，以在性交中取代她——为了取代她在父亲这边的位置……人们希望回到母亲的性器中去；在这种联系中，男人认同自己的阴茎，并用它来表征自己。（ibid.：101–102）

弗洛伊德说，想要在母亲子宫里的欲望与心理双性恋有关，而且是针对父亲和母亲的。"因此，这两种幻想相互对应：取决于主体的态度是女性还是男性，取决于他想与父亲或母亲性交的愿望"（ibid.：102）。弗洛伊德认为，事实上，"两个乱伦愿望"在来访者的头脑中是统一的。在详细分析了这两种倾向在来访者身上体现的各种形式后，弗洛伊德认为异性恋倾向会取胜：男孩对父亲的认同导致了正向俄狄浦斯情结的消解，而对同性恋倾向的压抑的解除使来访者能升华其同性恋倾向，从而使来访者走上康复之路。

● **关于移情的三言两语**

弗洛伊德在此之前的全部论述都集中在一系列的建构和重构上，只有到这个部分他才明确提到移情。他指出，每当在分析过程中出现困难时，来访者就会首先威胁要吃掉弗洛伊德，然后再提出各种各样的虐待。弗洛伊德认为这个愿望与无意识的吞噬分析师的欲望有关，这是一种爱与恨的表达，是矛盾心理的影响——尽管他没有更多地谈到他的来访者的移情。此外，他还提出了一些关于压抑的原因的观点，因为在他看来，来访者的男性和女性倾向之间的冲突本身并不是一个令人满意的解释。弗洛伊德得出结论，压抑可能更多地与"自我"和"性倾向"（即力比多）之间的冲突有关。

在对这段病例史的总结中，弗洛伊德再次回到了他的系统发育假说：也许压抑是一种回到原始的、本能的知识的信号，这些知识无法被表征，对应于"一些难以定义的知识，一些预备被理解的知识，（这）是在儿童期起作用的知识"（ibid.：120）。然而，就目前而言，"我们所能利用的只有单一的类比——这是一个极好的类比——关于动物的深远的本能知识"（ibid.：120）。弗洛伊德遵循这一思路。"如果人类也拥有这样一种本能的禀赋，那么它就应该是与性生活的过程有关，即使它可能不只局限于这些"（ibid.：120）。如果我们将这一假设进一步推进，"压抑就是回归到这些本能的阶段"——因此可能存在更早的类似本能的初级阶段。然而，弗洛伊德很清楚围绕这些系统发育假说的保留意见。

> 我认为，只有当精神分析严格遵守正确的优先顺序时，它们〔系统发育假说〕才可被接受，并且，在强行穿越个体所获知的各个层次之后，最后才会见到遗传的痕迹。（ibid.：121）

第十九章 "选自一例婴儿神经症案例的历史（'狼人'）"

后弗洛伊德学派

狼人的后续分析

接受露丝·麦克·不伦瑞克分析的时期：1926—1927

经过几年的喘息后，1926年，谢尔盖·康斯坦丁诺维奇罹患严重的偏执。他再次咨询了弗洛伊德，后者让他去找露丝·麦克·不伦瑞克——一位美国血统的精神分析师，当时她正在接受弗洛伊德的精神分析。分析持续了5个月，于1927年2月结束。"此后，狼人在一个小的官僚机构中工作得很好，而且相对有生产力"［Mack Brunswick，1928b（Gardiner，1989：263）］。露丝·麦克·不伦瑞克（1928a）与弗洛伊德密切合作，发表了关于这段精神分析治疗的文章。她描述了那个被她称为"狼人"的男人在1926年10月向她咨询时的绝望状态。这个绰号一直沿用至今。"在分析里，他疯狂地谈论他的幻想，完全脱离了现实。他威胁要射杀弗洛伊德和我"（Gardiner，1989：290）。一位皮肤科医生让他受伤，他出现了疑病性的固执思维（idée fixe），因为他确信自己鼻子上有个洞，因此他的余生都是被毁容的。尽管困难重重，她不得不在这个分析中处理出现的迫害妄想和疑病妄想，露丝·麦克·不伦瑞克成功地分析了来访者人格中的精神病性的部分，这是弗洛伊德未能在他1918年的报告中考察的部分。此外，她使来访者能够修通他对弗洛伊德的未解决的移情，以及对他前精神分析师的矛盾心理。当然，他钦佩这位精神分析师——声称他确实是对方"最喜欢的儿子"——但他也憎恨这位精神分析师，并指责他毁了自己。她还分析了狼人的负性移情，特别是当他把她与弗洛伊德进行不愉快的比较时，他对她的蔑视——他经常这样做。在他的偏执中，他认为自己不需要为目前的精神分析付费是很正确的——就像他觉得弗洛伊德和其他精神分析师定期给他的经济帮助都是他们欠他的。

渐渐地，露丝·麦克·不伦瑞克成功地分析了他的迫害妄想，这要特别感谢来访者的一个梦，在那个梦中，狼以迫害者的身份再次出现，威胁要杀死他。在最后一个梦中，来访者现在的疾病和淋病感染有联系，在他18岁时的淋病感染引发了他的神经症；他的阉割焦虑和他父亲之间的联系从此变得清晰起来。她补充说，正是在这个梦之后，"来访者实际上完全放弃了他的妄想"（ibid.：296）。在1945年的一份笔记中，露丝·麦克·不伦瑞克说，这段分析在1928年之后的几年里不定期地持续着，治疗效果很好且持续良久，尽管来访者的生活中出现了重大的个人危机，类似第二次世界大战之类的事件对他的影响程度都很小（ibid.：263–264）。

露丝·麦克·不伦瑞克专门研究精神病，这无疑是弗洛伊德将谢尔盖·康斯坦丁诺维奇转介给她的原因之一。此外，她对早期的母子关系特别感兴趣，她是最早在作品中使用"前俄狄浦斯"一词的精神分析师之一，这个词后来也被弗洛伊德采用。尽管她自己的心理健康状况还有待改善，但正是她在治疗精神病方面的专业经验，使她能够再次拯救"狼人"，正如她1928年对治疗的描述清晰表明的那样。

缪丽尔·加德纳和狼人

1926年，美国精神分析师缪丽尔·加德纳（Muriel Gardiner）遇到了谢尔盖·康斯坦丁诺维奇，并与他成为朋友；她对他的兴趣一直持续到狼人去世。1938年，另一个不幸的事件袭击了谢尔盖·康斯坦丁诺维奇：他的妻子在奥地利被纳粹德国吞并的时候自杀了。从1945年起，谢尔盖·康斯坦丁诺维奇越来越多地被看作是弗洛伊德的老来访者，他不仅得到了缪丽尔·加德纳（1971）的帮助（缪丽尔·加德纳在1971年鼓励他出版自己的回忆录），也得到了全世界精神分析业界的帮助，尤其是弗洛伊德档案的保管者库尔特·艾斯勒。1979年谢尔盖·康斯坦丁诺维奇在维也纳去世。狼人死后，加德纳（1983）发表了她与狼人最后一次会面的记录，在附录中，她对记者卡琳·奥布胡泽（Karin

Obholzer）在 1980 年对狼人的描述（Obholzer & Pankejeff, 1982）表示了质疑，认为这个描述是扭曲的。

新概念

爱与恨之间的矛盾（ambivalence between love and hate）
肛欲性欲（anal eroticism）
阉割（焦虑）[castration（anxiety）]
延迟行动（deferred action）
分析的结束（end of an analysis）
婴儿神经症（infantile neurosis）
婴儿性欲理论（infantile sexual theories）
被动女性态度（passive feminine attitude）
恐怖症（phobias）
原初场景（primal scene）
宗教强迫症（religious obsessions）
诱惑场景（scenes of seduction）
移情（transference）
无意识的同性恋（unconscious homosexuality）

（王　觅　译；余　晔　杨浩波　校）

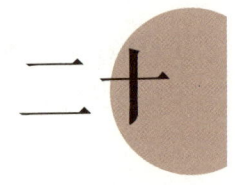

"陌生熟悉恐怖感[①]"
(1919h)

矛盾情感的一千零一个面

在德文中，"das Unheimliche"一词具有许多其他语言所不具备的内涵。形容词 unheimlich 在日常使用中常唤起矛盾的感觉，它结合了熟悉的（heimlich）与不熟悉的（un-heimlich），换句话说，就是奇怪的、陌生的感觉。本文灵感来自几部文学作品，可能任何翻译都无法充分完全地表达本文的韵味，但读者无法逃避 unheimlich 所唤起的无限多样的情感和弗洛伊德建议的一系列解读所带来的醉人效果。此外，正是在这篇论文中，弗洛伊德写到了"强迫性重复（compulsion to repeat）"。当时他正在研究这个概念对生死本能的基本冲突的临床意义，这个概念从《超越快乐原则》(1920g) 这本书开始将发挥越来越重要的作用。

[①] Uncanny，亦被翻译为怪怖者。——译者注

生平与历史

第一次世界大战及战后岁月

弗洛伊德匮乏和孤独的时期

战争年代给弗洛伊德和他的家人带来巨大的苦难。他深受食物短缺和寒冷之苦,以至于在冬天——正如他在信中所说——他无法正常握笔,且烟草短缺。他的几个儿子被征去服兵役,每当他没有儿子的消息时,他就很担心;而且患者越来越少,事实上,有时他只有一个患者。同时他拒绝了琼斯移民到伦敦的建议。尽管他在美国的兄弟能够给他一些经济上的资助,但弗洛伊德在战争一结束就悉数归还,他的全部精力都用在了设法满足他家庭的基本需求上。在战争年代,科学进展难于取得成效;弗洛伊德几乎没有精力去继续挣扎,他似乎要在不久的将来听天由命了。然而,当布达佩斯的酿酒商富翁、弗洛伊德的前患者安东·冯弗罗因德(Anton von Freund)着手资助一家专门出版精神分析出版物的出版社,并捐赠了一笔数额可观的资金时,弗洛伊德的希望被重新点燃。由此,国际精神分析出版社(Internationaler Psychoanalytischer Verlag)诞生了,并在接下来的几年里出版了5种学术期刊、150余本著作,以及弗洛伊德的全部11卷著作。1918年9月,弗洛伊德和费伦齐在布达佩斯组织了一次国际大会,这次大会吸引了奥匈帝国政权的一些官方代表的注意,他们主要是对精神分析在治疗战争神经症方面的作用感兴趣。

战后困难时期的重聚

1918年停战后,维也纳人民的生活仍然很困难,如同战争年代。1919年的《凡尔赛条约》导致属于旧奥匈帝国的领土解体,布尔什维克革命则完全打乱了东欧的政治格局。维也纳和布达佩斯之间的边界被关闭了，因此弗洛伊德与费伦齐的交流也停止了。剧烈的通货膨胀意味着奥地利克朗几乎失去了价值，弗洛伊德决定只接受那些能用外币支付的患者，主要是美国和英国的被分析者。1919 年 9 月，因战争而分别了 5 年的琼斯又一次得以探望弗洛伊德。1919 年，弗洛伊德的儿子马丁结婚了，弗洛伊德还去汉堡看望了女儿索菲·哈尔贝施塔特 – 弗洛伊德（Sophie Halberstadt-Freud），当时她刚生了一个儿子——之后的"Fort-Da"男孩①。不幸的是，索菲在 1920 年去世了，战后肆虐的流感夺走了她的生命，她的去世让弗洛伊德非常伤心。1920 年 9 月，第六届国际大会在海牙召开。57 名成员出席了会议，琼斯当选为国际精神分析协会（IPA）的主席。

作品解析

引文页码参见《西格蒙德·弗洛伊德心理学著作全集（标准版）》第十七卷，217–252。

● 探索特定形式的焦虑

弗洛伊德说，从过去到现在，他一直被 unheimlich 这个词背后的各种感觉所困扰。乍一看，它们似乎与某种可怕的东西有关，某种引起焦虑和恐惧的东西。然而，他补充说，这里涉及的不仅是焦虑，还有一个"特殊的内核"的感觉，毫无疑问，它就在无意识的某个地方。弗洛伊德从两个方向寻找这个"内核"：首先是词源，然后是引起这种感觉的不同类型的情况。他指出，这个词在德语中是常用的，而在其他语言中没有确切的对应词汇。

---

① Fort-Da 是弗洛伊德为他当时 18 个月大的外孙玩的一个游戏取的名字，这个男孩会反复把木制线轴从他的小床上扔出去，一边扔一边喊"噢"，迫使他的母亲为他捡回来，这时他会发出赞赏的"啊"。弗洛伊德将这些声音解释为婴儿对"fort"（意思是"消失"）和"da"（意思是"那里"）的近似表达。——译者注

在德语中，从词源学的角度来看，正如弗洛伊德所指出的，unheimlich 是 heimlich 的反义词，heimlich 意味着熟悉的、亲密的、已知的、家常的东西。但是 heimlich 这个词也意味着隐藏的、秘密的、不为人知的、在别人背后做的事情，甚至是危险的——heimlich 的这个含义与它的反义词 unheimlich 的含义几乎是一致的，unheimlich 指应该保持秘密和隐藏但却被曝光的一切事物。于是，日常用语中 heimlich 几乎不知不觉地转向其反面 unheimlich。"因此，heimlich 这个词的含义朝着矛盾的方向发展，直到最后与它的反义词 unheimlich 相吻合。Unheimlich 在某种程度上是 heimlich 的一个子类"（1919h：226）。

● 从陌生熟悉恐怖感到阉割焦虑

然后，弗洛伊德回顾了那些能够在我们身上唤起陌生熟悉恐怖/古怪（uncanny）感觉的事物、人物和情况。一个特别好的例子发生在我们不知道与我们打交道的人是死是活的时候，许多小说的叙述都是基于这种令人不安的感觉。例如，霍夫曼（Hoffmann）的"沙人（The Sand Man）"特别说明了这一观点：主人公纳撒尼尔（Nathaniel）爱上了奥林匹亚（Olympia）——一个蜡像，尽管他不确定她是活着还是没有生命的人物。奥芬巴赫（Offenbach）在他的歌剧《霍夫曼的故事》（*Tales of Hoffmann*）中也采用了这一主题。此外，纳撒尼尔对科佩利乌斯（Coppelius）也有同样不确定的焦虑，他不确定科佩利乌斯是否也是可怕的沙人。当科佩利乌斯的身影回来时，纳撒尼尔陷入了疯狂；在恐惧中，他从高塔上跳下结束了自己的生命。然而，弗洛伊德说，在这个奇幻故事中，最强烈的古怪的形象来自沙人，他威胁要挖掉孩子的眼睛。失去视力不仅带来一种理智层面的恐惧；从精神分析的角度来看，它尤其让人联系到婴儿期与阉割焦虑有关的恐惧。换句话说，对纳撒尼尔来说，沙人代表着可怕的父亲，在他手中，阉割是很有可能的。我们在这里看到了与俄狄浦斯神话的联系，在这个神话中，英雄通过挖出自己的眼睛对自己进行惩罚。

● 从双重自恋到双重自我——超我的前身

霍夫曼也不失时机地利用了 unheimlich 感觉中所包含的悖论，双重性（the double）的概念以多样化的方式被表达出来。例如，弗洛伊德指出，在纳撒尼尔身上，父亲的形象经历了一系列的"双重性"和"分裂性"演变，成了一组对立面——特别是在一个威胁要阉割他的可怕的父亲和一个保护他的"好"父亲之间（ibid.: 232, 注释 1）。弗洛伊德说，正如我们从精神分析中知道的那样，这样的双重性和分裂性演变出现在许多种心理状态中——比如"双重自恋（narcissistic double）"的形式，其目的之一是确保自我的一部分能够逃脱死亡。双重性的想法以各种形式出现，特别是在一些现象中，心理过程从一个个体立即传输到另一个个体。这很容易让人联想到心灵感应，对弗洛伊德来说，

> 其特点是，主体向他人认同，因此他对自己是哪种自我，或是否是用外在的自我代替自己，感到怀疑。换句话说，存在着自我的双重性、分裂性和互换性。最后是同一事物的不断重复——相同的特征或性格或沧桑世事的重复，相同的罪行，甚至相同的名字在连续几代人中的重复。（ibid.: 234）

弗洛伊德接着描述了另一种"双重性"——它是由一个特定的人格结构形成的，这个结构对心灵进行审查，我们称之为"良心"。这个结构"能够像对待客体一样对待自我的其他部分，[这样]人就能够自我观察"（ibid.: 235）。1923 年，弗洛伊德赋予了这个人格结构以特定的位置，他当时将其称为"超我"。

● 从相同特征的重复到"强迫性重复"

产生陌生熟悉恐怖感的双重性也在与"重复相同特征"相关的现象中起作用，即令人不安的情境是新奇或陌生的但同时又是熟悉的。这与我们在迷雾中体验到的焦虑是一样的，当我们认为自己已经离开了起点，却发现自己

又回到了原地；然后我们焦虑地意识到，我们一直在绕圈子而没有注意到这一事实。但还有另一种形式的重复会引起更多的焦虑：那就是弗洛伊德所说的"强迫性重复"。

> 因为我们有可能认识到，在无意识的心理中，一种来自本能冲动的"强迫性重复"占主导地位，而且可能是本能的本质所固有的——这种强迫性强大到足以超越快乐原则，使心理的某些方面具有恶魔的特征，而且在小孩子的冲动中依然非常清楚地表现出来；这种强迫性也是促使神经症患者进入到精神分析过程中的一部分原因。（ibid.：238）

弗洛伊德在这里只是概述了他当时正在研究的主要课题之一，这将是他《超越快乐原则》（1920g）一书中要深入探讨的主题。

在本文的最后，弗洛伊德研究了一些可能引起既熟悉又陌生的矛盾感觉的精神病理情况。例如无法区分现实和幻想、疯狂和心理健康，等等。这种现象与对思想的神奇全能的信念有关，这种信念同样夸大了精神现实凌驾于物质现实的力量。在弗洛伊德看来，熟悉又陌生的感觉（unheimlich）是被压抑者的特征之一：被压抑的内容被体验为陌生熟悉恐怖感，可以追溯到曾经熟悉的婴儿情结的复苏。事实上，文学创作正是基于个体的被压抑的材料，当它成功地使用了作者的想象力所能调用的所有手段时，就会在读者中创造一种既迷人又陌生熟悉恐怖的效果。

后弗洛伊德学派

俄狄浦斯情结中的二分父母意象

弗洛伊德在"陌生熟悉恐怖感"中讨论的文学和精神分析主题是如此多产和多样，因此毫不意外地启发了许多后弗洛伊德精神分析师继续探索思考这些问题。

在我看来，其中一个被继续思考的问题是父母意象的二分法，这是俄狄浦斯情结常常被忽视的一个方面。当我们参照索福克勒斯的《俄狄浦斯王》来思考俄狄浦斯情结时，一般来说，我们只想到一对父母，即底比斯的国王和王后，拉伊俄斯（Laïus）和荷卡斯塔（Jocasta）。正如D. 奎诺多茨（D. Quinodoz, 1999, 2002）指出的，我们往往会忘记，当俄狄浦斯被他们抛弃时，他被另一对夫妇——科林斯的国王和王后波利布斯（Polybus）和梅罗佩（Merope）收留收养。在俄狄浦斯神话中英雄实际上有两对父母——亲生的和收养的，因此父母的形象被二分为"抛弃的父母"和"收养的父母"。因此，如果我们像D. 奎诺多茨所建议的那样，把俄狄浦斯的神话当作一个患者带给我们的梦来分析，就会发现这种二分法的一个结果是，俄狄浦斯没有很好地处理他的情结。当他得知他的养父波利布斯的自然死亡时，他认为神谕所说"你要弑父娶母"与他无关。后来他才知道，波利布斯和梅罗佩是他的养父母，而拉伊俄斯和荷卡斯塔才是他的亲生父母。

正是因为他的父母被二分，俄狄浦斯才得以实现他无意识的愿望，因为没有任何东西可以阻止他实现这些愿望：他可以杀死拉伊俄斯并与荷卡斯塔结婚，因为他们不是他所认识和喜欢的父亲和母亲。通过将父母的意象二分为两对独立的夫妇，俄狄浦斯逃避了三角关系的复杂性，但是，由于没有阐明这一情结，他不能理解和修通这个问题。[D. Quinodoz, 2002（2003：72）]

D. 奎诺多茨指出，一些患者不自觉地将他们的父母意象加倍，以避免面对某些形式的焦虑，如阉割焦虑、矛盾或孤独，但这只会阻碍他们俄狄浦斯情结的消解。

生平与历史

欧内斯特·琼斯（1879—1958）

作为弗洛伊德的亲密伙伴和关于他的权威传记的作者，琼斯在精神分析的发展中发挥了重要作用，在英语世界尤为如此。多年来，琼斯一直担任国际精神分析协会（IPA）的主席，他创立了英国精神分析学会和《国际精神分析杂志》。他帮助梅兰妮·克莱因在英国定居，后来又在克莱因和安娜·弗洛伊德两相对立的"大论战（Controversial Discussions）"中充当中间人。

琼斯1879年出生在威尔士，后在伦敦学习医学。他在1906年接触到了弗洛伊德的工作，并在慕尼黑逗留了一段时间，以便进一步学习神经学知识和德语，从而能够阅读《梦的解析》。1908年，他在维也纳结识了弗洛伊德，之后保持定期与他通信，直到弗洛伊德1939年去世。在1908年的萨尔茨堡大会上，琼斯提出了"合理化"的概念，这依然是现代精神分析的经典概念，即尽管主体不知道其背后的真正动机，但对某种态度或意见或其他方面提出了符合逻辑的解释这一防御机制。1909年，琼斯的一个女患者的兄弟对他提出了投诉；虽然他被法庭洗脱了所有的指控，但他的医学生涯却走到了尽头。琼斯和他的未正式结婚而一起同居的妻子洛·卡恩（Loe Kann）离开了伦敦，并在随后的5年里在多伦多定居。在加拿大，他联络了几个美国精神分析学家，并成立了美国精神分析协会（American Psychoanalytic Association）。1913年，当琼斯回到欧洲时，他首先去了布达佩斯，在那里他短暂地接受了费伦齐的精神分析，然后回到了英国。与此同时，弗洛伊德已经开始分析洛，她很快就离开了琼斯，并于1914年在布达佩斯与别人结婚；弗洛伊德是她婚礼上的客人之一。1914年6月，当时18岁的安娜·弗洛伊德访问了伦敦，琼斯在那里开始和她约会。弗洛伊德听说后，写信给安娜，告诉她结束这段关系；他说琼斯不会成为好丈夫，安娜遵从了她父亲的愿望。1916年,琼斯与一位年轻艺术家结婚,而这位妻子在两年后去世。

第一次世界大战期间,琼斯在伦敦从事精神分析工作,他在各种研讨会上宣读文献,使得许多对弗洛伊德态度有所保留的医生和更多的人都熟知了弗洛伊德的工作成果。由于琼斯继续用德语发表文章,他被《泰晤士报》指责为与德国和奥匈帝国合作;在一次官方调查证明他无罪后,他被允许接收德语的学术出版物——这尤其意味着他可以与弗洛伊德保持联系。1919年,他与来自维也纳的凯瑟琳·约克（Katherine Jolk）结婚,并育有四个孩子。也是在这一年,琼斯成立了英国精神分析学会,并在1920年与奥加尔特出版社（Hogarth Press）联合创建了国际精神分析出版社。1920年,琼斯首次当选为国际精神分析协会（IPA）主席,并担任了4年的主席职务;他还创办了《国际精神分析杂志》,并担任该杂志的主编直到1939年。此外,琼斯是《西格蒙德·弗洛伊德心理学著作全集（标准版）》的发起人。

他帮助梅兰妮·克莱因于1926年在英国定居。他为她的观点辩护,反对弗洛伊德和安娜·弗洛伊德对她的批评,但同时琼斯又设法与弗洛伊德保持良好的关系,并继续与他一起工作（Steiner, 2002）。1932年,琼斯再次被选为IPA主席,并一直担任这一职务直到1949年。在20世纪30年代末,他帮助相当数量的犹太精神分析师从柏林、维也纳和布达佩斯移民到英国和北美;当弗洛伊德和他的家人逃离维也纳以躲避纳粹时,是琼斯和玛丽·波拿巴公主一起组织他们离开并帮助他们在伦敦定居。第二次世界大战期间,在英国精神分析学会内部发生的"大论战"中,琼斯在安娜·弗洛伊德和梅兰妮·克莱因之间的意见分歧中充当了调解人。

1946年,琼斯退休,用他生命中的最后10年写了一本详尽的弗洛伊德传记《西格蒙德·弗洛伊德的生活与工作》(*The Life and Work of Sigmund Freud*, Jones, 1953—1957),以及他自己的自传《自由联想》(*Free Associations*, Jones, 1959)。在他的职业生涯中,琼斯发表了相当数量的关于精神分析理论和临床的论文；其中最重要的是关于"象征主义理论（The Theory of Symbolism）"（1916）、"女性性欲的早期发展（The Early Development of Female Sexuality）"（1927）和"早期女性性欲（Early Female Sexuality）"（1935）。正是由于琼斯，在1922年的柏林大会上发生了一场关于女性性欲的辩论；这场辩论在精神分析思潮的英国学派和维也纳学派之间造成了分歧。正是琼斯提出了"失欲症（aphanisis）"的精神分析概念，来描述两性性欲的消失，他认为这种恐惧甚至比阉割焦虑更原始（Jones，1927）。欧内斯特·琼斯于1958年在伦敦去世。

新概念

强迫性重复（compulsion to repeat）

双重性（doubling）

重复，相同特征的重复（repetition, repetition of the same features）

分裂（splitting）

双重（the double）

双重自恋（the narcissistic double）

陌生熟悉恐怖感（the uncanny）

（许 珂 译；余 晔 杨浩波 校）

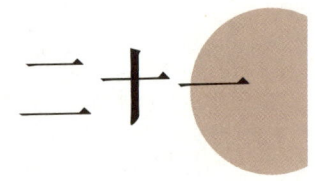

"一个正在挨打的小孩(对性倒错起源研究的贡献)"
(1919e)
"一位女同性恋个案的心理成因"
(1920a)

首次探索倒错和施受虐

通过这两项研究,弗洛伊德得以证明:正如俄狄浦斯情结在神经症中的作用那样,它在倒错中也起到了至关重要的作用。弗洛伊德表示,倒错与神经症一样,都起源于婴儿神经症。此外,他也强调了心理双性恋的重要作用,心理双性恋意指正常人和患者的心智中都既存在男性化也存在女性化的成分。

"一个正在挨打的小孩"一文中,弗洛伊德写道,在挨打幻想里,受虐的典型特征——由痛苦激发的性愉悦与乱伦客体的性欲化之间有着紧密的联系。在弗洛伊德看来,女孩的挨打幻想构成了她对父亲的无意识乱伦幻想的替代物。另外,就挨打幻想而言,弗洛伊德还描述了男性的"女性化态度(feminine attitude)",这是与父亲之间的被动情欲关系的替代物,是男性受虐的典型特征。

"一位女同性恋个案的心理成因"一文中,弗洛伊德描述了一个18岁女孩的治疗(后中断)。这个女孩爱上了一位年长的女性。这是弗洛伊德发表的

第二十一章 "一个正在挨打的小孩（对性倒错起源研究的贡献）"

最后一个临床案例，出于保密的考虑，他不再认为发表案例报告是可取的。该案例给了弗洛伊德研究女性同性恋的机会，而直至那时，精神分析研究仍严重忽视着这一主题，这无疑是因为与男性同性恋相比，女性同性恋虽同样常见却"远逊其灼华"（1920a：147）。这段分析没能持续多长时间，因为患者虽然听着弗洛伊德说的话，却没有真切感受到这些与她自己有关。当弗洛伊德意识到她的阻抗源于她对他的敌意移情时（她在与弗洛伊德的移情情境中重现了想要报复父亲的愿望），他结束了治疗，并建议患者与女性精神分析师继续分析。在解释这位患者的同性恋起源时，弗洛伊德尤其强调了正向俄狄浦斯情结，也就是她对父亲的冲突，但几乎没有提及这个女孩对母亲的前俄狄浦斯爱恋所起到的决定性作用，而这是他在20世纪30年代将会考虑到的方面。

本章末尾，我会探讨弗洛伊德的女性观的不同发展阶段。

生平与历史

弗洛伊德对女儿安娜的分析

安娜·弗洛伊德和挨打幻想

虽然弗洛伊德本人对此相当小心谨慎，但在传记作者们看来，弗洛伊德的女儿安娜几乎无疑是他在"一个正在挨打的小孩"一文中讨论到的个案之一（Young-Bruehl，1988）。安娜受苦于这类幻想，这也是致使她在1918—1922年第一次接受分析的症状之一，而她的分析师则是她父亲。这在现如今必然是反常的，但那时，这种做法的害处还没有被认识到。1922年分析结束后，安娜写了一篇专题论文，文中描述了一个15岁女孩的挨打幻想。通过提交这篇论文，安娜成了维也纳精神分析学会的成员。后来，她将此文出版，并冠名为"挨打的幻想与白日梦（Beating Fantasies and Daydreams）"（1923）。不过，她的挨打幻想远未结束。1924年，这些幻想再次突然爆发，使她重新回到了分析中，分析师仍是她的父亲。1924年5月5日,她在寄给露·安德烈亚斯-莎乐美的信中写道:"继续的原因[……][是]间或且不合宜的白日梦闯入,与之伴随,我也越发难以忍受挨打幻想和它们带来的后果(自慰)。有时是身体上的难忍,有时是心理上的难忍。这些是我无法消除的"(引自 Young-Bruehl, 1988: 122)。

对弗洛伊德的女性观的影响

弗洛伊德对女儿的分析无疑极大影响了他在女性性欲上的思路。弗洛伊德对安娜的第一次分析与他发表的"一个正在挨打的小孩"之间有着密切的关系,而他与安娜的第二次分析也激发了他的动力,让他写出了"两性解剖学差异的心理后果"(Freud, 1925j)一文,不过没有直接的证据可以证明我们对第二篇文章的这种看法(Young-Bruehl, 1988: 125)。在1925年的文章中,弗洛伊德把阴茎嫉羡视为那位年轻女孩发展的关键。他观察到,正常发展的情况下,女孩放弃父亲后将走向想要拥有孩子的愿望,而孩子是她感到自己被剥夺了的阴茎的替代物。但是,如果阴茎嫉羡太过强烈,女孩把对父亲的依恋放弃掉的努力失败了,"对他的认同便可能取而代之,女孩或许会因此退回到男性化情结上,可能持续地固着其中"(1925j: 256)。回到对父亲的认同不仅对应着弗洛伊德在"一个正在挨打的小孩"中得出的结论,也对应着安娜在"挨打的幻想与白日梦"中的结论。不仅如此,认同父亲还似乎成了安娜的人生特色——她强烈的男性化认同、苦行主义、放弃活跃的女性性生活、与男性之间的关系困难,以及她和多萝西·伯林厄姆的长期友谊都是对此的见证。

露·安德烈亚斯-莎乐美(1861—1937)

她是弗洛伊德和他家人的密友。安娜接受父亲分析的那段时间,露·安德烈亚斯-莎乐美也深深地参与了其中。弗洛伊德经常写信给她,告诉她他在分析安娜时遇到的困难,而当时安娜也向她透露他们正在一起准备一篇关于挨打幻想和白日梦的协会准入论文。

在彻底投身于精神分析前,露·安德烈亚斯-莎乐美的爱情生活,可以说是丰富多彩。她1861年生于圣彼得堡,家庭中有德国和法国血统。她的父亲是沙皇军队的一名将军。露离开家庭时还十分年轻。19岁时,她前往苏黎世学习哲学和艺术史。21岁时,她在罗马认识了两位哲学家——保罗·雷(Paul Rée)和弗里德里希·尼采(Friedrich Nietzsche),与他们建立了充满激情的三角关系。这之后她还有过几位恋人,包括一名年轻的诗人赖纳·马里亚·里尔克(Rainer Maria Rilke)。正如弗洛伊德所言:"她的行为举止就像〔……〕这位伟大诗人的缪斯女神和保护他的母亲"(Freud 1937a: 297)。

1911年,露·安德烈亚斯-莎乐美在魏玛会议上结识了弗洛伊德。她立刻对精神分析产生了兴趣,也成了一位坚持不懈的从业者。因此,她是历史上首批女性精神分析师中的一员。一年后,也就是1912年,她定居维也纳,受到了弗洛伊德家庭的欢迎,并成为安娜的密友。从1912年起,她就经常与弗洛伊德通信,弗洛伊德也通过这种方式督导她的分析案例。露会定期参加星期三小组,弗洛伊德很快接收她为维也纳精神分析学会的成员。后来,为了彰显她对精神分析事业的忠诚,弗洛伊德给了她一枚戒指,这枚戒指只颁发给"秘密委员会"的成员。成为精神分析师后,露·安德烈亚斯-莎乐美逐渐放弃了此前一直从事的小说和散文创作事业,把重心放在了精神分析写作上。她对身心之间的关系尤其感兴趣,强调男女之间的互补性,也为精神分析思想引入了女性的观点。尽管20世纪30年代纳粹主义横行,她依然没有离开德国,并于1937年在哥廷根去世。

作品解析

📖 **"一个正在挨打的小孩（对性倒错起源研究的贡献）"（1919e）**

引文页码参见《西格蒙德·弗洛伊德心理学著作全集（标准版）》第十七卷，175–204。

● **强迫幻想与强迫自慰**

在这篇文章中，弗洛伊德分析了他的六名患者（四名女性，两名男性）身上的强迫情欲幻想。在幻想的高峰阶段，通常伴有压制不住的、强迫的自慰满足，以及步入成年期后的性障碍。弗洛伊德写道，只有在经历犹豫和不情愿后，患者才会坦白这种幻想，而且，因为患者的羞耻和内疚感，对这类主题的精神分析治疗会遭遇明显的阻抗。"一个正在挨打的小孩"这种幻想早在童年期就已出现，通常是学龄前，而当儿童目睹了真实的挨打场景后（例如在学校里），或者更晚一些，当他带着愉悦感阅读描述这类场景的书本时，挨打幻想会被进一步增强。受苦于此类幻想的成人通常小时候从未被打过，或者只是偶尔挨打，而且，他们往往无法详细描述这类幻想的实际内容：谁是那个小孩？谁在挨打？被谁打？诸如此类。

● **婴儿期固着，成人期倒错**

挨打幻想，尤其是当自体性欲的满足与之伴随时，就构成了"婴儿期倒错"（1919e：181），并形成了早年发展阶段的固着，于是儿童将来的心理性欲发展便会在某种程度上受阻。这种前性器期固着不见得会持续存在，它可能沿着几种方向中的一种发展下去，包括正常的心理性欲发展。不过，它也可能被压抑，然后以反向形成的方式重新出现（弗洛伊德的研究中有几位患者患有强迫性神经症），或者通过升华而变形。弗洛伊德写道，"一个正在挨打的小孩"这种幻想在治疗中相当难以揭露。他描述了心理为了防御自身，会如何把这种幻想推到一边，使其远离意识觉察。

第二十一章 "一个正在挨打的小孩（对性倒错起源研究的贡献）"

［精神分析师］不得不自己承认，这些幻想很大程度上持续远离着神经症中的其他成分，而且神经症结构中也没有它们恰当的位置，但就我个人经验而言，这种印象只会被轻而易举地搁置到一边。（ibid.: 183）

之后，在 1927 年，他把这一现象归咎于"自我的分裂"，并将其描述为倒错结构的一个主要特征。

在技术层面上，弗洛伊德坚持认为，分析师可能要用足够多的时间来消除婴儿期遗忘症，从而让患者或许可以重新记起他 2 岁到四五岁之间发生的事（此类幻想出现的时期）。他借此机会警示精神分析师们：切莫对恰当的治疗所需时日做出妥协。"用较短的时间，经历较少的麻烦，来达成实际的结果，这种做法是诱人的"（ibid.: 183）。他强调早年经历的重要性，也并不轻视后续经历的影响。"［任何人］如果忽视对童年期的分析，就必将陷入最灾难的错误中"（ibid.: 183）。

弗洛伊德随后详细讨论了婴儿发展过程中的挨打幻想。他指出，这种特殊幻想的表征会经历许多变形。他先在四位男性患者的身上研究了这类幻想，然后又在两位女性患者的身上更精简地探索了它们。弗洛伊德表明，他在这篇文章中的评论带有试探性，而且只涵盖了他自己治疗的那些案例。

● 女孩的挨打幻想

在第一阶段，女孩的幻想是"我的父亲在打小孩"。它表现为一种童年期出现的有意识的白日梦，而且鲜有关于主人公的细节。幻想的制造者自己不是那个正在被打的小孩，挨打的小孩通常是她的某个兄弟姐妹，而且场景中并未带有性特点。弗洛伊德推断，从其中涉及的情感看，"我父亲在打小孩"意味着"我父亲在打那个我讨厌的小孩"（ibid.: 185）。如果我们继续分析这种幻想，会发现它意味着"我父亲不爱那个孩子，他只爱我"（ibid.: 187）。

第二阶段的内容是"我在被我的父亲打"。对患者而言，这是一种无意识幻想，来自分析过程中的重构。经历这种变形后，幻想的制造者自己成了正在被打的小孩，而打小孩的人依然是父亲。在弗洛伊德看来，"我在被我的父亲打"是女孩对父亲的乱伦俄狄浦斯愿望（直接的或正向的俄狄浦斯情结）被压抑后产生的结果。换句话说，伴随挨打的愉悦感对应着一种受虐幻想。隐藏在这种痛苦中的愉悦感有双重意义：首先，它确保了女孩会因为对父亲的不端渴望而遭受惩罚——"一种内疚感出现了"（ibid.：188）；其次，它是与父亲之间乱伦情欲关系的退行性替代物，虽然它退回到了心理性欲发展中的前性器期肛欲施虐阶段。"此时，内疚感和性欲爱恋共同汇聚成了挨打。它不仅是对被禁止的性器关系的惩罚，也是这种关系的退行性替代物"（ibid.：189）。

在第三个也是最后一个阶段，幻想的内容是"父亲的替身（老师）在打小孩（通常是男孩）"。这种幻想带有强烈的性兴奋，会造成强迫性的自慰满足。此时，制造幻想的那个女孩不是挨打的小孩，她是这一施虐场景的观众（窥淫癖），而且打小孩的人也不再是父亲。女孩往往会在幻想中认同挨打的男孩，她的男性化倾向也因此增强，以至于损害了女性化倾向。

> 当她们背离了对父亲的乱伦之爱以及这种爱的性器意义时，她们轻易地抛弃了自己的女性角色。她们激励着自己的"男性化情结"[Van Ophuijsen（1917）]，将其转化为行动，从此只想成为男孩。（ibid.：191）

● **男孩的挨打幻想**

从两位男性患者的临床材料中，弗洛伊德惊讶地发现，他没有观察到与女孩的幻想一样的三个阶段。在男孩幻想的第一阶段中，没有与女孩在第一阶段出现的有意识幻想相对应的内容——"有个小孩在挨打"。在第二阶段，经过分析，男孩的无意识幻想显现为"我正在被父亲打"，而不是预期中的"我正在被母亲打"。换句话说，在这个阶段，男孩的无意识幻想与女孩一样。最后是第三（有意识）阶段，与之伴随的有自慰兴奋或受虐式性交，男孩的幻想变成了"我在被我的母亲（或母亲的替身）打"。在弗洛伊德看来，这种受虐幻想是男孩乱伦幻想的逆转，将其变形成了受虐式的样子：男孩放弃主动的姿态，转而对打他的人采取了被动的态度。这就是弗洛伊德所说的男孩的"女性化态度（feminine attitude）"。

弗洛伊德试图以如下的方式解释他观察到的男孩和女孩之间的差异：虽然对两种性别来说，挨打幻想的起点都是俄狄浦斯情结，但对女孩而言，它是"直接"或"正向"形式的俄狄浦斯情结的延续，因为"我在被父亲打"这种幻想是与父亲之间的（异性恋）乱伦关系的替代物，而另一方面，对男孩来说，"我在被父亲打"这种幻想是"倒置"或"逆向"形式的俄狄浦斯情结的延续，它是与父亲之间（同性恋）乱伦关系的替代物，其中男孩取代了（前性器期的）母亲并认同了她。弗洛伊德强调，在男孩身上，两个幻想阶段的特点都是被动的，这种幻想"源于对父亲的女性化态度"（ibid.：198）。尽管打小孩的人的性别改变了，但无意识幻想中的是父亲，而有意识幻想中的是母亲。简单来讲，这是两种性别共有的受虐幻想。"在女孩身上，无意识受虐幻想始于正常的俄狄浦斯态度，而在男孩身上，它始于倒置了的态度，其中，父亲被当作爱的客体"（ibid.：198–199）。

- **俄狄浦斯情结，倒错和受虐**

通过这项研究，弗洛伊德得以进一步深入理解倒错和受虐的心理成因。他说自己"第一次"展现了成年期倒错有其婴儿性欲的根源，而且让成年期倒错"与儿童的乱伦爱的客体和俄狄浦斯情结建立了联系"（ibid.：192）。换句话说，俄狄浦斯情结既位于神经症也位于倒错的起源处。解释受虐的起源时，弗洛伊德援引了他在《性学三论》（1905d）中提出的假设。按照这个假设的观点，受虐是施虐冲动被转向自身的结果，而此时，在"一个正在挨打的小孩"一文中，弗洛伊德表明，这种转变发生的原因是参与到压抑作用中的内疚感，它"迫使［性器］组织退行到了更早的肛欲施虐阶段"（ibid.：194）。这种内疚感来自何处？按照弗洛伊德的观点，"我们应当将其归功于心智中的一个内部机构/自主体（agency），它把自己设立为良知，批判着自我的其他部分"（ibid.：194）。接着，他继续描述了这种批判功能，并在后来将其称为超我。弗洛伊德表明，幻想的第二阶段，也即无意识幻想，显然是最重要的："我在被父亲打"。这在当事人（男孩或女孩）的身上制造了一种态度——对周围代表父亲的人物展现出来的受害者姿态:"以这种方式(伴随悲伤与代价),他们实现了想象中的情境,也就是被父亲打"(ibid.: 195)。通过详细分析挨打幻想的众多方面,心理双性恋所起到的作用得到了凸显,也就是说,不论何种性别,男性化和女性化的成分都存在于所有个体中。

后弗洛伊德学派

女孩对母亲的内疚感

一些后弗洛伊德派的精神分析师声称他们从未在患者身上见到"一个正在挨打的小孩"这类幻想,而另一些分析师则说他们遇到的与弗洛伊德描述的完全一致。露丝·拉克丝(Ruth Lax, 1992)便是其中之一:她研究了她分析的四位女性患者的挨打幻想。她们的无意识幻想"我在被父亲打"对应了弗洛伊德描述的第二阶段。不过,与后者不同,拉克丝观察到,在她的患者中,与对父亲的内疚感相比,对母亲的内疚感所起到的作用要重要得多。母亲被体验为极度严厉的法官,禁止女儿对父亲的乱伦愿望,而且威胁要剥夺她的女性性器官——这种威胁等同于男孩的父性超我所制造的阉割焦虑。这篇发人深省的文章描述了这些患者在分析过程中异性恋倾向的逐渐增强,受虐自慰幻想的强度减弱,以及与此同时母性超我的演变。不过,在我看来,拉克丝呈现的四个案例似乎是神经症组织,她们受虐和倒错的方面相对温和,而不像我们接下来要看到的个案那样有着高度结构化的倒错组织。

倒错的镜子幻想,用来防御精神病性崩溃

露丝·里森伯格·马尔科姆(Ruth Riesenberg Malcolm, 1988)在一篇精彩的临床文章中描述了对一位严重受虐倒错的女性患者进行分析的转折点。自20岁起,这位患者的性生活就被倒错的施受虐幻想和强迫性自慰所占据,她也持续地更换着男性伴侣。有几次,她不得不因为精神病性崩溃而住院。最终,她开始接受分析(持续了相当长的时间)。

第二十一章 "一个正在挨打的小孩（对性倒错起源研究的贡献）"

开始分析后的许多年间，这位患者从未向分析师提及她的倒错幻想和自慰行为。最终，得益于反移情，分析师发现了这些元素。她注意到，这位患者经常谈论一些日常生活的场景，这些场景让她备受吸引，也激发了她的好奇，以至于分析师自己感到渴望加入这些场景。

里森伯格·马尔科姆逐渐觉察到这种席卷她的强烈好奇心，于是，她从患者渴望激发她的好奇入手进行诠释。她的诠释让患者想到了自己对分析师的好奇心。这种好奇心在周末分析间歇期尤为强烈。患者最终满是羞耻地承认她花了很多时间自慰，与之伴随的还有一种被父母二人排除在外的感觉（由分析师所代表）。她第一次谈到自己的镜子幻想。幻想中有一面镜子，镜子里发生着一系列暴力、施虐和羞辱的性场景。主人公是乱伦的同性和异性情侣，他们的交媾会持续数小时而不停歇。患者假想自己是这些粗暴性场景中的情侣的一方或另一方。与此同时，当镜子幻想持续时，患者会想象观众们在一边观看性场景，一边艰难抵抗着他们的性兴奋——因为，如果他们屈服了，就会掉进镜子里。

分析师针对好奇心的诠释是为了让这种情境变得更加灵活，从而可以被转变，于是它便能够被用言语表达和修通，而不是无意识地活现在移情中，甚至可能走进死胡同。分析过程中，镜子幻想被认为有双重功能：防止患者修通俄狄浦斯情境并借此获得进展，同时又防止她退行过多，可能精神病性崩溃（正如她接受分析前常出现的那样）。汉娜·西格尔（1995a）在讨论这篇文章时曾明确指出，对于这个案例而言，分析师能够帮助患者把倒错的窥淫癖转变为正常的婴儿期好奇，这点极为重要。当分析师能够把自身的反移情窥淫癖转变为一种更能接受的形式——对患者的好奇心时，上述转变才得以发生。于是，患者能够启动对治疗师的认同过程，这将打下心理双性恋的基础，并最终得以通往更加整合的女性心理性欲形式。

作品解析

📖 "一位女同性恋个案的心理成因"（1920a）

> 引文页码参见《西格蒙德·弗洛伊德心理学著作全集（标准版）》第十八卷，145–172。

● 治疗的成功部分取决于动机

这位年轻女孩由父母带来。父母为她担心，因为她爱上了一位道德存疑的"女士"。这位女士比她大 10 岁，与一位已婚女性同居，而且有过许多男性恋人。女孩不顾父母的反对，一直追求着这位女性，而这位女性对她的关注无动于衷。一天，当她和这位女士一起手挽手走路时，她们碰巧遇到了女孩的父亲。他从她们身边走过，怒目而视。这个女孩立刻卧倒在了铁轨上。在试图自杀被挽救后，女孩狂热的爱变得更加强烈了。父母无计可施，只好把她带到弗洛伊德处问诊。这个女孩几乎没有求治动机，她接受治疗明显只是为了顺应父母，而没有任何个人期待。于是，弗洛伊德在文章一开始整体讨论了精神分析治疗若想有机会成功所需要的条件。弗洛伊德特别强调，患者必须感到自己真的需要精神分析师的帮助，例如，患者感到的痛苦要相当强烈，而且希望能够攻克他们的困难。弗洛伊德补充道，对于同性恋的患者而言，无论是男性还是女性，精神分析师都需要判断他们的异性恋倾向是否强到足够抵消同性恋倾向的影响。

● 从异性恋到同性恋

弗洛伊德随后提出，要重构这位年轻女孩自童年起的力比多发展过程，但她说自己什么都不记得了，除了十三四岁的时候，她似乎非常渴望成为母亲，拥有一个孩子。在弗洛伊德看来，她一定有过正常的女性俄狄浦斯情结。后来很快，这位年轻青少年开始受到成熟女性的吸引。在分析过程中，弗洛伊德发现，女孩的这些同性恋倾向发生在她的母亲怀上了她的第三个弟弟时。弗洛伊德给出了如下解释：当她 16 岁时，她的母亲怀孕了，于是，这位年轻女孩在意识层面上感到自己渴望拥有一个孩子，这对应着她的无意识愿望——与父亲生一个孩子，如果可能的话，生个男孩。

然后发生了什么？生育孩子的不是她，而是她无意识憎恶着的自己的对手——母亲。在强烈的愤恨和怨气中，她背离了父亲，也背离了所有男性。在这首次强烈的逆转之后，她宣誓放弃了她的女性气质，也为她的力比多追求了另一种目标。（1920a：157）

在弗洛伊德提到的所有可能的结局中，这位年轻女孩的无意识选择是采取男性化的认同。"她变成了男人，用母亲替代父亲作为爱的客体"（ibid.：158），然后热情地缠上了母亲的替身："女士"。当她发现自己对女士的激情为父亲所不齿时，这种态度被进一步增强，随之增强的还有她对女士的关注。"她意识到自己可以用这样的方式伤害、报复父亲。从那以后，为了违抗父亲，她维持了同性恋状态"（ibid.：159）。弗洛伊德还写道，她对男性化女性的爱慕能够满足她的双性倾向。"因此，她最终的选择不仅符合她的女性理想，也符合她的男性理想。它合并了同性恋倾向和异性恋倾向的满足"（ibid.：156）。

● **男性化认同和忧郁型认同**

更深入地分析这个案例后，弗洛伊德指出了以下两者的相似之处：这位年轻女孩对她爱慕的女士采取的男性化认同，这或多或少是男性可能做出的行为；以及，某些男性身上特定类型的客体选择——把风尘女子选作他们爱的客体（Freud, 1910h）。弗洛伊德在这位患者身上看到一种倾向——想把女士从其所处的不光彩的生活中"拯救"出来，一如那些男性身上的倾向："从这些不光彩的处境中'拯救'［他们］爱的人"（1920a：161）。

至于什么促发了这个年轻女孩的自杀尝试，弗洛伊德认为，其中一个原因是她对于父亲会逼她放弃爱人的念头而感到绝望。但是，在更深的层面上,她尝试自杀即是"惩罚的实现"(自我惩罚),也是"愿望的实现"。"后者意味着实现这样的愿望——想要与父亲生一个孩子。这个愿望的受挫驱使她成为同性恋者。而现在,她可以因为父亲的过错而'倒下'"(ibid.:162)。英文译者在此处批注了一段话,他解释道:"这里有个文字游戏,'niederkommen'这个单词既有'倒下'也有'分娩'的意思"(ibid.:162,注释1)。至于她的自杀尝试为何是一种自我惩罚,弗洛伊德说道:

> 从自我惩罚的角度看,这个女孩的做法让我们看到:对于她的父亲和/或母亲,她发展出了强烈的、无意识的死亡愿望。或许是针对父亲,出于爱情被阻挡的报复,但更有可能也针对着母亲,因为她怀上了小弟弟。(ibid.:162)

在分析这个女孩自杀尝试背后的动机时,弗洛伊德看到了她身上与抑郁自杀的人身上相同的机制,正如他之前所描述过的那样[Freud, 1917e(1915)]。

> 精神分析以如下的方式解释了自杀谜团:大概没人能找到杀死自己所需的心理能量,除非,首先,这种做法就在同时杀死他自己认同的某个客体,其次,原先指向某个人的死亡愿望转向了自己。(Freud, 1920a:162)

我想在此处顺带评论一下:对于与弗洛伊德治疗的患者类似的女同性恋者而言,她们嫉羡和仇恨的目标是性器的父母配对,也就是说,性器(genital)母亲形象和性器父亲形象。这意味着,当这同性恋女性说她"爱女人"的时候,她通过这些女人来爱的并不是性器母亲形象,而是前性器期(pregenital)的母亲形象。与此同时,她也想要除掉性器父亲,从而占有他的阴茎,并把它作为前性器期的部分客体来认同(J-M. Quinodoz, 1989)。

第二十一章　"一个正在挨打的小孩（对性倒错起源研究的贡献）"

● **对弗洛伊德的敌意移情：重复对父亲的报复**

与弗洛伊德治疗时，这位年轻女孩尚未在意识层面上觉察到她的父亲在冲突中扮演的角色。弗洛伊德指出，无意识中，"他有着最重要的作用"（1920a：163），这不仅体现在精神分析的过程中，也体现在其结果上。这位女孩表面顺从父亲的背后却隐藏着对他的违抗和报复。这种态度在分析过程中以两种方式表达出来。在最开始的阶段，分析似乎在进展，几乎没有遭遇阻抗，患者也在积极参与，但弗洛伊德很快意识到，患者完全不觉得他的重构与她有关，而且她在分析性理解上的进步并没有带来预期的改变。在第二阶段，弗洛伊德理解到，这位患者"冷静的保留"一定与她对父亲的报复有关，这种报复被转移到了他（分析师）的身上。

> 现实中，她把对男性的悲愤和拒绝转移到了我身上。自从她在父亲那里遭遇失望后，这种拒绝就一直主导着她。她的行为准则——愤恨地对待男性，可以轻易地通过分析师得到满足：它没必要激发任何强烈的情绪表现，只需要紧抓着疾病不放，让他的所有努力徒劳无果，就可以表达自己。（ibid.：164）

当弗洛伊德意识到这位患者对他的负性移情时，他中断了分析，并建议她与一位女医生继续治疗。当然，如今我们同样会分析移情的负性方面，正如分析其正性方面一样。

弗洛伊德观察到，这位年轻女孩的正性移情在治疗开始后不久曾唯一显现过一次。它是通过梦表达出来的。这些梦"期待可以通过治疗来消除倒错"，也展现了她怀念于男人的爱和拥有孩子的渴望。在醒着的时间里，这位年轻女孩有意识地表示自己想要结婚，但只是为了躲避父亲的专制，而且能够同时与一位男性和一位女性建立性关系。弗洛伊德得出结论：这些梦在"撒谎"（ibid.：165），因为它们在某种程度上包含了引诱企图——背叛父亲和取悦父亲都源自同一个情结。在这里我们可以看到，弗洛伊德的口吻表明，他对这位患者持有一些超我的态度，而当代的精神分析师们会避免这样做。

● 同性恋、异性恋和心理双性恋

这一临床案例的精神分析研究使我们能够后验地（a posteriori）重构她的心理发展所遵循的路径——始于正常的俄狄浦斯情境，然后通向同性恋。不过，我们虽然或许可以从发展的最后阶段向前追溯，却不可能让其走向相反的方向，也不可能预言结局将会怎样。

> ［我们］无法提前知晓何种决定因素会证明谁强谁弱。我们只能在结尾处说获胜的一定是强者。因此，如果沿着分析/分解（analysis）的线索走下去，我们总能确凿地分辨出起因链，但我们无法顺着发展/合成（synthesis）的路线去预测。（ibid.: 168）

换句话说，在弗洛伊德看来，假如从这个案例中推断出在青春期经历过俄狄浦斯受挫的女孩们都可能最终成为同性恋，那么这个推断将会是错误的。

这个案例也表明，同性恋友谊和强烈的爱慕"在青春期之后几年是相当常见的，男女都是如此"（ibid.: 168）。这位年轻女孩案例的同性恋冲动是有意识的，而那些对应着正常俄狄浦斯情结的内容则保持着无意识的状态。这让弗洛伊德推测：她的同性恋力比多是两者中更浅表的，而且这种流向"大概是在直接地、未加改变地延续着对她母亲的婴儿期固着"（ibid.: 168）。但是，弗洛伊德只简要提及了母女关系的影响，而没有在文中展开探讨。他还写道，这个女孩儿童期有过强烈的"男性化情结"。他将此联系到了极端的阴茎嫉羡上——于是，她贬低自身的女性气质，渴望成为一个母亲。我们之所以能够得出这些结论，是因为它们根植于精神分析告诉我们的心理双性观："除了他们表现出来的异性性欲之外，我们可以在所有正常的人身上发现相当程度的潜在的或无意识的同性性欲"（ibid.: 171）。

第二十一章 "一个正在挨打的小孩（对性倒错起源研究的贡献）"

弗洛伊德概念的发展

弗洛伊德女性观的发展

弗洛伊德的"阳具一元论"

在"一个正在挨打的小孩"和"一位女同性恋个案的心理成因"中，弗洛伊德继续援引了他最初的儿童发展构想。女孩的心理性欲发展与男孩彼此对称，都属于俄狄浦斯情结直接的或简单的形式：男孩希望与母亲结婚，除掉父亲，而女孩希望与父亲结婚，除掉母亲。

在弗洛伊德看来，女孩的心理性欲发展大多遵循着两性共有的婴儿性欲发展理论："其中最重要的方面是认为所有人（包括女性）都拥有阴茎，例如男孩从自己的身体得知这一点"（Freud，1908c：215）。相应地，阳具阶段也构成了女孩发展的转折点。当女孩发展到阳具阶段时，她会像男孩一样对阴茎表现出极大的兴趣，但当她确实看到了男孩的阴茎时，她很快意识到自己并没有阴茎。这在她身上引发了"阉割情结"而不是"阉割焦虑"，因为，正如弗洛伊德后来强调的那样，她不会害怕失去自己没有的东西。这种情结造成了女孩的"阴茎嫉羡"：她觉得自己不如男孩，更希望自己是男孩，并从阴蒂和阴茎的大小差异上推断出自己已经被阉割了。对男性器官的过度看重，同时认为母亲和男人一样有阴茎，这造成了额外的一些结果——它妨碍女孩和男孩发现阴道的存在，"让他更容易拒绝和遗忘"它（1908c：219）。弗洛伊德将女孩后续的命运放在了阉割情结的变迁上，因为它很可能带来拥有孩子的愿望。但是，如果小女孩们不能克服这一情结，她们便会

因为缺少大的、明显的阴茎而倍感劣势，[……]她们嫉羡男孩，因为男孩拥有阴茎[……]，基本上由于这个原因，她们发展出了想成为男人的愿望——之后，如果她们在扮演女性角色时遭遇不顺，这种愿望便

会重新浮现在任何可能产生的神经症中。[1916–1917（1915–1917）：318]

这种心理发展观被称为弗洛伊德的"阳具一元论（phallic monism）"，因为它本质上把女孩和男孩的心理发展都聚焦在了是否拥有阴茎这个事实上，而且，他认为力比多的性质是完全男性化的。

1910年弗洛伊德明确提到了俄狄浦斯情结，但在此之前，这一概念已经隐含在了他的作品中。在第一篇针对这个主题的文章中，他认为男孩和女孩身上的俄狄浦斯情结是对称的，也就是说，男孩感到对母亲的情感依恋，想要除掉父亲，从而在她身边取代父亲的位置，而女孩感到对父亲的情感依恋，想要除掉母亲，从而在他身边取代母亲的位置。

那时，弗洛伊德也强调男性化主动和女性化被动之间的鲜明差异，虽然后来他修改了最初的观点。"我曾明确划分了'主动'和'男性化'与'被动'和'女性化'（这种明确的划分是经验不足却又必需的）。我能想象读者在此处一定会产生疑问"（1918b：111）。而且，当弗洛伊德描述男性身上的"女性化态度"和"女性化受虐"时，正如"一个正在挨打的小孩"（1919e）一文中那样，他似乎把受虐的本质描述成一种倒错，但是当它们涉及女性特质时，他却常常用词含糊不清。他在一些场合明确表达过女性气质本质上是受虐的——例如，他曾把受虐描述为"女性特质的一种表达"（1924c：161）。

早年母女关系起到的作用

虽然起初弗洛伊德认为俄狄浦斯情结的发展存在着严格的对称性，但从大概1920年往后，他开始改变自己最初的立场，尤其是针对以下几点。

早在1919年（"一个正在挨打的小孩"，然后是"一位女同性恋个案的心理成因"），弗洛伊德就已暗示过小女孩可能会固着在与母亲的关系中，但当时他并未深究这一观点。后来，1923年，也即弗洛伊德在1905年出版对"朵拉"的报告后近20年，他在一处增添的脚注中承认自己只诠释了患者的父性移情,完全忽略了她的母性移情——也就是朵拉对K女士的"同性爱恋"。弗洛伊德又一次从那段分析失败中精妙地汲取经验,他开始认识到小女孩对母亲的早期依恋的全部重要性。他把朵拉的同性爱恋描述为"她心理生活中最强的无意识涌流"(1905e:120,1923年增加脚注)。弗洛伊德继续写道:"在我意识到心理神经症中同性恋感受的涌流的重要性之前,我经常在我治疗的案例那里遭遇停滞,或者发现自己处在彻底的困惑中。"

同年,弗洛伊德在《自我与本我》(1923b)中描述了俄狄浦斯情结可能呈现出的两种形式。由于心理双性恋这一事实,俄狄浦斯情结在男孩和女孩身上都既存在着直接的或正向的形式(对应着他们的异性恋冲动),也存在着倒置的或逆向的形式(对应着他们的同性恋冲动)。

1925年,弗洛伊德意识到,他一直描述的俄狄浦斯情结有着"先前史":男孩和女孩对母亲的前俄狄浦斯爱恋让母亲成为他们的第一个爱的客体,这恰恰形成了俄狄浦斯情境的初步阶段。弗洛伊德认可了早年生活中这种对母亲的爱恋关系的重要性,于是,他在男孩和女孩的心理性欲发展之间划分了明确的界限。与女孩不同,当男孩放弃对母亲的前俄狄浦斯爱恋并转向另一个女人(母亲的替身)时,他不需要改变爱的客体的性质。但是,对女孩来说,当她放弃对母亲的前俄狄浦斯爱恋并转向父亲——然后又转向另一个男人(父亲的替身)时,她还需要处理一项额外的任务:更换她爱的客体,这让她从爱母亲转向爱父亲的过程变得更加复杂。

是什么让小女孩能够把自己从母亲那里分开并转向父亲?弗洛伊德再次回到了他的"阳具一元论"上寻找解释:正是阴茎嫉羡促使女孩转向了父亲,不过还有一些额外的要素——她想与父亲生的孩子是阴茎的替代物。用孩子代替阴茎的产生方式便是他所说的"'阴茎–孩子'的象征等同"(1925j:256)("längst der vorgezeichneten symbolischen Gleichung Penis =Kind",《弗洛伊德:全集(德文版)》第十四卷:27)。因为这种等同,"[她]放弃了对阴茎的渴望,然后将其替代为对孩子的渴望，带着这样的目的，她把父亲当成了爱的客体"（1925j：256）。这个新观点让弗洛伊德得出了略带矛盾的结论："虽然阉割情结消灭了男孩的俄狄浦斯情结，可它却让女孩的俄狄浦斯情结成为可能，甚至造就了它"（1925j：256）。

在"女性性欲"（1931b）一文中，弗洛伊德再次强调了女孩与母亲之间早年关系的重要性，也强调了女孩从母亲转向父亲（也即女孩发展中出现的客体转换）这一过程中母女关系所起到的作用。不过，值得注意的是，他此时依然没有区分"前性器"母亲和"性器"母亲，而正是"性器"母亲与"性器"父亲缔结了配对。而且，弗洛伊德在其作品中自始至终强调：阴茎嫉羡在女性身上有着关键的作用，而且女孩和男孩在早年发展阶段都不可能对阴道和女性外生殖器有任何程度的认识［1940a（1938）］。因此，弗洛伊德认为，女性不会担心失去自己的生殖器官，也就是说，在女性身上，与男性的阉割焦虑对等的焦虑并不存在，取而代之的是害怕失去爱，"婴儿发现母亲不在便会焦虑，害怕失去爱明显是这种焦虑在之后的延续"（1933a：87）。

至此，我们谈论的都是弗洛伊德的女性性欲观。我认为，重要的是，我们不能忽略一个事实：他为阴茎赋予的首要地位只是女孩和男孩心理性欲发展的一个方面。这与婴儿性欲理论有关，个体需要克服婴儿性欲才能实现成人的生殖性欲。弗洛伊德本人曾承认他对女性性欲的了解是不完整的："如果你想更多了解女性特质，就询问你自己的生活体验吧，或者向诗歌求解，又或者等待科学给你更深入、更统一的答案"（1933a：135）。于是，为弗洛伊德的女性观加入更积极的描述这一重任落在了后弗洛伊德派精神分析师的肩上。

一个存疑的观点，也确实遭到了质疑

早在20世纪20年代，弗洛伊德对女孩发展和女性的观点就遭到了大量的批评。有些精神分析师追随着他的步伐，例如埃莱娜·多伊奇和玛丽·波拿巴公主——她曾写过："所有受虐本质上都是女性的"（1951：

71）。还有一些精神分析师，例如卡伦·霍尼、欧内斯特·琼斯和梅兰妮·克莱因都试着强调了女性身份发展中的独特之处。霍尼（1922）率先反对弗洛伊德的阴茎嫉羡概念，以及受虐是女性特质这一观点，但她的思想被忽略了相当长的一段时间。不过，年复一年，阳具一元论已经被逐渐摒弃了，因为精神分析师们试图重视对女性性器官的觉知，并将其解释为界定女性身份的基础。琼斯（1927）也描述了女孩的性发展。他的观点的基石是存在特定的女性力比多。琼斯提出了性欲丧失（aphanisis）这一概念，意指男性和女性的性渴望消失。在琼斯看来，性欲丧失引发了一种甚至比阉割焦虑更基本的焦虑形式。他认为，阉割焦虑太过单一地把注意力放在了男性器官上。

梅兰妮·克莱因带来了两项重要发现。第一个发现是男孩和女孩都在早年对母亲的身体抱有猛烈的攻击幻想。这些攻击引发了对失去母亲的恐惧，也致使女孩害怕母亲会报复她，攻击她的性器官。克莱因认为，女孩害怕自己子宫内的一切内容物被掏空，这与男孩害怕被剥夺阴茎的焦虑类似。她的第二个发现是小女孩对母亲的强烈攻击愿望所带来的结果，它让女儿转向了另一个客体——父亲，并对父亲采取了女性化的态度。当女孩对母亲的攻击与爱合并时，她的发展便走向了女性认同。在克莱因看来，驱使婴儿寻找新客体的冲动使孩子能够创造符号，并用符号取代他的原初客体——原初焦虑的来源。这是婴儿发展中一个至关重要的阶段。

20世纪七八十年代，女性主义运动涌现，尤其是在美国和法国。这些群体认为，精神分析是导致女性被压迫的原因之一。他们意志坚定，希望重新评价母女之间的关系。精神分析师们也确实成功涉足了此前忽略的领域。按照罗西纳·佩雷尔伯格（Rosine Perelberg, 2002）所言，这场再涉足的旅程始于朱丽叶·米切尔（Juliet Mitchell）在1972年出版的《精神分析和女性主义》（*Psychoanalysis and Feminism*），这本书强调了面对女性主义问题时精神分析思路的变革。

从那以后，大量讨论女性特质的精神分析文献相继出现。它们涵盖了众多不同的思路,而概述这些进展也远远超出了本书所能涉及的范围。尽管如此,达娜·博克斯特德-布林还是成功总结出了这场"新爆发"中的两个主要潮流(Breen,1993:17):一个是法国思潮,另一个是与之对应的北美思潮。在法国,雅尼娜·沙瑟盖-斯密盖尔等人(Janine Chasseguet-Smirgel et al.,1964)编辑的书为精神分析中女性特质这一富有争议的问题提供了新的研究动力。这些作者挑战了弗洛伊德的观点——阴茎嫉羡是女性特质的首要组织者;他们主张,女性性欲从生命一开始就有其独特的性质。那些作为拉康的追随者的分析师则不得不在某种程度上与拉康本人一样保持对阳具一元论的忠诚。因此,在考虑女性特质问题时,法国精神分析师们相当兼收并蓄。在美国,雪菲(Sherfey)1966年出版了一篇文章,并把马斯特斯和约翰逊(Masters & Johnson,1966)对性高潮生理学的看法作为其思想的起点。于是,围绕女性特质的争议又一次在精神分析圈爆发。虽然雪菲(1966)的论点在当时遭受了大量的批评,但它们确实引发了无数的讨论,布卢姆(Blum,1976)编辑的书也拓展了其中的主要信念。

那么,如今的立场是什么呢?博克斯特德-布林认为,北美精神分析师们对女性特质这一主题的争论还远未穷尽。"一切尚未得到解决。如果要说有什么的话,那就是这虽然乍看起来只有联合起来公正对待女性这一个目标,却促生了更丰富的多元化"(Breen,1993:17)。沙瑟盖-斯密盖尔(1976)表明,面对着累积下来的所有临床证据,如果弗洛伊德的女性性欲的理论还在引发争议的话,那么其原因大概是内部的障碍(特别是与婴儿式的痛苦相关联),这阻碍着他们的接纳,也妨碍着我们的知识进步。

我想引用精神分析师R. J. 斯托勒(R. J. Stoller)的话来结束对弗洛伊德女性观的概括。斯托勒的声望来自他在性与性别认同方面的著作。"如果弗洛伊德曾与一位没有阴道的女性工作过,我认为,他会发现,比阴茎更让女性渴望的恰恰是拥有阴道"(Stoller,1968:51)。

第二十一章 "一个正在挨打的小孩（对性倒错起源研究的贡献）"

新概念

对俄狄浦斯情结乱伦客体的情欲化（eroticization of the incestuous objects of the Oedipus complex）

女性同性恋（female homosexuality）

男性身上的女性化态度（feminine attitude in men）

男性身上的女性化受虐（feminine masochism in men）

异性恋（heterosexuality）

敌意移情（hostile transference）

认同（identification）

婴儿式的母亲固着（infantile mother-fixation）

婴儿神经症（infantile neurosis）

女孩身上的男性化认同（masculine identification in girls）

倒错幻想（perverse fantasies）

性倒错（perversion）

施受虐幻想（sadomasochistic fantasies）

（钱秭澍 译；余 晔 杨浩波 校）

Reading Freud

| 第三部分 |
03
新的理论视角(1920—1939)

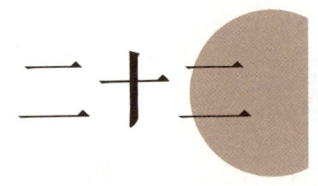

二十二

《超越快乐原则》
（1920g）

1920：弗洛伊德思想的转折点

在弗洛伊德探索人类心灵如何运作的过程中，1920 年是具有决定性的转折点。在此之前，他所采用的模型是快乐/不快乐原则（pleasure/unpleasure principle），正如我们在神经症中所观察到的运作模式：神经症患者被他们的症状所折磨，为了消灭不快乐，他们寻求精神分析师的帮助以求让这些症状消失，从而让他们可以在生活当中再次寻找快乐。然而我们不得不承认，在临床实践中所观察到的有悖于快乐原则的现象不胜枚举：例如，我们该怎么解释一些患者无法承受症状消失，在他们应该感觉更好的时候旧病复发？为什么另外一些患者宁可承受痛苦也要强迫性地重复创伤性的体验？我们该如何解释受虐狂或施虐狂？他们要么是在承受痛苦当中获得快乐，要么是向别人施加痛苦以获得快乐。那些抑郁症患者、吸毒成瘾者、性倒错及精神病患者，不时把他们引入极端的内在的强烈破坏性又是从何而来的呢？

在《超越快乐原则》里，弗洛伊德发展了一个新的假设：心灵的运作过程被一个比快乐/不快乐原则更底层的冲突所左右——生本能（或驱力）与死本能（或驱力）之间的基本冲突。弗洛伊德认为死的驱力来自每一个有机体回归到它的原始无机状态的生物需要。这一死的驱力或称破坏性的本能与生的驱力或称爱欲本能（Eros）对立，力比多（libido）就是爱欲本能的一部分。快乐/不快乐原则仍然适用，但它起作用的前提是生的驱力必须成功地或至少在一定程度上压倒死的驱力。1920年弗洛伊德把这个假设仅仅作为自己的猜想公之于众，但他随后很快就开始在这个假设的基础上发展更多的理论建构。例如，在1923年他解释说，当死的驱力对生的驱力占了上风，心灵中的破坏性成分就会占据主导，施虐狂和受虐狂就是这种情况；与之相反，当生的驱力占上风时，破坏性成分会被一定程度上抵消，攻击性会为自我（ego）所用。

"1920年是转折点"这个说法不仅是因为在这一年里弗洛伊德提出了生的驱力与死的驱力之间的基本冲突，还因为从这一年往后，弗洛伊德一系列的创新性想法开始开花结果。他开始关注爱和恨的情感、矛盾心理（ambivalence）、客体关系、认同过程以及无意识的罪疚感、焦虑和哀悼过程。除此之外，随着弗洛伊德在1923年引入了全新的"第二结构模型"，即把心灵结构划分为自我、本我和超我，并把这一划分引入到了本能驱力理论当中，标志着他彻底完成了"第一地形模型"的理论构建，地形模型把心灵结构描述为自下而上的无意识、前意识和意识三部分。尽管对生的驱力和死的驱力的划分直至当今仍然是弗洛伊德著作中最富争议的内容，但他从1920年以后提出的一系列创新性的想法已经被大多数精神分析师所部分接受。

生平与历史

死亡的阴影笼罩着弗洛伊德

1920年6月16日弗洛伊德在维也纳精神分析学会发表了《超越快乐原则》，该书于当年12月出版。由于该书的论述有高度的推测性质，文本又晦涩难懂，而且弗洛伊德本人也表达了对自己的假设的合理性的怀疑，书中的观点引发了大量的质疑。质疑者强烈怀疑那些想法只不过是弗洛伊德自己对死亡焦虑的一种表达，弗洛伊德的私人医生马克思·舒尔（Max Schur，1972）就是持有这种观点的代表。

在标记那段历史的所有事件中，第一次世界大战的阴影仍然笼罩在人们心头，它让人蒙受着日常生活的艰辛和持续不断的死亡。1919年，弗洛伊德不得不面对精神分析师维克托·陶斯克的自杀事件，尽管他给人们一种自己很快就从中走出的印象（Gay，1988）。另一方面，安东·冯弗罗因德罹患癌症，弗洛伊德对此非常悲痛。冯弗罗因德是一位富有的匈牙利人，他对精神分析活动给予了可观的经济支持。在他患病期间，弗洛伊德每天都去探望。1920年，弗洛伊德的女儿索菲因感染流感，五天后就不幸离世；她当时已经怀孕，原本即将拥有第三个孩子。除了这些事情，弗洛伊德在那段时间还有一个关于他自己的悲观想法萦绕于心：他有一个基于自己推测的迷信，相信62这个数字会在他生命的不同时期反复出现，所以他一直都坚信自己会在62岁时去世，而那时候正是1918—1919年之际。

本能驱力第二理论：弗洛伊德对此变得越来越确信

尽管第一次世界大战结束以后死亡的阴影对弗洛伊德影响重大，但我们要承认的是，正是这段时间他的所说所做，促成了他思想的进展，使他形成了这一有些大胆的新假设。尽管他曾在1920年有过一些迟疑，但贯穿余生，他都旗帜鲜明地坚持把生驱力和死驱力之间的冲突纳入理论构建。质疑他的人坚称他之所以提出死亡驱力的概念，是因为他自己在那个年代被死亡的氛围和各种悲剧事件所笼罩，尤其是索菲离世给他带来的影响，但弗洛伊德坚决地否认这些质疑。作为精神分析师，他承认诠释需要溯源个人过去的经历与当下的联系，但在提出死亡驱力这个问题上他却不接受用这种视角解读他自己。为了堵住质疑声，弗洛伊德邀请马克思·艾廷贡作为公证人，证明《超越快乐原则》这本书尽管在多年以后才出版面世，但弗洛伊德对这本书的写作工作在1919年的时候已经完成过半，而索菲则去世于1920年。

作品解析

引文页码参见《西格蒙德·弗洛伊德心理学著作全集（标准版）》第十八卷，1–64。

● **快乐原则及其局限**

本文中弗洛伊德首先提醒了读者他引入快乐/不快乐原则的原因，这一原则在他发表于1915年的元心理学论文集中有详细的阐释。例如，饥饿或性欲在心灵中产生一系列的过程：不断增加的张力和随后的释放；张力的增加伴随着不快乐的体验，而释放会产生快乐的体验。因此，我们可以理所当然地把心理过程解释为一个随能量值这一变量而变化的过程，我们可以假设心灵某处执掌着监管原则，其功能就是处理张力这一变量，这就是弗洛伊德所说的"快乐原则"。快乐原则的终极目的是"避免不快乐或产生快乐"（1920g: 7）。心理过程还趋向于稳定，这源于另一个原则，即"恒定原则"，这个原则的目的是为了让心灵内的兴奋值维持在尽可能低的水平（ibid.: 9）。

快乐原则真的掌控所有心理过程吗？弗洛伊德认为答案是否定的。他论证道：如果真是这样，那我们的大部分心理过程都应该导向快乐的体验，但经验告诉我们并非如此。

> 我们在这里只能说，心灵中一定存在一个指向快乐原则的强大趋势，但这个趋势又被某种其他力量或环境所对抗，因此最终的结果是指向快乐的内心和谐并不会总是出现。（ibid.: 9）

这些对抗驱力满足的力量到底是什么呢？弗洛伊德认为有两个，第一个是"现实原则（reality principle）"，它使得人们延迟满足、暂时忍耐一些不快乐，这是"达到更长久的快乐的间接方式"（ibid.: 10）。第二个是"自我（ego）"，它也会阻碍快乐的获得；不快乐可能源自一些特定的个体驱力在其发展过程中无法被自我所容忍：例如，神经症性的不快乐就是这种情况，不快是"一种不能如此体验的快乐"(ibid.：11)。在这两种情况里，不快源于个体感知到的痛苦的内部或外部压力，这些压力会引发一种"危险"的感觉。当心理结构对内部或外部的危险感知有适当的反应时，我们可以说它既遵守了快乐原则，又遵守了现实原则。然而，有一些情况是快乐原则无法有效发挥作用的：那些有创伤经历的案例就属于这种情况，弗洛伊德对这种情况进行了论述。

● 创伤性神经症与儿童游戏：重复的两个来源

弗洛伊德继续写道，在两种情况下，重复是为了让痛苦的体验得以被控制的一种尝试。第一种情况是"创伤性神经症（traumatic neurosis）"，它是患者被一些始料不及的事件所威胁从而使生活陷入危机的结果。其表现是焦虑、各种症状和梦的重复。这类患者的梦有一个重要特征，即不断重复创伤性的情境，这与经典理论认为梦是愿望的满足的观点恰好相反："在这种情况下梦的功能……被打乱，跟梦的最初目的背道而驰"(ibid.：13)。

第二种情况是儿童游戏。弗洛伊德曾观察过他 1.5 岁的外孙：这个小男孩在他母亲离开几小时的时间里从来不哭。他有一个木制线轴，上面缠着线，弗洛伊德注意到外孙总是反复地把手里的线轴扔到视野看不到的地方，然后再拽着线头把线轴拉回来。弗洛伊德认为这个游戏的含义是代表母亲消失然后又重新出现。外孙之所以从来没有哭闹抗议，是因为他用游戏替代了这些。"他通过游戏仿佛使客体的消失和重现处在自己的掌控之中，从而弥补了母亲离开的痛苦"(ibid.：15)。弗洛伊德认为这些重复有多重结果。一方面它们使得儿童将被动的不快乐的情境转化为他在其中施加主动作用的情境；另一方面是他通过把东西扔出去，满足了一种被压抑的冲动，这种冲动是他想对母亲离开他而报复母亲的冲动。通过这些观察，弗洛伊德得出了一个一般性的结论，他确信游戏是儿童对给自己带来重大影响的经历的一种经过加工的再现，这种再现帮助他们对那些经历获得了更多的掌控感。从这种观点看，木制线轴游戏表明重复可以使人在遵从快乐原则之下实现修通（working-through）。"即使在快乐原则的支配下，人们仍然有足够多的途径和方法把本身不快乐的事情转化为在心理上可以留存并克服的事情"（ibid.: 17）。

● **强迫性重复与移情**

接着弗洛伊德又把讨论引向另一种跌宕人心的重复：精神分析中的移情。在"回忆、重复与修通"（Freud, 1914g）一文中，他认为移情是儿童期体验当中被压抑碎片的再现，这些以移情的方式被重复的东西只有得以修通才能解决。然而对一些患者而言，修通的过程没有成功，原本简单的重复变成了"强迫性重复（compulsion to repeat）"；这更加严重，甚至会使治疗的效果大打折扣。按照弗洛伊德的说法，强迫性重复之所以会一直存在，并非源自无意识与意识之间的冲突，这种冲突是经典的第一地形模型对神经症的解释，认为无意识的部分总想进入意识层面。而强迫性重复与另一种冲突有关："寻求一致的自我与被压抑的部分"（1920g: 19）之间的冲突，可见无意识里被压抑的部分也参与了这种冲突。

接下来的问题是，强迫性重复与快乐原则的关系是什么？当我们观察这种关系时，总是发现强迫性重复会勾起过去的体验，无论从精神分析视角还是日常生活视角看，这些过去的体验都绝不包含使人快乐的可能。在精神分析治疗过程中，这些进行强迫性重复的患者都不可避免地在移情中制造不快乐的情境。

> 患者在移情中重复所有不想要的情境和痛苦的情绪，费尽心机让它们重新现身。他们想方设法在治疗成功前干扰治疗过程；他们设法让自己在治疗中不止一次地被轻视，迫使医师对他们言语苛刻地讲话，态度冷淡地对待。（ibid.: 21）

与之类似的是，在一些普通人的生活里，我们也会观察到一些包含强迫性重复的现象，这些现象与神经症患者在移情中发生的事情如出一辙。"他们给人的印象是被某种悲剧命运所操控或者被某种'邪恶'力量所左右"（ibid.: 21）。乍看上去，这些人似乎在以被动的方式经历这种"类似事情的永恒轮回"（ibid.：22），然而分析表明，这些人的行为其实在主动但无意识地引发这些轮回。

作为对这一节的总结，弗洛伊德承认道，无论是移情还是一些个体的命运都向我们证明，"强迫性重复的确在心灵中存在着，它甚至凌驾于快乐原则之上"（ibid.：22）。类似的现象也会在创伤性神经症患者反复出现的梦境中和儿童的游戏中出现。这些现象表明，快乐原则与强迫性重复似乎关系紧密。然而，弗洛伊德认为观察到快乐原则在起作用要比观察到强迫性重复容易，因为对于后者，我们很少能够抓住它在纯粹状态下起作用的效果："把强迫性重复假设为一个比快乐原则更原始、更基本、更本能的原则，这里面有太多的细节需要我们进一步补充和解释"（ibid.：23）。

● **屏蔽刺激的防护盾：控制创伤性冲击的突然闯入**

随后弗洛伊德描述了"屏蔽刺激的防护盾（protective shield against stimuli）"所发挥的功能：它使心灵免受来自内部和外部世界的过量刺激。这种保护是必要的，它避免了创伤性冲击所带来的风险。

屏蔽刺激的防护盾不仅保护心灵免受内部和外部刺激的破坏，还对这些刺激进行转化。对外部刺激，感觉器官会对其进行吸收并少量取样。感觉皮层由下层的皮质层构成，成为意识系统。这个系统也接收来自内部的刺激，但是针对内部刺激，感觉器官没有类似针对外部刺激那样的防护盾，所以内部刺激不会被吸收，而是直接传输到意识系统，产生完整的从快乐到不快乐的感觉。而且作为一种防御，内部刺激会被感知为好像它们来自外部一样，这也就是投射的机制。

有了这些解释，我们就更容易理解那些有创伤效应的刺激是不幸冲破了防护盾的保护而引发心理紊乱的刺激。所以在这种情况下，快乐原则就不再起作用了，而这又引发了另一个问题：

> 既然不可能让心灵免于被过量的刺激所淹没，那任务就转化为如何在心理感受上控制住所有这些刺激，把它们约束起来并处理掉。（ibid.：

29—30）

面对这种破坏，个体的全部心理能量都要调动起来构筑一种"反贯注"，这种方式跟个体应对身体上的疼痛是类似的。于是，多余的能量转化为可以控制这些刺激的"静息贯注（quiescent cathexis）"，换句话说就是"在心理上将这些刺激约束起来"。

因此，创伤性神经症是防护盾对刺激的防护远远不够的产物。引发创伤的不是机械性的冲击，而是"对生命的恐吓和威胁"（ibid.：31）。这使弗洛伊德构思出了一个新的焦虑理论，并在他的后续著作中进一步发展完善。在当时的1920年他指出，那些创伤的病例里，都"缺乏对焦虑的准备"（ibid.：31）；创伤事件的结果取决于系统对焦虑的准备状态，尤其提到了焦虑的表现形式。这是他后来在《抑制、症状与焦虑》[Freud，1926d（1925）]一书中区分"自动焦虑（automatic anxiety）"和"信号焦虑（anxiety as a signal）"的思想雏形。

总结一下强迫性重复与快乐原则的关系：反复出现的创伤梦境的目的是为了回溯性地控制刺激，事实上，这一功能要比追求快乐和回避不快乐更加原始。换句话说，对于梦是愿望的满足的经典理论而言，这些创伤梦境是一种例外。当创伤梦境把记忆带入到童年的心理创伤时，尽管这里面有一部分是满足让已经遗忘和压抑的东西重新浮现出来的愿望，但它遵从的主要是强迫性重复，而不是快乐原则。"如果我们承认确实有什么东西是'超越快乐原则'的，我们就同时需要承认在梦作为愿望满足的目的之前确实还存在着其他功能"（1920g：33）。

● "所有生命的目的都是死亡"（ibid.：38）

保护心灵免于外部刺激伤害的防护盾对来自内部的刺激却无法起到保护作用，这就导致外部刺激和内部刺激会产生类似的效果："（来自内部的刺激）经常造成在效果上类似创伤性神经症的紊乱"（ibid.：34）。这些内部刺激的来源是什么呢？弗洛伊德把这个来源称为"本能（instincts）"，它根植于机体内部；如果在心理上没能把它约束住，本能就会导致心理上的紊乱，就像创伤性神经症患者的心理装置被外部刺激所淹没一样。因此，跟面对外部刺激的情况类似，心理装置必须首先把来自内部的刺激约束住：这就是强迫性重复起作用的地方。只有先完成了这一步，快乐原则才能开始起作用。然而，有时在精神分析治疗的过程里，强迫性重复以一种"后台"的面貌呈现，因此，被压抑掉的婴儿期体验会在移情中重复，无法在心理上受快乐原则"约束"。所以这些被压抑的婴儿期体验"无法遵守次级过程"，无法充分地得以修通（ibid.：36）。

观察到这些以后，弗洛伊德对驱力的本质做了一个一般性的假设：当患者被强迫性重复所主导的时候，本能驱力经常导致分析失败。驱力的目标似乎是向原始状态回归——回归到生命之前的无机物状态。

> 似乎在有机体中有一种想要回归早期状态的固有本能，在外部破坏性的压力之下被迫放弃生命。这其实是一种有机体的弹性（elasticity），或者换种说法，这是有机体固有的惯性（inertia）的表达。（ibid.：36）

弗洛伊德认为有机体的驱力是自然界保守的天性使然，目标就是回归最初状态。因此有机体内任何因外部影响而产生的进步或发展都偏离了驱力指向的最终目标。弗洛伊德清楚地指出这个"古老的目标"就是向事物非常早期的形态回归。"（这个目标）肯定是事物的某种原始状态，生命体曾一度偏离了这种状态，但它挣扎在蜿蜒的道路上试图回归这种状态，而这种曲折性是由它自身的发展所导致的"（ibid.：38）。因此，弗洛伊德总结道："（如果）我们相信所有生物无一例外都会因内部原因而最终死亡，重新变回无机物，那我们就不得不承认'所有生命的目的都是死亡'。回顾过去，'无生命物体的出现也确实早于有生命的物体'"（ibid.：38）。所有这一切的结果就是："所有生命都忠诚地遵循着本能的保守性，挣扎在走向死亡的蜿蜒旅途上，这一切呈现给当前的我们一幅生命本质的画卷"（ibid.：39）。

生殖细胞看起来背离了这个过程，违背生命物质指向死亡的方向，但它们的永生是有欺骗性的。"不过是走向死亡的道路延长了而已"（ibid.：40）。按照弗洛伊德的说法，生殖细胞所遵循的本能蕴含在性驱力里，属于"生本能"。

> 生本能的运作方式与其他指向死亡的本能相反；这说明生本能与其他本能之间存在着对抗，我们在神经症理论中早已领略了这些不同本能之间的对抗所扮演的重要作用。（ibid.：40）

不同本能之间的对抗使有机体的生命呈现一种"摆荡的韵律"（ibid.：41）。

一些科学家曾经认为存在一种"向往完美的本能"——一种不知疲倦的向往进步的力量。弗洛伊德也继续对这种假设进行了论证。最后他认为这种假设毫无根据，理由是在朝向完全满足的道路上总是有各种各样的障碍——阻抗。向往完美其实是"爱欲本能想要把有机物质整合为更大的实体的努力"的一种表现，因此生本能已经囊括了这个所谓的"向往完美的本能"（ibid.：42–43）。

- **生的驱力与死的驱力的二元论有其对等物吗？**

既然假设了"所有的生命体都会因为内在的原因而必然死亡"，弗洛伊德于是寻求当时流行的生物学来试图证实或证伪这个假设（ibid.：44）。虽然事实上他没发现什么生物学上的证据来推翻他关于本能的二元论假设，但他确实在其他科学研究中发现与他的假设类似的推论：在活着的有机体中有两种相反的过程，"一种建设或同化的过程，一种破坏或异化的过程"（ibid.：49）。他提醒读者，叔本华早已提出"死亡才是生命的'必然归宿，某种程度上说它甚至是生命的目的本身'"（ibid.：50），而性驱力是生存意志的化身。

弗洛伊德进一步假设力比多理论可能根源于细胞内部：每个细胞里都有生本能或主动的本能来中和死本能，其他细胞则为了维持生命而牺牲自己。为了回答这个问题，弗洛伊德回溯了他的本能驱力理论，解释了本能驱力如何按照连续的阶段发展（ibid.：60，脚注）。他的二元构想起始于自我驱力与性驱力的对立，在此基础上他推测了生驱力与死驱力之间的对立。弗洛伊德自问道：是否可以更进一步，既然有生的驱力与死的驱力的对立，那是否也有与之平行的爱（情感）与恨的对立？受到施虐狂与受虐狂以及性本能的自我保护功能的启发，他得出结论，认为受虐狂是攻击和破坏的驱力转向了自身，这是一种向非常早期阶段的退行，从而暗示了"原始受虐"的存在。与快乐原则一致，心灵生活的主要趋势是努力减少紧张以及遵从一致性原则——"涅槃原则（Nirvana principle）"，弗洛伊德因此得出结论，认为这"是我们相信死本能存在的最有说服力的原因之一"（ibid.：56）。他逐渐认识到生驱力和死驱力无法彼此分离开，但在总结这一节时他承认自己虽然为这个大胆的假说着迷，但并没有被自己的推理完全说服；他认为生物学的发展毫无疑问会解决遗留的问题。在弗洛伊德随后的著作中，他对这些假说变得越来越坚信不疑了。

● 一个悖论：快乐原则服务于死亡驱力

在最后章节里，弗洛伊德尝试在理论上"解决强迫性重复的本能过程与快乐原则的主导性之间的矛盾"（ibid.：62）。他重新强调了心理装置最早期和最重要的功能是把冲击它的本能冲动"绑定"住，从而用次级过程代替初级过程，将自由流动的贯注能量转化为静止的（使精神振作的）贯注。这种转化时刻在发生，但绑定本能冲动只是一种预操作，目的是为快乐原则发挥主导作用扫清障碍。尽管对快乐的渴求在精神生活的开端中是如此强烈，但快乐原则并不只在初级过程中独有，它也在次级过程中出现。最后弗洛伊德总结道，生命是由连续不断的紧张所构成的，他把它们称为"平静的破坏者"，而"紧张的释放就是我们所感知到的快乐"，与生驱力不同的是，死驱力是默默起作用的："生本能与我们的内部感知有如此多的联结——以平静的破坏者的方式出现，不断制造紧张，释放紧张获得快乐——而死本能则似乎是在不知不觉中发挥作用的"（ibid.：63）。

弗洛伊德概念的发展

弗洛伊德关于生的驱力与死的驱力之间的冲突理论在 1920 年后的发展

在 1920 年提出存在生驱力和死驱力之间的对立以后，弗洛伊德在随后几年里继续发展他的理论。1923 年，他提出了自我、超我与本我的区别（《自我与本我》，1923b），文中他猜测抑郁的患者的超我吸引了所有自己身上的施虐性和破坏性的元素。"原来，在超我里占据统治地位的是纯粹的死本能"（1923b：53）。为了解释这种残忍的甚至有时会导致自杀的自我毁灭，弗洛伊德推测也许是生命驱力中爱欲的元素不再强大到足以"绑定"全部破坏力，因此破坏力获得"自由"，表现出攻击和破坏的倾向。在生死驱力中引入"绑定"［或"融合（fusion）"］和"去融合（defusion）"的理论概念使弗洛伊德能够更精确地解释临床实践中观察到的现象。

在"受虐狂的经济问题"一文中，弗洛伊德（1924c）写道，在他 1920 年出版的《超越快乐原则》里，他混淆了涅槃原则和快乐原则，因此给人一种印象，好像快乐原则完全服务于死亡驱力。重新检视当时的讨论，他现在清楚地对涅槃原则和快乐原则做了区分，他现在认为涅槃原则其实是死亡驱力的表达——类似于拉丁文里的"安息（requiescat in pace）"所表达的意思；而快乐原则是力比多的需要。他进一步补充了一个基本观点，认为死亡驱力在受到力比多的影响时，会在肌肉装置的帮助之下从自我之中分离出来。

> 力比多的任务是使破坏性的本能变得无害，它通过在很大程度上将这种本能向外转移［……］朝向外部世界中的客体来完成任务。这种向外转移的本能被称为破坏本能、掌控本能或权力意志。（1924c：163）

弗洛伊德补充道，虽然死驱力的主要部分以施虐的形式向外转移，

> 投射到客体身上，但内部仍然会残留一些，攻击自我；这种残留的死的驱力构成了"原始的、色情的受虐"。此外，通过投射向外转移的施虐可能再次被内摄，从而退行到其先前的状态；这是"次级受虐"。

在1937年，尽管弗洛伊德知道即使在他的学生中，也很少有人同意他的观点，但他仍然在"可终结的与不可终结的分析"一文中重申了他个人深信不疑的概念。

> 我非常清楚，死本能或者被称为破坏本能或侵略本能的东西，与力比多中所展现的爱欲一起被看作平等存在的对立二元，这种二元理论几乎没有得到认可，即使在精神分析师群体内部也从未被真正接受过。
> （1937c：244）

后弗洛伊德学派

为什么精神分析师如此不情愿接受死驱力这个想法

弗洛伊德在1920年一提出这个想法，死驱力的概念就在精神分析师中引起了巨大的争议。没几个人同意弗洛伊德，甚至他最亲近的同事——例如琼斯——也对此保持怀疑。这有几个原因，我现在想讨论其中两个。首先，我觉得某些东西被呈现为对理论的反对，这似乎是基于对攻击性和破坏性驱力在心理生活中所起的作用的否认。这种态度往往是各种无意识防御的产物。我经常观察到，死驱力的概念与死亡本身的概念被人混为一谈，这导致生驱力与死驱力之间的冲突变成了生与死本身的冲突。事实是，我们正在谈论的是两组本能驱力之间的冲突，这些本能驱力在我们每个人身上都起作用。

第二个困难来自弗洛伊德主要通过理论术语表达他的观点，很少提及这在临床实践中所指的内容。例如，他写道，死驱力在不知不觉中发挥作用，但他没有通过临床案例说明这可能意味着什么，也没有说明他会如何诠释它。另一方面，他曾多次尝试用爱与恨的冲突来代替生驱力与死驱力；正如我们在不久将研究《自我与本我》（1923b）时会看到的那样，他在那次冒险中基本上没有成功。

克莱因理论取向中的驱力二元论

梅兰妮·克莱因是首先接受了死驱力概念并将其应用到临床工作的少数几位分析师之一。她认为自我在人出生时就存在，需要在一开始就应对由驱力的固有两极所产生的焦虑。为了防御，自我不得不让死驱力转向，把一部分死驱力投射到外部客体上——就像弗洛伊德曾经说的那样——把一部分死驱力转化成了攻击性："替代了死亡的是杀戮"（Segal，1970：20）。克莱因在此基础上更进一步。按照她的观点，这种防御过程创造了一种分裂，这种分裂先把自我分成了两部分，然后再通过投射把主要客体（乳房）分成了两部分，这样乳房就被感知为既是迫害性的又是理想的。一方面，死驱力被投射到乳房上，因此乳房被自我体验为具有迫害性和威胁性的；另一方面，力比多也被投射到乳房上，因此创造了一个理想化了的乳房，这成了一个被感知为保护生命的客体。当对爱的客体有过度的理想化时，此时分裂的目的其实是为了使自我尽可能地远离迫害性的客体。因此在早期发展阶段，主要的焦虑来自迫害性的客体可能攻破自我的防御，将理想化的客体和自体都消灭掉。这个发展阶段被克莱因命名为偏执－分裂心位。

克莱因认为从生命非常早期开始还存在另一个心位，在这个心位里自体和客体逐渐整合，变得越来越强大。当发展环境有利时，自体可以感觉到理想客体和自己的力比多冲动逐渐变得比带有攻击和破坏驱力的危险客体更加强大。通过这样的方式，自体防御自身和理想客体的能力不断增加，拥有了更多在内部消化死驱力的容忍力。因此，偏执性的焦虑减少了，分裂和投射减少了，自体与客体逐渐趋向于整合，这个过程也就是修通抑郁心位。

按照克莱因的观点，心理状态会在这两极之间持续摆荡。在前一种心位，心灵内部主要是一种缺乏整合的状态，内部客体分裂为理想客体和迫害性的客体，此时恨比爱更强烈；在后一种心位，心灵内部主要是一种整合的倾向，此时爱比恨更强烈。

从技术角度来看，克莱因和克莱因学派的精神分析师所采用的方法基于个体处理和尝试应对早期婴儿化的焦虑的方式。在这里没有时间展开，我只概括一下：在每一节分析中，分析师都会尝试去识别力比多和攻击两部分心理动力，这两部分动力以移情性的投射和内摄的方式在患者和分析师的关系之间连续不断地接近后退来回摆荡。如果分析师在反移情中感觉自己不仅能够向患者呈现理想化的、被仰慕的客体形象，而且还能呈现危险的、被恨着的客体形象，并且还能向患者诠释这种分裂，这会有助于患者区分力比多动力和攻击动力。患者从而能够把它们"绑定"在一起，这将促成最后的整合。

当今的死亡驱力：一种更广阔的视角

当前的情况如何呢？除了克莱因学派从一开始就接受了死亡驱力这个提法，本能驱力二元论这个观点对大部分精神分析师而言仍然是争议极大的理论，这与弗洛伊德的大部分基本理论假设被其他分析师欣然接受的情况形成了鲜明的对比。在克莱因学派之外的其他精神分析学派之间，存在着大量的观点互相争鸣。几乎可以这样说，有多少个精神分析师，就有多少种观点。

1984年，欧洲精神分析联盟举行了首届科学研讨会专门讨论了这个富有争议的议题，并以《死本能》(La Pulsion de mort, 1986) 为题发表了一份关于研讨会的报告。拉普朗什认为死驱力应该被归为一种驱力，并且他提出了几个论据来证明它属于性驱力的范畴。汉娜·西格尔认为，在生命非常早期的阶段开始，当一个婴儿体验到一个需要的时候，他可能对这种体验有两种类型的反应：第一种反应是渴望活下去，这会引导他寻找客体；第二种反应是倾向于把自体消灭，因为自体是感知和体验的主体，消灭了自体也就把他感知的体验消灭了。格林认为死驱力的目的是为了实现"去客体化（de-objectalizing）"的功能，死驱力表现它的破坏力的特定方式是通过"去贯注（de-cathexis）"。正如维德洛谢（Widlöcher）所指出的，研讨会的讨论汇总了一定数量的共识和分歧。人们普遍认同驱力的二元论与心灵有关，因此诉诸弗洛伊德所提出的生物学方向似乎是不可取的。然而维德洛谢补充说，这并不意味着精神分析师拒绝承认该概念有任何生物学或身体基础。

细胞凋亡：调节的生物学模型

弗洛伊德在他那个时代的科学研究中，寻找任何可以反映他在心理层面上假设的驱力二元论的生物学观察都是徒劳的。很少有科学家敢于在这个领域进行深入。直到20世纪70年代初才发现细胞凋亡的机制：这是一种特殊的死亡，其功能是在发育、器官发生和组织生长过程中破坏细胞——但这个过程也可能会被病理性刺激所触发。细胞凋亡是一系列分子事件的终点，由激素、生长因子和细胞毒素发出的正负信号调节：这些信号可以抑制细胞破坏或引发细胞凋亡（Robbins et al., 1974）。

细胞凋亡与生死驱力之间的冲突，这两者之间的关系是平行的吗？我们当然不可能将细胞凋亡的生物调节模型简单地套用到弗洛伊德所假设的心理调节模型上。但在另一方面，我认为我们可以将功能的类比模型与依附性（anaclisis）这个精神分析概念一起使用——心理功能从生物功能上获得支持（J-M. Quinodoz, 1997a）。从这个角度来看，这两个系统并不是孤立运行的。心理和生物因素相互影响。例如，在某些因客体丧失从而导致病理性哀悼的情况下，会在躯体层面引发恶果——个体会生病或发生意外事故等。我们有理由怀疑，在心理冲突中死驱力比生驱力更占主导时，会反向地在生物学层面上扭曲细胞凋亡所维持的持续调节。

新概念

强迫性重复(compulsion to repeat)

死驱力(death drive)

生驱力(life drive)

涅槃原则(Nirvana principle)

原始受虐(primary masochism)

反复出现的梦(recurrent dreams)

重复(repetition)

儿童的重复性游戏(木制线轴)[repetitive play in children(wooden reel)]

移情(transference)

创伤性神经症(traumatic neurosis)

创伤(traumatism)

(赵小蓁 译;余 晔 杨浩波 校)

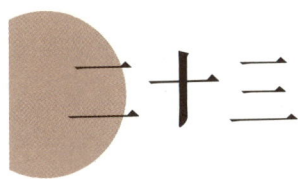

《团体心理学与对自我的分析》
(1921c)

爱、认同与自我理想

我们能否将我们通过精神分析所了解到的关于个体心理生活的知识类推到团体心理学领域？对团体现象的精神分析研究是否进一步加深了我们对个体心理如何运作的认识？弗洛伊德的前辈们在暗示和催眠的现象中要么观察到了团体凝聚或分裂的基本决定因素，要么观察到领导者对特定团体内其他成员所施加的魅力，但弗洛伊德对他们给出的解释并不满意。他使用自创的力比多理论在更深刻的层面上探索这些现象，得出的结论是：只有"爱"这种情感纽带，才能使人克服导致人与人之间分裂的个体自恋和仇恨。正是这种力比多联结的力量将个体团结在团体领袖周围。在基督教会中，是对基督的爱；在军队中，是对指挥官的爱。在某种程度上，同样的联结将团体中的各个成员相互团结起来，只是这种联结比对团体领袖的联结弱一些。然而，这种力比多联结不是一种完全成熟形式的性欲的爱，它是一种早期的爱，抑制了爱本身所带有的性的目的，我们称其为"认同（identification）"。弗洛伊德写道："认同是最早期、最原始形式的情感纽带"（1921c：107）。因此，每个成员对团体领袖的认同以及成员之间的互相尊敬是团体凝聚力的来源，失去这种情感纽带会导致团体解体，我们在恐慌状态出现时就会看到这种现象。对领导的联结还建立在理想化的基础上，当任何一个团队成员被这个理想所吸引时，他自己的个性往往会消失在背景中：以团体领袖为代表的"自我理想"优先于团体中每个人的"自我"。

在宏观世界中观察到的团体成员和团体领袖之间的互动是否可以类推到个体心理的微观世界？弗洛伊德在探索认同概念的不同方面时对这个问题进行了透彻的研究，他勾勒出了一种看待心理内部关系的全新视角：心理内部关系"可能会在自我内部这个新的行动场景中反复出现"（1921c：130）。自我理想可以取代自我原本的位置，这个事实使得弗洛伊德不仅可以详细描述爱的演变过程，而且可以描述正常的和病理性的认同过程。例如，在正向形式的俄狄浦斯情结中，小男孩对自己父亲的认同会促使他长大，成为像他父亲那样的人；但如果小男孩认同他的母亲，这会导致俄狄浦斯情结的倒置形式。弗洛伊德越来越清晰地看到了自我理想和自我之间存在的张力。在正常心理结构中，自我理想代表着父母施加给个体的要求，而在病理状态中，这种张力可能会变得如此极端，以至于引发个体在抑郁和躁狂之间摆荡的症状。参照弗洛伊德在《图腾与禁忌》一书中所写的内容，他认为团体与其领袖之间的关系是对原始部落的儿子与父亲之间类似关系的重新激活：在父亲被杀死以后，他被英雄的形象所取代，而这种英雄是史诗诗人想象中的经过美化的形象。

生平与历史

在社会和团体中对冲突形成更好的理解

在研究了受虐狂和死亡驱力以后，弗洛伊德决定探索团体是如何运作的，为此他重新转向了他年轻时喜欢阅读的社会学作品和作家。他写信给罗曼·罗兰，讲述了他进行这项研究的目的："我不认为这本书有多成功，但它确实呈现了一种方式，实现从个人分析跨越到理解社会"（弗洛伊德写给罗曼·罗兰的信，1923年3月4日，在Vermorel &

Vermorel 1993：219 中有所提及）。他对于在精神分析理论的帮助下理解促成社会凝聚力的因素尤其有兴趣：当人们聚集在一起组成一个团体，他们获得了凝聚力和安全感，但为什么他们会失去思考的自由，失去正确判断事物的能力？为什么群体比组成它的每个个体更加缺乏包容，更加非理性，更加不道德？为什么抑制会失效，从而导致杀戮和仇恨肆虐？

促使弗洛伊德投身于团体现象的研究的主要原因可能有两个：首先，第一次世界大战对当时的人们来说仍然记忆犹新，弗洛伊德那段时期的多篇著述都在尝试去理解人类破坏性的一面。其次，在20世纪20年代，精神分析广受社会各界的批判，精神分析运动本身也饱受内部一系列冲突的阻碍。当时在英格兰盛行的反德思潮也使弗洛伊德本人饱受其苦——毕竟他自己的著述都是用德语写成的。正如琼斯所言（1957：49）："精神分析［……］被诋毁为是德国人堕落、普遍充满兽性的典型产物。"琼斯竭尽全力把弗洛伊德的作品翻译成英文，在1920年他还创刊了《国际精神分析杂志》，以此促进精神分析思想在英语世界的传播。这段时期同时也是琼斯和兰克吵得不可开交的时期。弗洛伊德根据他们两人向他呈现的论点，在两人之间来回站队。这种冲突从一开始就清楚地表明，精神分析师也像其他普通人一样被团体运行机制所支配。这可能也是促使弗洛伊德探索是什么导致这种现象出现的另一个原因。似乎随着精神分析运动的发展，成员逐渐发展为了一个有组织的团体，弗洛伊德作为这个团体的领袖创造了一种与他的追随者的自我理想非常相符的理想形象。

作品解析

引文页码参见《西格蒙德·弗洛伊德心理学著作全集（标准版）》第十八卷，65–143。

● 团体心理学的特点

弗洛伊德首先评论道,尽管精神分析可能将个体作为一个单独的存在来关注,但它也考虑了个体与他直接圈子中的人的关系。因此,他认为个体心理学也是社会心理学,尽管后者在某种程度上倾向于忽视个人。

接着,他大量引用了古斯塔夫·勒庞的著作《乌合之众》(*Psychologie des foules*,1895),以便快速概述所涉及的广泛现象,并在此过程中展示精神分析可以在对哪些现象的理解中给予启发。勒庞描述了在团体中,人们的思维和行为方式与他们单独存在时的行为方式截然不同,因为随着每个有意识的人格逐渐消失在背景中,无意识的人格就会浮出水面。个人获得了一种不可战胜的力量感,以至于失去了个人责任和道德良知等意识。在团体中存在一种传染,它可以导致个体很容易为了整个团体的利益而牺牲他的个人利益,并变得像催眠师手中被催眠的个体一样容易受到暗示。然而,弗洛伊德更关心的是在团体中取代催眠师的人,他认为这是一个关键因素。勒庞揭示,团体中的另一个特征是退行:个体的行为方式与原始人或儿童类似。单独存在时,每个人可能都受过良好的教育,但在一个团体中,这个人会成为他本能驱力的牺牲品,变成一个野蛮人:"他(个体)拥有了原始人的自发、暴力和凶猛,也拥有了原始人的热情和英雄气概"(Freud,1921c:77)。此外,团体唯一尊重的就是力量,它认为善良是软弱的表现。

> 它对英雄的要求是力量,甚至是暴力。它想要被统治和压迫,想要害怕它的主人。从根本上讲它完全是保守的,它对所有的创新和进步有着深刻的反感,对传统有着无限的尊重。(ibid.:78–79)

弗洛伊德认为勒庞(1895)对团体心理的描述与精神分析师在神经症患者、儿童和原始人的心理中发现的内容非常相似。勒庞认为,一旦人类聚集在一起,他们就需要一个领导者。然后这个群体变成了一个听话的团体,渴望服从和顺从。勒庞将团体领袖的力量归功于一种神秘的、不可抗拒的力量,他称之为"威望"。弗洛伊德不满意这个解释。在总结中,弗洛伊德对勒庞的

第二十三章 《团体心理学与对自我的分析》

假设提出了批评：这些假设基本还停留在对团体心理学的描述层面，并没有为我们提供令人满意的解释。只有精神分析才能正确地做到这一点。

● 情感扮演着决定性的角色

弗洛伊德随后讨论了另一本与这个主题相关的书——威廉·麦独孤（William McDougall）的《团体心理》（The Group Mind，1921）。根据麦独孤的说法，在他称之为"人群（crowd）"的最简单的团体形式中，我们可以观察到团体心理学的一些基本事实。想要形成一个团体需要两个决定性的因素：首先，每个人都必须与其他人有共同点——共同的兴趣或相似的情感偏见；其次，团体成员必须表现出一定的相互影响的能力。麦独孤（1921）注意到情感在形成"人群"中的关键作用：情绪被强化，思维被抑制。

> 对于那些得到关心的人来说，这是一种愉快的经历，他们如此毫无保留地服从于他们的激情，从而融入了集体，同时失去了对自己作为个体的局限性的觉知。（ibid.：84）

麦独孤接着说，人群这种组织还有一个特征，就是每个人为了整体而抹杀自我："问题在于团体如何精准地获得组成它的每个成员的特征，而又让这些特征在形成团体后的每个成员身上消失"（ibid.：86）。弗洛伊德补充道：换句话说，团体组织起来的目的就是"用个体的属性来装备团体"（ibid.：87）。

● 爱的力量

如何解释团体心理所特有的情绪高涨和思考受限？大多数探讨过这个主题的人都会给出某些观点。弗洛伊德对这些解释都不满意。他决定使用力比多这个精神分析概念——可以被"爱"这个词所概括的所有驱力——来解释这个问题。他在这里指的是更广义的"爱"，包含性驱力、柏拉图所写的爱欲本能（Eros），以及使徒保罗（Paul）在他的哥林多前书（Corinthians）中所描述的那种爱。弗洛伊德以爱为出发点，认为"爱的关系（或者用更中性的表达方式——情感纽带）"（ibid.：91）构成了使团体凝聚在一起的关键要素。换句话说，是爱构成了将团体凝聚在一起的力量。"为了他们的爱（ihnen zu Liebe）"（ibid.：92），个体放弃了他的独特性，敞开自己去接受来自其他成员的影响。

● **教会与军队**

随后，弗洛伊德列举了教会和军队这两个高度组织化的团体来论证他的假设。他认为这两个团体都是人为的团体，即需要使用某种外力来确保它们的凝聚力。教会——尤其是天主教会——有一个至高无上的领袖基督，同样军队有它的总司令。领袖"以平等的爱爱着团体中的每一个人。一切都取决于这种错觉；如果这种错觉被抛弃，那么只要外部力量允许，教会和军队都会解散"（ibid.：94）。在教会中，基督对基督徒团体中信徒的爱将信徒聚集在一起；他们称自己为基督（团体）里的兄弟——因此，弗洛伊德说，基督是他们的替代父亲。军队也是如此："总司令是一个父亲，他平等地爱着所有的士兵，因此他们之间是同志"（ibid.：94）。军队有一个金字塔式的等级制度，其层级比教会里的层级要多得多。然而，教会比军队更关心其个体成员。

因此，"在这两种人为团体里，力比多纽带一方面将每一个成员与领袖（基督、总司令）联结在一起，另一方面将每一个成员与团体中的其他成员联结在一起"（ibid.：95）。既然每个成员都在两个方向上建立了情感纽带，这就解释了为什么当个体成为团体中的一员时他的人格会有我们所观察到的那种局限。我们可以在大恐慌这种现象中找到证据。在这种情况里，力比多纽带消失了。例如在一个要解体的军事团体中就会出现这种情况。此时对某些危险的恐惧或其他因素破坏了团体内的情感纽带。弗洛伊德把团体中的大恐慌类比为个体的神经症性的焦虑，后者的根源是"情感纽带（力比多贯注）的停止"（ibid.：97）。弗洛伊德将在1926年的著作《抑制、症状与焦虑》里回到这个议题。宗教团体有矛盾的感情，但他们的敌对冲动"由于基督的平等之爱"（ibid.：98）而被抑制住。然而，敌意还是会现身，只是形式是通过宗教之间的不宽容来表现:"从根本上讲,每一种宗教都天经地义地以相似的宗教之爱惠及自己的信徒,而对不属于自己的其他宗教的信徒则非常残忍,毫无包容"(ibid.: 98)。即使这种宗教纽带被其他东西替代,这种不宽容仍然存在。

● **爱和恨作为影响凝聚力的因素**

弗洛伊德继续探索这种将团体及其成员联系在一起的纽带,他认为促成这种团结的情感不仅只有爱,恨也可以达到效果。因此团体行为的另一个特征是矛盾性,即对原本可以产生爱的人产生敌意。然而吊诡的是,在任何一个团体中,只要团体还保持着凝聚力,个体成员之间的敌对情绪就会消失。此外,个体成员完全能够放弃任何个人利益以支持整个团体的利益。弗洛伊德认为这种自恋不足的表现是因为力比多纽带的情感特性,正是这种纽带把他们团结在了一起。弗洛伊德认为,为了大多数人的利益而放弃个人利益是人类文明的基础之一。"整个人类的发展就像个体发展一样,这个过程中只有爱才是促进文明的因素,因为它带来了从利己主义到利他主义的转变"(ibid.: 103)。

● **认同是与另一个人情感纽带的最早表达形式**

在讨论了爱作为凝聚力的一个因素以后,弗洛伊德现在开始讨论认同这个话题,认同是另一个可以导致群体内产生情感纽带的因素。他用一句精辟的话提醒了我们爱与认同之间的关系:"精神分析认为,认同是与另一个人情感纽带的最早表达形式"(ibid.: 105)。认同在俄狄浦斯情结的早期发挥着作用,弗洛伊德描述了这个时期的小男孩对父亲的反应:"他想像他父亲一样成长,长成父亲的样子,并在任何地方取代父亲的位置。我们可以简单地说,他以父亲为自己理想的形象"(ibid.: 105)。当他认同他的父亲时,这个小男孩对他的母亲产生了一种客体贯注,这种贯注很明显是力比多贯注,带有性的特征。然后他就不得不面对一种精神分析师称之为正常俄狄浦斯情境的局面:他对父亲男性特质的认同却同时带有敌对的色彩,把父亲当作竞争的对手。他想取代父亲在与母亲关系中的位置。这毫无疑问让他的认同带有一种天然的矛盾性。这种对父亲认同的随后的历程"可能容易被忽视"（ibid.：106）。

俄狄浦斯情结可能发生倒置，小男孩认同他父亲想要拥有的那个客体，也就是他的母亲。小男孩采取女性的姿态，父亲成为他性驱力的对象。俄狄浦斯情结也可能在女孩身上发生倒置，方式与男孩的形式相对应。直接的俄狄浦斯情结里对父亲的认同和倒置俄狄浦斯情结里把父亲当作对象这两者之间有什么区别呢？弗洛伊德的回答虽然简单但富有启发性："在第一种情况下，父亲是一个他想成为的人；而在第二种情况下，父亲是一个他想拥有的人"（ibid.：106）。

弗洛伊德接着描述了几种认同，任何一种症状都可能与三种认同有关。例如在症状形成中，有一种癔症性认同，一个这种认同的例子是小女孩会采用她母亲的方式咳嗽。"这种认同可能源自俄狄浦斯情结，它说明小女孩有一种带有敌意的愿望，想要取代她母亲的位置，这种症状表达了她指向她父亲的客体之爱"（ibid.：106）。在这种情况下，症状包含着带有恨意的竞争，小女孩的认同既表达了对母亲的攻击，又表达了对父亲的爱。另一种包含在症状形成中的认同的形式是朵拉（Dora）的咳嗽，这种咳嗽是她从她父亲那里学来的。这里的症状与被爱的客体的表现类似："出现了认同而不是客体选择，[……]客体选择退行到认同。[……]经常出现[……]客体选择回归到认同的情况——自我显露出客体的特征"（ibid.：106–107）。还有第三种形式的认同，认同的并非是性驱力客体，而是别人的一些共同特质。在这种情况下，认同只是部分认同，它创建了一种新的纽带。弗洛伊德给出的例子是女子寄宿学校的阵发性癔症。其他学生也可能会出现这种阵发性癔症，可以说，这种癔症都是通过心理传染的方式引发的。总而言之，这三种认同告诉我们：

第一，认同是与一个客体形成情感纽带的原始形式；第二，认同以一种退行的方式成为力比多客体联结的替代，就像通过内摄的形式将客体纳入自我中一样；第三，它可能会随着对其他人共有的品质的新认识而产生，而这些人并非性本能的客体。（ibid.：107–108）

弗洛伊德认为，正是第三种认同构成了团体成员与领袖之间联结的基础。

弗洛伊德随后用两个例子描述了另一种认同——对放弃的客体或丧失的客体的认同。第一种是把放弃的或丧失的客体的幻想内摄进自我，于是自我成为客体的替代。弗洛伊德认为莱奥纳尔多·达芬奇的同性恋就是这种情况（Freud，1910c）。达芬奇认同了他的母亲，于是他用他母亲曾经爱他的方式爱着另一个年轻的男人。第二种出现在抑郁症的情况里，自我的一部分认同了缺席的客体。弗洛伊德在这里再次提到了抑郁症的心理冲突：患者自我的一部分对另一部分充满了怨恨。他把这种批评机构称为"自我理想（ego ideal）"，它可以非常无情，功能就是"自我观察、道德良知、梦境审查和压抑"（1921c：110）。他指出，这种内在批评也是更强大的力量给儿童的自我施加的命令，施加这些命令的人主要就是儿童的父母。从1923年起，他开始把这种批评机构命名为"超我"。

● **自我理想的组成**

既然认同是爱的一种形式，弗洛伊德继续探索恋爱（being in love）和自我理想之间的共同点，然后他把催眠师对被催眠者的吸引力和团体领袖对团体其他成员的吸引力这两种吸引力进行了类比。

就恋爱而言，弗洛伊德描述了在孩子整个成长过程中爱的感受及其与性驱力的联系的变化历程。他认为爱里面包含两条不同的支流，一条是"情感（affectionate）"支流，另一条是"感官（sensual）"支流。两条支流需要汇聚到一起才能构成生殖之爱（genital love）。有时这两条支流一直都保持分离，结果就是情感和感官彼此剥离。这种情况的例子是有些有浪漫主义倾向的男性在面对他们所倾慕的女性时会阳痿，而面对他们根本不爱的女性时性能力却很正常。另一种恋爱时的状态是男性通过理想化的倾向在性方面高估了所爱的客体，这种感觉使他屏蔽任何有损于客体的批评，这种感觉与自恋有关：

客体只是我们自己的一些未达到的自我理想的替代。我们之所以爱它，是因为我们想为我们自己的自我而努力寻求那种完美，转而用这种迂回的方式来获得，这只不过是为了满足我们自己的自恋。（ibid.：112–113）

在激情和迷恋的极端情况下，客体会被理想化得如此厉害，以至于自我完全将自己交给客体，客体"可以说是吃掉了自我"（ibid.：113），所有的批评都被屏蔽。换句话说，"客体已经被放在了自我理想的位置上"（ibid.：113）。认同和恋爱的区别表述如下：如费伦齐所言，在成功的认同里，自我用客体的品质丰富了自己，并"内摄"了客体。在恋爱的情况里，按照弗洛伊德的表述，自我"变得枯竭，让自己屈服于客体，把自己最重要的部分用客体替代"（1921c：113）；换句话说，自我把自己放在了自我理想的位置上。我们需要注意的是，弗洛伊德并没有把恋爱和对客体理想化进行区分。他声称每一种对客体理想化的操作都是有代价的，代价就是丧失自我。基于此，弗洛伊德认为恋爱本质上是一种病理状态。

在谈到催眠与恋爱的关系时，弗洛伊德指出两者之间存在很多相似性。对催眠师和对所爱的客体有着同样的服从，同样没有批评："没人可以怀疑催眠师已经进入了自我理想的位置"（ibid.：114）。催眠关系很像对所爱的人的无限投入，只是排除了性的满足；但在恋爱里，性满足会被当作是未来某个时间节点上可能的目的。换句话说，催眠关系可以看作是"只有两个人的团体"（ibid.：115）。将人们聚集在一个团体里的是一系列不带性目的的倾向，"那些性冲动在他们的目的中被抑制了"（ibid.：115）。在结束本节时，弗洛伊德站在自我理想所起作用这个角度，对具有领导者的团体提出了如下定义："这种团体是许多个体将一个相同的客体放在他们自我理想的位置上，因此在他们的自我中彼此认同"（ibid.：116）。

● **原始部落的酋长，领袖与催眠师**

在得出威尔弗雷德·特罗特（Wilfred Trotter）关于特定"群体本能"的

想法无法持续的结论后,弗洛伊德继续研究他观察到的团体心理学与原始部落组织之间的相似之处,他认为团体是原始部落的重演。团体领袖相当于是原始部落里被敬畏的酋长,而团体成员臣服的态度则是向部落成员原始心理状态的退行。在部落里,酋长通过阻止自己的儿子获得性满足来控制他们,因此把他们兄弟联结在一起的情感纽带来自他们被抑制的性驱力,这个跟团体是类似的。起初,死去的酋长被一个声称自己拥有所有权力和性满足的儿子所代替,就他而言,性冲动就不再重要了,因为其被抑制的目的已经消失了。正如我们在教会和军队中看到的那样,所有成员都处于理想主义的幻想之下,即领袖平等公正地爱他们每一个人。另一方面,在原始部落中,将成员聚集在一起的是仇恨,因为所有的儿子"都知道他们受到酋长的同等迫害,并且同等程度地害怕他"(ibid.: 125)。

弗洛伊德接着讨论了国王和部落首领所散发的神秘力量的本质,它类似于催眠师的凝视。催眠师希望个体的所有注意力都集中在催眠师自己身上,排除外部世界;这种无意识的催眠关系类似于移情。从精神分析的视角来看,正如费伦齐(1909)所言,下达睡眠命令的催眠师正在将他自己置于被催眠者父母的位置上。在这种关系中,催眠师唤醒了被催眠者一部分古老的遗迹(archaic heritage),从而重新激活了与敬畏的原始部落酋长的令人害怕的关系;这种"被动受虐"的态度与团体成员对团体领袖所采取的态度是类似的,都认为对方"仍然是可怕的原始部落酋长"(Freud, 1921c: 127)。鉴于团体对权威的渴望和被支配的需要,弗洛伊德得出结论:"原始部落酋长是团体理想,它代替了自我理想来支配自我"(ibid.: 127)。

● 正常心理状态和病理心理状态下的自我理想

再一次,弗洛伊德通过观察病理现象发现了正常人的运作方式。他在此处先介绍了自我和自我理想的区别,这个关于心理运作方式的新概念使他能够看到作为一个整体的自我("完整自我")与外部客体的互动可以在内部世界中重复,即"在自我内部这个新的活动场所"(ibid.: 130)。

弗洛伊德分别概述了在正常和病理心理状态下这种运作的结果。就正常心理组织而言，自我和自我理想的区分必然会加剧这种客体关系中两个相反极性之间的"张力"：这种高度的张力难以忍受，因此人会一直努力减少这种张力。例如在睡眠中，总是存在一种周期性地回归到回避客体的状态，换句话说，这是一种自恋性的退行。至于病理状态，自我与自我理想的"分离"也无法长久容忍，不得不暂时消除。在这种情况下，自我要么反抗禁令，允许自己违反禁令——就像原始部落的各种节日或我们现代的狂欢节中表现的那样；要么服从自我理想的禁令，这些禁令"包括自我必须默认的所有限制的总和"（ibid.：131）。

这些摇摆或许可以解释导致情绪剧烈波动的心理因素，这种情绪波动可以在抑郁和躁狂中观察到。考虑到躁狂患者已经不再被抑制所束缚，弗洛伊德认为从忧郁到躁狂的转变可能是因为自我理想消解融入了自我（然而在抑郁状态下，自我理想非常非常严厉）。也可以说，从抑郁到躁狂的逆转源于自我对自我理想的周期性反抗："自我会因被理想的部分虐待而被煽动反抗——这种虐待是当自我向一个被拒绝的客体认同时会遇到的情况"（ibid.：133）。

● 英雄的神话：迈向个体心理学的一步

自我和自我理想之间的区分让弗洛伊德有机会发表一些额外的评论。其中第一个关注的是在杀死原始部落酋长之后的时间迷雾中的某个时间节点里，从团体心理学向个体心理学的进展。回到弗洛伊德在《图腾与禁忌》中提出的想法，他认为兄弟之间爆发的冲突阻碍了他们找到原始父亲的继任者。第一个跨越这道障碍，从行动进步到言语的人是第一位史诗诗人：他通过想象取得了这一进步，在想象的同时创造了英雄的神话——这个人独自杀死了父亲，在神话故事的加持下成为他的继任者。"因此，神话是个体从团体心理学中浮现出来的一步"（ibid.：136）。弗洛伊德说，真正的英雄是诗人本人，当他讲述这个传说时，他认同了传说里的英雄与团体中其他成员发生关联的做法。下一步就是对英雄的神化，这是原始酋长作为神明再次回归的先导。

弗洛伊德继续在细节层面就一些问题进行了讨论，一方面是爱之间的关系，另一方面是直接的性驱力和出于目的被抑制的性驱力之间的关系。后者与性驱力的升华有关。直接的性冲动不利于团体的形成，正如我们会看到两个相爱的人会回避团体而选择彼此陪伴。如果在团体环境中直接表达性冲动，往往会造成团体分裂。弗洛伊德写道，在诸如教会或军队这样伟大的人为团体中，"没有作为性对象而存在的女性的生存空间"（ibid.：141），并且性别差异不起作用。神经症从根本上说是反社会性的，因为它倾向于使神经症患者退出任何团体。"可以这么说，神经症对团体的瓦解作用跟恋爱一样"（ibid.：142）。

后弗洛伊德学派

精神分析与团体

团体分析完全可以被视为对弗洛伊德关于团体心理学工作的发展。狭义上，这个术语指的是一种治疗技术，它基于关注个体的精神分析理论和团体运作方式的各种视角。广义上，这个术语是指对各种规模的团体进行的精神分析研究。西格蒙德·H. 福克斯（Siegmund H. Foulkes）和威尔弗雷德·R. 比昂是这个领域的两位先驱。

福克斯：团体分析心理治疗

福克斯是一名曾在德国受训的精神分析师，在移居英国后，他于20世纪30年代开始从事团体心理治疗。他把自己的方法称为"团体分析心理治疗（group-analytic psychotherapy）"。他的基本理念是应该发展团体成员的治疗能力，以使他们成为团体其他参与者的共同治疗师。团体治疗师的作用是促进这些过程，并强调交流的质量，因为交流是治疗的工具。在福克斯的方法中，只考虑团体对分析师的移情，而不考虑存在于团体成员之间的横向移情。他把团体分析心理治疗看作一种对整体人际网中的困难进行治疗的尝试，这些困难要么是在团体形成初期的起源点上，要么是把心理紊乱的个体置于一个他不熟悉的团体的移情条件所引发的（Foulkes，1964）。

比昂对团体的工作

比昂的方法有些不同,尤其是他在个体和团体心理之间做了根本的区分。在20世纪40年代,他与英国陆军军官的康复团体工作,这段经历让他意识到,一个对精神分析有所了解的观察者可以发现某些原本会被忽视的元素。例如,当几个人为了完成某项任务而聚集在一起时,团体中会出现两种倾向:一种倾向于完成规定的任务,另一种似乎在阻碍任务的完成。换句话说,建设的活动被退行的活动抵消掉了。为了描述这些现象,比昂发明了自己的术语(Bion, 1961; Grinberg et al., 1973)。

团体成员内部发生的退行可以解释为团体里出现了一种"团体心理(group mentality)",它表达了团体的观点和成员的意愿,但却是无意识的,团体并没有意识到它的存在。因此,该团体围绕某些"基本假设(basic assumptions)"进行构建,其运作就好像它怀有成员共同的期望,但这些期望仍然是内隐的,永远不会用语言表达出来。比昂总结了三种基本的假设:"依赖",在这种状态下团体期待领导者满足团体的所有需要和渴望,而团体本身则采取被动态度,没有任何辨识能力;"战斗/逃跑",在这种状态下团体坚信存在一个敌人,需要他们通过战斗来消灭或者通过逃跑来回避,这种团体会选择一个偏执的人物来充当他们的领导者;"配对",在这种状态下团体等待着在未来起到救世主作用的事情出现,这种无意识的非理性期待往往被放置在配对的人或情侣身上,期待他们生下孩子。任何建立在这些基本假设之上的团体都会发现自己处于一种高度亢奋的原始情绪状态,这种情绪状态表达了团体的无意识幻想。然后团体开始以一种完全混乱的方式运作,它的行动受到阻碍,因为这个团体首先想要的是立即满足其全能的渴望,因此,它往往不会把现实纳入考虑范围。

与"基本假设"团体不同,还有另外一种团体运行的水平,比昂称之为"工作团体(work-group)"。在这种团体中,每位参与者都期待通过言语交流和适当注意现实来合作完成团体任务。

符合基本假设的团体和工作团体在任何一个给定的团体结构中都会存在，毕竟现实是团体中总会冒出某些冲突。比昂认为基本假设是团体对精神病性焦虑进行防御和退行的反应，这些精神病性焦虑是团体中的每个个体重新激活的焦虑；它们对应于克莱因所描述的原始防御机制。而工作团体对应于一种指向心理整合的运行方式。比昂的假设为与团体工作的人提供了一种新的工具，可以增加他们对自己也参与在其中的团体内部所发生现象的理解，对治疗团体尤其如此。

新概念

军队（army）

教会（church）

自我（ego）

自我理想（ego ideal）

团体心理学（group psychology）

催眠，催眠师（hypnosis, hypnotist）

理想（ideal）

理想化（idealization）

认同（identification）

个体心理学（individual psychology）

爱，恋爱（love, being in love）

（赵小蓁 译；余 晔 杨浩波 校）

二十四

《自我与本我》
（1923b）

心理结构的重新划分：自我、本我和超我

弗洛伊德在《自我与本我》中，综合了他自"1920年转折点"以来提出的各种假设，因此，该著作具有极其重要的意义。在本书中，他首先展示了他最初划分为无意识、前意识和意识系统的心理模型，也就是他通过地形学划分构建的"第一结构理论"，他认为该模型已经不足以描述心理装置的功能；必须要对该模型进行进一步的拓展。在精神分析治疗过程中，"自我"表现出对意识到真正问题的阻抗，弗洛伊德以此为基础，对心理装置进行了重新划分。自此，心理结构就包含了三个机构：自我、本我和超我；该模型就是弗洛伊德著名的"第二结构理论"。这两个模型并不是相互排斥的；事实上，恰恰相反，它们是相辅相成的，因为它们分别从两个不同的角度对相同的心理现象进行描述，就像我们可以通过外形、尺寸，也可以通过价格来描述同一幢房子那样。

在弗洛伊德的定义中，自我、本我和超我同时具有意识和无意识的特征。从弗洛伊德研究的最早期，自我的概念就存在了，只是最初，他用自我来指代有意识的人格或个体。自1923年起，自我被认为是心理现象的调节机构，

因为它总是试图调和本我［力比多水库（reservoir of libido）］和超我（弗洛伊德之前称其为审查机构或良心）的要求。由此，在自我、本我和超我之间产生的无意识冲突和张力，以及它们相互矛盾的需求，对人格发展产生了持久的影响，这是不同力量之间斗争的结果，也是它们之间建立的动态平衡的结果。如果分析的目的是使无意识意识化（根据第一个地形学模型），那么同样的目的也可以用第二结构理论来表达，即"本我曾在哪里，自我就会在哪里"（德文为 Wo Es war, soll Ich werden；英译为 Where id was, there ego shall be）［1933a（1932）：80］。

弗洛伊德继续探究他在1921年的《团体心理学与对自我的分析》中讨论的假设，并得出结论：个体的人格和性格是一系列认同过程的结果。也正是在《自我与本我》这部著作中，他对俄狄浦斯情结进行了完整的描述，既包含了正向俄狄浦斯情结（男孩认同他的父亲，女孩认同她的母亲），又包含倒置的俄狄浦斯情结（男孩的女性认同，女孩的男性认同），因此，他考虑到了所有个体都存在的双性恋心理倾向。在该著作中，弗洛伊德表示，他越来越确信，生驱力与死驱力之间的根本冲突所起的决定性作用。在对病人的分析中，这一观点得到了充分的说明。这些病人的病情非但没有好转，反而恶化：弗洛伊德将这些病人的表现称为"负性治疗反应"［1933a（1932）：49］；在忧郁（抑郁）症病人身上，超我也是"死本能纯粹的培养"（ibid.：53）。然而，超我并不仅仅像是在病态心理状态中那样，只是虐待自我，因为在正常的个体中，个体通过与父亲和母亲认同，来保护和保存自己，这个过程正是后俄狄浦斯超我的作用。

生平与历史

乔治·格罗代克：《论本我》（1923）

尼采最早使用了"本我"［德文为 Das Es（它），英译为 id（本我）或者 it（它）］一词，后来，乔治·格罗代克（Georg Groddeck）在其著作《论本我》（*Das Buch vom Es*）中沿用了该术语，该部著作的出版仅提前几周早于弗洛伊德《自我与本我》的问世。可以说,格罗代克是弗洛伊德诸多追随者中最具创造力和机敏能干的一位,他是德国巴登-巴登一家诊所的主任,在对精神分析产生浓厚兴趣之前,他曾对这门学科百般诋毁。格罗代克称自己是一个"野蛮分析师(wild analyst)";1920年,他在海牙的国际精神分析大会上第一次见到了弗洛伊德。格罗代克是一个充满个人魅力的人,他活力充沛、思维敏捷和思想自由,深受弗洛伊德的喜欢。但他思想自由的程度有时会引人反感,从他1921年出版的《灵魂追寻者》(The Soul Seeker)中就可见一斑。这部小说讲述了一位精神分析师所经历的艰难困苦,深受广大读者喜欢,其中也包括弗洛伊德,但是还有一些人认为这部作品淫秽不堪,毫无科学价值。1923年,格罗代克出版了一本使其名声大噪的作品——《论本我》,以此获得了更多读者的关注。在书中,他描写了自己在心身医学方面所做的工作,并将本我描述为"主导(一个人)自己的行为和发生在他身上的事情的一种神奇力量"。"人依靠本我而活"则成为格罗代克所信奉的"基本原则"[1923(1949:11)]。虽然弗洛伊德对本我的定义与格罗代克的略有不同,但他确实认可自己的追随者对此所做的贡献。虽然,由于缺乏科学严谨性和技术上的含糊不清,使得格罗代克本人颇具争议,但在强调精神分析在治疗躯体疾病和心身疾病中的巨大潜力方面,他可以说是第一人。

弗洛伊德罹患癌症

弗洛伊德在1922年撰写了《自我与本我》,并于1923年4月将其出版。此时,他已经67岁高龄,名声显赫,但名望对他来说并不重要,反而还妨碍了他的工作。1923年2月,他在自己的下巴上发现了一个肿瘤,在《自我与本我》出版后,他才将其切除。他觉得这个黏膜白斑肿瘤很有可能是恶性的,但他忌讳谈论这个问题,因为他担心自己的医生可能会劝说他戒烟。他没有咨询著名的专家,而是接受了一位水平一般的外科大夫马库斯·哈耶克(Marcus Hajek)的治疗。在门诊部切除肿瘤后，弗洛伊德差点死于大出血。在随后的16年里，由于黏膜白斑病的不断复发，弗洛伊德总共接受了33次手术。1923年，在第一次手术之后，他不得不接受放疗；实际上，这个过程痛苦万分，在接下来的6个月里，由于剧烈的疼痛，他无法工作。此后数月，关于肿瘤的癌变性质，他的医生和费利克斯·多伊奇（弗洛伊德的私人医生）对弗洛伊德只字未提，因为他们害怕弗洛伊德可能会自杀；事实上，直到1923年9月，他们才将此事告知给他周边的亲友。同年10月，另一位著名的口腔外科医生汉斯·皮希勒（Hans Pichler）再次为弗洛伊德实施了手术，摘除了他患侧的整个上颌，并为他植入了一个巨大的假体，弗洛伊德称之为"怪物"，因为它在装入和取出口腔的过程中都颇为吃力。从那时起，弗洛伊德说话和吃饭都倍感困难；他右耳听力也受到了影响，最后右耳彻底失聪。此后，每当他感到痛苦时，除了他的女儿安娜，他拒绝接受任何人的照顾。

弗洛伊德的传记作家之一埃米利奥·罗德里格（Emilio Rodrigué），对弗洛伊德所患癌症的真实性提出了质疑。罗德里格（1966）表示，最初的诊断是错误的，因为根据居里研究所（Institut Curie）的拉卡萨涅（Lacassagne）医生在1939年对首次样本进行的组织学检查来看，弗洛伊德患的是乳头瘤，且并非恶性。这意味着弗洛伊德真正患癌的时间比我们想象的都要晚，并且可能是由于接受了高强度的放射治疗所致。罗德里格认为，弗洛伊德对自己健康的态度无疑导致了随后数年医生们接二连三的误诊，他说道："在这点上，弗洛伊德本人难辞其咎：他在所有这些医源性疾病中发挥了什么作用？"罗德里格还补充道，对弗洛伊德而言，他与医生们之间的关系一直问题不断。

作品解析

引文页码参见《西格蒙德·弗洛伊德心理学著作全集（标准版）》第

十九卷，1–59。

● **关于自我的概念**

在本著作中，弗洛伊德拓展了他在《超越快乐原则》一书中开辟的思路，将精神分析理论进行了综合重组，这也形成了他自1920年以来的典型思想。然而，在《自我与本我》一书中，弗洛伊德彻底抛开生物学视角，仅严格地从精神分析角度进行探讨。

一开篇，他就提醒读者，精神分析是以一个基本前提为基础的，那就是：意识和无意识之间的区别。我们可以从两个角度来探讨无意识：描述性观点和动力性观点。从描述性观点来看，有一些表征是可以被意识到的，但是它们还没有进入意识当中；当它们处于潜伏状态时，我们就可以称之为"无意识的"。然而，从动力性观点来看，一些表征因为被"压抑"了，所以处于"无意识"状态，正是因为存在所谓的阻抗，这一力量拦截住了观念，使其无法变成有意识的。精神分析的技术，就是使这些被压抑的观念意识化。因此，我们能区分出两种不同的无意识：一类是潜伏式无意识，从描述性观点来看，此处所谓的无意识对应的其实是前意识；第二类是严格意义上的无意识，或者称为动力性无意识，这正是我们在精神分析中要处理的重点问题。

现在，让我们来谈谈自我。最初，对弗洛伊德来说，"自我"的概念仅指有意识的内容；然而，他很快就意识到，在被压抑的材料意识化的过程中，自我产生了阻抗。因此，他必须接受这样一个事实：从动力学角度而言，自我的一部分是无意识的，而且只有通过精神分析，被压抑的内容才能变得有意识。早在1915年（Freud，1915e），他就提到了这样一个事实："无意识并不等同于被压抑之物；但是，所有被压抑之物都是无意识的，而并非所有无意识内容都是由于被压抑导致的"（1923b：18）。因此，尽管意识和无意识之间的关系是分析工作的一个重要支点，但仅凭无意识概念本身已无法对人类心理进行充分的描述了。

第二十四章 《自我与本我》

● **自我与本我**

接下来，弗洛伊德探究了自我与知觉系统之间的关系，知觉系统能够接收信号并确保个体能够意识到它们；这个系统就是他所谓的知觉 – 意识（perception-consciousness，简写为Pcpt-Cs）。从立体空间的角度来看，意识是心理器官的表层，它同时接收来有机体外部和内部的知觉。来自感官的知觉，如视觉、听觉等，它们从一开始就是有意识的；我们所说的思维过程之所以会意识化，是因为语言的存在，因为所感知到的内容与语言表达存在着关联，所以能够被转化而进入意识当中。至于那些来自心理器官最深层的内在知觉，它们比外在知觉更为基本，并通过快乐 – 不快乐的感觉抵达意识层面。

然而，感觉"意识化"的方式并非没有问题。弗洛伊德认为，在这些内容到达意识层面之前，我们完全有理由称其为"无意识情绪"。然而，他对两种情况做了区分，一个是通过压抑而停留在无意识层面的想法意识化的过程，另一个是感觉或情绪意识化的过程，对于第二种情况，这种转变是直接发生的。

> 实际上，二者的区别在于，无意识观念首先要建立连接环节，之后才能被带入意识之中，但对于情绪而言，是不需要这个过程的，它们的意识化转变是一步到位的。换句话说，……情绪要么是有意识的，要么就是无意识的。（ibid.：22–23）

我认为，此处应该加以必要的关注，虽然弗洛伊德说情绪不能被压抑，压抑只是神经症的机制，但他确实使用"压抑"一词来描述对情绪和情感的感知抑制；在当今的理论中，我们确实也考虑了以否认心理现实为特征的防御机制。在本章的结尾，弗洛伊德评论了自我和身体之间的关系。弗洛伊德认为，因为自我处于感知和情绪的交界处，所以自我首先源于身体的感觉。"自我首先是身体的自我；它不仅仅是一个表层的实体，它本身也是一个表层的投射"（ibid.：26）。

为了更全面地描述"自我"和各种心理过程之间的复杂关系，弗洛伊德转向了格罗代克（1923）提出的一个概念："本我"。在弗洛伊德的理论中，"本我"是"力比多和激情的巨大水库"，本我由快乐原则所支配，现实原则被取而代之。与格罗代克的观点不同，弗洛伊德认为自我并不是被动地屈服于本我对它的攻击，而是试图驯服本我，正如骑手试图控制胯下的坐骑一样。"通常，一个骑手如果不想和他的马分开，就必须引导它去它想去的地方；同样，自我习惯性地将本我的意志转化为行动，就好像这是它自己的意志一样"（ibid.：25）。

● 超我（或自我理想）

还有一种源自意识的现象——在许多神经症中都可以看到的"无意识内疚感"；它的表现形式是过度的自责和严厉的道德良知。而对这些情感负有特殊职责的机构，弗洛伊德称其为自我理想或超我，它与自我相冲突。

那么，自我和自我理想或超我这两个机构从何而来呢？弗洛伊德认为它们与认同过程有关；从这个观点出发，可以区分出两种认同。在生命之初，正如他在著作《团体心理学与对自我的分析》（1921c）中所指出的那样，由于无法区分认同与客体贯注，因此"爱客体（loving the object）"就等同于"是客体（being the object）"。换言之，这些原初认同具有自恋特征，而个体通过投射机制将性欲客体置于其自我之内，就像我们在忧郁症病人身上看到的那样："由此，我们可以假设，自我的特征是个体抛弃客体贯注后的产物，它包含了那些客体选择的历史"（1923b：29）。这些早期认同构成了自我之中的一个特殊机构，并作为超我或者自我理想，与自我试图去做的相抗衡。当自我力量逐渐强大，就形成了一种更高级的认同形式：自我最终能够区分爱和认同，它能够放弃自己的性欲目的，并且，当自我能够将其升华了的自恋力比多贯注到俄狄浦斯客体身上时，它也与客体的部分特征发生了认同。

当自我拥有了客体的特征时，可以这么说，它会将自己作为爱的客体强加给本我，并试图弥补本我的损失，同时还会说："瞧，我跟客体是如此相像，你也可以爱我"。（ibid.：30）

第二十四章 《自我与本我》

在 1938 年 7 月 12 日的一份笔记中，弗洛伊德总结了这两种认同过程的差别：

"在儿童身上，这是"有"和"是"的区别。儿童喜欢用认同来表达与客体的关系："我就是客体"。"有"是随后发展而来的表达两者关系的方式；在丧失了客体之后，又回到了"是"的关系。举例：乳房。"乳房是我的一部分，我就是乳房"。不久后，"我有乳房"，这意味着"我不是乳房"。[Freud，1941f（1938）：299]

接着，弗洛伊德描述了认同过程和俄狄浦斯情结之间的关系。他得出的结论是，考虑到每个人都有双性恋心理倾向，俄狄浦斯情结的完整形式应该包含两个方面，一个是正性的，另一个是负性的。例如，小男孩对父亲的认同巩固了他的男子气概（这是正性或直接的俄狄浦斯情结）；另一方面，他的女性认同是负性的（或倒置的）俄狄浦斯情结的表现。同样的道理也适用于小女孩：在她正性的俄狄浦斯情结中，她认同自己的母亲，而在负性俄狄浦斯情结中，她认同自己的父亲。那么，孩子的最终认同是由哪些因素决定的呢？弗洛伊德此时吃惊地发现，忧郁症（抑郁症）病人的认同过程无法对此提供充分的解释。因此，他放弃了寻找心理学解释的想法，而倾向于求助结构性因素；然而，这并不能回答真正的问题，与此同时，精神分析因素也被抛到了一边。"因此，关于俄狄浦斯情境的结果……似乎对两个性别而言，最终认同是由个体的男性性倾向与女性性倾向的相对力量强弱所决定的"（1923b：33）。后来，以琼斯和克莱因为代表的后弗洛伊德学派的精神分析学者则认为，个体最终认同的决定性因素取决于对竞争对手的认同。

儿童的自我理想或超我的形成，不仅仅是通过与父亲的认同，或弗洛伊德在一个脚注中指出的"父母"的认同（ibid.：31，注释 1）；它同时还与认同父母的禁令有关，这些禁令阻碍了儿童俄狄浦斯情结乱伦愿望的实现。换句话说，自我理想/超我在它与自我的关系中，呈现出"双重性"。一方面，超我鼓励人们"你应该这样（像你父亲那样）"；但另一方面，它包含了一条禁令:"你不可以这样(像你父亲那样)——也就是说,你不能做他所做的一切;有些事情是他的特权"(ibid.: 34)。弗洛伊德是这样总结这些复杂过程的:"当我们还是小孩子的时候,我们知道他们在本质上比我们更加高级,所以我们崇拜和惧怕他们;但,后来我们将他们纳入我们自身"(ibid.: 36)。因此,一个机构从自我中分离出来,其严厉程度因人而异:"俄狄浦斯情结越强烈……后期超我对自我的控制就越严厉,控制形式包括良心或者无意识内疚感"(ibid.: 34–35)。最后,"自我理想……就成了俄狄浦斯情结的继承者"(ibid.: 36)。我只想在这里简单地提及一下,弗洛伊德使用了三个他没有明确定义的术语(尽管他并不认为三者是可以互换使用的):理想自我、自我理想和超我。

由于自我理想对人类提出了相当多的要求,所以宗教情感、个人道德良知和社会情感得以产生。宗教情感是所有宗教的核心:"当自我并未达到自我理想时,自我评判就产生了谦卑的宗教情感,这也正是宗教信徒所渴望和呼吁的情感"(ibid.: 37)。道德良知,则是内化了教师和其他权威人物的命令和禁忌的结果;良知要求与自我实际表现之间的张力被体验为"一种内疚感"。弗洛伊德补充说,"社会情感建立在与他人认同的基础上,建立在共同自我理想的基础上"(ibid.: 37)。

弗洛伊德以寻找自我理想或超我的原始起源作为本章的结束。他提到了在著作《图腾与禁忌》中的观点,他认为,社会情感在某种程度上是源于原始部落的弑父行为及由此产生的道德限制。那么,从历史角度来看,超我是如何产生并代代相传的呢?弗洛伊德认为,古代经验的进化烙印并非是由自我传递的,而是由遗传性本我传递的。

> 因此,遗传性本我中蕴含了无数的自我残余;而且,当自我从本我中形成超我时,或许只是恢复了更古老的自我形态,并使其复活。(ibid.: 38)

● **自我和生驱力 – 死驱力冲突**

驱力对自我的影响是什么?尤其是弗洛伊德在《超越快乐原则》(1920g)

中描述的生驱力和死驱力，它们对自我有何影响？他认为，这两类本能驱力能够以不同的比例结合或分开。虽然我们可以推测，死驱力能够被活的有机体所中和，它的破坏性部分通过特定器官转向了外部世界，表现为攻击性；但还是很难想象生驱力和死驱力是如何结合的。"这个特定器官应该就是肌肉组织；因此，死本能就可以通过一种直接对外部世界和其他生物的毁灭本能表现出来——尽管可能只是部分地表现出来"（ibid.: 41）。

一旦我们接受了生死驱力融合的设定，那么，就同样可以假设它们多少也会发生"去融合"。弗洛伊德认为，在严重的神经症和性倒错中，死驱力占据着主导作用。"我们认为，出于释放的目的，破坏性本能习惯性地臣服于爱欲；据我们推测，癫痫发作正是本能去融合的产物和征兆……"（ibid.: 41）。对于弗洛伊德来说，从生殖器期退行到肛欲施虐期也涉及驱力的去融合，然而，只有当生驱力中的性欲成分比死驱力更为重要时，个体才会获得发展。

随后，弗洛伊德讨论是否有可能从爱与恨的两极性来看待这两种驱力之间的对立。爱很容易被看作是爱欲的表征，而恨和破坏性冲动则可以被看作是死本能的表征。然而，这并不能让弗洛伊德完全信服，他说，因为临床观察向我们表明，很多时候，恨可以变成爱，爱可以转为恨。例如，在偏执狂中，对某人的强烈的同性恋依恋，导致"这个他最爱的人［是］迫害者，于是，病人对他进行的攻击往往是最危险的"（ibid.: 43）。在这一个问题的讨论上，已无法再继续深入，弗洛伊德选择将其搁置。他认为，另一个性质不同的因素可能在发挥作用，所以没有必要假定爱直接转化为恨，或者恨直接转化为爱。发挥作用的可能是某种"可置换的能量，它本身是不分化的"（ibid.: 44）；这种能量的来源是"力比多的自恋储存"，因此是"去性化的爱欲"（ibid.: 44）。然而，在反对了爱与恨之间直接转化的观点后，弗洛伊德在随后的章节丝毫没有掩饰在这个问题上的犹豫，仍然表明，这种转化确实会发生。

弗洛伊德从心理结构理论的新视角出发，重新定义了原发性自恋和继发性自恋。

最初，所有的力比多都从本我中积累而来，这时自我正在形成，或

者仍然很脆弱。本我将部分的力比多派送到性欲客体的贯注过程中，于是，已经变强了的自我，试图抓住这个客体－力比多，并将自己作为爱的客体强加给本我。因此，自我的自恋是继发性的，它已经从客体处撤回。（ibid.：46）

- **负性治疗反应和忧郁症的超我——"死本能纯粹的培养"**

弗洛伊德接下来谈到了自我和本我之间的关系，以及自我和超我之间的关系。他把自我比作一个仆人，必须侍候三位主人。自我必须应对三种危险：第一是源自外部世界，第二是源自本我的力比多，第三是源自超我的苛求。就超我而言，我们经常遇到这样的病人，他们在分析治疗过程中对病情改善表现出矛盾的反应，每一次改善都会导致他们的病情恶化。弗洛伊德称这种现象为"负性治疗反应（a negative therapeutic reaction）"（ibid.：49）。对这些病人来说，最重要的是继续患病的需要，而不是从疾病中恢复过来的意愿，因为他们无意识地感到自己有罪，因此拒绝放弃遭受惩罚。"但就病人而言，这种内疚感是无声的；它并不告诉病人自己是有罪的；他也不感觉自己有罪，他只能感到自己生病了"（ibid.：49–50）。这种负性治疗反应在大多数严重的神经症病人身上都能看到；在这里，内疚感是无意识的，而不像正常人那样，感受到的内疚则是有意识的。

为什么在某些疾病中，比如忧郁型抑郁症，超我会如此苛刻和严厉？在弗洛伊德看来，忧郁症的超我的破坏性成分与死驱力有关。

> 现在支配超我的，可以说是一种死本能纯粹的培养，事实上，如果自我不能通过转变成躁狂来及时击退暴君，超我常常会成功地将自我推向死亡。（ibid.：53）

弗洛伊德自问，在忧郁症中，超我是如何成为死本能的聚集地的。他引入了"本能去融合（instinctual defusion）"的概念，这是因为性欲成分已经不能再约束住与它结合在一起的那些破坏性力量了，因此"它以攻击和破坏倾向的形式被释放出来"(ibid.: 54)。正是从这种生驱力与死驱力之间的去融合中,抑郁症病人的超我对自我变得更加严厉和残酷。

那么,强迫型神经症的情况又是如何呢?在这种疾病中,超我对自我的态度极其苛刻,但与抑郁症病人不同,强迫症病人似乎"对自杀威胁有免疫力"(ibid.: 53)。弗洛伊德认为,这是因为强迫症病人的爱已经转变为恨:"通过退行到前生殖器组织阶段,爱的冲动已经将自己转化为针对客体的攻击性冲动"(ibid.: 53)。此处,弗洛伊德还重申了他的信念,认为在强迫症病人身上所发生的正是"以恨代爱的实际置换";这种置换彻底关上了区分爱与恨的大门,如果我们要假设这两种情感之间存在绑定–解绑定过程,类似于发生在生本能与死本能之间的融合–去融合过程,那么,爱与恨的区分是必要的。在 D. 奎诺多茨(1994)看来,弗洛伊德之所以会在这个问题上遇到困难,是因为他没有对这两种情感的"融合"和"绑定"进行明确的区分。她认为,在儿童发展的早期阶段,爱与恨是混合在一起的,以至于个体无法知道自己处理的是爱还是恨;然而,当发展到更高阶段的时候,病人能够针对同一个客体区分出爱与恨的感觉。于是,才有可能将它们结合起来:"在将爱和恨结合在一起之前,我们必须能够将其区分开来。如果没有先前的区分,我们最终会陷入混乱,而不是整合"(1994: 90)。

弗洛伊德继续描述自我的特征,包括它的优点和缺点。在通过感知与外部世界接触的时候,自我使心理过程接受"现实检验",得益于自我的思考能力,这有助于确保放电运动的延迟。此外,源自外界的生活经验丰富了自我,与此同时,自我还试图应对来自本我的驱力冲动;正是这一特征,可以作为精神分析治疗效果的见证。"精神分析是一种工具,使自我能够逐步征服本我"(Freud, 1923b: 56)。

自我概念的引入也为弗洛伊德提出新的焦虑理论奠定了基础,他在 1926 年出版的《抑制、症状与焦虑》中,对其进行了描述。在 1923 年之前,焦虑的产生被视为生物因素的结果。但在 1923 年,弗洛伊德就表明了在生成焦虑的过程中,心理过程是如何发挥作用的。自此,焦虑就被视为一种自我现象。"自我是焦虑的真正所在地"(ibid.: 57)。面对来自本我的力比多危险,自我害怕"被淹没或湮灭";而快乐/不快乐原则提醒人们注意这种危险。当自我面对其他危险时,以自我对超我的恐惧为表征,自我会通过"良知恐惧(德文为 Gewissenangst)"做出反应,通常表现为阉割焦虑。至于死亡焦虑,弗洛伊德认为,它在精神分析中没有意义,"因为死亡是一个具有消极内容的抽象概念,找不到与其相对应的无意识内容"(ibid.: 58)。

弗洛伊德在文章的结尾处,强调了超我对自我的保护作用,特别是俄狄浦斯情结中,超我对力比多和攻击驱力的调节作用。在忧郁症病人身上,丧失了这种超我的保护作用,弗洛伊德进而推断认为,正常的超我保护着自我。

> [在忧郁症病人中]自我之所以放弃自己,是因为它感到自己被超我憎恨和迫害,而并非被超我所爱。因此,对于自我而言,活着就意味着被爱,即被超我所爱[……]超我履行着保护和拯救的职责,这在生命早期是由父亲来履行的,后来是通过天意和命运实现的。(ibid.: 58)

另一方面,当自我面临真正的危险时,自我便感到自己被所有保护力量所抛弃,任其自生自灭。这种感觉源于我们生命最初的焦虑状态,即出生焦虑,而出生焦虑也是当我们与母亲这位保护者分离时产生焦虑的根源。本我,就其本身而言,对自我既不表现出爱也不表现出恨;它主要是"在无声但强大的死本能的支配下"(ibid.: 59),被锁定在与爱欲无休止的冲突之中。

后弗洛伊德学派

安娜·弗洛伊德:《自我与防御机制》(1936)

1936年,安娜·弗洛伊德在《自我与防御机制》一书中详细阐述了她父亲对该问题的思考,这本书后来被认为是一本开创性的著作,其中她研究了个体的自我在与本我、超我和外部世界的关系中发展而来的防御机制。她认为,自我必须应对诸多冲突,这些冲突试图强行进入意识层面,它们源自本能的需求、超我的要求,以及外部世界的危险。为了避免焦虑的出现，自我运用了一系列的防御机制。安娜·弗洛伊德首先列举了西格蒙德·弗洛伊德所描述过的防御机制：压抑、退行、反向形成、隔离、撤销、投射、内摄、攻击转向自身、逆转到对立面以及升华。此外，她还对防御机制进行了补充：与攻击者认同和利他性屈从，她还明确指出，这个清单还远未穷尽。安娜·弗洛伊德的研究工作为一个重要的精神分析思想流派设立了起点，该流派始于20世纪30年代末的维也纳，在英国，这股思潮在安娜本人的领导下得以发展，而在北美，则由海因茨·哈特曼发展壮大；哈特曼是后来被称为"自我心理学运动"的创始人之一。

海因茨·哈特曼与"自我心理学"

哈特曼在1939年于维也纳出版了著作《自我心理学与适应问题》（*Ego Psychology and the Problem of Adaptation*），其中他所提出的观点构成"自我心理学"的基础。1941年，他移民美国，那些为了逃离纳粹迫害而从欧洲移民而来的学者也加入了他的行列，其中包括恩斯特·克里斯和鲁道夫·勒文施泰因（Rudolph Loewenstein），他们都支持哈特曼的学术观点。从那时起，自我心理学的思想在北美得到迅速发展，以至于成为那里精神分析思想的主流。1945年，哈特曼还与克里斯和安娜·弗洛伊德共同创办了《儿童精神分析研究》（*The Psychoanalytic Study of the Child*）杂志。

虽然哈特曼的思想是以弗洛伊德在1923年提出的自我、本我和超我理论为基础，但他所发展的理论观点与弗洛伊德的概念却迥然不同。对于哈特曼而言，自我有两个功能。第一个功能，是当自我必须要处理冲突的时候，建立防御；第二个功能，按照哈特曼的说法，也是最重要的功能，就是自我的无冲突领域中发展出的适应功能：这就是他所说的"自主性自我（autonomous ego）"。

自主性自我从个体出生开始就存在，并且独立于本我发展。在哈特曼看来，个人行为问题或多或少是他们无法适应社会条件的结果，与本能无关。由此可见，自主性自我的关键作用就是"适应"外部世界。哈特曼认为，力比多是通过一个所谓的"中和"过程，使攻击驱力去性欲化，他将这一过程也归功于自我：自我越强大，它就越有能力"中和"力比多能量，反之亦然。在技术层面上来看，自我心理学方法首先集中于分析病人的阻抗和防御，强化有意识的自我，这无疑有碍于对无意识幻想进行分析。在这一点上，他的方法与安娜·弗洛伊德及其追随者所采用的技术不谋而合。此外，这种思潮为真正意义上的精神分析社会学奠定了基础。在自我心理学中，自主性自我对社会环境的适应功能是至关重要的。埃里克·埃里克森在他的《童年与社会》(*Childhood and Society*, 1950) 一书中，特别对此进行了细致的阐述，他在书中描述了个体的社会性自我从童年到老年的发展历程。

因此，毫无疑问，自我心理学流派所采用的理论和临床方法在国际精神分析协会（IPA）内部引起了激烈的辩论，造成了严重的意见分歧，尤其是以英国的梅兰妮·克莱因和法国的雅克·拉康为代表的反对声音。克莱因来认为，在个体的生命之初，就已经存在自我和客体；因此，"论战"主要围绕着自我的逐渐发展、自我和客体之间的关系，以及无意识幻想的重要性等方面展开。拉康以发展的镜像阶段为基础，区分了"自我"和"我"，其中"我"是"主体（subject）"的先驱，"主体"是他后期引入的一个概念。虽然勒文施泰因曾分析过拉康，但拉康始终对自我心理学流派所采用的观点持批判态度。其中，他尤其贬低适应理论，他宣称，这种观念不过是美国精神分析师试图让他们的病人屈从于他们的理想罢了。正如阿兰·德米若拉（Alain de Mijolla）所说："当拉康谴责自我心理学的支持者时，他的讽刺之意已经达到了尖刻的顶峰；而他的论点则基于语言的结构化，他声称自我首先属于想象界"（2002, 1024）。

海因茨·科胡特与自体心理学

作为对哈特曼和自我心理学派提出的观点的回应，科胡特（1971）提出了关于自体（self）及其变化形式的精神分析理论。"自体"的概念于 1950 年由哈特曼引入精神分析，目的是与"自我"这一概念进行区分。在此基础上，科胡特构建了精神分析思想的自体心理学流派；多年来，该流派越来越壮大，现已成为美国当代主要的精神分析流派之一。科胡特的思想，深入拓展了弗洛伊德关于自恋状态的精神分析治疗的思想，并将精神分析技术扎根于他所提倡的共情方法之上。

新概念

死驱力（death drive）

自我（ego）

自我理想（ego ideal）

俄狄浦斯情结的完整形式（full form of the Oedipus complex）

驱力的融合/去融合（fusion/defusion of the drives）

遗传性本我（hereditary id）

本我（id）

理想自我（ideal ego）

认同（identification）

生驱力（life drive）

忧郁症的超我（melancholic superego）

自恋性认同（narcissistic identification）

负性治疗反应（negative therapeutic reaction）

现实检验（reality-testing）

超我（superego）

无意识内疚感（unconscious sense of guilt）

（李　航　译；余　晔　杨浩波　校）

"受虐狂的经济问题"
（1924c）

从倒错受虐狂到原发性或情欲性受虐狂：
个体抵抗自我毁灭的保护机制

在本文中，弗洛伊德继续研究受虐狂的本质，即以痛苦为乐的倒错行为。他已经在早期的文章中（1905d，1915c）谈过受虐狂以及施虐狂的问题。然而，一旦他引入了生与死的驱力之间的基本冲突，以及自我、本我和超我的概念，他关于受虐狂的假设就有必要更新。事实上，因为受虐狂与弗洛伊德早先提出的快乐原则相矛盾——那个原则是，心灵的运作方式是避免不快乐并最大限度地增加快乐，这就更加有必要更新对受虐狂的假设。

弗洛伊德首先在新的基础上重新定义了快乐原则。从此，有三个基本原则来规范心灵的运作方式：涅槃原则，它倾向于将所有的兴奋降低到零；快乐原则，它将生与死的驱力联系在一起；以及现实原则，它使快乐能够被推迟，不愉快至少能够被暂时容忍。然后他继续探讨了严格意义上的两种倒错：男性的女性气质受虐狂（feminine masochism）和道德受虐狂（moral masochism）。它们的特点是倒退到力比多发展阶段的早期阶段，特别是肛门受虐阶段，以及对乱伦性质的俄狄浦斯客体的再一次贯注——也就是俄狄浦斯情结的重新性欲化。这与引起无意识内疚感的情欲满足相辅相成，从而使自我感到有被超我虐待惩罚的受虐需求。随着原发性或情欲性受虐狂的概念引入，弗洛伊德将这一概念扩展到严格意义上的受虐倒错之外。他开辟了新的视野，认为生与死的驱力之间的冲突是生命过程的核心，而且从一开始就如此；换句话说，我们必须不断地从自我毁灭的倾向中夺回在生活中获得的快乐。

生平与历史

内部冲突和对精神分析未来的担忧

"受虐狂的经济问题"写于1923年年底，于1924年4月发表在《国际精神分析杂志》上。在他生命中的那个时候，弗洛伊德不得不应对诸多很痛苦的事情，包括他在1923年2月发病（我在前一章中提到过）和委员会内部不和睦的气氛。虽然他自己当时已经举世闻名，但弗洛伊德对精神分析的未来依然感到担忧，特别是由于兰克和琼斯之间爆发的分歧；他觉得这些分歧危及了委员会中应有的和谐，毕竟这是弗洛伊德确保他一生的工作不会随他而逝的主要指望。许多年来，兰克和琼斯的看法并不一致，尽管他们本应一起工作，共同编辑各种精神分析的出版物。1923年夏天，兰克和琼斯在多洛米蒂山（Dolomites）的某个地方举行了最后一次会议；两人之间的冲突达到了非常激烈的程度，甚至导致了委员会的解散。也是在那次会议上，委员们被告知弗洛伊德的病情。

作品解析

引文页码参见《西格蒙德·弗洛伊德心理学著作全集（标准版）》第十九卷，155–170。

● 重新审视快乐原则

弗洛伊德在本文开始时解释了他希望修改关于快乐原则的内容的原因，特别是关于快乐原则及与其等同的涅槃原则的关系。在《超越快乐原则》（1920g）中，弗洛伊德曾借用"涅槃原则"一词来描述精神结构将可能出现的任何数量的兴奋减少到零的倾向；如果情况确实如此，消灭所有兴奋的倾向似乎与死亡驱力相同。在"受虐狂的经济问题"一文中，他重申了对涅槃原则的坚持，但承认这确实造成了一个具体的困难：如果快乐原则真的像他之前所说的那样等同于涅槃原则，那么我们就没有选择，只能得出结论说它是在为死亡驱力服务，而这将是一个悖论。"涅槃原则（以及据称与之相同的快乐原则）将完全为死亡驱力服务，其目的是将生命的躁动引导到无机状态的稳定之中"（1924c：160）。这里有一个进一步的矛盾。快乐原则，据说可以减少产生不快乐的紧张感，而有些紧张感是快乐的，最突出的例子就是性兴奋的状态，由此快乐原则陷入困境。这些矛盾导致弗洛伊德得出这样的结论：涅槃原则虽然属于死亡驱力，但它在生物体内必定经过某种修改，以便不使生命回到无机状态（从而涅槃原则为快乐原则服务）。弗洛伊德说，这种修改必定是由于力比多结合死亡驱力的某种干预，在调节生命的过程中发挥了作用。

到那时为止，弗洛伊德一直认为愉快和不愉快的感觉取决于一个数量因素，完全与刺激物数量的增加或减少有关。现在他引入了一个新的层面：快乐和不快乐的感觉并不完全取决于某种数量因素，而且还取决于一种质量因素，他认为这种因素很难定义。"也许它是节奏，是变化的时间顺序，是刺激物数量的上升和下降。我们不知道"（ibid.：160）。

这使弗洛伊德得出结论，有三个原则支配着生命过程的调节：涅槃原则，它通过把刺激的数量减少到零的趋势来代表死亡驱力；快乐原则，它通过力比多刺激的质量来表达生与死的驱力之间的联系；以及现实原则，它能够推迟快乐和暂时默许不快乐的发生。这三个原则不可避免相互冲突，但如果要保持生命的进程，它们就不得不相互忍让。为了保护生命不被毁灭，快乐原则不得不接受死亡驱力必须在某种程度上与生命驱力融合。"从这些考虑中得出的结论是，我们必须把快乐原则描述为我们生命的守望者"（ibid.: 161）。

根据这些理论上的考虑，弗洛伊德开始研究三种受虐类型：男性的女性气质受虐狂、原发性或情欲性受虐狂和道德受虐狂。

● 男性的女性气质受虐狂

首要的是，在男性身上可以观察到女性气质受虐狂。对弗洛伊德来说，这确实是一种倒错，其外显的内容表现为以希望被捆绑、殴打或鞭打等为主导的幻想；这些幻想要么引发自慰，要么本身就意味着性满足。在这些倒错的案例中，我们发现主体被置于"一个典型的女性情境中；[幻想]意味着被阉割，或被交媾，或生下一个婴儿"（ibid.: 162）。正是由于这个原因，弗洛伊德把这种形式的受虐称为"女性气质形式"，表示这种面向客体的被动态度是退行到婴儿性欲的结果。此外，在这种倒错行为中，个人责备自己犯了某种错误，必须通过痛苦和折磨来赎罪。这些自我责备是一种无意识内疚感的表现，它与婴儿期自慰有关。女性气质受虐狂中无意识的罪恶感在另一种受虐类型——道德受虐狂中找到了回应。

● 原发性或情欲性受虐狂

弗洛伊德提醒读者，在1905年的《性学三论》中他已经观察到，在许多内在心理过程中，只要这些过程的强度超过一定限度，就会产生性兴奋，而且这种"性欲交感神经兴奋"经常伴随着疼痛和不快的感觉。他当时的直觉是，"有机体内没有什么重要的事情能够在不激发性本能兴奋的情况下发生"（1905d: 205，在1924c: 163中被引用）。因此，考虑到生和死的驱力之间的二元论，弗洛伊德这样阐述性欲交感神经兴奋的概念：它似乎支配着所有的生命进程，性欲使破坏性和死亡驱力变得无害，这些驱力从一开始就支配着有机体的生命，并且以这种方式防止有机体被带回到无机状态。为了强调这种死亡驱力的情欲化过程的原始本质，弗洛伊德将其称为"原发性受虐狂（primary masochism）"或"情欲性受虐狂（erotogenic masochism）"。

性欲如何完成使死亡驱力无害化的任务呢？弗洛伊德说，它有两条路可以走。首先，它可以在肌肉组织的帮助下，将这一驱力在很大程度上向外转移，转移到外部物体上，这时的驱力被称为破坏本能、掌控本能、权力意志。部分驱力可以直接为性功能服务，这就是施虐狂本身。其次，死亡驱力的一部分可能不会向外投射，因为它可以在机体内变得无害："它留在机体内，在上述描述的性兴奋的帮助下，在有机体内被性欲束缚。正是这一部分使我们必须认识到原发的、情欲的受虐倾向"（1924c：163–164）。正如弗洛伊德所说，我们对这种驯服驱力的方式和方法一无所知。从精神分析的角度来看，它们总是以不同的比例相互融合和混合，所以我们从来没有遇到过任何单一形式存在的生或死的驱力。

弗洛伊德继续列举了性欲发展中的一些阶段，在这些阶段中，原发性受虐倾向发挥了作用——例如，在口欲阶段对被图腾动物（父亲）吃掉的恐惧，在肛欲-施虐阶段希望被殴打，在生殖器阶段对阉割的恐惧，等等。此外，最初使死亡本能被性欲驯服的原发性受虐的部分"仍然视自我为客体"（ibid.：164），从而提供了免于自我毁灭的保护。弗洛伊德接着讨论了这样被投射到外部世界的施虐欲和破坏驱力可能再次转向内部，从而产生一种"次级受虐欲"，它被添加到原始受虐欲中。

● 道德受虐狂

道德受虐狂寻求痛苦，但不知道他从所希望的痛苦感觉中获得的性满足，这与无意识的内疚感有关；这些病人似乎并不从痛苦中获得任何情欲的快感。道德受虐狂的极端情况可以在有些病人身上找到，他们拒绝在精神分析治疗过程中可能出现的任何改善；1923年，弗洛伊德将这种矛盾行为归因于无意识的内疚感，并将其命名为"负性治疗反应"。对这类病人来说，满足他们无意识的内疚感构成了疾病的次级获益（因此他们不愿意康复），所以这成为精神分析治疗的最严重的阻抗之一。然而，当精神分析学家讨论无意识的内疚感时，这对病人来说毫无意义，如果精神分析师说的是"需要惩罚"，他就会开始理解一些（ibid.：166）。为了解释这种无意识的负罪感何以产生如此巨大的力量，弗洛伊德转向了他在1923年的第二结构理论中所引入的概念，特别是当自我感到自己无法满足其理想，即超我的要求时，在自我和超我之间会出现压倒性的张力。

弗洛伊德还提醒我们，超我的出现是由于儿童对父母的认同。当俄狄浦斯情结被消解时，与父母客体的关系通过从直接的性目的中转移出来而变得非性化。通过这种方式，超我保留了内化的父母的特征。此外，超我的要求往往因外部影响而增加，进而加强其道德规范作用，比如来自教师和其他权威人士施加的影响。"这样一来，俄狄浦斯情结就被证明是[……]我们个人伦理意识、道德的来源"（ibid.: 167–168）。

● **俄狄浦斯情结的再次性欲化**

在这个关于超我起源的题外话之后，弗洛伊德又回到了道德受虐狂的问题上。他强调了这样一个事实：这些人似乎在道德上受到了过度的抑制，他们的行为就像被一个特别严酷的良心所支配，尽管他们似乎没有意识到这种"极端道德"。

> 一个重要的细节是，超我的施虐倾向在大多数情况下是明显被意识到的，而自我的受虐倾向通常对主体来说是隐蔽的，必须从他的行为中推断出来。（ibid.: 169）

为什么道德上的受虐倾向仍然是无意识的？弗洛伊德认为这是因为无意识的负罪感表达了对来自父母力量的惩罚的需要。这为他提供了一条线索，说明道德受虐狂的真正但隐藏的意义：它与俄狄浦斯情结的"再次性欲化"密切相关。弗洛伊德这样说是什么意思呢？他说，"再次性欲化"意味着道德受虐狂已经倒退到了俄狄浦斯情结的境地，而苏醒的乱伦欲望在它的觉醒中带来了一种感觉，那就是已经犯下了某种性的不端行为，一种"罪恶的"行为，只有命中注定的强大的父母力量的惩罚才足够。为了达到这个目的，道德受虐狂必须违背自己的利益，甚至可能破坏自己的存在。正如弗洛伊德所说"超我的施虐狂和自我的受虐狂相互补充，联合起来致力于产生同样的效果"（ibid.：170）。从这种内在冲突得出的结论是，弗洛伊德认为，道德受虐狂无疑证明了生与死的驱力之间存在融合的事实。

> 它的危险性在于，它源于死亡本能，而这部分死亡本能也没有以破坏的形式转向外部。但另一方面，由于它具有情欲成分的意义，在缺乏力比多满足的情况下，就算是主体也无法毁灭自己。（ibid.：170）

弗洛伊德概念的发展

弗洛伊德著作中的受虐狂理论及其模糊性

女性气质受虐狂的问题

弗洛伊德倾向于以一种有点模糊的方式使用"女性气质受虐狂"这一术语。毫无疑问，当他提到"男性的女性气质受虐狂"时，他很清楚地指的是他认为的受虐倒错行为。然而，"女性气质受虐狂"这个词似乎表明，对弗洛伊德来说，女性在本质上是受虐狂。这种模糊性已经被拉普朗什和彭塔利斯等人所强调：

> 通过"女性气质受虐狂"，人们自然会被诱导去理解"女性受虐狂"。弗洛伊德肯定是用这样的术语来指"女性气质本质的表达"，但在双性化理论的背景下，女性气质受虐狂是任何人内在都有的可能性，无论其性别是什么。[Laplanche & Pontalis, 1967（1973：245）]

一般来说，关于女性气质的受虐天性在一定程度上的模糊性贯穿弗洛伊德的著作；始于他的《性学三论》（1905d）中提到的主动/男性与被动/女性之间的对比，一直到他后来的著作中，他明确地将主动性和男性、被动性和女性受虐联系起来。然而，在他的《精神分析引论新编》[1933a（1932）]中，两种性别之间的这种对比有所减少。

原发性（或情欲性）受虐不是一种倒错行为

应该指出的是，弗洛伊德用"受虐狂"一词来指代原发性或情欲性受虐狂，可能会导致对倒错概念的混淆。通过引入原发性或情欲性受虐狂的概念，弗洛伊德首先试图将受虐狂的概念扩展到狭义的倒错之外；他的目的是强调这样一个事实，即疼痛和性快感之间的任何联系本质上都是基于生与死的驱力的融合。换句话说，正如他自己所说，原发性或情欲性受虐狂"因此是发展阶段的证据和剩余部分，在这个阶段，死亡本能和爱欲之间发生了对生命如此重要的凝聚"（1924c：164）。因此，他在这种初级形式的受虐狂中看到了一种基础结构，它扮演着——再次用他自己的话来说——"我们生命的守望者"的角色。

新概念

女性气质受虐狂（feminine masochism）

男性的女性气质受虐狂（feminine masochism in men）

道德受虐狂（moral masochism）

涅槃原则（Nirvana principle）

快乐/不快乐原则（pleasure/unpleasure principle）

原发性或情欲性受虐狂（primary or erotogenic masochism）

现实原则（reality principle）

俄狄浦斯情结的"再次性欲化"（"re-sexualization" of the Oedipus complex）

次级受虐狂（secondary masochism）

（许　珂　译；余　晔　杨浩波　校）

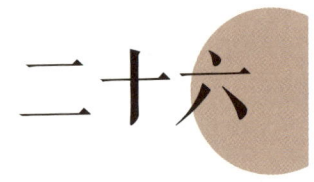

《抑制、症状与焦虑》
（1926d）

一种新的焦虑来源：害怕与客体分离和失去客体

年近70岁时，弗洛伊德提出了新的焦虑来源假说。这种假说淘汰了他之前的解释。在过去30年中，他坚持着焦虑生成机制的生物学构想：未被满足的力比多被直接变形成焦虑，从而获得释放，正如性交中断后体外射精（coitus interruptus）那样。"神经症性的焦虑源于力比多，它们之间的关系就如同醋和酒之间的关系"（1905d：224，1920年增加的笔记）。

随着《抑制、症状与焦虑》于1926年的出版，弗洛伊德对焦虑来源的构想开始更多地与心理有关：焦虑是一种情感。每当自我面对危险时，就会体验到焦虑。经过最后的分析，这些危险总是意味着与客体分离或失去客体。这篇论文的基本内容是各种焦虑之间的区别：真实危险导致的焦虑（德文为Realangst）；自动化焦虑（德文为automatische Angst），由某种淹没了无助自我的创伤情境所触发；以及作为信号的焦虑（德文为Signalangst），当自我能够对即将到来的危险做出反应时激活的焦虑。

在这本书中，弗洛伊德重新看待了防御机制这个问题。他之前认为压抑引发了焦虑，而此时他改变了想法，并判断实际上是焦虑引发了压抑。他还

第二十六章 《抑制、症状与焦虑》

提出，自我制造症状、筑起防御的首要原因是为了避免体验到焦虑，而对于自我而言，焦虑通常意味着某种危险或其他的东西，它们和害怕与客体分离或失去客体有关。

正如斯特雷奇（Strachey，1959）所言，这是一本难读的书，因为它讲述的主题非常广泛，而且弗洛伊德似乎发现其行文相当难以统一。同一主题常常在不止一个章节中讨论，而且是从不同的视角。只有在结尾的"补遗"中，我们才看到了弗洛伊德在这个主题上真正的思想精髓。1933年，弗洛伊德在一场讲座中再次讨论了1926年处理的焦虑难题，而这次他的综述则清晰得多（Freud，1933a：第32场讲座）。

生平与历史

弗洛伊德和奥托·兰克

《抑制、症状与焦虑》一书是弗洛伊德对《出生创伤》的回应。《出生创伤》的作者是弗洛伊德的追随者奥托·兰克（1884—1939）于1924年出版的作品。在兰克看来，所有焦虑发作都可以被理解成试图"发泄（abreacting）"最初的创伤——出生创伤。他接着论证，所有神经症都能以这种原初焦虑为基础得到解释。这种过度简化的论点让俄狄浦斯情结在神经症冲突中充当的关键角色退居到了幕后。一开始，弗洛伊德对兰克的观点有所犹豫，最初也似乎带着欣赏的眼光看待它们。他本人也曾表示，出生正是人类最先体验到的焦虑——"出生是最早的极度焦虑状态"（1923b：58）。然而最终，虽然弗洛伊德依然承认兰克对焦虑起源的研究曾经是他的重要激发物，但他拒绝了兰克的观点，然后出版了他自己对这个问题的思考。兰克难以接受弗洛伊德在这个主题上给他的任何批评，于是他们的关系彻底破裂了。此前20年间，兰克一直是弗洛伊德的亲密合作伙伴。弗洛伊德也为兰克的背弃感到惋惜。他喜欢兰克，没有意识到批判那本书中的论点会在个人层面上影响兰克如此之深。1906年兰克被批准加入维也纳精神分析学会时才22岁，而且很快就担任了秘书一职。1906—1915年服役期间，他一直编纂着《维也纳学会纪要》(Minutes of the Vienna Society)，而且在1912年和1913年分别成为《意象》和《杂志》(Zeitschrift)的首任编辑之一。他撰写了大量的文章，而且尤其关注母亲与孩子之间的关系和前俄狄浦斯期关系。兰克认为，大多数精神分析师都忽略了母亲与孩子之间关系的重要性。

70岁的弗洛伊德

1925年6月，弗洛伊德在撰写《抑制、症状与焦虑》时得知了约瑟夫·布罗伊尔的死讯。这两个男人曾在1895年合著了《癔症研究》，已经大概25年未见了。弗洛伊德从罗伯特·布罗伊尔（这位故友的儿子）处惊讶地得知：约瑟夫·布罗伊尔一直了解着他的作品，也一直对精神分析的发展感兴趣。1925年12月25日，由于肺病（很可能是癌症）带来的并发症，48岁的卡尔·亚伯拉罕在柏林去世。他的死亡是精神分析的一大损失。弗洛伊德写道：

> 我们埋葬了他，integer vitae scelerisque puru，（"其生无秽，其洁无罪"，Horace, Odes, I, xxii, 1)，与他一同埋葬的还有一样东西——堪称我们学科最坚定的希望之一。我们的学科它如此年轻，又饱受攻讦。而今，它的一部分或许永远无法实现了。（1926b: 277）

1926年2月，弗洛伊德在街上行走时经历了两次心绞痛发作，他将此归因为烟草不耐受。费伦齐坚信这些发作是由焦虑造成的，并提议其在维也纳待几个月，自己为他提供分析。弗洛伊德感谢了这位同事，却拒绝了他的提议。1926年5月6日是弗洛伊德的70岁生日。他收到了从世界各地寄来的大量信件和电报，维也纳的所有报纸和德国的一些报纸上都刊登了有关弗洛伊德和精神分析的特别报道。

第二十六章 《抑制、症状与焦虑》

作品解析

> 引文页码参见《西格蒙德·弗洛伊德心理学著作全集（标准版）》第二十卷，75–174。

● 抑制是对自我功能的限制

弗洛伊德说过，抑制不等同于症状，因为个体可能存在抑制（也就是性、运动等功能的降低），却不一定带有任何病理性的后果，而症状则标志着正在发生的病理性过程。随后，弗洛伊德概括了神经症案例在各种自我功能上可能发生的紊乱，然后针对自我在其中起到的作用得出了如下结论："抑制是一种自我功能受到限制的表达"（1926d：89）。接着，他区分了两种类型的抑制：具体的和泛化的。

具体的抑制可能有众多形式。例如，这些神经症形式的抑制会发生在弹钢琴、写字或外出散步的人身上，因为这些活动牵涉的身体器官被过强色欲化了。换句话说，如果器官的欲动性质（性意味）被无意识增强，该器官的功能便可能受损。正如接下来的例子那样：

> 写字会让液体流出笔管，落到白色的纸上。一旦写字带有了性的意味，或者走路变成了踩在大地母亲身上的象征性替代物，那么写字和走路就可能停止，因为它们代表着进行被禁止的性行为。（ibid.：90）

这种类型的抑制涉及自我放弃自己的功能，以此回避与本我之间的冲突。另一些形式的抑制则发挥了自我惩罚的作用，尤其是在职业活动上：自我为了避免与超我产生冲突，便不允许自己获得相应的机会，也让自己放弃了这些活动。

当自我要完成特定的任务（例如哀悼）时，或者当它必须要克制持续涌动的性幻想时，泛化的抑制便会出现——自我必须削减其能量支出，因为其他地方需要这些能量储备。弗洛伊德总结道，抑制是对自我功能的限制，要么作为一种预防措施被施加，要么是能量匮乏所带来的结果。因此，我们完全有理由区分抑制和症状，"因为症状不再能被描述为一种发生在自我内部或者作用于自我的过程"（ibid.: 90）。

● **新的焦虑理论**

在这本书中，弗洛伊德就焦虑的来源提出了一些崭新的假设。这些假设都牵涉自我。他抛弃了先前的观点，不再认为自我在其中毫无作用。因此，弗洛伊德认为焦虑是自我面对危险时体验到的一种情绪。他在随后的章节中强调，历经最终的分析后，这种危险总是与害怕失去客体有关。他得出这一结论的基础在于他对症状的定义：它是一种并没有发生的驱力满足的标志和替代物，是压抑过程造成的结果。"当观念成为应受指责的冲动的表达工具时，自我可以通过压抑来防止这些观念变得有意识"（ibid.: 91）。自我是如何做到的呢？这应该归功于"不愉快的信号"（ibid.: 92）。当自我感受到来自本我的与驱力有关的威胁时，便会发送这种信号。随后的压抑可以被类比为尝试逃跑。正是在这一过程中，自我从不受欢迎的表征处撤回了贯注，然后以焦虑的形式使用这些能量，以此释放不愉快。弗洛伊德总结道："我们可以合理地坚信自我是焦虑真正的所在地，也应抛弃之前的观点——被压抑后的冲动的贯注能量自动转化成了焦虑"（ibid.: 93）。接着，按照某种已经存在的记忆意象，焦虑被进一步再造形成一种情绪状态，所以这些情绪状态是"原始创伤经历的沉淀物"（ibid.: 93）。此处，弗洛伊德不同意兰克的观点——所有形式的焦虑都是出生时体验到的焦虑的复制品。弗洛伊德承认，出生确实是我们必须处理的最早的焦虑情境，但是，他反对出生焦虑被以类似的方式复制在所有焦虑状态中。他指出，许多作者倾向于过度强调自我的孱弱，却低估了它通过压抑过程施加的力量。

● **自我对症状的矛盾态度**

压抑不仅证明了自我的强大，却也说明了它的弱小，因为本我的驱力冲动被压抑变成了症状表现，持续地屏蔽任何影响，在自我组织之外存在着。

"我们已经相当熟悉这个类比了——症状就像是嵌入某种组织的异物，在其中持续引发着一连串的刺激和反应"（ibid.：98）。于是，对驱力冲动的抗争延续成了对症状的抗争，而这种继发的防御性抗争有两种彼此矛盾的表现。一方面，由于自我的特点是趋向整合和统一，它会努力合并症状，从而不再将其视为异物。但是，自我合并症状的倾向可能会增强症状的固着，由此导致了"疾病的（继发）获益"，因而强化了对治疗的阻抗。自我的另一种选择是继续为症状的存在而苦恼。

  自我是一种组织，其基石便是保持自由交流（free intercourse①），让其各部分之间能够持续相互影响。自我的去性化能量依然流露着它们的起源痕迹，因为它们强烈地想要结合在一起，形成统一。随着自我力量的增强，这种合成的必要性也愈发强烈。（ibid.：98）

● **压抑的动机：阉割焦虑**

  弗洛伊德回顾了案例"小汉斯"并区分了症状表现（这个小男孩身上无法解释的对马的恐惧）和抑制（他无法外出走到街道上）：这是自我对自身施加的限制，以此避免唤起焦虑症状。但是，为什么汉斯的焦虑会到达神经症的程度而不是简简单单的恐惧呢？弗洛伊德回答道："让其成为神经症的原因只有一个：父亲被置换成了马"（ibid.：103）。这个男孩相当年幼，因此天生的图腾思维痕迹可以被轻易激活，从而促成了这种置换。为了对抗不受欢迎的驱力冲动（例如小汉斯对父亲的攻击性），自我采取了何种处理方式？弗洛伊德说道，自我使用了一些防御机制，包括反向形成（用过度的喜爱掩盖敌意）和转变成对立面（把指向父亲的敌意转向自身）。自我也可以让驱力冲动退行，例如退行到口唇阶段，然后将其表达成害怕被咬的焦虑。不过，造成压抑的真正动力是阉割焦虑。弗洛伊德在小汉斯和狼人的案例中都相当清楚地阐述了这一点。

---

① 原文的 intercourse 含义微妙，既有交流互动也有性交的意味。——译者注

对这两位患者而言，压抑的动力都是害怕被阉割。他们的焦虑中包含的想法（被马咬和被狼吞食）都是被父亲阉割这一想法扭曲后的替代物。正是这种想法遭到了压抑。（ibid.：108）

弗洛伊德接着修改了他先前对焦虑起源的思考："正是焦虑造成了压抑，而非我先前认为的压抑造成了焦虑"（ibid.：108-109）。

● 强迫性神经症中的症状形成

强迫性神经症的特点在于其呈现出的众多症状。弗洛伊德探讨道，这种障碍中典型且激烈的防御斗争会慢慢导致自我功能的限制，而来自超我的过度严苛的态度增强了这种限制。强迫性神经症的症状可以被划分为两种相互对立的类别：它们不是禁令就是替代性的满足（通常表现为象征性的伪装）。"如果症状成功地把禁令与满足结合起来，那么症状形成就取得了胜利。于是，最初的防御指令或禁令也获得了满足的意味"（ibid.：112）。这种结合的成因是矛盾心理。矛盾心理也可能在症状的两个阶段中运作——第二个阶段暂停或抵消了第一个。最初，与癔症一样，强迫性神经症的防御被用来对抗俄狄浦斯情结的力比多需求，造成防御的动力也同样是阉割焦虑。但随后，在强迫性神经症中，自我让性器组织退行到了肛欲施虐的发展阶段，并采用压抑作为防御机制。除了压抑［压抑是防御使用的唯一机制（ibid.：114）］和退行，自我还采取了反向形成的手段——表现为责任心、懊悔和整洁，服从着超我。潜伏期的主要任务是避免自慰的诱惑，而到了青春期，力比多冲动和攻击冲动再次复苏，重新激发了对性欲的防御性抵抗，从此，它们便"高举道德原则的旗帜"（ibid.：116）运行着。强迫性神经症中的攻击冲动保持着无意识的状态，需要大量的分析工作使它们意识化。这些攻击情感似乎浮现在了完全不同的地方，它们表现成了内疚感（这种感受源于超我对自我施加的无情、严苛的态度），但时不时地，这种内疚感会彻底消失，并通过症状表现出来，例如苦行或带有自我惩罚性质的仪式。这些症状也体现了受虐冲动的替代性满足。

第二十六章 《抑制、症状与焦虑》

● 撤销与隔离

弗洛伊德随后提到了强迫性神经症中使用的其他两种防御方法：撤销（已经做过的），以及隔离。在德语中，撤销（*ungeschehenmachen*）字面意思是"让"某些事或其他什么"没有发生"。它在某种程度上是一种负向的魔法，不仅试图"吹散"某些事情的结果，还试图"吹散"真实事件本身。例如"鼠人"的案例，患者把石头放在路中央，旋即又把它挪开，防止他心爱之人的马车轧到上面。隔离也是强迫性神经症的典型防御，它意味着把某个想法或行动分开，例如在思考过程中插入一段时间间隔。经历没有被遗忘，而是被剥夺了情感和与之有关的联系。"以这种方式分开的元素恰恰是那些原本联系在一起的东西。这种隔离动作是为了确保打断思维中的连接"（ibid.：121）。隔离中也包含了对触碰的禁忌。避免触碰、接触或接触传染在这类神经症中发挥了重要的作用。这些防御机制是如此严重，以至于强迫性神经症相当难以遵守精神分析治疗的基本规则。

● 分离和丧失：一种新的焦虑构想

弗洛伊德继续探索了恐惧症和强迫性神经症中的焦虑，并提出了一种看待焦虑起源的新思路。他将其归因于对某种情境的反应，个体在这种情境中面对着丧失或分离的危险。这超越了直接来自阉割威胁的危险情境。在此之前，弗洛伊德一直认为，恐惧症对动物的焦虑是自我面对阉割威胁时的情感反应，而强迫性神经症的焦虑则源自超我对自我的惩罚态度——也来自阉割焦虑。1926 年，弗洛伊德迈进一步，从阉割恐惧走向了更广泛的"危险情境"，也就是与客体分离和失去客体。这与死亡恐惧无关，虽然对某些患者而言，死亡恐惧足以解释他们的创伤性神经症，因为弗洛伊德认为："无意识似乎不含有那些可以让我们对生命湮灭形成概念的东西"（ibid.：129）。另一方面，我们每个人都会以日常经历为基础来体验丧失，这些经历为我们铺垫了广义的分离和丧失——例如"粪便从躯体分离或［……］断奶时失去母亲的乳房这类日常体验"（ibid.：129–130）。这让弗洛伊德发展出了新的焦虑构念："之前，我们一直把［焦虑］视为危险的情绪信号，但现在，因为危险常常是阉割的危险，那么焦虑似乎就表现为对丧失、分离的反应"（ibid.：130）。

● 从丧失客体到害怕失去客体

自我因其感知到的"危险"而动用我们所说的焦虑，那么，这种"危险"的本质是什么？弗洛伊德认为，出生过程是焦虑体验的原型，但还有其他的类似经历，焦虑在儿童身上的体现就是其中的一部分：例如，儿童被单独丢下，或者处于黑暗中，或者身边有个不认识的人而没有自己熟悉的人（母亲）。"这三个例子都可以被约简为一种情况——也就是失去所爱的或渴望的人"（ibid.：136）。弗洛伊德指出，这不仅仅是一种丧失，焦虑情境还表达了婴儿走投无路的感受。按照弗洛伊德的观点，对婴儿来说，"'危险'的本质"在于未满足所带来的经济学紊乱，换句话说就是需求造成的张力增强。"怀抱中的婴儿之所以想要感知到母亲的存在，仅仅是因为婴儿凭经验了解到她会立刻满足自己的所有需求"（ibid.：137）。接着，弗洛伊德关键地区分了婴儿的生理痛苦和心理痛苦，也借此划分了两种焦虑：（1）与丧失客体有关的、自动化的、不自主的焦虑；以及（2）与害怕失去客体相关的焦虑，此时焦虑是一种信号，是心理性质的。

> 当婴儿凭经验发现某个外部的、可感知到的客体能够终止危险情境（让他回想起出生）时，那么，他所害怕的内容就从经济学情境置换到了决定该情境的条件上，也就是丧失客体。此时，母亲不在场便成了危险。一旦这种危险即将发生，在可怕的经济学情境出现之前，婴儿就会发出焦虑的信号。（ibid.：137–138）

儿童在其发展过程中取得的进步意味着危险情境内容的改变。在阳具期，害怕失去母亲客体变成了阉割焦虑。在随后的阶段出现了与超我有关的焦虑，以及害怕失去超我的爱，同时阉割焦虑发展成了道德和社会焦虑。弗洛伊德指出，所有这些焦虑情境在之后的生命中都可以并行存在，让自我对它们做出焦虑反应。他在总结本章时表明，阉割焦虑不是神经症背后的唯一动力，例如女性虽然有阉割情结却体验不到阉割焦虑，因为人们不会害怕失去自己没有的东西。他说，对女性而言，最能激发焦虑的危险情境就是丧失客体，虽然需要一些细微的修改："因为它不再是缺少客体或真的失去了客体的感受，而是失去客体的爱"（ibid.：143）。

● 神经症患者和正常个体

焦虑的某些决定因素在发展过程中被丢弃了，例如一些婴儿期焦虑——担心被独自丢在黑暗中或者身边有不认识的人，而另一些焦虑会在人的一生中持续，或许是以修改后的形式，例如与超我有关的阉割焦虑。在这些方面，神经症与正常人之间的区别在于他们对特定危险的反应过度强烈，他们的行为就仿佛早期的危险情境依然相当活跃。而且，最早的创伤情境被证明可以唤起焦虑，但身为成人并不能绝对保护个体免受这种情境的回归。"每个人基本上都有其极限，若超出极限，他的精神装置便会丧失功能，从而无法掌控需要解决的兴奋量"（ibid.：148）。

● 神经症起源的三项因素

弗洛伊德接着讨论了为什么一些人能成功克服焦虑情感，而另一些人不能。他先是拒绝了两种已有的解释方式：一种由阿德勒提出，另一种由兰克提出。阿德勒认为不能掌控焦虑是由于个体的某些器官缺陷，在弗洛伊德看来，这种解释太过简单，而对于兰克在《出生创伤》（1924）种阐述的理论——把焦虑的最终原因归为出生体验，弗洛伊德又觉得它对神经症发作的解释并不令人满意，虽然他确实欣赏兰克所做的尝试。

随后，弗洛伊德集中证明：一些量化的因素决定了可能的神经症结局，虽然这些元素不能被直接观察到。在神经症起因中有三个主要的因素。第一个是生物学的，它涉及一个事实——人类的后代会在生命起初经历长期的无助和依赖。因此，"［这个］生物学因素［……］建立起了最早的危险情境，也制造出了被爱的需求，这种需求将伴随儿童持续一生"（ibid.：155）。第二个因素是种系发生学的，其原因是人类的性生活发展没有直接从出生走向成熟，而是被分成了两个阶段，第二个阶段出现在青春期。弗洛伊德解释道："在人类物种的演变过程中一定发生了什么重大的事情，造成了个体性发展中的断层。这是一种历史遗留物"（ibid.：155）。这种元素似乎影响了自我，让自我把驱力相关的婴儿性欲的需求当成了危险，于是产生了退行和压抑的风险。"此时，我们发现了神经症最直接的病因"（ibid.：155）。第三个因素是心理学的，它与我们精神装置中的瑕疵有关。自我只有"约束其组织并默许症状的形成，以此换取本能的削弱"（ibid.：156），才能从驱力冲动代表的危险中保护自己。

● 补遗

弗洛伊德在"补遗"中处理了一些仍待澄清的补充议题。首先，他讨论了自己对先前观点的修改，尤其是他提出的焦虑理论——自我在危险情境中发挥着作用。因此，不是压抑引发了焦虑，而是自我建立了防御来避免焦虑的浮现。而且，弗洛伊德认为有必要"回到旧的'防御'概念上"（ibid.：163）。这意味着，压抑不再享有至高无上的地位，它只是各类防御机制中的一种。"分析中必须克服的阻抗源于自我，而自我也紧握着它的反贯注不放"（ibid.：159）。

不过，在补遗的第二和第三部分，弗洛伊德对焦虑做了至关重要的阐述。他在"补遗B"中首先讨论了现实焦虑和神经症焦虑之间的区别，后者完全超出了真实危险的程度。他也区分了面对真实危险时生理上的无助（德文为Hilflosigkeit）和面对与驱力相关的危险时心理上的无助。无助的状态可能造成创伤情境（traumatic situation），而反过来，它与危险情境（danger-situation）之间也有所区别。如果个体能够预见某个危险情境并为此做准备，而不是被动地等待它的降临，那么这便意味着自我保护能力的重大进步。在有预期的情况下（危险情境），自我会发出"焦虑的信号"。"这个信号宣称：'我预期会发生无助的情况'或者'现在的情境让我想起了我曾经经历过的某个创伤情境'"（ibid.：166）。这种从被动向主动的转变类似于儿童试图通过玩耍达成的效果——重现痛苦的印象来掌控它们。"但至关重要的是焦虑反应的第一次置换——从无助情境中的源头处置换到对该情境的预期（即危险情境）上"（ibid.：167）。基于这些，弗洛伊德从焦虑起源的生物学理论转向了另一种理论——关乎心智中发生的事情。

在"补遗C"中，弗洛伊德更详细地界定了焦虑、痛苦和哀悼之间的区别。焦虑始于婴儿面对陌生人存在时的体验，不过，弗洛伊德注意到孩童感受到的不仅是焦虑，还有痛苦。

> ［在婴儿身上］一些东西似乎聚合在一起，以后才会分开。婴儿还不能区分暂时离开与永远丧失。一旦看不到母亲，他的行为就好像再也见不到她了一样。（ibid.：169）

反复的宽慰经历让婴儿能够理解到母亲消失后通常会重新出现，这有助于降低他的焦虑。"这种情况下，［婴儿］可以感受到不带绝望的渴求"（ibid.：170）。弗洛伊德补充道，如果当时存在母亲本应满足的需求或别的什么，那么婴儿为母亲的缺席而感到焦虑的这种情境就是创伤性的，而如果当时不存在那种需求，情境就变成了危险的。"因此，焦虑的第一个决定因素是自我本身引发的，是失去对客体的感知（等同于失去客体本身）。那时，失去爱的议题还未出现"（ibid.：170）。他也提出，婴儿出生时并不能体验到母亲的缺席，因为弗洛伊德认为那时客体还不存在，所以也就不存在消失这回事。最后，他讨论了自己对痛苦和哀悼的一些思考，给这一章和这本书画上了句号。他类比了以下两种经济学情境：（1）因失去客体感到痛苦而产生的情境；以及（2）聚焦在身体受伤部分的生理痛苦所造成的情境。他认为，哀悼发生在现实检验的影响下，此处出现的痛苦是因为个体需要与已经不复存在的客体分离。

后弗洛伊德学派

精神分析临床工作中的分离焦虑和丧失客体的焦虑

未被立刻接受的弗洛伊德学派创新思想

弗洛伊德 1926 年在《抑制、症状与焦虑》中讨论的观点，有些被接受了，有些被忽视了，还有些被相当轻易地拒绝了（Kris, 1956; Bowlby, 1973）。对于弗洛伊德在焦虑起源上的新观点，一些作者轻视其价值，并提出了许多理由。例如，拉普朗什（Laplanche, 1980）指出，从 1926 年开始，弗洛伊德在尝试修改先前的焦虑起源假说时太过关注现实，因而忽略了与驱力相关的冲动起到的作用。拉康流派的精神分析师们认为，分离焦虑、客体丧失焦虑和哀悼情感不属于他们所说的"象征界"而属于"实在界"。于是，在这些分析师们看来，这种概念无法被分析。拉康流派的精神分析师觉得弗洛伊德 1926 年做的修改毫无帮助，而且他们只关注阉割焦虑。他们在这个主题上参照的作品是弗洛伊德的"陌生熟悉恐怖感"（1919h）。弗洛伊德本人甚至也在《抑制、症状与焦虑》刚出版后就否定其价值，但是，我想强调，我们不应该过度解读这一点，因为弗洛伊德通常都会有些蔑视自己写的新文章，例如，在《自我与本我》（1923b）刚出版后他也是这样做的。无论一些精神分析师们如何质疑《抑制、症状与焦虑》，在我看来，这本书的分量都要远胜过推测性的理论；它深刻地尝试思考了我们在每天的精神分析实践中遇到的临床现象，这些现象无疑也曾让弗洛伊德为之着迷。

众多客体关系理论中的分离焦虑

随后几十年间，弗洛伊德在这本书中提出的观点促生了许多非常重大的贡献。这些贡献的缔造者们主要是客体关系理论的精神分析师。他们关注婴儿的早期发展阶段，以及关乎分离和丧失的焦虑变迁。虽然在

第二十六章　《抑制、症状与焦虑》

精神分析治疗的过程中，被分析者都会在某个节点上不同程度地表现出与客体分离和丧失有关的焦虑现象，但真正首先对此予以关注的是那些与儿童、自恋患者或精神病性患者一起工作的精神分析师。让我们进一步看看这些发展中比较重要的部分。

在克莱因看来，理解分离焦虑需要基于她自己的客体关系概念和焦虑理论。她提出，婴儿最初的焦虑是害怕被死亡驱力毁灭。因此，死亡驱力被投射到了外部环境上，并创造出了一种幻想——坏客体从外部威胁着自体。此处，我们需要注意，克莱因描述的湮灭恐惧不同于弗洛伊德在1926年的文章中描述的自我体验到的首个危险情境：害怕被过度强烈且无法控制的兴奋吞没。克莱因认为，发展过程中，每个儿童体验到的分离和丧失情境都可能引发两种焦虑：迫害性焦虑——自体感到来自客体的湮灭威胁，这是偏执-分裂心位的特点；以及抑郁性焦虑——其特征是害怕自己破坏了客体，并因此会失去了它，这种焦虑属于抑郁心位。按照克莱因的观点，断奶是所有后续丧失的原型。伴随着婴儿的继续发展，这些丧失更少地被体验为迫害攻击，而被更多地以抑郁的模式来体验。于是，在后续的生命中，每场丧失都会重新激活抑郁的感受。在分析情境中，克莱因把对分离的反应理解为偏执性焦虑和抑郁性焦虑的复苏。因此，克莱因派和后克莱因派的分析师们尤其强调要细致分析患者在移情情境中出现的幻想以及与驱力有关的冲动和防御。

虽然安娜·弗洛伊德最初的作品中没有讨论焦虑与分离之间的关系，但当她看到战争中的婴儿与母亲分离时，她很快就研究了这个问题（A. Freud & Burlingham, 1943）。在后来的作品中，安娜·弗洛伊德既从理论上也从临床上讨论了儿童的分离焦虑。她描述了儿童早年时不同的焦虑表现形式（例如分离焦虑）。客体关系的不同发展阶段都有其典型的焦虑形式（A. Freud, 1965）。安娜·弗洛伊德尤其关注患者对分析中断的反应，因为它们体现了儿童所到达的发展阶段。而且，她也非常关注患者退行最强的分析时期。这些反应都揭示了患者的心理组织。例如，若是儿童没有发展到客体恒常性（object permanence）阶段，那么他就不能在自己的内心世界中为分析师赋予任何有意义的角色。

勒内·施皮茨（René Spitz）为研究分离的后果付出了大量的工作，其研究成果大多基于观察真实客体的分离和丧失情境。他在儿童和成人心理发展方面得出的结论与安娜·弗洛伊德提出的模型很接近。施皮茨十分关注婴儿在8个月大时出现的焦虑——"陌生人焦虑"：当婴儿觉察到不认识的面孔时，他会对母亲的缺席产生这种反应。他也强调他所说的"依附性抑郁"：一旦婴儿过早与母亲分离，便会发生这种抑郁。被剥夺母亲后，婴儿在生理和心理上都无法继续发展，有时，婴儿甚至会退行到让自己死去的节点上（Spitz, 1957, 1965）。

在温尼科特（1958）看来，任何"原始情绪发展"中出现的紊乱（例如严重的分离焦虑）都意味着婴儿出生后头几个月时早期母婴关系中的某种失败。他提出，婴儿最初的发展完全取决于母亲的养育（"抱持"），然后描述了逐渐能让婴儿获得"独处能力"的成熟过程。渐渐地，支持自我的促进性环境被内摄，婴儿因此获得了真正独处的能力，虽然无意识中总有某种内部的存在，它代表了母亲和她给予孩子的照料。

玛格丽特·马勒认为，当婴儿发展到共生期末尾时，分离焦虑自然会发生。共生期结束得相当晚，大约在婴儿12~18个月大时，个体化的奋斗便开始了（Mahler et al., 1975）。马勒区分了生理和心理的诞生。她把后者叫作分离-个体化（separation-individuation）过程，是比生理出生更晚的发展阶段。虽然分离-个体化更具决定性的阶段发生在儿童早期，但这种冲突情境会在一生中复苏。每个新的生命周期都会激活与分离感有关的焦虑，并引发对个人身份认同感的怀疑。

任何精神分析师，如果想深入思考焦虑问题——尤其是与客体分离和失去客体有关的焦虑，那么，约翰·鲍尔比（John Bowlby, 1969, 1973, 1980）的开创性著作依然是这方面的权威指南，即使他得出的结论在严格的精神分析视角下仍有待商榷。鲍尔比的思想试图搁置一切矛盾和争议，并提出一个新理论。在他看来，这个理论可以充当他已知范围内所有理论的公约数。鲍尔比认为，依恋是一种独特的行为：婴儿依恋的不一定是喂养他的人，而是与他有更多互动的人。能否对母亲发展出依恋取决于母亲和婴儿是否获得了某种程度的双向理解。当然，我们也不应忘记，精神分析的一些基本概念在鲍尔比的理论架构中并不存在，例如驱力、防御、无意识幻想，以及移情情境下婴儿期体验在成人生活中的再复制。但即便如此，鲍尔比提出的问题至少激起了其他精神分析师们对依恋的兴趣，而在他提出自己的思想之前，这个重要议题还没有被充分探索过。

新概念

作为信号的焦虑（anxiety as signal）

自动化焦虑（automatic anxiety）

阉割焦虑（castration anxiety）

危险情境（danger-situation）

防御（defences）

无助（Hilflosigkeit）

隔离（isolation）

哀悼（情感）[mourning（affect）]

客体丧失（object loss）

痛苦（pain）

压抑（repression）

分离（separation）

分离焦虑（separation anxiety）

创伤情境（traumatic situation）

撤销（undoing what has been done）

（钱秭澍 译；余 晔 杨浩波 校）

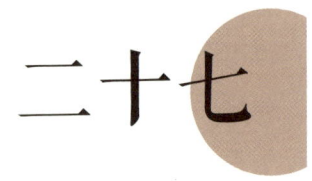

二十七

《一个幻象的未来》
（1927c）
《非医者分析的问题》
（1926e）

一个信仰科学的职业

1926—1930年，弗洛伊德出版了三本书，并从精神分析的视角讨论了社会和文明的众多方面。

在《一个幻象的未来》（*The Future of an Illusion*，1927c）中，弗洛伊德以西方信奉的基督教为模板，提出宗教的基石是一种对幻象的需求。人类努力从生存的危险中保护自己，因此都会感受到这种幻象。他再次声明：宗教是"一种共有的强迫性神经症"（1907b：126），因此应当被我们放弃，就像儿童在发展过程中放弃他们的婴儿神经症那样。弗洛伊德把希望寄托在崇高的科学上，认为它是那个能够促使人类发展走向成熟的因素。他在这本书中与一个想象出来的人物进行了对话，不过我们不难从中看到新教神父奥斯卡·普菲斯特（Oskar Pfister）的影子。他是弗洛伊德的瑞士朋友，两人经常书信往来。弗洛伊德曾向他表达过自己对科学的坚定信仰："不，我们的科学不是幻象"（1927c：56）。普菲斯特其人相当重要，因为他不仅是《一个幻象的未来》中的神父,也是《非医者分析的问题》(*The Question of Lay Analysis*,1926e)中的非医学背景的分析师。

弗洛伊德在《非医者分析的问题》中评论了当时精神分析界争论不休的一个问题:精神分析行业应该继续向非医生开放,还是应该仅限那些同时是医生的人进入?弗洛伊德从一开始就持有第一种态度,而且也在这本小书中支持了前者。

我会在下一章讨论三部曲中的第三本书——《文明及其不满》(1930a)。

生平与历史

弗洛伊德和犹太教

弗洛伊德出生在一个犹太家庭中。虽然并不严格,但他们确实遵循着某些犹太教传统,例如庆祝主要的宗教节日。很小的时候,弗洛伊德就发现自己身边不仅有众多形式的文化和语言,还有几种宗教势力。出生时,他得到了一个犹太教名字什洛莫(Shlomo)和一个基督教名字西吉斯蒙德(Sigismund),后来被简称为西格蒙德(Sigmund)。此外,(至少某些时候)照顾过他的"娜嘉"(Nanya)也是一个虔诚的天主教徒。弗洛伊德在一生中都忠实于自己的犹太身份。他在"自传研究(An Autobiographical Study)"[Freud,1925d(1924):7]一文中写道,"我的父母都是犹太人,我自己一直也是犹太人",而且他也多年规律地参加着圣约之子会(B'nai B'rith Society meetings)。虽然弗洛伊德认为自己与父母一样,是无宗教信仰的犹太人,但他承认犹太教与精神分析之间有着紧密的联系,尤其是那种《塔木德》式的思维方式。C.G. 荣格加入精神分析运动后,弗洛伊德松了口气,因为他觉得欢迎非犹太人加入精神分析,精神分析就不再会被看作是犹太教的一个旁支了,而在当时的社会中反犹太主义相当盛行。

"无宗教信仰的犹太裔"精神分析师对宗教的观点

弗洛伊德曾在若干场合中将自己描述为"无宗教信仰的犹太人",并讨论过宗教与精神分析之间的关系。不过,他的宗教观可以被认为更像人类学而非神学,例如,在奥东·瓦莱(Odon Vallet)看来,弗洛伊德研究宗教时主要选择了文明这个视角,对他而言,讨论教义远不如讨论宗教对社会和个体的控制重要(Vallet, 2002: 1432)。不过,虽然弗洛伊德避免在神学议题上表达立场,但这并没有阻止他在一些场合中表明自己是无神论者,例如,他在"一次宗教体验(A Religious Experience)"(1928a)一文中给一位年轻美国医生的回信里就提到了这一点,这位医生曾详细描述了他的神秘体验。在一篇更早的文章"强迫行为与宗教习俗"(1907b)中,弗洛伊德就已经类比过强迫性神经症的仪式与宗教礼仪。随后,他又在《图腾与禁忌》(1912—1913)和《团体心理学与对自我的分析》(1921c)中谈论过宗教问题,并把教会描述成人为群体的一个样板。后来,他在《摩西与一神教》[1939a(1934—1938)]中再次讨论了宗教议题。

1927年弗洛伊德撰写了《一个幻象的未来》,驱使他这么做的必然是他的一种内心需求和愿望——想回应法国作家罗曼·罗兰的宗教讯问。1919年,罗兰写了一首题为"Liluli"的诗["Liluli"是"错觉(illusion)"的谐音词],并将此诗献给"错觉的破坏者,弗洛伊德医生/教授"。弗洛伊德回应了——他为此书的命名让人想到"Liluli"。罗曼·罗兰也写过一些宗教感受,把它们比喻成"海洋般的感觉/无边无际感(oceanic feeling)"。后来,弗洛伊德在《文明及其不满》(1930a)中继续讨论了这个主题。《一个幻象的未来》造成了极大的影响,以至于这本书刚出版就引发了狂风骤雨般的争论。弗洛伊德的朋友,苏黎世神父奥斯卡·普菲斯特,在"未来的那个幻象(The Illusion of the Future)"(Pfister, 1928)一文中言辞激烈地反驳了弗洛伊德的观点,他指出弗洛伊德混淆了宗教和信仰。

弗洛伊德与尊敬的神父普菲斯特

奥斯卡·普菲斯特（1873—1956）是位生活在苏黎世的新教神父和教育家。长达30多年间，他一直是弗洛伊德的挚友，而且两人经常互相通信。得益于C. G. 荣格和欧根·布洛伊勒，他在1908年阅读了弗洛伊德的作品，然后立刻着手把精神分析思想应用到教育问题和自己作为灵魂导师的角色中。他尤其坚称，心灵治疗可以在弗洛伊德的理论指导下得以增强，而且那些感到自己的思想被精神分析启迪的教会牧师们应当帮助患者们消除神经症，从而让他们或许能够认可基督教信仰的价值。琼斯曾这样描述他们两人之间的亲密友谊：

> 弗洛伊德非常喜欢普菲斯特。他欣赏他的高道德标准、一贯的利他主义，以及对人类本质的乐观态度。或许，想到自己可以用不受拘束的、亲切的口吻与一位新教神父对话（他在信中称呼普菲斯特为"亲爱的圣人"），也可以一直依靠他对"不知悔改的异教徒"（正如他自己所言）的宽容，这些都让弗洛伊德感到愉快。（Jones, 1953—1957, II: 48）

普菲斯特是瑞士精神分析的先驱者之一。他最开始加入了荣格创立的苏黎世精神分析协会（Zurich Psychoanalytical Association），然后在大争论中支持了弗洛伊德（这场争论导致了1913年弗洛伊德与荣格的决裂）。1919年，他与其他人一起创立了瑞士精神分析学会。

若干年后，这个年轻的协会内部出现了纷争。这些纷争关乎非医学背景的精神分析师，以及是否可以在患者的移情和阻抗未被修通的情况下缩短精神分析进程（这是普菲斯特当时开创的先驱技术）（Weber, 2002: 1662）。于是，一批医学背景的从业者成立了瑞士精神分析医学学会（Swiss Medical Society of Psychoanalysis）；而那些非医学背景的人，包括普菲斯特，则被排除在外。虽然普菲斯特有其略带另类的方式，而且弗洛伊德不赞成缩短精神分析进程，但他依然保持着瑞士精神分析学

> 会的成员身份。至于《一个幻象的未来》与《非医者分析的问题》之间的紧密联系，我们可以引用弗洛伊德在1928年11月25日写给普菲斯特的信中的文字（Freud & Pfister，1963a）：
>
> 我不知道你是否察觉到了《非医者分析的问题》与《一个幻象的未来》之间的联系。前一本书中我希望从医生手中保护精神分析，而后一本书中我又希望从神父手中保护它。我想把它托付给一个非医学的心灵治疗行业，他们没必要是医生，也不应该是神父。

作品解析

📖 "一个幻象的未来"（1927c）

引文页码参见《西格蒙德·弗洛伊德心理学著作全集（标准版）》第二十一卷，1–56。

● 用来保护文明的伦理价值观

弗洛伊德在书的前两章表明：人们创造了文明，但如果文明想从这些个体的手中保存自己，让自己免遭其破坏倾向的毒手，就必须提倡高道德标准。他把这些道德标准叫作"文明的精神财富"（1927c：10），包括心理价值观、文化理念、艺术和宗教理念等。在讨论严格意义上的宗教之前，弗洛伊德带我们纵览了文明发展阶段的全貌。他展现了人类如何一步步学会主导自然，又如何把这种财富组织分配到自己手中。每种文明都要求其成员压制他们的本能需求，为普遍利益做出牺牲。因此，在某个节点上，它不可避免会遭遇其成员的敌意。因此，弗洛伊德写道："似乎［……］所有文明都必须建立在对本能的压迫和放弃上"（ibid.：7）。所有人身上都存在着反叛和破坏的倾向。要想从这些倾向中保护文明，公正分配社会财富和付诸压迫手段是不够的，必须使用各种可能的方式让个体与文明和解，并为他们被迫做出的牺牲提供某些补偿。其中，人类的心理发展使外部的压迫可以逐渐被内化，尤其重要的是超我的建立。虽然文明可能或多或少成功控制了一些原始本能，例如乱伦、食人和杀戮，但还有很多本能尚未被驯化。对这些本能而言，压迫（coercion）是抑制它们的唯一办法。

> 我们惊讶且担忧地观察到，在这些点上遵守文化禁忌的大部分人只是迫于外部压迫的力量，也就是说，只有畏惧压迫，压迫才能有效。（ibid.: 11）

因此，文明不可能只依赖于人类的道德标准。某个社会提升其成员道德水平的其他方式还包括该文明的文化理念：它们充当着榜样的作用，而它们给文化参与者提供的满足有种自恋的性质，这反过来平衡了参与者对所属文明的敌意。弗洛伊德也提出，艺术是让人类与其必须做出的牺牲相和解的第三种方式——艺术带来了替代性的满足，因为它以一种醒目的方式把该文化的理念带进了心智中。不过，弗洛伊德表示，对维系文明来说最重要的道德价值观是广义的宗教理念。

● **宗教理念的诞生**

宗教理念的价值是什么？弗洛伊德邀请我们想象，如果我们移除所有对本能的禁忌，允许人类回归到一种自然状态，接着会产生怎样的混乱。"文明的首要任务，它存在的真正原因，是帮助我们抵御自然"（ibid.: 15）。然而，文明仅有限地做到了这一点：它无法在自然灾害和死亡之谜面前为我们提供避难所，而灾害和死亡让我们感到自身的脆弱和无助。原始人类面对自然和命运会怎样反应呢？首先便是把自然现象拟人化，认为它们是超人，并把它们变成超自然的存在——神明。在弗洛伊德看来，这种反应的源头是小婴儿的无助状态：孩子把父母（尤其是父亲）看成全能的存在，他们既是呵护的，又是令人畏惧的。

随着时间流逝,人类开始意识到:自然和命运蕴含着必然的危险,人类无法期盼神明拯救自己。神明的任务就变成了倾听人类的苦难,维护文明的准则。在面对自然和命运的威胁,面对社会造成的破坏时,人类感受到痛苦。于是,宗教理念的诞生似乎是为了帮助人类忍受痛苦。"这是问题的核心。世界上的生命服务着某种更高的目标。当然,我们难以猜透这个目标是什么,但它必然标志着一种完美化的人类本性"(ibid.: 18)。因此,"超越我们的智慧"照看着我们的命运,"仁慈的上帝"俯视着我们。死后的生活维系着地上的生命,也给我们带来了完美和理想。弗洛伊德写道,神明这一概念的根基是孩子与父亲之间的关系。他也指出,目前为止他探讨的只是"当今白人基督教文明的最终形式"(ibid.: 20),而没有考虑所有其他种类的宗教。

● **婴儿无助状态的作用**

弗洛伊德假借一位没有名字的"对手"之口,继续着他的探讨——两人开启了一场虚构的对话。我们不难从这位对手身上看到奥斯卡·普菲斯特的影子。弗洛伊德听到对手问他:为什么要把图腾文化的源头——动物之神替换成有着人脸的神明。他的回答援引了"无助小孩",这是他1926年在《抑制、症状与焦虑》中提出的概念。因为自己生理和心理上的无助状态,婴儿首先向母亲寻求帮助和保护,然后转向父亲,但对于后者,"[儿童]对他的恐惧程度不亚于对他的渴望和崇拜"(ibid.: 24)。在弗洛伊德看来,宗教的核心正是儿童感受到的无助和痛苦。

● **缺乏验证**

弗洛伊德自问,我们如何界定宗教理念?他认为宗教理念就是那些关乎内外现实的断言,"它占有着一个人的信念"(ibid.: 25)。在弗洛伊德看来,虽然宗教理念是我们的文化遗产中最重要的部分,但它却矛盾般地建立在最不可靠的证据上:我们不能因为祖先曾信仰这些论断,或者因为这些论断是从时间长河中流传下来的,就认为它得到过充分的验证。我们也不能援引神父所说的"因为荒谬,所以信仰",这意味着宗教教义高于理性,必须向内感受其真理。而且，如果它依赖于个人内在体验的话，那么它与大部分人又有什么关系呢？"如果一个人被陶醉的状态深深打动，因此获得了对宗教教义之真理的笃信，那这对别人有什么意义呢？"（ibid.：28）。即使毫无理由且"绝对缺乏验证"，宗教还是如此强大地影响了人类，这是如何做到的呢？

● **宗教理念是幻象**

弗洛伊德从所有这些中得出结论——宗教理念是幻象/错觉（illusion），目的是为了满足人类最强烈、最紧迫的愿望。这些愿望的根源在于我们儿童时期的无助感以及面对危险时的焦虑：想到存在仁慈的上帝、公正和来世，这些恐惧便得到了抚慰。不过，弗洛伊德完全不想冒犯他假想的对手和读者，他清晰地表明幻象不是错误（error），也不是幻觉（hallucination）。幻象是一种扭曲，它源于人类的愿望，而且，与幻觉不同，它不一定和现实相悖。最终，是个人态度决定了某个信念是幻象还是妄想。弗洛伊德清楚地说道："评价宗教教义的真理性已经超越了目前的探索范围"（ibid.：33），但他确实间接表达了自己的质疑——他说，认为神明创造了世界，存在仁慈的上帝，宇宙中有道德法则，死后有来生，这些都与我们自己的和祖先们的愿望如此相似，实在令人惊讶。

● **如果人类失去了宗教幻象，会……？**

弗洛伊德假想的对手反驳说，倘若确如弗洛伊德所说，宗教信仰是幻象，那么，向其他人披露这一点会相当危险：这将从他们那里夺走支持和慰藉，却不能提供任何东西作为交换。弗洛伊德回击道，一个虔诚的信教徒不会被这样的言论说服。他表示，发表这些观点会伤害到的人只有弗洛伊德他自己，同理，还有精神分析："'现在我们明白了，'他们说，'精神分析会走向何方。它终于揭下了面具。它前进的方向是否认神明和道德理念，就像我们一直怀疑的那样'"（ibid.：36）。但是，弗洛伊德已经准备好面对这场风暴。他承认，几个世纪以来，宗教确实在维系文明上做出了巨大贡献，但现在它不再像以前那样能够如此强烈地影响人们了，文明本身就处在危险中，尤其是因为科学思维的逐渐发展。即便如此，对文明的威胁也不会来自科学家或其他受过教育的人，而是来自那些大量的未受教育且对文明不满的人。他们总有一天会发现人们并不信仰神明。"因此，要么必须最严厉地镇压这些危险群众，最小心翼翼地让他们没有机会觉醒智慧，要么必须从根本上修正文明与宗教之间的关系"（ibid.：39）。

● **宗教：一种共有的强迫性神经症**

弗洛伊德在这一章节指出，宗教信念不仅是愿望的满足，也是一种历史记忆——原始部落的父亲被杀害，然后转变成了神明的形象。建立起种系发生学的假设后，弗洛伊德表明，宗教等同于我们可以在所有早年儿童身上看到的神经症，这种神经症往往会伴随着儿童的发展过程而消失。从历史的角度看，宗教是史前时期神经症的残留物。"因此，宗教是人类共有的强迫性神经症。与儿童的强迫性神经症一样，它源自俄狄浦斯情结，始于与父亲之间的关系"（ibid.：43）。宗教类似于婴儿神经症，而婴儿神经症会在儿童的发展历程中逐渐消失，因此，宗教也会不可避免地凋零，弗洛伊德补充道，我们现在正处在这个发展时期。

● **宗教训诫的有害影响**

如果儿童学习宗教教义时还十分年幼，很大程度上因为这个原因，他们的性发展——由此，还有智力发展——就被削弱了。而且，当儿童还处于对宗教议题不感兴趣的年纪时，宗教教义就已经施加在了他们身上。女性尤其如此，弗洛伊德认为，她们整体上"被描述成带有'生理性的心智低能'，也就是说，比男人智力低下"（ibid.：48）。他同样仔细质疑了这个论断："这个事实本身就是存疑的，其解释方式也站不住脚"。弗洛伊德希望推行非宗教的教育，以此消除心理抑制。当假想的对手问他为何要出版这本书时，弗洛伊德回答道：为了鼓励人们不再一辈子充当儿童，让他们敢于迈进"敌意的人生"。他希望科学和至高无上的智力能够帮助人类经受住考验。

第二十七章 《一个幻象的未来》

- **不，科学不是幻象**

这本书最后一章，弗洛伊德回应了假想对手提出的反对。他说他既不是空想家，也没有陶醉在自己的幻象中。相反，他对至高无上的智力和科学思维有着很高的期待，虽然那一天的到来还很遥远。

> 我们相信，科学研究能使人类获得关于现实世界的知识。我们可以借助这些知识增强力量，也可以依据这些知识安排我们的生活。如果这种信念是幻象，那么，我们便和你处在一样的境地，但是，科学已经用无数的巨大成功向我们证明，它不是幻象。（ibid.：55）

在倒数第二段，弗洛伊德重申了他对科学不断进步的信念，然后总结道："不，我们的科学不是幻象。认为科学给予不了我们的，我们可以从别处获得，这才是幻象"（ibid.：56）。

后弗洛伊德学派

信仰、宗教与精神分析之间的关系：一些有争议的问题

一经出版，《一个幻象的未来》就引发了激烈的讨论——观点与观点之间完全相反，甚至持续至今。我虽然无法在此细致讨论这些议题，却至少应该粗略展现一下关于精神分析与宗教之间关系的争论。我会在讨论《摩西与一神教》时回到这个主题上。

新教（路德派）神父——尊敬的奥斯卡·普菲斯特首先强烈反对了弗洛伊德在《一个幻象的未来》中的观点。虽然弗洛伊德没有明说，但他书中的"假想对手"毫无疑问就是普菲斯特。普菲斯特与弗洛伊德之间的辩论有其特殊的意义，因为他们的争论中已经包含了若干年后依然会被讨论的主题。普菲斯特批评弗洛伊德只关注宗教习俗中的病理方面，没能把宗教现象视为一个整体。他们两人在一系列问题上都有着截然相反的观点：弗洛伊德认为精神分析和宗教是完全对立的，但普菲斯

特认为精神分析可以帮助信教者增强信仰。弗洛伊德从宗教中看到了人类不成熟的表现，但在普菲斯特看来，宗教是人类拥有的最高理想之一。

天主教会立刻对弗洛伊德的观点心怀戒备，而且对它们表现出了公开的敌意。1905年《性学三论》（Freud，1905d）出版后，天主教会就已经谴责了所谓的弗洛伊德泛性论。后来，革命爆发，天主教会认定弗洛伊德主义与当时的一些思潮同样危险，因为它们都威胁了家庭的现存方式。虽然对弗洛伊德思想明显怀揣敌意，但天主教会并没有从官方层面上禁止精神分析，即便是在《一个幻象的未来》出版后。对精神分析的反对主要由一些牧师以个人的方式传播，例如神父W.施密特（W. Schmidt）在20世纪30年代反复提出的批评，还有某些个体成员的谴责，例如1955年阿博特·奥雷松（Abbott Oraison）表达的观点（他的一本书曾被列入《禁书目录》）。第二次梵蒂冈会议后，20世纪60年代出现了一种更为开放的态度，尽管当时在墨西哥库埃纳瓦卡（Cuernavaca）修道院中进行的精神分析团体治疗导致了该修道院的关闭，因为大多数修道士最终决定结婚。教皇保罗六世虽然谴责这次尝试，却还是对弗洛伊德主义采取了某种敌对的中立立场。从那以后，这种尊重知识世俗化的态度便成了教会的信条（Roudinesco & Plon，1997：241）。

精神分析师都是无神论者吗？

《一个幻象的未来》出版后，尽管国际精神分析协会在宗教议题上毫不限制其成员的自由，但人们普遍认为，与弗洛伊德一样，所有的精神分析师都是无神论者。虽然这种论调显然是人们对精神分析师常有的众多成见之一，但是，精神分析师们却很少对此表示反对——相反，可以说精神分析师几乎非常乐于不去否认这种成见，即使他可能没有像弗洛伊德一样真正公开表示自己是无神论者。

只有很少的精神分析师敢于公开宣称：他们的基督教信仰与弗洛伊德的发现并行不悖，而且，他们在这个问题上不同意弗洛伊德的观点。20世纪30年代，在北美，天主教精神分析师格雷戈里·齐尔博格（Gregory Zilboorg）的立场与尊敬的普菲斯特非常类似：

> 我斗胆预言，总有一天，正派且勇敢的天主教徒们会认真研习精神分析，就如同他们学习伽利略望远镜和日心说那样。他们最终会发现，临床精神分析中的一切都不会与他们的宗教信仰产生矛盾。（Zilboorg, 1942: 419）

虽然很少有精神分析师拒绝隐藏他们的宗教信仰，但法国的玛丽斯·舒瓦西（Maryse Choisy）和弗朗索瓦丝·多尔托（Françoise Dolto）就是其中两位。多尔托写了两本书，《涉精神分析之险的福音书》（L'Evangile au risque de la psychanalyse, Dolto & Séverin, 1977—1978）和《涉精神分析之险的信仰》（La Foi au risque de la psychanalyse, Dolto, 1981），但她不得不面对很多来自同事的批评，因为同事们认为她的宗教信仰是个人分析不够深入的残留物。"[拉福格（Laforgue），她的分析师]可能没有面质他的患者的全能渴望，于是它变形成了圣言、象征、主体、阉割、至高无上的原则"（This 2002: 462）。有些时候，精神分析师们可能会把评价他人的信仰视为己任，因此难以对我们内在都有的私密部分表现出足够的尊重。我想起了精神分析师与天主教神父们之间的一次讨论。在讨论末尾，法国精神分析师勒内·迪亚特金（René Diatkine，巴黎）评价了一位多明我会（Dominican）修士："神父普莱（Plé）无疑坚信自己有信仰，但他没有意识到，在他的无意识中，他并不是一个信徒！"

我认为上述这些内容阐明了我想在此强调的东西，也就是说，即便今天，精神分析师们从弗洛伊德处学习了如此之多，他们依然难以剥离自己的宗教理念和自己对患者宗教信仰的态度，提出完全独立的观点。在我看来，虽然宗教信仰可能有些时候是病理性心理障碍的表现，但它不能被简单地视为神经症或精神病（就像弗洛伊德似乎持有的观点那

> 样）。不管对于神经症还是所谓的"正常"人，信仰和精神分析都处在完全不同的层面上。

📖 "非医者分析的问题：与一位无偏者的对话"（1926e）

> 引文页码参见《西格蒙德·弗洛伊德心理学著作全集（标准版）》第二十卷，177–250。

1926年，弗洛伊德为保护特奥多尔·赖克出版了这本小书。特奥多尔·赖克虽是精神分析师，却不是医学从业者。当时他曾被起诉为非法行医。弗洛伊德从一开始就支持非医者分析（英文为 lay analysis，德文为 Laienanalyse），指的是由非医学背景人士进行的精神分析。对赖克的诉讼后来被撤销了，但弗洛伊德依然出版了他的观点。这本书的行文形式是他与一位"无偏"者的对话。弗洛伊德在书中表明，一个人要想成为精神分析师，就必须自己接受过分析和恰当的训练。他也说自己不赞成在这个问题上立法，因为在他看来，这是内部问题，应当由行业自己来解决。接着，他讨论了尚未成为精神分析师的人应接受的最恰当的训练形式，并指出大学训练医生的方式明显是不贴合的，不管是全科医生还是精神科医生。弗洛伊德在书的结尾处呼吁建立他希望看到的、理想的精神分析训练方式——可以在精神分析专业学院里施行的模式："这当然是一种理想，却是可以且必须实现的理想。而且，虽然我们的训练机构尚属年轻也有不足，但实现理想的过程已经在其中开始了"（1926e：252）。

然而，非医者分析的问题很快便引发了激战，因为美国精神分析师们受亚伯拉罕·布里尔（Abraham Brill）的影响，坚持认为只有医学从业者才能获得精神分析准入资格，而维也纳的精神分析师们（其中就有非医生分析师）则同意弗洛伊德提出的观点。

在筹备因斯布鲁克会议时，琼斯针对精神分析群体的所有成员进行了一项调查，大约收到了28篇由著名精神分析师们写成的文章。这些文章被刊登在了《国际精神分析杂志》（德文和英文版）上。弗洛伊德在文章中重申了他的观点——赞成非医学人士从事精神分析。1927年会议上的争论没能解决这个问题，而最终的决定是每个协会自行选择是否允许非医生加入。许多协会采取了弗洛伊德的立场，但在美国，只有医学从业者才能加入美国精神分析协会（American Psychoanalytic Association，简称APA）。直到1985年的冗长诉讼之后（得到了判决结果的支持），美国精神分析协会和国际精神分析协会才吸纳了一些非医者精神分析机构。

争论非医者精神分析问题的同时，关乎精神分析师应当如何训练的其他问题也在经受讨论。这两项议题极具争议。它们引发的不同观点是如此激烈，以至于20世纪20年代末IPA几近分崩离析。1932年，威斯巴登会议经过艰难的讨论后决定：每个附属协会应自行决定筛选潜在候选人的标准，就像非医者分析问题一样。琼斯对这种妥协相当满意，因为他付出了极大的精力，想要保护精神分析运动的统一。不过，这对弗洛伊德来说却是莫大的失望，因为终其一生，他都希望看到各方一致同意IPA附属协会们采用同样的标准来筛选精神分析训练的候选人。

新概念

文明（civilization）

儿童期无助（helplessness in childhood）

幻象/错觉（illusion）

全能思维（omnipotence of thoughts）

宗教，宗教理念（religion, religious ideas）

科学（science）

共有的强迫性神经症（universal obsessional neurosis）

（钱秭澍 译；余 晔 杨浩波 校）

《文明及其不满》
（1930a）

《精神分析引论新编》
［1933a（1932）］

对人类情况的悲观看法？抑或是一个现实的看法？

《文明及其不满》是文明三部曲的第三部，也是最后一部。弗洛伊德于1926年出版了三部曲的第一部《非医者分析的问题》，又在1927年出版了第二部《一个幻象的未来》。弗洛伊德再次非常明确地宣布，在他看来，宗教情感的真正来源完全是世俗的，根植于每个人的心理构成中。在明确重申他的无神论观点之后，弗洛伊德着手构建出一个大胆的综合性观点，他重新审视人类在文明中建立的脆弱平衡，它本来是用于保护人类的，但矛盾的是，这可能最终会摧毁他们。这种平衡很简单地反映了生与死驱力之间的基本冲突，随着时间的推移，弗洛伊德越来越确信这一点。文明为了维持社会的凝聚力而限制个体的性冲动和攻击冲动，因此不可避免地，它会与社会中的个体成员存在冲突；如果这些人起来反抗，文明就会被摧毁。然而，弗洛伊德论点的核心是，在外部现实中可以观察到的个人与社会之间的冲突，在每个人的脑海中都有其对应：即超我的要求（现在和外部权威一样令人恐惧）和自我之间的冲突，后者代表着个体的利益。弗洛伊德认为，由这些无意识的冲突而产生的无意识的罪恶感是我们在文明社会中发现的"不满"的根源。也因此人类的处境是如此不稳定——人类必须与自身生与死驱力之间冲突的不确定性，以及与他们自己的幻象做斗争。

生平与历史

1929年的大萧条和纳粹主义在德国的兴起

罗曼·罗兰从"海洋般的感觉/无边无际感（oceanic feeling）"中看到了宗教的起源。1929年，在罗曼·罗兰的建议下，弗洛伊德在贝希特斯加登（Berchtesgaden）的暑假期间开始撰写《文明及其不满》一书。这本书被认为是一份阴郁但富有洞察力的社会学遗产。书末有些悲观的语气——尤其是在结尾处，弗洛伊德讨论了人类的未来，因为技术进步使人类有可能自相残杀，直到仅剩一人为止——现实很快就说明了他有多么正确。1929年10月29日的那个星期二，就在他将手稿交给出版商的前一周，纽约证券交易所崩盘，将西方世界拖入持续数年的大萧条，随之而来的是破产、失业和极度贫困。1930年，《文明及其不满》一经问世便立即获得了成功，并很快被翻译成多种语言。一年后的1930年9月，纳粹党在德国国会选举中取得压倒性胜利，为希特勒的上台铺平了道路。这些灾难性的事件促使弗洛伊德在1931年版的书中增加了最后一句话。他以前曾暗示，生死驱力之间的斗争可能会带来一些有利的结果，但现在他的结语变成了："但是，谁能预见会有什么样的成功？又会有什么样的后果呢？"（1930a：145）。在给阿诺尔德·茨威格（Arnold Zweig）的一封信中，他毫不掩饰自己的悲观观点："我们正在接近黑暗时代。考虑到年事已高带来的淡漠感，我本不应为此而感到担忧，但我无法不对我的七个孙辈心生怜悯"（1930年12月7日，给阿诺尔德·茨威格的信）。

弗洛伊德在这本书中讨论的主题已经在"'文明化的'性道德和现

代神经疾病（'Civilized' Sexual Morality and Modern Nervous Illness）"（Freud, 1908d）和"关于战争和死亡的时代思考（Thoughts for the Times on War and Death）"（Freud, 1915b）两篇文章中有过概述，也出现在后来的"为何打仗？（Why War?）"[Freud, 1933b（1932）]一文中。

"文化"：文明还是文化？

《文明及其不满》这本书的作者弗洛伊德以及几位译者都不加区分地使用"文化（culture）"和"文明（civilization）"两个词，这引起了许多争论。翻译的方式因译者而异，也因时代而异。为了让读者对这些讨论有所了解，我将更仔细地研究弗洛伊德在这本书中赋予"文化（Kultur）"一词的含义，这个词他使用得比"文明（Zivilisation）"（这两个词当然都存在于德语中）要频繁得多。弗洛伊德在《一个幻象的未来》一书中对"文化（Kultur）"给出了一个宽泛的定义，他非常明确地说："我不屑于区分文化和文明"（1927c：6）。在《文明及其不满》一书中，乍一看，他似乎不加区分地使用了这两个词，但仔细一看，我们就会发现，他确实在使用"文化"一词的方式上做出了区分：

> 它 [die Kultur，在《西格蒙德·弗洛伊德心理学著作全集（标准版）》中被翻译为"人类文明（human civilization）"]既包括所有人类已经掌握的知识和技能，通过控制自然的力量并提取其财富来满足人类的需求；它还包括一切必要的规章制度，以调整人与人之间的关系，特别是可获得的财富的分配。（1927c：6）

文化与文明之间的差异与字典上对这两个术语的定义一致，即"文化"指"艺术以及人类智力成就的其他表现形式的统称"；而"文明"指"社会发展的高级阶段或体系"（《牛津简明词典》）。思想的演变，特别是哲学和人文科学的发展，使我们过去所称的"文化"逐渐融入现代的"文明"定义中；弗洛伊德本人似乎也追随了这一趋势。《弗洛伊

第二十八章 《文明及其不满》

> 德全集》的法语译者为我们在本章讨论的这本书选择了一个新书名——《文化的不适》(*Malaise dans la culture*)，而不是以前翻译的《文明的不适》(*Malaise dans la civilisation*)［参见《一个幻象的未来》的"编者按（Editor's Note）"，标准版第二十一卷，4］。

作品解析

📖 "文明及其不满"（1930a）

> 引文页码参见《西格蒙德·弗洛伊德心理学著作全集（标准版）》第二十一卷，57–145。

● "无边无际感"：一种婴儿式愿望的残留

《一个幻象的未来》出版后，法国作家罗曼·罗兰写信给弗洛伊德，说他很遗憾弗洛伊德写作本书时没有考虑"海洋般的感觉/无边无际感"，罗兰认为这是宗教能量主观性的来源，也是他从不缺乏的。"这是一种他愿意称之为'永恒'的感觉，一种无限无界的感觉——正如其名，'无边无际'"（1930a：64）。弗洛伊德首先告诉他的朋友，他自己从来没有经历过这样的感觉。这种感觉似乎对应着"一种不可分割的联系感，与外部世界融为一体的感觉"（ibid.：65）。尽管弗洛伊德没有感受过这种感觉，罗兰的来信还是给了弗洛伊德探索这种感觉的心理起源的机会。弗洛伊德在婴儿早期的情感体验中发现了这些感受：他说，在生命之初，婴儿无法区分他的自我和外部世界；正是与母亲乳房的定期接触使婴儿逐渐发现一个"客体"的存在，这个"客体"在婴儿自我的"外部"。早期的痛苦和不满足的体验会导致婴儿抛弃一切不快乐的根源，而把一切快乐的根源留在内心。快乐–自我（德文为Lust-Ich）就是这样被创造出来的，它受快乐原则的约束，与受现实原则约束的外部世界相对抗。

> 这样，自我就脱离了外部世界。或者，更准确地说，最初的自我包含一切，后来它将外部世界与自身分离。因此，我们现在的自我感觉，只不过是一种更加包容的感觉——实际上是一种海纳百川地包容所有的感觉——的干瘪残余，而这种容纳所有的感觉对应的是自我和与之有关的世界之间更密切的联系。（ibid.: 68）

在弗洛伊德看来，无边无际感所特有的没有局限的感受特质是我们在婴儿时期所体验到的原始的结合感（union）在成人身上的延续。他继续问道，我们真的能说这种海洋般的无边无际感是宗教性需求的源泉吗？弗洛伊德反对这一观点，他认为宗教性需求的源头是婴儿的无助和对一个保护性父亲的渴望。因此，在弗洛伊德看来，罗曼·罗兰所描述的宗教情感并不是原始的感受，而是继发于个体否认（自我在外界感受到的）危险的需要，以及随后寻求某种安慰的尝试。

- **生命的目的：寻求快乐，避免痛苦**

弗洛伊德继续提醒读者，在《一个幻象的未来》（1927c）中，他指出每个宗教系统的目的都是为了解释宇宙的谜题，提供一种安慰：仁慈的上帝注视着我们的生活，并承诺死后还有另一种生命。根据弗洛伊德的观点，这种关于生命目的的概念本质上是婴儿式的；他感到遗憾的是，大多数人都无法超越这一宗教阶段，他认为这是固着在童年了。如果我们把宗教提出的目标放在一边，那关于人生的目的，我们又能说什么呢？弗洛伊德指出，是快乐原则在支配着生命的目的。但是，如果这个计划仅仅是为了追求幸福，那么它就根本不可能实现。然而，如果我们不能在这方面取得完全的成功，那么在我们追求幸福的道路上还有两条路可走：寻求快乐和避免痛苦。通向幸福的道路多种多样，弗洛伊德继续讨论其中的几条：对各种需要的无限满足的追求；隐士一般自愿地采取超然的态度；（使用）令人陶醉的物质；按照东方智慧控制自己的本能冲动；以及通过科学、艺术和美的享受来升华。然而，结果是令人失望的，因为甚至爱也可能是痛苦和难受的来源。最终的避难所是由神经症或精神病提供的……弗洛伊德得出结论，对幸福的追求主要是个人的问题。"没有适用于每个人的金科玉律；每个人都必须自己去发现他可以让自己获救的特定方式"（ibid.：83）。弗洛伊德在这一章的结尾给出了比他1927年在《一个幻象的未来》中对宗教有害作用的评判更为严厉的判断——在他看来，宗教构成了寻求幸福和避免痛苦的主要障碍。

> 它的手法在于以一种偏执狂的方式降低生活的价值，扭曲现实世界的图景，而这种方式就意味着对智力的威胁。在这个代价下，宗教迫使他们处于一种心理幼稚的状态，并把他们引入一种大众的幻象，从而成功地使许多人免于患上个体的神经症，但也就仅此而已了。（ibid.：84）

● **文明没有带来我们所期望的幸福**

为什么人类要快乐就这么难？似乎文明本身就是其中一个原因，因为它没能阻止我们受苦，尽管它应该保护我们免受这种可能的伤害。文明并不意味着不断进步，因为文化和现代技术的进步并没有兑现它们的承诺。这就是现代文明人感到不满的主要原因："我们在现代文明中感到不舒服"（ibid.：89）。但我们所说的"文明"到底是什么意思？

> 因此我们应当满足于重提"文明"这个词（德文的 Kultur），它描述了整个人类所有的成就和规条，它们使我们的生活与我们的动物祖先不同，它们还起了两个作用，即保护人类免受自然（的伤害），以及调节我们与自然的关系。（ibid.：89）

当然，科学和文化的许多进步可以被看作对典型文明的征服，但它们并不一定使人类更幸福。然而，当社会成功地对其每个成员的性和攻击性本能冲动施加限制，以保持整个群体的凝聚力时，文明确实向前迈出了决定性的一步。因此，对于弗洛伊德来说，文明是建立在放弃与驱力有关的冲动之上的，而这种"文化挫折"（ibid.：97）支配着人类之间的社会关系——同时也是个体对文明怀有敌意的原因。

● 家庭和性欲：既支持又反对文明

爱，自古以来幸福的原型，是文明的基础；爱是家庭的起源，它把男人和女人联系在一起，把孩子和他的父母联系在一起。建立家庭的爱情继续在文明中运作，它激活了生殖器的性满足和"目标抑制的情感（aim-inhibited affection）"（ibid.：102）。弗洛伊德说，这种情感是一种将家庭成员团结在一起的爱，是友谊的基础，并在社会中建立联系。但是在进化的过程中，社群和家庭之间不可避免地产生冲突；前者努力使人们团结起来，而后者则不会放弃个人。女性在这场冲突中起着决定性的作用。

> 此外，女性很快就会反对文明［……］。女性代表家庭和性生活的利益。文明越来越成为男性的事情，这使男性面临越来越艰巨的任务，并迫使他们进行本能的升华，而这是女性几乎做不到的。（ibid.：103）

因此，女性在某种程度上被推到了幕后，因而对文明的要求产生了敌意。文明进一步对性生活施加了重要的限制：它不仅限制已经达到生殖器性成熟的人对异性的选择，而且还禁止大多数生殖器外的性满足，并宣布它们是性倒错行为。唯一剩下的就是异性恋的性器之爱，但甚至这也受到进一步的限制——文明只接受一夫一妻制，只容忍性行为"作为一种繁衍的手段"（ibid.：105）。换句话说，人类的性生活被文明非常恶劣地对待，这削弱了爱和性作为幸福源泉的价值。

● 攻击性的作用："人对人而言是狼"

人类在寻找幸福方面如此困难，那是因为文明给人们强加了一种沉重的负担，即不仅要放弃性冲动的满足，还要放弃攻击冲动的满足。正如弗洛伊德所指出的，"人不是想要被爱的温和的生物，也不是仅在受到攻击时（才）保护自己的生物"（ibid.：111），他们也是富有攻击性的生物。每个人都有攻击邻人的强烈倾向,如果有机会,人肯定会剥削他的邻人。弗洛伊德提醒我们,在罗马时代有一句谚语"人对人而言是狼(Homo homini lupus)"(ibid.:111)。如果我们要观察这种攻击的倾向,我们无须向远处寻找;它就存在于我们每个人的内心。

> 我们可以在自己身上发现攻击倾向,并合理地认为这种倾向也存在于别人身上,这种攻击倾向的存在是扰乱我们与邻人关系的因素,迫使我们的文明付出如此高昂的[能量]代价。(ibid.:112)

这就是为什么文明必须尽最大努力去限制人类的攻击冲动,并颁布道德标准,以免最终被摧毁。因此,"文明"的道德规范对性行为进行了限制,并倡导一种理想,即爱人如己。然而,尽管有这些限制,但文明从未能够通过法律实现一个理想的社会,也从未能够消除人们对邻人的敌意。一些意识形态会宣称人类是完全善良的,而这其实不过是一种错觉。另一个例证是我们发现,在其他层面上非常接近的社群之间(同一城镇的居民、相邻的国家)的相互敌视。弗洛伊德称之为"微小差异的自恋"(ibid.:114)。我们当然希望文明的变化将持续发生,以更充分地满足我们的需要,但是我们也必须认识到"在文明的本质中存在着种种困难,任何改革的企图都不能使这些困难屈服"(ibid.:115)。

● 文明的进化:生与死驱力之间的斗争

因此,没有一种文明能够使人类幸福与人类本性关系密切。为了解释这一点,弗洛伊德回到了他本能驱力的第二个理论。在这个理论中,他强调了生驱力和死驱力之间存在着根本的冲突。虽然当年这只是他提出的初步假设,但在《文明及其不满》一书中他说得很清楚——他认为自己的观点是成立的:"随着时间推移,它们已经牢牢抓住了我,我再也无法用其他方式思考"(ibid.:119)。将这些观点应用到文明化的过程中,弗洛伊德得出结论,即对人类来说,攻击性是一种原始的、自给自足的本能倾向,它构成了文明的最大障碍之一。攻击本能是死亡本能的代表，而死亡本能总是与爱欲本能相伴。

> 现在，我认为，文明进化的意义对我们来说不再是模糊的。它必须呈现爱欲本能和死亡之间的斗争，生存本能和毁灭本能之间的斗争，因为它在人类物种中得到了发展。这种斗争是所有生命的本质部分。（ibid.：122）

● **超我是外在权威的内化**

如果文明受到攻击性和破坏性的威胁，它又有什么办法来抑制这些冲动呢？弗洛伊德认为最有效的方法是将攻击性内化——它从哪里来就被送回哪里，这是通过弗洛伊德说的超我来完成的。因此，在自我和超我之间建立的紧张关系被称为"内疚感"，并被表达为"惩罚的需要"。内疚感有两个来源：对外部权威的焦虑，以及对超我的焦虑。后者是一种恐惧——个体担心来自保护者的爱会被剥夺。起初，超我的苛刻性与对外部权威的恐惧紧密相关，但后来，在发展的过程中，外部权威被内化，从而促成了个体超我的确立。虽然我们仍有可能向外部权威隐藏自己内心深处的想法，但没有人能够向他自己内化的超我隐藏任何东西。"在第二种情况下，坏的意图等同于坏的行为，因此会产生内疚感和对惩罚的需要。良心的攻击性使权威的攻击性保持下去"（ibid.：128）。

为什么超我的攻击性对自我如此苛刻？弗洛伊德认为，超我的极端苛刻是孩子把对父母的攻击性转向自身的结果。

> 超我和自我之间的关系是（当时尚未分化的）自我和外部客体之间真实关系的回归，而这是一种被愿望所扭曲的回归。这也很典型。但其关键区别在于，超我的最初的严厉程度并不（或不太）反映人们从它〔客体〕那里体验到的严厉程度，也不反映人们归因于客体的严厉程度；它实际上反映的是个体对客体的攻击性（ibid.：129–130）。

第二十八章 《文明及其不满》

这在一定程度上解释了为什么父母的实际严厉程度和超我的实际严厉程度之间没有直接关系。"经验表明[……]儿童发展出的超我的严厉程度与他自己所受到的对待完全不相符"（ibid.: 130）。在这一点上，弗洛伊德明确参考了克莱因和其他英国作家（ibid.: 130，注释1）。两种来自超我的攻击性——对父亲惩罚的恐惧和孩子报复父亲的愿望——彼此强化且相互补充。弗洛伊德补充说，我们必须考虑系统发生学的因素，因为原始部落的父亲在他的儿子们心中唤醒的恐惧，以及儿子们在杀死他们的父亲后感到的悔恨，都会加强内疚感。随后，最初的矛盾冲突不仅被复制为文明与个体之间的矛盾冲突，而且在每个个体内部也被复制为自我对超我的矛盾情感——一种"爱与死亡趋势之间的永恒斗争"的表达（ibid.: 132）。

● **现代文明是否能够避免自我毁灭？**

弗洛伊德这个研究的意图在于表明，内疚感是文明发展过程中最重要的问题；文明的每一次进步都要以幸福的丧失和内疚感的加重为代价。这种内疚感通常不被承认；它在很大程度上仍然是无意识的，或者"表现为一种不安，一种不满，人们为此寻求其他动机"（ibid.: 135–136）。弗洛伊德说，正如存在一个个体的超我，也存在一个文化性超我（Kultur-Überich），它建立了自己严格的理想要求；如果这些要求得不到满足，惩罚就是"良心的恐惧"（ibid.: 142）。这些要求往往过于苛刻，特别是当它们来自社群的道德准则时。这些要求会在个体身上引发叛逆或神经官能症，或使他不快乐。这就是为什么我们可能会怀疑，是否大多数文明——可能是整个人类——会因为文明本身的进程而变得"神经症"。至于等待人类物种未来的命运，弗洛伊德承认，他既不能提供治疗性的解决方案，也不能提供安慰。他把这个问题留给了读者，以一种有点悲观的口吻总结了这本书。

> 在我看来，人类这一物种的重大问题似乎是，文化发展是否能够以及在多大程度上能够成功地控制人类攻击和自我毁灭的本能对集体生活的干扰。这也许也是当下特别值得关注的问题。人类对自然力量的控制

达到了一个程度，以至于在自然力量的帮助下，人类可以毫不费力地互相消灭，直到最后一个人/直到只剩下一个人为止。人们知道这一点，而这在很大程度上导致了人们目前的不安、不快乐和焦虑情绪。（ibid.: 145）

后弗洛伊德学派

从核恐怖主义到国际恐怖主义

《文明及其不满》一经问世就立即获得了成功，并在精神分析界和公众中引起了强烈的反响。这本书出版的一个结果是重新引发了精神分析师关于"死亡驱力"的争论。在这本著作中，它不再是一个简单的假设；弗洛伊德把它说成是非常明显和基本的东西。然而，他的一些最亲密的追随者仍然不同意他的观点。对琼斯来说，从攻击性到死亡驱力的转变似乎是一种毫无根据的概括，而对普菲斯特来说，这只是弗洛伊德用来表示一种关键驱力的隐喻。

弗洛伊德在文章的最后几段中提出，人类可能会自我毁灭，直到最后一个人，这种可能在核武器发展之后变得尤为明显。鉴于这种危险的加剧，一些精神分析师为了让自己的声音被听到，已经组成了两个组织。其中一个是英国本土的精神分析和防止核战争（组织）（Psychoanalysis and the Prevention of Nuclear War，简称为PPNW），另一个是国际性的反对核战争的国际精神分析师（组织）（International Psychoanalysts Against Nuclear War，IPANW）。在这些精神分析师中，我必须提到汉娜·西格尔的立场：她的立场有助于打破围绕着威胁我们文明的许多危险（不仅是核毁灭）的沉默。她的观点结合了精神分析对精神病和群体运作方式理解。她写道："如果个体的行为像群体一样，他们就会被认为是疯子"（Segal, 2002）。她还认为，在冷战期间的"基本假设"（比昂的概念）是，战争是不可能发生的，因为所有的主角都太担心随之而来的是彻底的毁灭。

如今，世界不同部分之间的准平衡已经崩溃。2001年9月11日，美国无敌的神话遭受了严重破坏；"9·11"事件所引起的强烈情绪是显而易见的：极度焦虑、恐惧，或许还有内疚感。西格尔是这么说的：

> 我认为"9·11"事件具有高度的象征意义。我们突然陷入了一个分裂的世界，在某些点上的完全分裂和精神上的恐惧——同时也陷入了完全的困惑；谁是我们的朋友？谁是我们的敌人？我们预期在哪些方向会遭到袭击呢？[……]我们里面有敌人吗？[……]这是我们个体发展过程中最原始的恐惧——不是普通的死亡，而是一些充满敌意的个人解体的景象。[……]各种宗教激进主义者对世界末日/大决战的渴望现在互相匹配。*我们的理智受到一个妄想的内心世界的威胁，这个世界充满了全能、绝对邪恶和圣洁。不幸的是，我们还得与财神抗争。（Segal, 2002: 35）

📖 "精神分析引论新编"［1933a（1932）］

引文页码参见《西格蒙德·弗洛伊德心理学著作全集（标准版）》第二十二卷，1-182。

1932年，在出版《文明及其不满》两年后，弗洛伊德为他在1916年和1917年在维也纳大学发表的讲座讲稿进行了这篇补充，1916—1917年讲座的讲稿以《精神分析引论》的标题出版［1916—1917（1915—1917）］。这些讲稿的第一卷让弗洛伊德有机会回顾精神分析从开始到1915年的发展，而《精

---

* "世界末日（Armageddon）是上帝净化地球上所有邪恶的战争，为光明、繁荣的新秩序铺平道路"（Segal, 1987）。

神分析引论新编》让他可以更新精神分析在"1920年转折点"之后的进展。这本写于1932年的《精神分析引论新编》也是弗洛伊德翻开新篇的方式——他生命的篇章也逐步迈向终点。

为了强调1916—1917年间的系列讲座和这些1933年出版的新讲座之间的连续性,弗洛伊德继续沿用了前一卷开始的章节编号,所以新的导论讲座的第一章是"第二十九讲(Lecture 29)"。在前言中,弗洛伊德告诉读者,他的疾病使他无法像以前那样在公众面前演讲;因此,他是在对一个想象中的听众说这些话。然而,1933年的这本书吸引到了不同于1916—1917年的那本书的一群读者。1932年,弗洛伊德的读者已经了解并熟悉了他早期的精神分析概念。这与我们目前的情况非常相似;为了掌握新的内容,读者必须对精神分析的发展时间有一个很好的了解,这是一项特定的任务,通常相当于对弗洛伊德的作品进行高度详细的分析。鉴于我提出的限制,我将只提以下几点。第二十九讲是关于弗洛伊德近期提出的自我、本我和超我的概念如何在他的无意识观点中占据一席之地的。从1933年开始,无意识不再是以前的"自主体(agency)"("无意识系统"),而是一种特定的特性:没有意识。也正是在这本书中,弗洛伊德总结了精神分析的目的,这是一句很著名的话:"本我曾在哪里,自我就会在哪里[Wo Es war, soll Ich werden,《弗洛伊德:全集(德文版)》第十五卷:86]"[1933a(1932):80]。在第三十三讲"论女性(Femininity)"中,弗洛伊德强调了年轻女孩对母亲的前俄狄浦斯的依恋,以及躯体(身体)照护的重要性,这是(婴儿)早期与母亲关系的一部分。弗洛伊德在他文章的结尾承认,对于精神分析来说,女性多少仍是一个谜。

新概念

攻击/攻击性(aggression/aggressiveness)

文明(civilization)

文化（culture）

无边无际感（oceanic feeling）

宗教，宗教理念（religion, religious ideas）

自我毁灭（self-destruction）

超我（儿童超我的严苛性）[superego（its harshness in children）]

超我和文明（superego and civilization）

（王　觅　译；余　晔　杨浩波　校）

二十九

1924—1938 年的关于否认现实与自我分裂的论文

"神经症与精神病"（1924b）

"神经症与精神病中的现实性丧失"（1924e）

"否定"（1925h）

"两性解剖学差异的心理后果"（1925j）

"恋物癖"（1927e）

"防御过程中的自我分裂"［1940e（1938）］

《精神分析纲要》

［1940a（1938）］

否认现实与自我分裂：精神病、性倒错和神经症的典型防御机制

我在这一章中汇集了弗洛伊德在 1924—1938 年间撰写的多篇论文，这些论文都涉及相同的主题，并见证了他在这些问题上的思想演变。在这一系列论文中，弗洛伊德试图确定哪些防御机制是精神病所特有的，以及神经症与精神病在哪些方面有所不同。随着他的研究的进行，我们看到，尽管弗洛伊德一开始就强调差异，但随后他又缩小了这些差异。例如，在"神经症与精神病（Neurosis and Psychosis）"（1924b）一文中，他说在精神病中自我与感知的现实的关系与神经症中的情况是截然相反的：前者拒绝感知到

现实，而在后者中，现实被接受。然而，在他写的下一篇论文中（1924e），他就调整了这一观点，并评论说，对现实世界感知的困扰在两种疾病中都可以找到，尽管它们在精神病中比在神经症中更明显；正是由于这个原因，他提出了"否认现实（denial of reality）"是典型的精神病性的，从而将精神病与神经症区别开来。第二年，他在否定（英文为 negation，德文为 Verneinung）——拒绝承认已经表达的愿望，和否认（英文为 disavowal，德文为 Veleugnung）——拒绝承认被体验为创伤的现实的感知之间做出了区分（1925h）。弗洛伊德认为，当我们试图解释男孩和女孩对女孩不拥有阴茎的认知所采取的不同态度时，否认机制特别有帮助：这种否认的程度将决定个人的性心理发展方向（1925j）。在后来一篇关于"恋物癖"（1927e）的论文中，弗洛伊德将否认女性没有阴茎的感知机制与恋物癖者所特有的自我分裂直接联系起来；此后，弗洛伊德将否认和自我分裂定义为性倒错和精神病的典型特征，也是病理性的哀悼过程。1938 年，在《精神分析纲要》中，弗洛伊德再次在某种程度上修改了他的立场：尽管他继续坚持否认现实是精神病的特征，但他补充说，即使在这种疾病中，否认也从来不是完全的，而且他认为，自我的分裂不是性倒错和精神病所特有的，因为它也可以在神经症中找到，因此在正常的精神状态中也可以找到。总之，我们可以说，在每个人身上都有两种矛盾的态度并存；结论是——精神病还是神经症，看哪个占主导，主要是一个比例问题。

作品解析

📖 "神经症与精神病"（1924b）

引文页码参见《西格蒙德·弗洛伊德心理学著作全集（标准版）》第十九卷，147–153。

在这篇短文中，弗洛伊德将他新近提出的自我、本我和超我的概念纳入了他对神经症和精神病的构想。区别这两种病症并构成相应的病理性后果的地方在于，在神经症中，"自我仍然忠实依赖外部世界，并极力遏制本我"；而在精神病中，"[自我]让其被本我支配，从而脱离现实"（1924b：151）。让我们来更详细地研究这一说法。

以移情性神经症为例，弗洛伊德认为，自我与本我发生冲突是因为它拒绝接受一个与驱力有关的不良冲动——自我通过把它压抑到无意识中来抵御这种冲动。但被压抑的内容与此抗争，并作为症状、作为一种替代性表征重新出现。因此，症状是一种妥协的结果。

至于在精神病中发生的情况，弗洛伊德说，这里是自我与外部世界的感知之间的关系被扭曲。例如，在急性幻觉型精神病中，不仅外部现实完全不再被感知，而且由储存在记忆中的早期感知构成的内部世界本身也失去了意义。结果是：

> 自我专制地创造了一个新的外部和内部世界；有两个事实是毋庸置疑的——这个新的世界是按照本我的愿望和驱力构建的，而这种与外部世界分离的动力是现实对愿望的某种非常严重的挫败——一种似乎无法容忍的挫败。（ibid.：151）

对弗洛伊德来说，神经症和精神病的诱发原因总是涉及挫败感："一种挫败，一种不满足，一种永远无法战胜的童年愿望"（ibid.：151）。这种挫败通常是外部的，但它也可能来自超我，超我在最后时刻代表了外部现实的要求。

在确定了这些要点之后，弗洛伊德在自我和超我之间的冲突基础上勾勒出一个新的精神病理学实体，"自恋性精神神经症（narcissistic psycho-neuroses）"，其典型例子是忧郁症（抑郁症）。自恋性精神神经症位于移情性神经症和精神病之间。神经症和精神病都涉及自我和其他支配它的心理结构——超我和本我——之间的冲突；了解自我如何能够成功地从这些冲突中走出来而不至于屈服于疾病是很有意思的。结果无疑取决于某些经济性因素或其他因素，斗争结果的趋势早已在这些冲突中锁定。弗洛伊德进一步提出，自我可能能够避免崩溃，"通过使自己变形，通过服从于对其自身统整性的侵犯，甚至可能导致自身的分裂或分割"（ibid.: 152–153）。他还说，人们对待"人的怪癖和愚蠢"就像人们对待性倒错似的。那么，这种类似于压抑的、促使自我脱离外部世界的机制是什么呢？"[这样的]机制，似乎就像压抑一样，是自我对外贯注的回撤"（ibid.: 153）。这是弗洛伊德宣布"否认现实"和"自我分裂"概念即将到来的方式，他将在"恋物癖"（1927e）中详细定义这些概念。

📖 "神经症与精神病中的现实性丧失"（1924e）

> 引文页码参见《西格蒙德·弗洛伊德心理学著作全集（标准版）》第十九卷，181–187。

在他的前一篇文章中，弗洛伊德曾指出，精神病与神经症的区别在于，在精神病中，自我拒绝感知外部现实，而在神经症中，外部现实被接受。在"神经症与精神病中的现实性丧失（The Loss of Reality in Neurosis and Psychosis）"（1924e）一文中，他在一定程度上软化了这一立场，认为在这两种状态中都存在着对现实感知的扭曲；它们之间的区别在于这种扭曲的性质。在本文中，他试图对这种差异做出详细说明。

他首先描述了神经症发病的两个阶段和精神病发病的两个阶段。在神经症中，第一阶段确实存在着现实的丧失，随后形成了一种妥协——神经症症状。在第一阶段，正是不得不避免的现实的碎片导致了压抑的发生。他引用了一个年轻女人的例子，她爱上了自己的姐夫；当她站在姐姐的病床边时，她对出现在她脑子里的想法感到惊恐："现在他自由了，可以和我结婚了。"这一幕立刻被遗忘了，而癔症的痛苦出现了。弗洛伊德指出，她对姐夫的爱的压抑导致了这样一个情况，即这位年轻女士避免面对她的姐夫很快就会获得自由的现实。

此外，正是在这个案例中，我们可以了解到神经症试图解决冲突的途径，这是具有启发性的。它通过压制已经出现的本能需求——她对姐夫的爱——从而贬损了现实中发生的变动的价值。而精神病的反应将是否认她姐姐死亡的事实。（1924e：184）

弗洛伊德随后研究了精神病中的情况，并认为"否认（或不承认）现实"是精神病患者拒绝感知外部现实的典型做法。他认为精神病的发作也是两阶段的过程：在第一阶段，自我由于否认而与现实隔绝，在第二阶段，一个新的现实被创造出来——妄想或幻觉——以"弥补所造成的损害"，并补偿现实的缺失。换句话说，在神经症中，现实的重要片段通过逃避（flight）得以回避，而在精神病中，被否认的片段被重塑。"神经症并不否定现实，它只是忽略它；精神病则否认它并试图取代它"（ibid.：185）。"正常"行为结合了这两种反应：在神经症中，个体并不否认现实，但在精神病中，个体则试图对现实进行某种修改。

神经症和精神病有另一个共同特点——伴随症状的焦虑反应。在神经症中，焦虑是由"被压抑部分的回归"产生的，而在精神病中，焦虑来自被否认的现实不断强制性回到心头。"被压抑者的回归"是弗洛伊德的一个经典概念，但这是弗洛伊德第一次提到关于精神病中被否认的东西的类似回归。"可能在精神病中，被否认的现实片段不断地强制性浮现心头，就像在神经症中被压抑的本能一样，这就是为什么在这两种情况下，后果也是一样的"（ibid.：186）。这些后果当然是焦虑的出现。

最后，弗洛伊德指出，在创造新的现实方面，神经症和精神病之间的区别并不像人们想象的那样明确——神经症也像精神病一样，旨在为不可接受的现实找到一个替代品。区别在于，在精神病中，疾病通过妄想或幻觉创造了一个新的现实，而在神经症中，患者试图通过幻想的世界取代一个令人不快的现实。这种幻想世界构成了一种"仓库"，神经症和精神病患者都可以从中提取他们的幻想材料。然而，在神经症患者中，自我并不像精神病患者那样与现实完全隔绝。弗洛伊德说，后者也从仓库中提取材料，但神经症患者像孩子玩耍一样使用新的幻想世界，赋予其"象征"意义。换句话说，神经症患者可以区分现实和幻想，而妄想或幻觉的精神病患者则无法做到这一点。

"否定"（1925h）

> 引文页码参见《西格蒙德·弗洛伊德心理学著作全集（标准版）》第十九卷，233-239。

弗洛伊德将否定（negation）定义为患者在如下时刻使用的一种技术：在治疗过程中，患者否定了出现的一些想法、愿望或感觉属于他们自己。"我们意识到，这是通过投射对刚刚出现的想法的否定"（1925h：235）。比如，"'你问梦中的这个人可能是谁？这不是我的母亲。'我们把这句话校正为'所以是他的母亲'。"（ibid.：235）因此，否定是一种手段，通过否定，被压抑的愿望、感觉或想法的内容可以进入意识——条件是它被否定了。这里需要说一下术语的问题。在德语中，Verneinung 这个词既意味着逻辑上和语义上的否定，也意味着心理意义上的否定，即个体否决了之前陈述的东西（Bourguignon et al.，1989）。

弗洛伊德指出，否定是知晓无意识想法的一种方式，但它并不意味着对被压抑想法的接受。在这里，做判断的智力功能与情感过程是分开的。当患者的判断是否定某些东西时，这在根本上意味着：这是我想压抑的东西。因此，"不"是压抑的标志，"一个原产地证明——就像我们说'德国制造'"（ibid.：236）。判断这一功能的运作是由"否定的符号"来实现的，它允许对压抑的结果有一定自由度的思考。

判断的功能还有两个特点。第一种是决定是否拥有这样或那样的属性；在本能驱动的语言表达中即有所体现，"我应该吃这个"或"我应该把它吐出来"，也就是说，"它应该在我体内"或"它应该在我体外"——这是"原始快乐自我"的任务。判断的第二种功能是确定一个呈现是否真的存在，这与现实检验有关。这两种功能是密切相关的。"不真实的东西，仅仅是一种呈现、是主观的，只是内部的；真实的东西也存在于外部"（ibid.：237）。鉴于呈现都源于先前的感知，呈现的存在是对所呈现的东西的现实性的保证。出于这个原因，"因此现实检验的首要和直接的目的，不是在真实的感知中找到一个与呈现的对象相对应的对象，而是重新找到这样一个对象，使自己相信它仍然存在"（ibid.：237–238）。对弗洛伊德来说，判断是决定行为选择的智力动作，也就是说，是"从思考过渡到行动"的决定性因素（ibid.：238）。最后，弗洛伊德将"包含在自我之内——排除在自我之外"的两极性与生与死的驱力之间的冲突联系起来。

> 肯定——作为结合的替代品——属于爱欲本能；否定——驱逐的继承者——属于毁灭本能。一些精神病患者所表现出的普遍的否定愿望和否定态度，很可能是通过撤回力比多要素而发生的本能去融合的标志。（ibid.：239）

📖 "两性解剖学差异的心理后果"（1925j）

> 引文页码参见《西格蒙德·弗洛伊德心理学著作全集（标准版）》第十九卷，241–258。

否认的概念也是本文的重点，它主要关注阉割情结对女孩和男孩发展的影响。弗洛伊德在对这项调查的介绍中强调了分析婴儿性欲是多么重要，因为它在儿童早期就已经表现出来了；他还强调了精神分析取得成效需要的时间。他不同意那些试图缩短精神分析治疗时间的看法。"像我们正在从事的这种对儿童早期的分析是冗长和费力的，对医生和患者都提出了某些时候难以企及的要求"（1925j：248）。

- **女孩和男孩的性心理发展**

弗洛伊德首先概述了男孩心理发展的主要阶段。他说男孩的俄狄浦斯情结在生殖器阶段达到顶峰，用弗洛伊德的话来说"毁灭"是由对阉割的恐惧带来的。此外，由于小男孩心理上的双性性欲，他的俄狄浦斯情结既是主动

第二十九章 1924—1938 年的关于否认现实与自我分裂的论文

的又是被动的：他认同他的父亲并想与他的母亲结婚，但同时他也认同他的母亲并对他的父亲采取女性化的态度。弗洛伊德还坚持认为自慰在俄狄浦斯情结的"前史"中非常重要，因为它是性兴奋的一种释放。

在概述了男孩的情况后，弗洛伊德继续研究女孩的俄狄浦斯情结，并注意到她们比男孩多了一个问题：女孩必须在早期发展的某个阶段改变其依恋客体。在这两种情况下，母亲都是最初的爱的客体；男孩在俄狄浦斯情结中保留了他们的客体，而女孩则要放弃母亲，把父亲作为爱的客体。是什么让女孩改变依恋的客体呢？

弗洛伊德详细研究了他所说的女孩的俄狄浦斯情结的前史，也就是说，在这种情结建立之前发生了什么。这主要与阴茎嫉羡和女孩克服这种嫉羡以继续女性化发展的能力有关。弗洛伊德将女孩发展的关键点放在了生殖器阶段，在俄狄浦斯情结之前，当

> ［她们］注意到一个兄弟或玩伴的阴茎，非常明显而且比例很大，一下子就认识到阴茎是她们自己的小而不明显的器官的更胜一筹的对应物，从那时起，她们就成为阴茎嫉羡的受害者。（ibid.: 252）

在这个时候小男孩的行为与小女孩的不同。当男孩第一次看到女孩的生殖器时，他要么什么都没看到，要么不承认他看到的东西，而认为他看到了阴茎。只有到了后来，当阉割恐惧降临到他身上时，这种观察才有了完整的意义：从那时起，男孩想象女人是残缺的、被阉割的人。这就解释了为什么他从此对女孩感到"恐怖"，对她们表现出"胜利的蔑视"（ibid.: 252）。

小女孩的行为则不同，弗洛伊德这样阐述。"她在一瞬间就做出了她的判断和决定。她已经看到了它，知道自己没有它，并想拥有它。这时女性的男性化情结分支发展出来"（ibid.: 252–253）。小女孩对男性化情结的反应对她未来的发展具有决定性意义，取决于她是迅速克服它还是向它让步。即使她真的克服了，"有一天能不顾一切地获得阴茎并成为一个男人的希望可能会持续到令人难以置信的晚年"（ibid.: 253）。如果小女孩不能克服她的男性化情

结，就会出现对阉割的否认，她将来会表现得像个男人。

> 或者说，一个我称之为"否认"的过程可能会出现，这个过程在儿童的精神生活中似乎并不罕见，也不是很危险，但在成年人身上却意味着精神病的开始。（ibid.: 253）

● **女孩的阴茎嫉羡**

阴茎嫉羡对小女孩有各种心理影响。它是她自卑感的来源，她把这种自卑感体验为"自恋受损"和"对她个人的惩罚"，并且她开始分享男人对女人的蔑视感。阴茎嫉羡也造成了女性特有的嫉妒，这与有关小孩子被打的自慰幻想有关（Freud, 1919e）。另一个后果"似乎是女孩与她的母性客体的感情关系的松动"（ibid.: 254），因为母亲几乎肯定要对她缺乏阴茎负责。弗洛伊德说，最重要的影响是阴蒂自慰阻碍了女性气质的发展，而以男性化活动的样子出现。在与生殖器阶段相联系的阴茎嫉羡阶段结束后不久，女孩开始反抗阴蒂自慰；她对于不是男孩的事实的反抗把她引向女性气质发展。"因此，小女孩对两性之间的解剖学区别的认识，迫使她远离男性气质和男性化的自慰，走上了女性气质发展的新路线"（ibid.: 256）。正是在这个时候，俄狄浦斯情结出现在小女孩的画面中。由于"阴茎等同于孩子"［在德文中"symbolische Gleichung: Penis =Kind"，《弗洛伊德：全集（德文版）》第十四卷：27——阴茎象征性地等同于孩子］，女孩

> 放弃了她渴望阴茎的愿望，取而代之的是对孩子的愿望：为了这个目的，她把她的父亲作为爱的客体，她的母亲则成为她嫉妒的客体。这个女孩已经变成了一个小女人。（ibid.: 256）

这时弗洛伊德发表了他整个著作中为数不多的对于特殊女性感觉可能存在的明确评论——无疑是在对他的"阴茎中心主义"所引起的反对做出回应，这些反对不仅来自女性精神分析师，也来自他的一些男性同事。"如果我要赞

扬一个单一的分析情境实例,这种新情况可能会引起身体的感觉,这将不得不被视为女性生殖器的过早觉醒"(ibid.: 256)。

● **俄狄浦斯情结对于女孩和男孩的不同之处**

弗洛伊德从中得出了一系列的结论。首先,在俄狄浦斯情结和阉割情结方面,两种性别之间存在着根本的差异。在男孩中,俄狄浦斯情结之后紧跟着阉割焦虑,这使得情结消失;在女孩中,阉割情结先于俄狄浦斯情结,并使其随后可能出现。"在男孩中,俄狄浦斯情结被阉割情结所摧毁,而在女孩中,俄狄浦斯情结则被阉割情结所促成和引导"(ibid.: 256)。这意味着,对弗洛伊德来说,男人和女人的性发展是两性之间的解剖学区别和阉割问题产生的心理影响的结果,分别对应着"已经发生的阉割",即女孩的实际阉割;和"仅仅被威胁的阉割",即男孩的阉割想象(ibid.: 257)。尽管缺少阴茎确实是女孩性心理发展的一个重要方面,就像阴茎对男孩性心理发展产生了重要影响一样,但弗洛伊德没有考虑到同样重要的其他方面,有一些特定因素与女性气质、女性生殖器和涉及这些的幻想有关。

最后,弗洛伊德描述了俄狄浦斯情结是如何在男孩和女孩身上不同地发展的。在男孩中,俄狄浦斯情结不只是被压抑,"它被阉割焦虑冲击得粉碎"(ibid.: 257),而父母客体形成了超我。在女孩身上,俄狄浦斯情结只是作为压抑带来的后果而慢慢被扬弃。正是由于这个原因,弗洛伊德认为女性的超我从来没有像男性那样不可动摇;这一事实导致了"每个时代的评论家都对女性做出了一些评论"(ibid.: 257)——她们的正义感不如男性,她们不太愿意服从生活中的重大必然必需之事,她们倾向于让自己的判断力受到情绪的影响,等等。然而,弗洛伊德也承认了这样一个事实:尽管他对女性进行了批评,但大多数男性也远远没有达到男性理想化的状态。弗洛伊德认为,女权主义者所要求的两性同等是不可接受的,在我们每个人身上都存在着男性和女性的特征,"因此,纯粹的男性和女性只是不确定内容的理论建构"(ibid.: 258)。

📖 "恋物癖"（1927e）

> 引文页码参见《西格蒙德·弗洛伊德心理学著作全集（标准版）》第二十一卷，147–157。

● 恋物癖中对现实感知的否认

在"恋物癖"中，弗洛伊德发展了否认（denial/disavowal）的概念，这种防御包括拒绝感知不可接受的现实；他将此与自我的分裂联系起来，这是防御的效果之一。这种防御的原型是恋物癖者，他们否认感知到女性的阉割，恋物癖是对失踪阴茎的替代品。弗洛伊德接着说，在恋物癖者的自我中共存着两种矛盾的态度，其中一种否认对女性缺乏阴茎的感知，而另一种则承认这一事实。自我中可能存在一种分裂，决定了心灵中两种矛盾的态度，这一想法导致弗洛伊德修改了早期的一些观点，尤其是关于精神病的观点，他将在随后的两篇文章中继续研究这一主题。

正是对几个恋物癖案例的分析使弗洛伊德得出结论，恋物癖——恋足、鞋、毛皮、女性内衣，等等，这些是阴茎替代品，但不是任一阴茎的替代品："恋的物是女人（母亲）阴茎的替代品，由于众所周知的原因小男孩曾经相信并且不想放弃这一点"（1927e：152–153）。[由琼·里维埃（Joan Riviere）翻译，发表于《国际精神分析杂志》（1928），9，161–166，内容如下："恋物癖是女人（母亲）阳具的替代品，小男孩曾经相信这个阳具的存在且我们都知道为什么"。]弗洛伊德很少将"阳具（phallus）"这个词作为一个实质性的词来使用；他通常使用"阴茎（penis）"（例如在"阴茎嫉羡"中）或形容词"生殖器的（phallic）"（"生殖器阶段"等）。弗洛伊德对"阳具"和"阴茎"不加区分，就像某些后弗洛伊德精神分析师那样。

在当代精神分析文献中，逐渐出现了在不同意义上使用"阴茎"和"阳具"的趋势：前者表示男性器官的生理现实，而后者则强调阴茎的象征价值。[Laplanche & Pontalis，1967（1973：312）]

第二十九章 1924—1938 年的关于否认现实与自我分裂的论文

回到恋物癖者身上，在恋物癖者的无意识幻想中，恋物被视为代表了女人的身体，被视为阴茎的象征性替代品。由此可见，对恋物癖者来说，女性失去了所有的性吸引力；从此集中在恋物上，恋物成为性兴奋的唯一来源。弗洛伊德说，恋物癖的建立是一种否认女性阉割的尝试，从而保护恋物癖者免受这种威胁性感知所带来的焦虑："阉割的恐怖在这种替代品的创造中已经完成了纪念仪式"（1927e：154）。因此，恋物癖有两个角色，每个角色相互矛盾：保持女人有阴茎的信念，同时保护恋物癖者不感知到女人被阉割的现实。"它（恋物癖）仍然是战胜阉割威胁的象征，也是对阉割的保护"（ibid.：154）。

● 病理性哀悼中对丧失客体感知的否认

弗洛伊德在另一个背景下观察到了这种矛盾的心理态度——这里是指对女性阉割的看法，即病理性的哀悼过程。他举了两个年轻人在他们心爱的父亲去世后呈现的态度的例子。弗洛伊德描述了他们各自在失去客体的情况下所发生的"分裂"，指出这种分裂类似于他在恋物癖患者身上观察到的分裂。

> 事实证明，这两个年轻人并没有像恋物癖患者那样"固化"他们父亲的死亡。在他们的精神世界中只有一股分支没有认识到他们父亲的死亡；还有一股分支充分考虑到了这一事实。与愿望一致的态度和与现实一致的态度是并存的。（ibid.：156）

弗洛伊德描述了其中一个兄弟否认父亲死亡的现实对自我的影响。"患者在生活中的每个情境下都在两种假设之间摇摆不定：一种是他的父亲还活着，并阻碍他的活动；另一种是相反的，他觉得理应把自己看作是他父亲的继承人"（ibid.：156）。这个例子表明，在病理性的哀悼中，就像恋物癖似的，由于对所丧失客体的内摄而导致自我分裂，在对丧失的现实的感知方面，形成了两种矛盾的态度，一种是接受它，另一种是否认它。这一观察使弗洛伊德完成了他在"哀悼与忧郁"［1917e（1915）］一文中提出的假设。他在本篇文章的结尾说，同样的现象发生在精神病中，但这里只有一种态度从现实中抽离，所以抽离并不像他最初想象的那样彻底。"因此，我会保持这样的预期：在精神病中，有一种分支态度——与现实相适应的那种分支态度——实际上是不存在的"（ibid.：156）。

📖 "防御过程中的自我分裂"［1940e（1938）］

> 引文页码参见《西格蒙德·弗洛伊德心理学著作全集（标准版）》第二十三卷，271–278。

在"防御过程中的自我分裂（Splitting of the Ego in the Process of Defence）"［1940e（1938）］这篇文章中，弗洛伊德回到了这种观点，即自我在童年期需要面对无法兼顾的要求，因此可能以两种矛盾的方式来应对这种冲突：一方面自我可能拒绝现实，拒绝允许任何对驱力相关需求的抑制；另一方面，自我又承认来自现实的危险的存在，并且通过转化为症状的方式来处理恐惧。但这种巧妙的解决方法是有代价的，自我的分裂会随着岁月加剧。"（这个）成功是以自我存在一个裂口为代价的，它一直没有得到疗愈，反而随着时间增长而继续变大。对冲突的两个截然相反的反应一直存在，这正是自我分裂的核心点"［1940e（1938）：276］。弗洛伊德补充说这种自我的障碍似乎让我们觉得陌生，因为我们预期自我能够实现其合成的功能。他以一个3—4岁男孩的例子来结束这篇文章。这个案例证实了弗洛伊德对于自我分裂的看法，以及恋物癖作为女性阴茎的幻想替代物。

📖 《精神分析纲要》［1940a（1938）］

生平与历史

面向未来的遗作

由于这本书包含了弗洛伊德对这一系列论文的最后润色，我觉得它

第二十九章　1924—1938 年的关于否认现实与自我分裂的论文

理应在这些论文中占有一席之地,即使这意味着对他著作的时间顺序稍作改动。这本书写于 1938 年 7—9 月,当时弗洛伊德抵达伦敦不久,已经 82 岁了。由于他所患的癌症复发并需要接受手术,他的工作不得不中断。《精神分析纲要》在弗洛伊德去世一年后的 1940 年出版。

这份 66 页的文本,长期以来被认为是一份未完成的手稿,引起了一些编辑上的问题。事实上,只有新近创新的想法是由弗洛伊德本人以完整无缩略的方式写成的。从这个角度来看,第三部分题为"理论产出(The Theoretical Yield)",是我们目前最感兴趣的部分。在这一部分中,弗洛伊德讨论了自我和外部世界之间的关系,并报告了他在自我否定和分裂等主题上的最新工作。与此相比,这本书的第一部分写得很匆忙;原始手稿见证了弗洛伊德使用很多缩写的电报文体。弗洛伊德去世后,他的原文被当时的(德国)编辑们修改;尽管这无疑改变了原文的一部分,但他们还是把第三部分完全按照弗洛伊德的写作风貌保留下来(Grubrich-Simitis,1985)。

《精神分析纲要》远不止是为普通大众提供的摘要或简化手册。文本本身并不容易阅读:它重述了弗洛伊德重大发现和主要议题的概要,并为新的探索打开了大门。弗洛伊德说,"就目前而言",尽管精神分析有其局限性,我们仍应该使用精神分析作为治疗疗法;但他预想到还会发现其他疗法,特别是精神药物治疗。

> 未来可能会教给我们,通过特定的化学物质的作用,可以对精神能量多寡及其在精神装置中的分布产生直接影响。也许还有其他未曾梦想过的治疗疗法的可能性。但就目前而言,我们没有什么比精神分析技术更好的方法了,因此尽管它有局限性,它也不应该被轻视。[1940a(1938):182]

由于以上所述,《精神分析纲要》被看作面向精神分析师的一部遗作。

作品解析

> 引文页码参见《西格蒙德·弗洛伊德心理学著作全集(标准版)》第二十三卷,139–207。

《精神分析纲要》的第一部分和第二部分是当时主要精神分析发现的浓缩版,而在题为"理论产出"的第三部分中,弗洛伊德介绍了有关焦虑和自我分裂的新观点,以及后者所带来的后果。

在呈现自我在精神生活中的作用时,弗洛伊德指出,"自我受安全要素的支配"(ibid.: 199)。他接着描述了他的焦虑理论的要点,特别提到焦虑是一个信号,是对威胁到自我完整性的危险发出警告;因此,这些危险与自我的碎片化有关,这是一个与压抑完全不同的机制。"自我用焦虑的感觉作为信号,对威胁其完整性的危险发出警告"(ibid.: 199)。

再往后一点,弗洛伊德回到了他早先关于精神病的观点,其主要特征是脱离现实;在这里,他再次论证,与他最初的想法相反,这种脱离并不完全。他看到即使在最严重的精神病病例中,心灵的某些健康部分仍然存在,这就是证明。

> 即使是在远离外部世界现实的混乱幻觉状态下,人们从康复后的患者那里得知,当时在他们心灵的某个角落(正如他们所说)隐藏着一个正常人,他像一个超然的旁观者,坐视疾病的喧嚣从他身边过去。(ibid.: 201–202)

这一观察及其他许多类似的观察,对弗洛伊德来说足以证明在精神病中自我发生了分裂,由于心灵的分裂产生了两种相互矛盾的态度。"形成了两种心理态度,而不是单一的态度——一种是正常的态度,它考虑到现实,另一种是在本能的影响下将自我从现实中分离出来"(ibid.: 202)。这两种态度并存,而当不正常的态度占据上风时,精神病的发作时机就成熟了。

弗洛伊德进一步阐述了这些观点。他早期的观点是头脑中两种矛盾的态度并存，一种是病态的，另一种是正常的，这只是精神病的特征。他现在认为自我的分裂不仅发生在非精神病状态下，如恋物癖，而且也发生在神经症患者身上。

有一个观点是假设所有的精神病中都存在自我的分裂，但如果这一情况并不适用于类似神经症的患者或神经症患者本身，自我的分裂就不会引起如此多的注意。（ibid.：202）

弗洛伊德得出的结论是，正常和病态的心理状态是这两种相互矛盾的态度之间力量平衡的结果，这两种态度是相互独立的，其中一个接受现实，而另一个拒绝现实。

否认总是以承认作为补充；两种相反而独立的态度总是出现，并导致自我分裂的情况。问题再一次取决于这两种态度中的哪一种力度更大。（ibid.：204）

弗洛伊德在讨论的最后提醒大家认识到这种心理现象的存在是多么困难。"最后，我只想指出，在所有这些过程中，通过我们有意识的感知而被我们了解到的是多么稀少"（ibid.：204）。

后弗洛伊德学派

自我的分裂：弗洛伊德与克莱因的不同观点

自我的分裂：弗洛伊德的观点

在他早期的著作中，弗洛伊德主要借助压抑机制的角度来解释神经症的发生，但他很快就意识到，与此同时，心灵中也存在着病理性的分裂。起初，他使用各种术语来定义这些分裂，特别是分裂（英文为splitting，德文为Spaltung）或其他与此密切相关的名称，如解离、二元论、分离等。1917年，在"哀悼与忧郁"一文中，他提出了内摄失去的客体，将其放入"自我分裂出去的那部分"的观点，并于1923年提出了自我、本我和超我的概念。这使他能够描述否认现实丧失的作用，以及自我分裂的观点。正是在他关于"恋物癖"的论文（1927e）中，他把自我的分裂作为一个真正的精神分析概念来谈论。在他写于20世纪30年代的最后一篇论文中，弗洛伊德补充说，自我分裂引起的两种矛盾态度在每个人的头脑中都不同程度地存在，而且存在于从精神病到正常态的各种情况中。

自我的分裂：克莱因的观点

许多精神分析师，特别是克莱因学派和后克莱因学派，对分裂的观点有了进一步发展和不同的理解。重要的是我们要认识到，分裂的观点对于弗洛伊德和克莱因来说并不具有相同的意义（Canestri，1990）。对弗洛伊德来说，自我的分裂是否认现实所导致的冲突的结果，自我被动地分裂了，就这么发生了。另一方面，对于克莱因和后克莱因主义者来说，分裂是一种积极的防御机制，可以以多种方式运行。

卡尔·亚伯拉罕和梅兰妮·克莱因以弗洛伊德对丧失客体的内摄的讨论 [Freud, 1917e（1915）] 为出发点，将自我发展的构想建立在它首先服从于内摄的结果所带来的改变之上，然后通过自我的一部分与内部客体的认同而被改变。在克莱因早期的文章中，她写到了客体的分裂。她描述了客体如何被客观地感知，以及这些感知如何被爱和恨的感情所影响；由于这个原因，客体最初被分割成好的和坏的方面。这些好的和坏的方面的逐渐融合，与对客体本身的更现实的感知相联系，导致了抑郁心位的建立，并在人格发展中起着决定性的作用。鉴于内部客体的形成和自我的形成是相互依存的，客体的分裂对应于自我的分裂。

从1946年起，克莱因进一步发展了她关于分裂的观点，并开始描述它可能运作的各种方式。例如，在投射性认同中，她用"分裂"来描述自我的某些部分被体验为"坏"的，这些部分从自我中脱离出来，并被投射到客体中。在精神分裂症中，她描述了被称为微小分裂（minute splitting）的现象——客体被分割成微小的碎片；这导致了自我的破碎（"摔成碎片"），也是强化精神分裂症患者湮灭焦虑的过程。根据罗伯特·D.欣谢尔伍德（Robert D. Hinshelwood, 1989: 435）的说法，在诸多可能性中，有四种分裂可以被清楚地识别："客体的一致性分裂、自我的一致性分裂、客体的碎片化，以及自我的碎片化"。这些不同种类的分裂可能同时存在。

在欣谢尔伍德（2002）对《克莱因理论词典》（*A Dictionary of Kleinian Thought*）法文版的介绍中，他指出英语的词汇种类繁多，使得人们很容易对分裂的不同方式（裂开、裂掉、分崩……）进行微妙的区分，而法语中往往没有相应的术语。他继续说："我纳闷法语的限制，特别是与这个基本概念［分裂］有关的限制，是否使梅兰妮·克莱因的思想在法语读者看来不那么细致精微，从而导致对她的思想不那么感兴趣"（Hinshelwood, 2002: 3）。

新概念

两性的解剖学差异（anatomical distinction between the sexes）

阉割情结（castration complex）

否认（阉割）［disavowal (of castration)］

否认（现实）［disavowal (of reality)］

自恋性神经症或精神神经症（narcissistic neuroses or psychoneuroses）

否定（negation）

阳具（phallus）

被压抑部分的回归，分裂部分的回归（return of the repressed, return of split-off parts）

自我的分裂（splitting of the ego）

象征等同（symbolic equation）

（许　珂　译；余　晔　杨浩波　校）

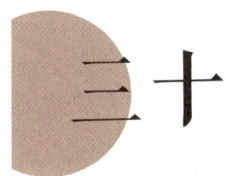

"可终结的与不可终结的分析"
（1937c）

"分析中的构建"
（1937d）

关于技术的最后作品

在"可终结的与不可终结的分析"这篇文章中，弗洛伊德开篇先是回应了奥托·兰克和费伦齐，他们希望通过修改精神分析技术中的某些方面（比如，缩短分析持续的时间），而依然获得相同的结果。然而，弗洛伊德认为，不可能在几个月内彻底消除神经症，因为经验告诉我们，我们越希望在任何特定治疗中获得更好的结果，我们就越没有理由缩短它。接着，他列举了各种阻止患者康复的阻抗和对治疗设置的限制——其中的某些阻抗确实会让分析变得无休无止。弗洛伊德说，有两个不可逾越的障碍阻碍了移情的解决：女性对阴茎的渴望，以及男性的消极被动态度。费伦齐认为，每一个成功的分析都应该在治疗过程中彻底消除这两种情结，但弗洛伊德比他的学生更加悲观，认为这一目标过于雄心勃勃。在弗洛伊德看来，每一个分析最终都必须触及"基石"——女性的阴茎嫉羡和男性的消极被动的态度，而这两者的本质是生物学以及心理学的。此外，考虑到威胁精神分析师临床工作的危险，弗洛伊德建议他们定期接受进一步的个人分析。

在"分析中的构建"一文中，弗洛伊德首先回应了那些指责精神分析师把自己的想法通过诠释灌入患者脑中的言论，他抓住机会检验在分析过程中所做的构建和重构的有效性。在涉及了原始场景梦的"狼人"案例（Freud，1918b）的分析当中，童年事件的重构问题已经浮出水面：它是纯粹的幻想，还是患者在童年目睹真实发生的事件在记忆中的复苏？ 1937 年，弗洛伊德又回到了这个问题，他指出，精神分析师的解释是提供给患者的假设，而患者自己才能最终决定这些假设是否成立：这种确认，要么来自被压抑的婴儿式的记忆的恢复，要么来自患者坚信这种解释是恰当的。

生平与历史

希特勒的崛起和反犹太主义

1929 年，经济大萧条导致的可怕后果不仅影响了美国，也波及了欧洲和世界各地。失业率上升到惊人的程度，尤其是在德国和奥地利；政治局势迅速恶化，希特勒于 1933 年上台担任帝国总理。反犹太主义演变成对犹太人的迫害，弗洛伊德的作品被认为是"犹太文学"，于 1933 年 5 月 10 日在德国几个城市的广场上被焚烧。弗洛伊德极端痛苦地观察着这一如堕地狱般的情况，在希望可以闭上眼睛看不到纳粹罪行的现实和对所有发生的一切都保持着非常清晰的判断之间来回摆荡。

弗洛伊德和罗曼·罗兰

1936 年，弗洛伊德庆祝了 80 岁的生日，不过由于经受了两次新的手术，他放弃了举办正式生日庆祝的计划。但仍有很多人来拜访他，其中不乏很多知名的作家和艺术家，如罗曼·罗兰、H. G. 威尔斯（H. G. Wells）和斯蒂芬·茨威格。在罗曼·罗兰的生日时（他比弗洛伊德小 10 岁），弗洛伊德给他发了一封祝贺信以及一篇题为"雅典卫城的记忆障碍（A Disturbance of Memory on the Acropolis）"（Freud, 1936a）的短文。这篇短文是弗洛伊德自我分析的片段，他在其中讲述了他第一次参观帕台农神庙（Parthenon）时的惊叹——"美得令人难以置信"，其中还混杂着一种神秘的感觉。虽然弗洛伊德只在1924年见过罗兰一次，但在随后的13年里，他们定期但断断续续地通信。两人之间的关系非常融洽，他们对文学和神秘主题都很感兴趣；弗洛伊德将罗兰所描述的"无边无际感"作为《一个幻象的未来》（Freud, 1927c）的基础。1937年初，露·安德烈亚斯－莎乐美去世了。同年，弗洛伊德得知玛丽·波拿巴公主从一位维也纳古董商那里买下了他写给弗利斯的信；他要求她毁掉它们，但她拒绝了。尽管他的癌症正在恶化，弗洛伊德还是设法发表了几篇论文。

玛丽·波拿巴公主（1882—1962）

弗洛伊德和他的家人非常喜欢玛丽·波拿巴公主。她是他在蓬勃发展的法国精神分析界的主要代表，并在巴黎精神分析学会（the Société Psychanalytique de Paris）的发展中发挥了重要作用。作为拿破仑·波拿巴的兄弟的直系后裔，玛丽于1882年出生于圣克劳德（法国）；她母亲在她出生1个月之后便去世了。因此，她的童年和青少年期都十分艰难。1907年，她与希腊和丹麦的乔治王子（Prince George）结婚，育有两个孩子。据勒内·拉福格（René Laforgue）的说法，她患有强迫性神经症并差点自杀；她于1925年联系弗洛伊德并开始接受他的分析，以短周期的方式持续到1938年。从第一次接触弗洛伊德开始，玛丽·波拿巴公主就致力于为精神分析辩护，并被证明是一个特别慷慨的赞助人。1926年，她参与创建了巴黎精神分析学会，是《法国精神分析杂志》（Revue Française de Psychanalyse）的创始人之一；此外，她还将弗洛伊德的许多著作和论文翻译成法语。她自己写了几篇关于应用精神分析的论文——例如关于埃德加·艾伦·坡（Edgar Allan Poe）的著作和关于社会问题的论文。她对女性性的观点引起了很大的争议——她的（理论）基础是解剖学和类型学，而非精神分析——她甚至建议对阴蒂

> 进行手术（她自己也做了手术）。事实上，她的这一观点非常具有争议性，从而使得雅尼娜·沙瑟盖-斯密盖尔等人（1964）从精神分析的角度强调了女性的身份认同。
>
> 1939年，在美国大使威廉·布利特（William Bullitt）和欧内斯特·琼斯的帮助下，玛丽公主支付了纳粹当局要求的赎金，弗洛伊德和他的家人才被允许离开维也纳前往伦敦。1953年，当雅克·拉康在巴黎学会中发起第一次分裂时，她站在萨莎·纳赫特（Sasha Nacht）的一边，第二年，她资助了巴黎精神分析研究所及其位于圣雅克街的图书馆的创建。1962年，玛丽·波拿巴公主在圣特罗佩去世。

作品解析

"可终结的与不可终结的分析"（1937c）

引文页码参见《西格蒙德·弗洛伊德心理学著作全集（标准版）》第二十三卷，211–253。

- **精神分析治疗是一项耗时的工作**

这篇意义重大的论文一开始就表明了立场：如果某人想要摆脱他的神经症症状和抑制，那么精神分析治疗就必定是"一项耗时的工作"（1937c：216）。弗洛伊德反对许多试图缩短分析时间的尝试，尤其是兰克希望通过几个月的分析就能摆脱出生创伤的后遗症和随后的任何神经症。弗洛伊德认为兰克主张的"一小部分分析工作，就可以免除所有其他工作的必要性"是错误的（ibid.：216）。弗洛伊德认为兰克只是"为了使分析治疗的节奏适应美国匆忙的生活"（ibid.：216）。弗洛伊德接着回忆起他自己的经验，他为一个似乎不可能再取得进展的分析设定了一个时间限制，一旦决定了结束日期，就坚持那个日期结束，不管后果如何：这就是"狼人"的例子（Freud,

1918b）。弗洛伊德自己也承认，这有点像一场赌博；一开始确实是有效的，但一段时候之后患者复发了一次。弗洛伊德说，只要找到一个合适的结束时间，设定一个时间限制会是有效的（干预）；然而，在这个问题上并没有普遍的规则，所以我们必须首先相信我们的直觉。

● **究竟是否存在分析的自然终结？**

我们经常听到同道们说"他的分析没有完成"或"他从未被分析到最后"（1937c：219），但我们所说的"分析的结束"是什么意思？弗洛伊德说，分析可以结束，一种情况是，当患者不再遭受最初使他们进行分析的症状、焦虑或压抑的折磨时；另一种情况是，当有足够数量的被压抑的内容进入意识层面，且不需担心有关的病理过程之后会重复出现。如果没有达到这些目标，分析便是"不完整的"（ibid.：219）。在更有利的情况下，神经症是可以完全消除，并且不再复发的。毫无疑问，弗洛伊德认为，创伤类疾病的病因学是分析最有用武之地的领域，因为分析可以成功地解决这些可以追溯到童年早期的创伤情境，那些尚未成熟的自我还无法处理的创伤情境。然而，当本能驱力过强时，它们会抗拒自我想要"驯服"它们的尝试；结果，分析便会陷入死胡同，因为驱力的强度导致了自我的改变。弗洛伊德认为，这些改变是自我从防御性斗争中获得的——"从它被错位和限制的意义上而言"（ibid.：221）。"错位（dislocation）"和"限制（restriction）"的概念参考了弗洛伊德近期关于否认现实和自我分裂的工作：他对这些主题的讨论在当时似乎稍稍地唤醒了精神分析界的兴趣。

> 必须承认，我们对这些问题的了解还不够。它们现在才成为分析研究的主题。在我看来，这个领域，分析师的兴趣被错误地引导了。（ibid.：221）

弗洛伊德随后给出了两个临床例子来说明，即使分析治疗可能会有令人满意的结果，但之后——甚至可能是几年后——由于不同的因素，复发可能会发生。弗洛伊德给出的第一个例子是一个接受他精神分析的人。虽然弗洛伊德没有提到他的名字，很容易就能识别出费伦齐是那个被分析者；分析显然是成功的。然而，几年后，被分析者对弗洛伊德产生了敌意，指责他未能分析负性移情。

> 被分析者（患者）说，精神分析师应该知道并考虑到这样一个事实：移情关系永远不可能是只有正性的；他应该注意到负性移情的可能性。分析师为自己辩护说，在分析的时候，没有负性移情的迹象。(ibid.: 221)

另一个例子是一个女性，她的分析是成功的；她因为生活中发生的几件不幸事件和一次手术旧病复发，这个部分在分析中是无法触及的。复发的可能性永远没法被排除，因为"我们没有办法预测治愈之后将会发生什么样的情况"（ibid.: 223）。因此结论是显而易见的：我们越需要一个好结果，我们就越没有理由缩短分析治疗！

● **"驯服本能"有其局限性**

根据弗洛伊德的观点，精神分析的成功与否从根本上取决于三个因素：创伤的影响、驱力天生的强度和患者自我的改变。至于驱力的强度，患者的自我究竟拥有什么样的方法可以"驯服"它们，以永久而彻底地解决任何与驱力相关的冲突？弗洛伊德说，为了解释这一点，我们必须求助于"女巫元心理学（witch metapsychology）"——"如果没有元心理学的推测和理论化[……]，我们将无法再向前迈出一步"（ibid.: 225）。例如，对于正常人来说，解决与驱力相关的冲突只适用于"自我的力量"和"本能的力量"之间的特定关系。如果自我的力量减弱，或者驱力变得过强，由此产生的不平衡就会导致疾病。从这些对抗的力量之间的平衡的角度考虑，弗洛伊德在这里指出了数量因素或经济因素在疾病形成中的重要性。在这个问题上，弗洛伊德强调了精神分析治疗的原创性，因为它使得患者可以掌控任何发生在本能驱力中的力量增强。这个过程不是自发的；它只能通过分析工作来创建。然而，我们无法确保完全的对本能驱力的控制，因为它永远不可能是完全的或决定性的。这种对未来结果的不确定性是另外一个点，弗洛伊德写道，因为他坚持分析工作应该真正"深入"，以加强自我驯服驱力的能力。"毫无疑问，缩短分析治疗的持续时间是令人期待的，但是我们只能通过增加分析的力量来帮助自我，从而实现我们的治疗目的"（ibid.：230）。

● **精神分析疗法的局限性**

在分析过程中会出现其他问题。我们能否保护患者未来免受驱力相关冲突的干扰？作为一个预防手段，我们是否要去扰动那些当下并不紧要的冲突？弗洛伊德说，这两个问题是密切相关的，它们与分析性治疗所设定的界限有关。他认为，如果冲突目前不活跃，分析师就无法对其施加影响。弗洛伊德说，我们只有把活跃的冲突带入移情，才能治疗它。如果我们试图人为地制造一种新的移情冲突作为一种预防措施，这将对正性移情产生破坏性的影响——如果分析工作要进行，正性移情是必不可少的。如果抱着激活冲突中的某一种以便与患者一起处理的目的，来和患者谈论这些冲突，也同样是无用功。"他可能就会轻易地回答：'这很有趣，但我感觉不到任何迹象。'我们增加了他的知识，但没有改变他身上的任何其他东西"（ibid.：233）。

● **自我对康复的阻抗**

弗洛伊德继续讨论了自我对康复的阻抗。他首先处理的是分析师和患者的自我之间必要的联盟，然后探讨了自我对康复的对抗。

对于第一点，弗洛伊德的观点是分析师与患者的自我结成联盟，他说患者的自我"通常是正常的"，因为"正常"的自我是"一个理想的虚构"。从这个角度来看，分析的目的是"把本我不受控制的部分纳入［患者］自我的综合体中"。这种修通的概念比单纯解除压抑更进一步。它意味着一个"综合体"的自我，将可能已经分裂的自我部分结合在一起。对于弗洛伊德来说，自我中有两个共存的方面，一个接近于"精神病"的自我，而另一个则是

"正常"的自我。

> 事实上，每个正常人都只是整体上正常的而已。一个人的自我在某些方面或多或少接近于精神病性的自我，它与系列的一端的距离和与另一端的接近程度将为我们提供一个临时的衡量标准，我们模糊地称之为"自我的改变"。（ibid.: 235）

弗洛伊德在这里提出的观点后来在《精神分析纲要》[1940a（1938）]中得到更详细的概念化。

鉴于自我对分析的阻抗和对康复的对抗，弗洛伊德提醒读者注意防御机制这一角色发挥的作用。安娜·弗洛伊德（1936）描述的防御机制是旨在保护自我免受内部危险的伤害，但如果它们过度发展，防御本身可能会对自我造成危险，并对自我能力产生破坏性限制。简单来说，弗洛伊德表示，精神分析的效力取决于可以把被压抑的东西意识化；分析师的诠释和构建削弱了患者的阻抗，促进了无意识内容的意识化。但在这项工作的过程中，经常发生的情况是，患者不再支持揭示阻抗和防御机制的工作，负性移情占了上风，从而威胁到分析的成功。

> 患者现在只把精神分析师看作一个向他提出不愉快要求的陌生人，他对待精神分析师的方式就像一个不喜欢陌生人、不相信他所说的任何话的孩子。（Freud, 1937c: 239）

● 基于更根本冲突的阻抗

自我有许多不同的种类，每一种都被赋予了独特的性情；其中一些是在儿童早期习得的，而另一些则是天生的，从古代遗传继承而来。这些性情进而构成了每个人的人格，具有自己的阻抗和防御，这些阻抗和防御常常在分析关系中重复。我们越是考虑到人格的复杂性，就越难以定位阻抗：不再可能简单地将它们定位在自我或本我中，因为其他的根本因素也在个体思维中起作用。

弗洛伊德说，这些深层阻抗的一个例子是那些似乎有过度的"力比多黏附性"的人，这在很大程度上减缓了治疗前进的过程。也有截然相反类型的人，他们的力比多似乎特别灵活，从一个客体转移到下一个客体，而没有跟任何一个客体有深度的贯注。还有一些患者，尽管他们还很年轻，却表现出一种"心理熵"，一种人们认为会更多出现在老年人身上的惰性。

在其他情况中，阻抗的根源在于生死驱力之间的冲突，我们可以在受虐、负性治疗反应和神经症患者的内疚感中看到这种冲突。

> 这些现象清楚无误地表明，精神生活中存在着一种力量，根据其目的，我们称这种力量为攻击性或破坏的本能，我们可以把它追溯到有生命物质最初的死亡本能。（ibid.: 243）

最新的经验告诉弗洛伊德，爱欲本能与破坏性驱力之间的冲突并不仅限于病理性的情况中；它也是正常心理生活中的一个因素。让弗洛伊德感到惋惜的是这一想法得到的支持很少。

> 我很清楚，"死亡、破坏或攻击的本能与力比多中产生的爱欲本能地位相当"这样的二元理论是几乎完全得不到认同的，甚至在精神分析师中也没有真正被接受。（ibid.: 244）

然而，希腊哲学家阿卡格拉斯的恩培多克勒（Empedocles of Acagras）出人意料地支持了弗洛伊德，因为他认为两个相互冲突的原则支配着事件：Φιλια（爱）和 νειζoσ（冲突）；这种二元论与弗洛伊德关于本能驱力的第二个理论非常相似。

● 分析师必须接受分析

弗洛伊德接下来提出了关于精神分析师自己的主题，他的评论基于费伦齐（1928）的一篇论文，后者指出，要使分析成功，分析师必须"从他自己的'错误和过失'中充分吸取教训并且［……］克服了'他自己性格中的弱点'"（ibid.：247）。当然，弗洛伊德说，分析师和其他人一样都是人，"毫无疑问，分析师在他们自己的性格中也并没有总是达到他们希望培养他们患者可以达到的心理正常标准"（ibid.：247）。然而，为了患者的利益，要求分析师具有"一定程度的心智正常性和正确性"是十分合理的（ibid.：248）。正是因为这个原因，在弗洛伊德看来，精神分析师的个人分析是为他未来的活动做准备的必要条件。此外，为了尽可能避免分析师在工作中面临的各种危险，弗洛伊德建议每个分析师应该定期——每隔5年左右——接受进一步的分析，"且不为接受分析感到羞愧"（ibid.：249）。

● **分析的终结以及其背后潜在的基石**

最后一节可能是整篇文章中最著名的部分。弗洛伊德描述了两个他认为无法逾越的障碍，而这会将分析引入终结：女性的阴茎嫉羡，以及男性与消极态度的斗争。

尽管这两种阻抗由于性别差异，结束分析的形式有所不同，但两者的共同点是，男性和女性对阉割情结的态度。弗洛伊德认为，阉割情结对两种性别的人来说，意义并不相同。对男性来说，努力变得男性化完全符合自我的愿望。也正是由于这个原因，消极被动的态度（因其意味着阉割）受到强烈的压抑，因此它的存在往往只能通过过量的过度补偿而暴露。另一方面，对于女性来说，渴望变得男性化只有在她成长发展阶段里的性蕾期才是正常的，"在其女性化发展阶段开始之前"（ibid.：251）。此后，对阴茎的渴望被压抑，而她的女性气质随后的命运则取决于这种压抑的结果。如果女性气质没有得到充分发展，就像"性蕾"女性那个案例那样，男性气质情结就会占上风，对她的性格产生永久的影响；然而，如果这种发展确实顺利进行，对阴茎的渴望就会被对婴儿的渴望所取代，弗洛伊德写道。他仍然认为，男性化情结继续扰乱女性的正常精神生活："男性化的渴望一直保留在潜意识中，并且从其被压抑状态中产生了令人不安的影响"（ibid.：251）。

第三十章 "可终结的与不可终结的分析"

弗洛伊德指出，对于费伦齐来说，每一个成功的分析都应该掌控了这两种情结，女性对阴茎的渴望和男性对消极被动态度的反抗。弗洛伊德本人觉得这样的目标太过雄心勃勃，因为每当分析师试图鼓励患者修通这两种现象时，就会遇到难以克服的阻抗。

> 分析工作中，再也没有什么比以下两件事更难：试图说服一个女性放弃她想要拥有阴茎这样毫无现实可能性的愿望；或者要说服一个男性，让他知道消极被动的态度不总是意味着阉割，而是在生活的许多的关系中不可或缺的部分。这两件事之难会让我们不禁感觉到所有反复的努力都是徒劳的，甚至会怀疑自己是不是在"对着风布道"。（ibid.：252）

弗洛伊德说，在男性中，傲慢的男性化过度补偿会产生最强烈的移情阻抗。"他拒绝臣服于一个父亲的替代品，也不想觉得对这个人有任何亏欠，因此他拒绝接受从医生那里来的康复"（ibid.：252）。对于女性患者，对拥有一个阴茎的渴望并不会产生类似的移情，但对无法拥有阴茎的失望是"她严重抑郁症爆发的根源，因为内在坚信分析是没有用的，做什么也帮助不了她"（ibid.：252）。在弗洛伊德看来，抑郁只能是她不顾一切只希望获得男性器官的结果，"男性器官的缺乏对她来说是如此痛苦"。正是这种希望是"她来接受治疗的最强烈动机"（ibid.：252）。弗洛伊德似乎从未想过：也许女性患者可能会感到沮丧，是因为她觉得她的分析师不接受她所拥有的特别女性化的东西，还因为她担心自己的女性器官被截除所带来的焦虑；正是这一点与男性的阉割焦虑构成平行对应的关系。弗洛伊德似乎没有意识到"女性性欲"可能对女性具有积极的含义。费伦齐认为，女性获得女性气质和男性获得男性气质是每段分析结束时都应该实现的目标。尽管弗洛伊德不同意他的学生的观点，他还是在脚注中完整地引用了费伦齐论文中的相关摘录。

> 每个男性患者都必须获得一种与医生平等的感觉，这是他克服了对阉割的恐惧的标志；每一个女性患者，如果她的神经症完全解决了，那

么就必须摆脱她的男性情结，必须在情感上不带一丝怨恨地接受她的女性角色的含义。（Ferenczi，1928；引自Freud，1937c：251，注释3）

换句话说，弗洛伊德对"阴茎一元论"一直有着坚定不移的忠诚，并且当他给出结论时，他的悲观态度是非常坚定的，那就是，当分析要画上句号时，每一个分析师都必定会遭遇到"基石"，它被弗洛伊德归为生物领域，是心理生活的基石。

可能对于心理领域来说，生物领域确实扮演了潜在基石的角色。对女性气质的否定可能仅仅是生物事实，是性之谜的一部分。（ibid.：252）

作品解析

"分析中的构建"（1937d）

引文页码参见《西格蒙德·弗洛伊德心理学著作全集（标准版）》第二十三卷，256–269。

- **与考古学家类似的任务**

弗洛伊德首先观察到，分析的工作包括引导患者放弃童年时期发生的压抑，这些压抑是他神经症症状的根源。为了达到这个治疗目标，患者必须回忆起早期的情感经历；这些可以通过自由联想、梦境和在移情关系中重现的某些特定情感来体现。被分析者的任务是重拾那些曾经的经历和被压抑的东西，而分析师的任务则是借助这些线索，尽可能忠实地重构一幅患者已经忘记的岁月的图画。"他的任务是从它留下的痕迹中找出被遗忘的东西，或者更准确地说，构建它"（1937d：258–259）。这项构建工作——或者，有人会说，重构工作——在某种程度上类似于考古学家的工作。然而，有两个显著的区别：一方面，"精神客体比（考古）挖掘的物件复杂得多"，另一方面，"对于考古学家来说，重建是他努力的目标和目的，而对于分析来说重构只是一个初步劳动"（ibid.: 260）。

● **我们的构建应该被赋予什么样的价值？**

弗洛伊德不禁询问，有什么能保证我们的重构是正确的呢？举例来说，如果分析师犯错了会发生什么？这种重构的运作是否仅仅依赖于推断？弗洛伊德对这异议予以了反驳。诚然，分析师确实有可能会给患者呈现一个不准确的构建，就像它是可能历史的真相：

> 这样的一个错误不会造成任何伤害。事实上，在这种情况下发生的情况是，患者保持着一种好像他没有被所说的话所触动的状态，并且对它的反应既非"是"也非"不是"。（ibid.: 261）

弗洛伊德也驳斥了这另一项指控，就是在构建的掩护下，分析师可能滥用推断。

在驳回了这些反对意见之后，弗洛伊德继续检视在分析过程中，分析师提供了一个构建之后患者的反应。他承认，"无论患者的回答如何，精神分析师总是对的"，这个笑话也说出了一定的真相：如果患者说"是"，则表示接受了这种解释；如果患者说"不"，那只是阻抗的迹象，这再次表明分析师是对的！然而，弗洛伊德明确表示，分析师认为"是"和"否"这两个答案所具有的价值是同等的，因为这两个回答的都存在模棱两可的性质。被分析者的"是"可能意味着对构建的接纳——但它也可能表达的是一种阻抗。至于"否"这样一个回答，它与"是"一样的模棱两可——尽管它可能表示不同意，但也常常表示阻抗。那么，分析师该如何来理解这一切呢？对于弗洛伊德来说，有一些间接的确认形式却是完全靠谱的——那便是来自患者对构建的联想。"当患者的联想与构建的内容相似或可以类比时，就意味着（这次是肯定的）一个同样有价值的确认"（ibid.: 263）。其他形式的间接认可可能表现为倒错或负性的治疗反应；在后一种情况下，如果解释性对重构是正确的，患者对它的反应是加重他的症状。换句话说，与精神分析的批评者所声称的相反，分析师确实密切关注患者的反应，并经常从他们那里获得有价值的信息。

但是，患者的这些反应很少是明确的，也没有做出最后判断的机会。只有进一步的分析才能使我们决定我们的构建是正确的还是不适用的。我们只能假设，一个单独的构建仅仅就是一个等待检验、被确认或被否认的猜想。（ibid.: 265）

● **与分析中的构建相等价的妄想**

分析师的推测如何转化为患者的信念？分析师的日常经验为这一点做出了保证，但仍然存在一个重要问题：一般而言，我们预计在分析过程中提供给患者的构建可以使得相应的记忆唤起——至少从理论上来说是这样。然而，在实践中通常发生的情况是，患者不记得任何有意义的压抑材料。但这并不重要，弗洛伊德说，因为当患者确信一个构建的准确性时，这就达到了与重新获得记忆同样的治疗效果。为什么？目前，这仍然是一个谜，需要进一步研究。

弗洛伊德注意到，在某些情况下，对构建的交流能在患者身上唤起许多生动的回忆，非常接近于有意义的记忆材料。弗洛伊德将这一现象归因于一种阻抗，这种阻抗成功地将意识从决定性的记忆中抽离，并将其引向无关紧要的记忆。他指出，尽管这些回忆很生动，但它们不是幻觉。然而，也有例外，这确实导致弗洛伊德得出一些出人意料的结论。他注意到，真正的幻觉确实偶尔会发生——不仅会发生在精神病患者的身上，也会出现"在其他肯定不是精神病患者"的人身上（ibid.: 267）。这一非常重要的观察使弗洛伊德认为幻觉可能是童年记忆被遗忘的结果。

这可能是幻觉的一般特征，但是迄今为止还没能引起足够的重视，这些幻觉是婴儿期经历过然后被遗忘的某些东西的重现——那些婴儿期还不能说话的时候看到或听到过的东西。(ibid.: 267)

更进一步,弗洛伊德认为,即使是妄想,也常常伴随着幻觉,也可能是"无意识向上的驱力和被压抑内容的回归"的结果(ibid.: 267),遵循着一种与梦形成过程类似的机制,而人类"自古以来就将梦等同于疯狂"(ibid.: 267)。

弗洛伊德更进一步地推论,他认为疯狂本身可能包含"历史真相的一个片段",而附着在妄想上的信念则是从某种婴儿式的根源中汲取力量的。如果是这样的话,心理治疗的工作将是旨在认识到包含在妄想中的真理核心,并将其从扭曲中解放出来。换句话说,弗洛伊德得出的结论是,患者的妄想等同于我们在分析工作中建立出来的构建;正如他在之前的许多场合中所表现的那样,这些都是恢复和治愈的尝试。然而,他补充说,"在精神病的情况下,[妄想]仅仅是现实碎片的替代品。不过是用另一个在遥远的过去已经被否认的现实碎片来取代现在被否认的现实碎片"(ibid.: 268)。因此,澄清否认与压抑之间的关系似乎是明智的。"每一项单独调查的任务都将是揭示当下关于否认的材料与最初关于压抑的材料之间的密切联系"(ibid.: 268)。虽然弗洛伊德并未能给出这个问题一个明确的答案,但他提出了这个问题,这就是值得称赞的。

弗洛伊德在这篇论文的结尾处,将精神病与癔症进行了一番意味深长的类比。

> 正如我们的建构之所以有效,是因为它恢复了失去的体验片段那样,同样的,妄想的说服力也归功于它在被否认的现实中插入的历史真相的元素,它代替了被拒绝的现实。这样一来,我最初宣称针对癔症提出的论点,就也适用于妄想了——那些受制于它的人遭受的是自己的回忆之苦。(ibid.: 268)

后弗洛伊德学派

分析的结束：有多少位分析师，就有多少种观点……

1937 年，"可终结的与不可终结的分析"一经发表，就引起了相当多的评论。为了让读者对所表达的各种观点有一个真实的了解，我将简要总结一些属于不同精神分析思想流派、来自世界各地的精神分析师的观点。他们的观点于 1991 年由伦敦的约瑟夫·桑德勒（Joseph Sandler）整理，并以国际精神分析协会（IPA）的专著形式出版，题为《论弗洛伊德的"可终结的与不可终结的分析"》(On Freud's "Analysis Terminal and Interminable")。

雅各布·A. 阿洛（Jacob A. Arlow，纽约）的讨论是坚持认为精神分析方法的局限性；这些限制不仅是技术固有的，也是人性固有的，因为冲突就是生活的一个事实。他警示不要幻想通过精神分析创造一个"完美"的人。哈拉尔德·利奥波德−洛温塔尔（Harald Leupold-Löwenthal，维也纳）观察到，弗洛伊德非常明确地想要避免在当时一些精神分析师中开始显现出来的趋势，那就是，他们想要将分析的结束编入法典，并将其置于严格的技术规则和要求之下。对于戴维·齐默尔曼（David Zimmerman）和 A. L. 本托·莫斯塔代罗（A. L. Bento Mostardeiro，巴西阿雷格里港）来说，一旦患者在与分析师的关系中获得足够的分离和独立能力，结束分析就成为可能；这些变化与精神分析过程和发展过程的交互作用有关。泰尔图·埃斯凯利宁·德福尔奇（Terttu Eskelinen de Folch，巴塞罗那）写道，尽管我们像弗洛伊德一样承认，任何分析都不可能真正完整，但理论和技术的最新发展使我们如今能够拓宽精神分析治疗的领域，接受那些在弗洛伊德时代被认为无法分析的患者。阿诺尔德·M. 库珀（Arnold M. Cooper，纽约）认为，当代精神分析的重点已经从弗洛伊德在 1937 年写的"驯服本能"转向涉及客体关系的更加人际化的立场。他还认为弗洛伊德援引生物学来否定女性气质是错误的。

第三十章 "可终结的与不可终结的分析"

安德烈·格林（巴黎）检视了弗洛伊德最后的论文中本能驱力所扮演的角色，并认为，就结束分析而言，将驱力和客体对立是错误的——客体揭示了驱力，因为它的交替存在和消失。戴维·罗森菲尔德（David Rosenfeld，布宜诺斯艾利斯）强调了精神分析师对结束分析所涉及的一系列复杂问题所持有的许多观点，并邀请他的同事在提出新的想法时保持开放的心态。

新概念

"基石"（"Bedrock"）

构建/重构（construction/reconstruction）

妄想（delusion）

结束分析（ending an analysis）

幻觉（hallucination）

男性的消极被动态度（passive attitude in men）

女性的阴茎嫉羡（penis envy in women）

定期分析（periodical analyses）

分析师自己接受分析（the analyst's own analysis）

（吴 铮 译；余 晔 杨浩波 校）

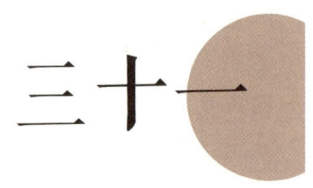

《摩西与一神教》
[1939a（1934—1938）]

弗洛伊德的遗产：一部带来了更多问题而非答案的作品

摩西（Moses），犹太教的创立者，是让弗洛伊德最为好奇的历史人物之一。1914年，他发表了"米开朗基罗的摩西像（*The Moses of Michelangelo*，1914b）"一文。著名的摩西雕像上某些不同寻常的细节启发了这个简短的精神分析研究。20世纪30年代初期，弗洛伊德感到精神分析既承受着来自内部的风险，也承受着反犹太主义兴起的威胁。他决定进一步研究他在阅读某些书籍的过程中得出的意外结论：犹太教的建立者摩西并不是犹太人，他其实是一位埃及人，而且他驱使希伯来人接受了阿顿教①（Aten）。这本书于1934年起笔，1939年出版（就在弗洛伊德去世前几个月）。一方面，《摩西与一神教》②这本书是《图腾与禁忌》的进一步发展——弗洛伊德认为摩西被希伯来人杀害与原始部落杀死父亲之间有着相似的意义。另一方面，它也是《一个幻象的未来》一书的延续，因为弗洛伊德提出基督教及其牺牲特点的遥

---

① 阿顿（Aten），是古埃及神话中的太阳神，宇宙的独一统治者。——译者注
② 后文简称《摩西》。——译者注

远源头就在于摩西被谋杀。从史实的角度看，弗洛伊德讨论的假设确实证据不足，后来针对这本书的评论也都承认这一点。然而，我们应该谨慎，不要轻视弗洛伊德提出的问题，因为它们也同样是我们需要思考的，不管在宗教还是科学领域。

生平与历史

流亡伦敦

1938年3月，奥地利被纳粹德国吞并。几周后，精神分析出版社——这个不可估量的出版者——的场地被袭击、摧毁。弗洛伊德的朋友们，特别是欧内斯特·琼斯和玛丽·波拿巴公主，都坚持劝他离开奥地利。众多人士（尤其是英美外交官们）也发起了一项国际运动，给德奥当局施加了相当大的压力，要求他们允许弗洛伊德离开维也纳。当时最大的阻碍其实来自弗洛伊德自己：他不想离开故土，因为他觉得这么做无异于背弃。琼斯告诉我们，他最终说服弗洛伊德移居的办法是引用泰坦尼克号二副的事例——他被锅炉爆炸抛出了沉船，当调查员问他弃船的情况时，他回答道："我没有抛弃她，是她抛弃了我！"在奥地利当局最终允许弗洛伊德和他的家庭离开后，官僚主义手续就开始了。弗洛伊德的银行存款遭到没收，是玛丽·波拿巴公主帮他支付了当局索要的一大笔钱。这些官员还让弗洛伊德遭受了最后一次羞辱：他们要求他签署一项声明，表示他从未受过任何不公正对待。据琼斯所言，弗洛伊德签署了必要的文件，然后加了一句讽刺却在当时非常冒险的话："我由衷地向所有人推荐盖世太保。"1938年6月3日，弗洛伊德、夫人玛莎以及女儿安娜离开了维也纳前往伦敦。他们乘坐东方快车途经巴黎，在玛丽·波拿巴公主家中度过了美好的一天，并在抵达伦敦时受到了热烈的欢迎。弗洛伊德的四个妹妹没能获得出境许可，因此被留在了维也纳，几年后死于纳粹死亡集中营。

在自由中完成《摩西》

弗洛伊德定居伦敦后不久，便开始着手完成《摩西》。他在1938年7月写了这本书的第三部分（也是最后一个部分）。该书前两部分讨论了摩西的埃及身份，曾于1937年刊登在精神分析杂志《意象》上，当时只有少量的人订阅了这本杂志。弗洛伊德希望就此出版一本书，面向更广泛的人群。这个想法不仅让他的好友感到担心，也让他日益扩展的熟人圈心生忧虑。去往英国前，弗洛伊德已经放弃了出版《摩西》的念头，因为他不想激怒当时反纳粹的奥地利天主教会。但，如他自己所言，为了"自由地死去"[弗洛伊德1938年5月12日写给恩斯特·弗洛伊德的信（E. Freud, 1975）]，定居伦敦后，他开始有机会完善自己的思路，并尽快出版它们。可以说，当时犹太人感觉被剥夺了祖先，而基督教徒觉得自己的信仰被当成了妄想——他们都试图劝阻弗洛伊德出版《摩西》，但徒劳无获。没人可以改变他的决定，而且每一次劝阻似乎都让他完成计划的决心更加坚定。弗洛伊德无法理解为什么有些人完全无视他一心为了科学的事业，还强烈要求他谴责自己的作品。1939年6月，这本书在阿姆斯特丹（德文原版）和纽约（英文翻译版）同步问世。

1939年9月23日，弗洛伊德去世

1939年的开端是灰暗的——德国传来了成千上万犹太人被掠夺和逮捕的消息。同时，弗洛伊德的健康状况也在恶化。一个疗程的放射疗法让他有了短暂的缓解。虽然病痛缠身，弗洛伊德依然继续着他的分析工作，一直持续到那年7月底。9月临近尾声时，他让他的医生——马克思·舒尔用吗啡结束了他的痛苦。在舒尔成为弗洛伊德的医生前，他已经同意过会这么做。1939年9月23日，带着极大的尊严，弗洛伊德离开了这个世界。

第三十一章 《摩西与一神教》

作品解析

> 引文页码参见《西格蒙德·弗洛伊德心理学著作全集（标准版）》第二十三卷，3–140。

📖 "摩西是位埃及贵族"

摩西是犹太民族的解放者，也是他们的法规制定者，被犹太民族视为最伟大的族人。因此，当弗洛伊德提出摩西其实是埃及人时，他完全明白这是个大胆的观点，尤其因为"他本人就是他们中的一员"[1939a（1934—1938）: 7]。他首先提醒我们注意摩西的名字，并给出了很多语言学证据，证明这个名字起源于埃及。然后，他在兰克的作品中找到了支持，特别是《英雄诞生的神话》(*Der Mythus von der Geburt des Helden*，Rank，1909）这本书。弗洛伊德对比了摩西诞生的故事和各种英雄起源的神话，结果发现它们都有一个共同的特点：英雄通常都是最高贵族的孩子——国王的儿子或女儿，被父亲下令处死。但是，这个婴儿得到了下等人的解救和抚育，从而逃离了死亡。到了青春期的某个时间点，英雄向父亲复仇，并最终战胜了他。在摩西的神话中，这个孩子出身卑微，被一位埃及女性解救。弗洛伊德提出，摩西实际上来自埃及王室家庭，为了符合神话设定，他被描述成了出身贫寒，被社会底层的父母丢弃到河里漂流。因此，弗洛伊德假设道：

> 我们突然明白了：摩西是埃及人，很可能是个贵族。传说特地把他变成了犹太人。[……]英雄的一生通常会从卑微的地方崛起，然而摩西的英雄生涯却始于他从尊贵的地位一落千丈，跌落到了以色列之子的阶层。（Freud，1939a：15）

📖 "如果摩西是埃及人……"

● 被迫接受阿顿教的希伯来人

是怎样的动力能让一个出身贵族的埃及人甘愿带领一群外国移民，与他们一起离开自己的故土呢？在弗洛伊德看来，摩西很可能想让居住在埃及的希伯来人转信他自己的宗教。这不是普通的宗教，而是一神教。当时的一神教只有一种，由公元前 1375 年登基的法老埃赫那吞（Akhenaten）创立。这位年轻的法老认为阿蒙（Amun）信仰太过强大，于是引导埃及人信仰阿顿——一位太阳神。不过，弗洛伊德指出，埃赫那吞没有把太阳当作具体的东西来崇拜，而是用它象征了某种唯一且普世的神圣存在。他离开了阿蒙教统治的底比斯（Thebes），迁往一个新的城市，并将其命名为埃赫塔吞（Akhetaten）。该王国首都的遗迹已于 1887 年被发现，现名为阿玛纳遗址（Tell el-'Amarna）。我们不知道埃赫那吞因何去世，只知道被压迫的祭司们爆发了叛乱，然后重建阿蒙信仰，废除阿顿，并抹去了后者的所有痕迹。

弗洛伊德说道，如果进一步研究阿顿信仰，我们就会发现，它与犹太教之间有许多相同的元素，例如不存在与魔法有关的东西，太阳神阿顿没有客观形象，只有象征性的表现方式——一个圆盘，光芒从其中散发出来，落到人类手中，而且也没有提到来世。此外，还不得不提到割礼，这是埃及人特有的习俗，是当时中东其他任何一个民族都没有的。因此，摩西可能使希伯来人接受了这个习俗。弗洛伊德表示，摩西试图通过这种方式彰显他埃及身份的连续性。

> 他希望让他们成为"神圣的民族"。这是在圣经文本中明确表达的。他也在他们当中引入了这种习俗，把它作为祝圣的标志，从而让他们至少能跟埃及人平起平坐。（ibid.: 30）

● 雅威信仰：早期神明的回归

圣经故事继续讲述了希伯来人的历史。故事说到，在希伯来人迁出埃及到达福地前的某个时间点，他们信仰了一个新的宗教。他们选择崇拜雅威（Yahweh）神，这是一个早期的、骇人的神明，与巴力（Ba'alim）类似。这个事件打破了摩西教传承的连续性。弗洛伊德解释道，有传说声称希伯来人反抗了埃及人摩西，然后杀死了他，并废除了他传来的埃及宗教。弗洛伊德是从历史学家厄恩斯特·塞林（Ernst Sellin，1922）处借用的这一假设。塞林认为这个传说是后续所有弥赛亚/救世主（Messianic）祈盼的根基。

● 摩西宗教复归，遮住了雅威信仰

基于精神分析中的现象 Entstellung（变形、置换，把某个东西放到另一个地方），弗洛伊德指出，我们试图否认的那些东西最终会以改变后的形式重新出现。他把这个概念应用到了旧摩西教复苏的现象中。

摩西后来死于自己的人民手中。他用权力迫使希伯来人接受他的宗教，最终被他们反抗杀害。相应的证据可以在圣经故事中找到——人们崇拜金牛犊，摩西为此勃然大怒。正如弗洛伊德所言，与原始骇人的神明雅威不同，埃及人摩西为民众提供了一种精神上更高级的神明形象。摩西的埃及宗教给了这个高度精神化的民族"一种观念——有个唯一的神明怀抱着整个世界，他既有着全能的力量，也有着程度不亚于此的全然的爱。他厌恶所有的礼仪和魔法，把真相和公正设为人们生活的最高目标"（Freud，1939a：50）。

虽然摩西被杀害了，他的神明也遭到了拒绝，但弗洛伊德认为，摩西教义的传说依然跨越其后的若干世纪，一直延续了下来，这应该归功于利未人。一群高度文明的埃及人曾追随摩西迁出埃及，他们的直系后代可能就是利未人，而他们的训诫被一代代传递着。因此，摩西宗教重新出现，让雅威信仰彻底失去了权势。

📖 "摩西、他的人民和一神教"

● 宗教形成，被压抑物重现

弗洛伊德在这部分开头写了一篇卷首语：起初，当他还生活在奥地利时，他并没有意愿出版这本书的第三个部分，因为考虑到这些假设的大胆程度，他害怕自己可能会失去天主教会的保护，也害怕精神分析会因此被禁止。不过此时，他在伦敦生活，在这一点上感到了自由，更重要的是，德国入侵奥地利后，天主教会已经证明了自己不过是一片"（靠不住的）破败芦苇"（ibid.：57）。

潜伏期和传说

弗洛伊德问道，摩西教义为何能再次涌现？精神分析经验向我们揭示了"潜伏期"的存在，我们可以在临床上看到：遭受心理创伤与出现症状之间有一段潜伏的时期。弗洛伊德以此类比了宗教历史——对摩西宗教的背叛，以及许久之后犹太一神教的复兴。他把出现这种时间间隔的原因归于"传说（tradition）"的关键作用——将某件事情一代又一代、跨越若干世纪地传递下去。

> 这种关于伟大过去的传说（似乎是在幕后）继续活跃着。正是它在民众的心中逐渐获得了越来越高的地位，最终成功地把雅威神变成了摩西神，复苏了数个世纪前就已经被引进，然后又被抛弃了的摩西宗教。（ibid. 70）

神经症中的潜伏期

精神分析告诉我们，发生在人生头5年的创伤造成了神经症。这些创伤经历通常带有性欲的或攻击的特点，然后它们便被遗忘了，因为我们会防止自己觉察到它们。经过相当长的一段时间，它们作为"返回的被压抑物"重新出现在了成年生活中。最终，神经症按以下几种方法建立起来：强迫性受限、抑制或恐怖症。弗洛伊德举了一个简短的例子：一个男人在儿童期曾遭受过心理性欲创伤，但这件事本身被"被遗忘了"（也就是被压抑了），但之后的结果是性无能（出现在成年期，潜伏期之后）。

把潜伏期概念运用到人类历史中

弗洛伊德把他的假设应用到了团体心理学上。他提出，某个族群可能很久以前遭受过带有性欲或攻击性质的创伤事件，后来，这些经历被遗忘了。经过一段时间的潜伏期，这些集体的创伤经历重新浮出水面，它们的影响也

第三十一章 《摩西与一神教》

在许久之后体现出来。弗洛伊德表示，宗教现象同样如此。"我们相信可以猜出这些事情。我们试图呈现，它们造成的类似症状的后果就是宗教现象"（ibid.：80）。

弗洛伊德回顾了他在《图腾与禁忌》（1912—1913）中提出的假设：原始部落的父亲被他的儿子们反抗并杀死，而这帮兄弟们聚集起来，"就像当时的习俗那样，生吃了他"（ibid.：81）。后来，他们设置了一个纪念日，用图腾动物代替理想化的、死去的父亲，予以崇拜。原始人们因此建立了图腾宗教——人类历史上的第一种宗教形式。弗洛伊德接着说道，我们可以在所有宗教教义和仪式中观察到：我们祖先的某些历史曾被长期遗忘，但经过相当长的间隔期后，其中的一些内容又重新出现了。在精神病的妄想中也存在类似的现象。

> 我们必须也给宗教教义赋予某种类似这样的历史真相成分。事实上，宗教教义确实有着精神病症状的特点，但作为一种群体现象，它成功摆脱了隔离的诅咒。（ibid.：85）

被遗忘了的历史会重现。弗洛伊德设想，这种模式正是一神教被引入犹太教，然后又在基督教中延续的原因。他提出，越来越强的内疚感（后来被称为"原罪"）造就了一个新的宗教——基督教。它从犹太教中分离出来，而基督本人就是犹太民族的一员。因为原罪是针对神明的犯罪，所以只有死亡才能赎罪。弗洛伊德认为，这种犯罪其实是对原始父亲的谋杀。

> 这种值得用死亡去弥补的罪恶实际上是对原始父亲的谋杀。后来，原始父亲得到了神化。但是，这场谋杀被遗忘了：取而代之的是一种赎罪幻想。因此，这种幻想可以被认为是一种救赎的信号（福音）。神的儿子并未犯罪，却让自己被杀死，借此承担了所有人类的罪过。（ibid.：86）

于是便出现了一句著名的话："犹太教是关于父亲的宗教，而基督教变成了关于儿子的宗教"（ibid.: 88）。

弗洛伊德认为，在基督教中我们既可以看到英雄神话，又可以看到远古图腾餐仪的重复——以圣餐仪式为代表。弗洛伊德提出，基督教没有传承犹太教高度精神化的特点，因为它重新设立了"伟大母神（the great mother-goddess）"信仰，给"多神崇拜的众神形象"留下了空间（ibid.: 88）——影射圣母玛利亚和圣徒，还重新引入了魔法和迷信的元素。换句话说，在弗洛伊德看来，基督教只是一种部分的进步。

> 基督教的胜利也意味着阿蒙教祭司在间隔1500年后再次战胜了埃赫那吞的神明，而且这场胜利赢得更加广泛。不过，从宗教历史的角度看（也即被压抑物的返回），基督教是一个进步，而且从那时起，犹太教某种程度上成了旧物。（ibid.: 88）

顺着这个假设，弗洛伊德说道：事后看来，杀害摩西造成的懊悔感无疑激发了弥赛亚愿想。然而，犹太人继续否认着谋杀"父亲"。在这件事上对他们的谴责恰恰是反犹太主义出现的部分原因，尤其是基督徒们所说的："你们杀害了我们的神！"（ibid.: 90）弗洛伊德认为，这种说法还需要加上一些内容："我们做了同样的事，但我们已经承认了，于是我们得到了豁免"（ibid.: 90）。

传说：种系发生主要的传递渠道

远古的遗产：天生因素

这一章节，弗洛伊德比以往更加坚信种系发生（phylogenesis）中存在传递。这是他在作品中一贯持有的观点。在弗洛伊德看来，影响一个人生活的不仅包括了那些过去体验到然后被压抑进无意识中的东西，还包括天生的因素，即"种系起源的成分——一种远古的遗产"（ibid.: 98），正如摩西教的传承那样。于是，问题出现了：这些遗产存在于哪里？它的内容是什么？有证据支持其存在吗？弗洛伊德认为，这种远古的遗产对应着个体身上所谓的

第三十一章 《摩西与一神教》

"天生因素"：人类都有一些特定的倾向。它们在生命早期几年尤其明显。这些行为（带着一些个体差异）可以被归为远古的遗传。在弗洛伊德看来，语言中普遍存在的象征过程就是证据之一，这是一种横跨不同语言的独特现象。为了支持自己的论点，弗洛伊德增加了另一项论据：俄狄浦斯情结和阉割情结中儿童对父母的行为表现，"这似乎不足以用个案来解释，只有在种系发生的视角下才能理解，也就是说，它们连接着祖先们的经历"（ibid.: 99）。

远古遗产的作用被轻视了

弗洛伊德承认自己没有足够重视种系发生遗留在记忆中的痕迹，而且倾向于强调获得或习得的影响：

> 进一步反思后，我必须承认，长期以来我一直有这样的态度：我们祖先的经历留下的记忆痕迹毫无疑问是可以遗传的，这既不依赖于直接的交流，也不依赖于榜样教育的作用。当我谈到某个民族传说的留存，或者某个民族性格的形成时，我在心中主要想到的就是这种遗传而来的传说，而不是依靠交流来传递的传说。或者至少我之前没有区分过这两者，也没有清楚地意识到自己竟大胆地忽视了这一点。（ibid.: 99–100）

虽然实际上除了精神分析工作中观察到的现象并将其归结于种系发生，再没有更多确凿的证据可以证明祖先记忆的存在，但弗洛伊德觉得自己一如既往地获得了足够的证据来支持他的理论。

动物本能：这是远古遗产吗？

弗洛伊德说，或许另一项证据是由类比得出的：一方面是动物的本能（只是动物始祖的记忆），而另一方面是人类的远古遗产。弗洛伊德假设道：

> 由于先前的傲慢，人类在自身与动物之间挖掘了一条过宽的鸿沟。而今，［我们］正在填平它。动物在生命中第一次遇到新情境时就能够像面对旧的、熟悉的情景那样应对。这便是我们所说的动物本能。要想解释动物的本能生活，就只能说：动物把它们物种的经验带到了自身的存

在中,即它们记住了祖先们的经历。人类这种动物的情况并无不同。他们自己的远古遗产与动物的本能本质相同,只是在范围和内容上有所区别。(ibid.: 100)

原始部落杀害父亲:不可忽视的要素

基于刚刚提出的论据,弗洛伊德再次表示自己坚信原始部落杀害父亲这件事通过种系发生从远古时期一直传递到了现在。"此番探讨之后,我毫不犹豫地宣布:人类一定已经(以这种特殊的方式)知道了他们曾杀害过自己的原始父亲"(ibid.: 101)。于是,两个进一步的疑问产生了。其一,杀害原始父亲这种事如何成了远古遗产中的内容?其成因一定是这类事情足够重要且反复发生过,因此在记忆中留下了创伤痕迹,就像神经症中发生的那样。其二,这种事件会在什么情况下被再次激活?弗洛伊德认为,其促发因素是这类事件的真实重复,被遗忘的记忆得以激活的原因就在于此。于是我们可以假设,先是摩西被谋杀,然后是基督被合法却不公正的判决处死,这些事情都揭露了最初的根源。此外,还有另一项心理证据,它涉及了压抑和被压抑物的返回。

> 仅以交流为基础的传说无法造就宗教现象带有的强迫特点。如同任何其他形式的外部信息一样,它只会被听一听、被评价,之后或许会招致漠视,但绝不会获得特权,免受逻辑思考的约束。它必须先经历被压抑的命运,留存在无意识中,然后在返回时才能展现出如此强大的影响,把大众纳入自己的麾下,一如让我们惊奇却至今难以理解的宗教传说。(ibid.: 101)

● **总结并重申无神论信念**

书的最后一部分,弗洛伊德再次总结了他的观点大纲,又提出了一些新的想法来解释犹太民族身上某些独特性格的成因。为避免不必要的重复(这是弗洛伊德在书中第二次总结自己的假设),我将仅仅提及一些他新增的材料。首先，弗洛伊德试图解释为何犹太人往往认为自己比其他民族优越，还把自己视为神明选中的民族。他认为这种自尊可以追溯到摩西，因为摩西确实说过他们是神明选中的民族。"我们大胆提出：正是摩西创造了犹太人"（ibid.：106）。

摩西教：毋庸置疑的优越性

单凭一个人如何能够对他们施加如此惊人的影响力呢？弗洛伊德认为，这是我们每个人自幼内心深处渴望父亲的体现，这就是为什么"我们给伟人赋予的所有特质都是父母般的特质"（ibid.：109）。弗洛伊德继续总结着，提醒我们摩西教给了犹太人更加伟大的神明概念。不得刻画神明的禁令让犹太民族构建起了一个抽象的神明形象，这意味着精神层面的巨大进步。

> 这（禁令）意味着所谓的抽象观念被赋予了比感知觉更高的地位，即智力胜过了感官，或者严格来说，这是一种对本能的放弃，也带来了各种必然的心理结果。（ibid.：113）

在弗洛伊德看来，母系社会制度向父系社会制度的转变也有着类似的含义。

> 从母亲转向父亲也同样证明了智力对感官的胜利。这也是文明的进步，因为母性是由感觉证据体现的，而父性则是一种假设，它的根基是推论和前提。（ibid.：114）

单一神明观：被压抑之事实的记忆返回

随后，弗洛伊德明确表示自己不相信单一神明的存在。他说道，这种信念源于一个现实——在远古时代，确实曾有一个人被抬到了众人之上。后来，这个人以神明的身份重新回到了人类的记忆中。被压抑物的回归这一现象解释了为什么这个人的历史存在虽然被遗忘了，却依然在人类心灵中留下了永久的痕迹，就好比传说那样。于是，与神经症个体身上被压抑物的返回类似，单一神明观同样在人类的历史中再度兴起，而且同样带着某种强迫的性质。因此，单一神明信仰不过是人类长期遗忘了的史实的记忆复苏。

> 其中一种影响就在于单一伟大神灵观的出现。这种观念必须被理解成一种完全合理的记忆，但它也确实遭到了扭曲。诸如此类的观念都有一种强迫的性质：必须相信它。按照其扭曲的程度，它或许可以被描述为一种妄想［作者注：德文为 Wahn，其含义既包括错觉也包括妄想］，然而，从过去重归的角度看，又必须称其为事实。精神病性妄想也包含着一小部分的事实，只是患者的坚信超越了事实，进而扩展到了妄想的外衣上。（ibid.：130）

这本书第二部分的末尾几乎完全相同地重复了弗洛伊德在前文中提出的假设。

后弗洛伊德学派

最后的质疑，也是另一场抗议

《摩西与一神教》的出版引发了一场公愤，尤其是在宗教圈内（犹太人和基督徒都是如此）。弗洛伊德的同胞犹太人为此愤惧交加。他们一方面因为弗洛伊德试图贬低摩西而勃然大怒，另一方面又害怕这本书可能会导致的长期后果。面对弗洛伊德的评论，基督徒们的反应最为激烈，因为这本书的内容远甚于《一个幻象的未来》：弗洛伊德不仅宣称基督教是迄今为止最具妄想色彩的宗教，还认为与犹太精神教义相比，基督教是一种倒退，本质上退回了偶像崇拜。但是，1939 年 9 月战争爆发，这场激烈的辩论很快便随之隐匿了。而且，由于政治原因和纳粹迫害，犹太人轻视了弗洛伊德观点的重要程度。他们试图借此留下余地，使日后光复摩西创立的犹太教传说成为可能。

弗洛伊德的《摩西》留下了什么？

事后看来，弗洛伊德的文本似乎既复杂又矛盾。它引发了太多形色各异的讨论，其中有许多激烈的评价。不过，近期的研究让我们能用一种更加批判同时又更有意义的视角阅读弗洛伊德的《摩西》。当然，这是一部有争议的作品，尤其在宗教、历史和人类学的层面上，但它依然是我们了解弗洛伊德的宝贵渠道，也提出了一些至今仍未有恰当答案的关键问题。接下来我会选取一些主要的评论，或许可以帮助读者找到自己的方向。

在精神分析领域内，弗洛伊德个人对摩西的认同相当明显。弗洛伊德写这本书时的处境非常特殊：他害怕精神分析会消失，而作为精神分析之父，他将要面对的死亡威胁或许不仅来自纳粹，也来自自己的追随者们，就像摩西的情况那样。实际上，精神分析心理传记作者们非常重视这本书。他们认为这本书自身就是它描述的典型。另一方面，对于弗洛伊德所提出的论点，当代精神分析师们倾向于认为《摩西》和《图腾与禁忌》有同样的性质——它们是一系列大胆的假设，但相应的科学证据还远未建立起来。例如，我们很难同意弗洛伊德在个体发展与人类历史发展之间的类比，例如群体压抑和潜伏期后被压抑物的返回。不过，我们也应当承认，精神分析师们大多一直忽略了弗洛伊德在这本书末尾处明确提出的观点——种系发生学中的代际传递，即便今天，这个问题依然没能盖棺定论。

当代的人类学家们大多极少赞成甚至不赞成弗洛伊德对原始部落的假设，但我们也必须说明，一些人类学家确实采纳了他的观点。近期的历史学研究认为，与埃及相比，美索不达米亚地区是犹太教传说更重要的发源地。因此，弗洛伊德提出的假设——"摩西是埃及人"遭到了相当严肃的质疑。

弗洛伊德的观点在宗教领域引发了众多不同的反应。考虑到弗洛伊德与犹太教之间的关系，《摩西》可以被看作他的若干反思：关于犹太人的身份，犹太教塑造的性格倾向，以及反犹太主义的来源。许多作品都探究了这些议题，其中值得一提的是优素福·H.耶鲁沙尔米（Yosef H. Yerushalmi，1991）的书。这位作者探讨了弗洛伊德的文本如何反映了他当时的人生处境。他提出，弗洛伊德用他的文字褪去了犹太教的神明，把犹太教变成了某种"绵延不绝"的东西。

弗洛伊德被严重批判的原因还包括他的宗教起源观和相应论据的薄弱。例如，他认为强迫症状和宗教仪式是等价的。迈斯纳和迈斯纳（Meissner & Meissner，2002）指出，宗教行为中的病理方面相当有限，因此，弗洛伊德论点的影响力也被极大削弱了。"这种类比成了最糟糕的还原论。归根结底，它几乎不能帮助我们理解虔诚的信仰和宗教传统"（2002：475）。保罗·里克尔（Paul Ricoeur）的观点与此类似：精神分析视角只能解释宗教中与偶像崇拜有关的方面（Ricoeur，1965）。整体而言，弗洛伊德对任何组织形式的宗教都抱有敌意，不管是基督教还是犹太教。这种情况的缘由众多，我无法在此一一道来。不过，正如伊曼纽尔·赖斯（Emanuel Rice，2002）所言，如果我们不执着于弗洛伊德"敌意障目"的状态，就能看到一幅相当不同的图景。赖斯写道：

> 他［弗洛伊德］认为基督教退回到了多神信仰的时代，与埃赫那吞之前埃及盛行的偶像崇拜完全相同。弗洛伊德其实追求着一种超前的宗教，这种崇拜的根基是个体责任和社会公正。普世神明的观念只会妨碍它的实现。（Rice，2002：297-298）

总之，我想说，对于弗洛伊德在宗教问题上的观点，我们应当注意不要低估它们的重要性。正如迈斯纳和迈斯纳（1984）所言，虽然弗洛伊德的观点论据薄弱，还掺杂了他的个人冲突和无神论态度，但他依然提出了许多有待回答的问题。里克尔也不赞同"精神分析离经叛道"这样的成见。在他看来，所谓的"摧毁"宗教或许只是在以批评的方式表达信仰。这种信仰既免除了所有偶像崇拜，也独立于分析师自己对宗教信仰的观点。而且，在宗教信仰问题上，精神分析理论有其局限性。里克尔认为，精神分析甚至完全不该在这个主题上发表观点。

不管精神分析师本人是否有宗教信仰，精神分析都必然是反传统的。这种对宗教的"摧毁"其实对应着一种免除了所有偶像崇拜的信仰。如此，精神分析自然无法超越反传统的必然性。这种必然却拥抱着两种可能：信仰，或者无信仰。不过，仅凭精神分析，我们无法在两种可能性之间得出结论。[Ricoeur, 1965（1970：230）]

我个人的观点是：精神分析与宗教信仰分属于非常不同的领域。但是，由于它们难免会彼此互动，所以我认为有必要在两者之间划分出明确的界限。这样的话，其中一方就不会妨碍另一方的存在。

新概念

远古遗产（archaic heritage）

置换［displacement（Entstellung）］

弑父（killing of the father）

潜伏（期）［latency（period of）］

一神教（monotheistic religion）

种系发生（phylogenesis）

宗教，宗教理念（religion, religious ideas）

传说（tradition）

（钱秭澍　译；余　晔　杨浩波　校）

在今天仍需阅读弗洛伊德吗？

> 理解精神分析的最佳方式仍然是追溯其起源与发展。
> ——Freud，1923a（1922），《弗洛伊德：全集（德文版）》第十三卷，211；《西格蒙德·弗洛伊德心理学著作全集（标准版）》第十八卷，235

时至今日，弗洛伊德仍然重要吗？他的思想是否仍然具有普世价值？至于从中衍生出来的精神分析过程这一治疗方法，在我们当下这个时代的意义和重要性又是什么呢？

对于那些提出上述问题的人，我会回答说，精神分析仍然充满生机：正如玛尔特·罗伯特（Marthe Robert，1964）所说，"精神分析的革命"仍在向前推进。为了证明这一事实，我将《阅读弗洛伊德》一书看作强调与突出弗洛伊德思想之活力以及整个精神分析之生命力的方法。

我尽可能地使用日常用语，就像弗洛伊德用德语撰写时的方式，但这并未在任何程度上削减他思想的复杂性。我觉得让普通读者容易理解弗洛伊德的著作以及思想是重要的，这样的话，阅读他的任一文本对我们每个人而言就都有了意义，也能在个人的层面上对我们产生一些影响。如果它在我们内心深处的某个地方唤起了共鸣，那么阅读弗洛伊德的一篇文章可能会成为一个起点，让我们开始深入探索关于自己是谁、我们是什么样子的这类问题。

从这个角度来看，弗洛伊德邀请我们跟随他，踏上从他在自我分析中发现了无意识的那一刻起所走的旅途。他所做的不仅仅是一个发现——在他的整个生命历程中，他做出了一系列的发现，而每个新发现又都引发了下一个发现的诞生。正因如此，按时间顺序阅读弗洛伊德的著作所具有的不仅仅是历史层面的意义：它是一个探索的故事——一个在我们越来越深入地了解自己并最终找到自己前行方向的过程中，可以被拿来用作指南的探索故事。

随着本书接近尾声，读者无疑会意识到弗洛伊德留给我们的遗产具有非凡的进一步发展的潜力，同时后弗洛伊德学派精神分析师的贡献加强了这一发展潜力。这种潜力尚未被用尽——实际上，应该说我们还远达不到用尽这种潜力的程度。因此，我们所面临的问题是：我们将如何处理这些遗赠？问题的答案在很大程度上取决于相关的精神分析师，而我们接受遗赠的方式取决于我们针对弗洛伊德之死所需修通的哀悼进程。对于一些人来说，忠实于自己所获得的遗产意味着原封不动地保存它，但其风险在于遗产可能会因此变得没有价值或是无趣。正如达妮埃尔·奎诺多茨所指出的那样："我可以将弗洛伊德珍贵的文本安全地放在玻璃柜中，就像对待祖先代代相传下来的珍贵陶瓷餐具一样，要是我把它放进洗碗机的话，瓷器可就毁了"（2002：183–184）。而对于另一些人来说，忠于弗洛伊德意味着抓住遗产的一部分并单独发展这一部分，甚至不惜损害其余遗产；而其风险在于分裂精神分析，使之碎片化，并最终导致有多少个精神分析师就有多少种精神分析。

随着时间的推移，我们要如何避免如今摆在我们面前的陷阱呢？我个人的观点认为，让弗洛伊德的遗产保持鲜活的最佳方式是与他遗留给我们的东西对话，以此来传承其全部的活力。

我希望对读者而言，《阅读弗洛伊德》一书不仅是一个认识弗洛伊德的机会，也可以起到邀请函的作用——邀请大家走得更远，通过阅读弗洛伊德的原文来与他进行对话。

弗洛伊德已经不再与我们同在了。然而，他还活着——既通过他的著作，也通过他传承给我们的精神分析疗法而一直活到了今时今日。阅读弗洛伊德的著作和进入分析是两个截然不同的过程。当然，后者确实通过分析师与受分析者之间的移情/反移情关系，建立了一种不间断地与弗洛伊德的对话。但正如他们所说，那又是另外的故事了……

参考文献[1]

Abraham, K. (1908) "The Psychosexual Differences between Hysteria and Dementia Praecox", trans.D. Bryan and A. Strachey, in Abraham, K., *Selected Papers on Psychoanalysis*, London: Karnac (1927; reprinted 1988).

—— (1911) "Notes on the Psycho-analytical Investigation and Treatment of Manic-depressive Insanity and Allied Conditions", trans. D. Bryan and A. Strachey, in Abraham, K., *Selected Papers on Psychoanalysis*, London: Karnac (1927; reprinted 1988).

—— (1924) "A Short Study of the Development of the Libido, Viewed in the Light of Mental Disorders", trans. D. Bryan and A. Strachey, in Abraham, K., *Selected Papers on Psychoanalysis*, London: Karnac (1927; reprinted 1988).

Andreassen, N. C. (1998) "Understanding Schizophrenia: A Silent Spring?", editorial, *American Journal of Psychiatry*, 155: 1657–1659.

Anzieu, D. (1959) *L'Auto-analyse de Freud*, Paris: Presses Universitaires de France; trans. P. Graham (1986) *Freud's Self-Analysis*, Madison, CT: International Universities Press and London: Hogarth Press and The Institute of Psycho-Analysis.

—— (1988a) Preface to Freud, S. (1901) *Sur les rêves*, Paris: Gallimard.

—— (1988b) *L'Auto-analyse de Freud et la découverte de la psychanalyse*, Paris: Presses Universitaires de France.

Balint, M. (1952) *Primary Love and Psychoanalytic Technique*, London: Hogarth Press.

Bellemin-Noël, J. (1983) *Gradiva au pied de la lettre*, Paris: Presses Universitaires de France.

Bion, W. R. (1957) "Differentiation of the Psychotic from the Non-Psychotic Personalities", *International Journal of Psycho-Analysis*, 38, parts 3–4; also in Bion, W. R. (1967) *Second Thoughts*, London: Hein emann (reprinted London: Karnac, 1984).

—— (1959) "Attacks on Linking", *International Journal of Psycho-Analysis*, 40, parts 5–6; also in Bion, W. R. (1967) *Second Thoughts*, London: Heinemann (reprinted London: Karnac, 1984).

—— (1961) *Experiences in Groups and Other Papers*, London: Tavistock.

—— (1962) *Learning from Experience*, New York: Basic Books and London: Heinemann (reprinted London: Karnac, 1984).

—— (1967) *Second Thoughts*, London: Heinemann (reprinted London: Karnac, 1984).

---

[1] 为了环保，也为了节省您的购书开支，本书参考文献不在此一一列出。如果您需要完整的参考文献，请通过电子邮箱 1012305542@qq.com 联系下载，或者登录 www.wqedu.com 下载。您在下载中遇到问题，可拨打 010-65181109 咨询。

Blacker, K. H. and Abraham, R. (1982) "The Rat Man Revisited: Comments on Maternal Influences", *International Journal of Psychoanalysis and Psychotherapy*, 9: 267–285.

Bleger, J. (1967) "Psychoanalysis of the Psycho-Analytic Frame", *International Journal of Psycho-Analysis*, 48: 511–519.

Bleuler, E. (1911) *Dementia Praecox oder die Gruppe der Schizophrenien*, trans. J. Zinkin (1950) *Dementia Praecox or the Group of Schizophrenias*, New York: International Universities Press.

Blum, H. P. (1976) "Masochism, the Ego Ideal, and the Psychology of Women", *Journal of the American Psychoanalytic Association*, 24 (5): 157–193.

Bonaparte, M. (1951) *La Sexualité de la femme*, Paris: Presses Universitaires de France; trans. J. Rodker (1953) *Female Sexuality*, New York: International Universities Press.

——, Freud, A. & Kris, E. (1956) Editor's note (note no. 5), in *La Naissance de la psychanalyse*, Paris: Presses Universitaires de France.

Bourguignon, A., Cotet, P., Laplanche, J. and Robert, F. (1989) *Traduire Freud*, Paris: Presses Universitaires de France.

Bowlby, J. (1969, 1973, 1980) *Attachment and Loss*, 3 vols, London: Hogarth Press and The Institute of Psycho-Analysis.

Braunschweig, D. (1991) "Fantasmes originaires et Surmoi: la phylogenèse", *Revue Française de Psychanalyse*, 55: 1251–1262.

Breen, D. (1993) *The Gender Conundrum: Contemporary Psychoanalytic Perspectives on Femininity and Masculinity*, London and New York: Routledge.

Breuer, J. and Freud, S. (1893) "On the Psychical Mechanism of Hysterical Phenomena: Preliminary Com munication", in Freud, S. and Breuer, J. (1895d) *Studies on Hysteria, The Standard Edition of the Complete Psychological Works of Sigmund Freud*, vol. 2, London: Hogarth Press and The Institute of Psycho- Analysis.

Britton, R. (2003) *Sex, Death, and the Superego: Experiences in Psychoanalysis*, London and New York: Karnac.

Canestri, J. (1990) "Quelques réponses", in Amati-Mehler, J., Argentieri, S., and Canestri, J., *La Babel de l'inconscient: Langue maternelle, langues étrangères et psychanalyse*, Paris: Presses Universitaires de France; trans. J. Whitelaw-Cucco (1993) *The Babel of the Unconscious: Mother Tongue and Foreign Languages in the Psychoanalytic Dimension*, Madison, CT: International Universities Press.

Carson, R. L. (1962) *Silent Spring*, Boston, MA: Houghton Mifflin and Cambridge: Riverside Press.

Chasseguet-Smirgel, J. (1976) "Freud and Female Sexuality: The Consideration of Some Blind Spots in the Exploration of the 'Dark' Continent", *International Journal of Psycho-Analysis*, 57: 275–286.

——, Luquet-Parat, C., Grunberger, B., McDougall, J., Torok, M., and David, C. (1964) *Recherches psychanalytiques nouvelles sur la sexualité féminine*, Paris: Payot; *Female Sexuality: New Psychoanalytic Views*, London: Karnac Books (1991).